陈寅恪的
最后 20 年 修订本

陆键东 著

生活·讀書·新知 三联书店

Chinese Copyright ©2013 by SDX Joint Publishing Company.
All Rights Reserved.
本作品中文版权由生活·读书·新知三联书店所有。
未经许可，不得翻印。

图书在版编目（CIP）数据

陈寅恪的最后二十年／陆键东著．—修订本．—北京：
生活·读书·新知三联书店，2013.6
ISBN 978-7-108-04501-0

Ⅰ．①陈… Ⅱ．①陆… Ⅲ．①陈寅恪（1890～1969）
－生平事迹 Ⅳ．①K825.81

中国版本图书馆CIP数据核字（2013）第061624号

责任编辑	潘振平　孙晓林
装帧设计	蔡立国
责任印制	卢　岳
出版发行	生活·讀書·新知 三联书店
	（北京市东城区美术馆东街22号）
邮　　编	100010
经　　销	新华书店
网　　址	www.sdxjpc.com
印　　刷	北京市松源印刷有限公司
版　　次	2013年6月北京第1版
	2013年6月北京第1次印刷
开　　本	635毫米×965毫米 1/16　印张 32.5
字　　数	350千字　图55幅
印　　数	00,001-50,000册
定　　价	42.00元

（印装查询 01064002715 邮购查询 01084010542）

目 录

新版前言　　*1*
前　言　　*1*

序　　　　　南　迁　　*1*
第一章　　陆沉下的抉择　　*19*
第二章　　南土的温情与生命的积淀　　*35*
第三章　　晚年人生的第一轮勃发　　*68*
第四章　　向北京关上了大门　　*90*
第五章　　磨难终于启幕　　*120*
第六章　　1956年：一个罕有的春天　　*150*
第七章　　欢乐走到了尽头　　*169*
第八章　　风暴中的孤寂者　　*190*
第九章　　"今日吾侪皆苟活"　　*204*
第十章　　哭泣的1958年　　*221*
第十一章　　劫后余绪　　*257*
第十二章　　草间偷生　　*281*
第十三章　　今宵相逢　　*295*

第十四章　中国学人的悲歌　319

第十五章　一段昙花一现的日子　335

第十六章　暮年"膑足"　360

第十七章　今生所剩无几日　377

第十八章　挽歌已隐约可闻　410

第十九章　长　夜　438

第二十章　陈寅恪之死　454

第二十一章　身后是非谁管得　470

第二十二章　绝　响　488

主要参考书目　509

新版前言

这是一部特定历史时期的著述,时代的不平,一代人的感奋,俱在书中历历可见。将近二十年过去,重读陈寅恪生平出处以及悲喜交织的故事,仍感震动,思绪难平。无声的历史一直在遵循着古朴的法则,百年中国,貌似几番陵谷,人世代谢,然历史的忧愁恰如川上逝水,无尽无涯。实际上我们一直活在自以为已成陈迹的历史中,从来未能割断与往昔的恩怨。

在这个意义上,《陈寅恪的最后二十年》依然活在历史中。

今天,相隔十七年,这部著作有缘重新刊布,它整体呈现的不仅是一个历史文本,它还在"时代与人"的一些节骨眼上,新注入笔者近年治学的一些思考与心得,可见出一些新的学术积累。十数年来,陈寅恪已成为中国文化界人所共知的人物,有关陈寅恪的史料不断被发掘,本书这次重新出版,在一些史料的引用与订正上参考了这些新材料,即使没有引用,也作了相关的提示与说明。只是任何一部著作都无法包罗万象地概括历史的全部内容,限于本书固有的体例,著述的初衷,全书的结构一仍其初。《陈寅恪的最后二十年》已有了自己独特的生命,它已与一个历史时期紧紧相依,书中揭示的陈寅恪晚年的遭遇,乃是陈氏一生完备的关键部分。聊可告慰的是,任十余载风雨的摧折,书中所书写的历史,历岁月消磨,初步经受住了人世间的检验。这次新刊,增补之余,尚对原版一些冗词与错讹作了删削，个别尚有忌讳的史实，作了迫不得已的避讳；另又新加了史料图片若干。私心以为，新本尚有可观之处。至于本书是否仍合时宜，知我责我，则留待读者了。

　　十数年来治学，可以这样说，吾侪将终身受益于陈寅恪。为着这次修订，再次打开陈氏文集，重温那些仿佛隔世的文字。这次阅读，却似能从字里行间看出一幕幕鲜活的历史，读出一段段感人的人生——既是陈氏自己的，也是他所论述历史的。很为这种感觉而惊讶，这是以往所没有的。忽然就醒悟，陈寅恪是用精血浇铸他的文字的。文字里包含着历史，包含着从古通今的史识；同样，也包含着他良善的天性与丰富的情感——这些都直接决定了他对历史与人物的评价。也就是，在这样的文字里，闪耀着"史心"与"人心"。史心者，才学、通识、博大；人心者，善良、悲悯、豁达。对于人文学者来说，两者得其一，已属难能可贵；而两者兼而有之，则是百年一遇了。

　　"关河累年，死生契阔。"回视人生，昔日惠我极多的前辈师长，大都零落殆尽。丰神疑在，人已云亡。他们已不及见修订后的《陈寅恪的最后二十年》。而其中的一些长者，曾以慈爱倾囊相授陈氏生平功业。灵光岿然，昭示来者。二十年间，笔者就这样感受着中国文化火尽薪传之道。行走在孤寂的问学路上，心中常萦绕着温暖，由此总对历史怀着敬畏，对前贤充满了感恩。很可惜，在内，限于资质；在外，困于世道，先哲们身后将坠之业竟接不得一二。看着那辈人渐渐远去，一代仪刑将成绝响，不由人欲效古人，嗷嗷痛哭！

　　同样是在这十数年间，一直得到同道者的关怀与注视。长年来三联书店对笔者爱护有加，在一段风雨同路的日子里，它甚至提供庇荫。这次本书新刊，尤其得到书店总编辑李昕先生、责任编辑潘振平先生的鼓励与支持，书店的孙晓林女士则从旁施以可贵的援手。此外，在岭南的陈寅恪女儿陈美延、陈氏的亲朋好友以及他们的后代，与昔年一样，无私地给予了许多帮助。二十年来，与这些长辈师友的交往,已成为人生必不可少的一部分,与他们的缘分,益见纯粹。作为后学,在这奇变的世局,犹能领悟古书中所云"故家"的余绪,并从中体味着于今已稀的"风谊"、"操守"等古义,这实在让人叹息不已。深而言之,因了陈寅恪,在人生一段重要的岁月里,犹能从古及今、从故纸堆到身历的时代,亲身体验何谓"故国乔木",何谓文化灵魂,实为平生幸事。

自然,在知天命之际,能写下以上感受,这是读者对笔者的厚爱,也是历史的眷顾。为此,本人感愧之铭将以长怀!

陆键东撰于广州梅花书屋
2013 年 2 月 23 日

前 言

陈寅恪，一个对于当代大部分中国人来说并非耳熟能详的名字，在世纪末回眸之际，却留下了无尽的话题：关于传统文化、关于人文精神、关于学人风骨……，还有那可歌可泣的传奇人生。

这是一段很值得表述的历史。

这也是一段不易表述的历史。

三年前，我徘徊于美丽的清华园与康乐园，欲寻觅曾深深扎根于这片沃土上那些先哲的伟岸身影，可惜一切都变得是多么的遥远。短短三四十年，历史已很淡忘，人也很淡忘。悠悠数十载，无论远观近看，人生的评说，仍是那样的朦胧，蓦然回首，恍如隔世。不过，有些人死了，但依然活着。作为一个历史学家，陈寅恪的生命已依附到那些卓尔不群的著作之中；作为一个文化大师，陈寅恪的灵魂已铸刻在二十世纪的中国文化史上。"凡一种文化值衰落之时，为此文化所化之人，必感苦痛……"陈氏此言，道出中国传统文化百年动荡的大环境，也道尽在此环境下每一个有文化良知的学人那不可逃避的命运。每每诵读，历史犹历历如昨。百年前先哲们在世纪之变经历着种种的文化苦痛；百年后沧海桑田，新的一个世纪又将降临，然焉知今日吾侪宁不感受着与前贤相似的苦困？

数年间，我在寂静的书房里和档案馆感受着窗外春秋数易。当近千个枯燥的日子在笔下轻轻地滑了过去，当全书最后一个感叹号重重地划下时，止不住眼角流下了一行清泪。我不知我这样描述是否无愧于历史，是否对得起一位终身呵护文化若生命的学者。我只感觉到我一直活在这两者浓浓的慨叹之中几不能自拔……

人代冥灭而清音独远，悲夫！

最后，藉此机会向给予我很大帮助的陈寅恪先生生前的亲朋好友、出版社编辑、热心人士，以及中山大学陈寅恪纪念室、中山大学档案馆等部门致以衷心感谢！没有他们的关心和支持，本书不可能成稿和付梓。

陆键东
1995年4月7日

序 南迁

1

北平的冬日，依旧萧瑟、落寞。寒风中的皇城默然沉寂。对于凝聚了千年燕云皇气的帝都来说，即使是世纪之变，也不过是在它厚厚的城墙上刻下了几缕风霜。

这是一个很特别的冬季。1948年的北平，以它天朝的气度，无声地目睹着一场改朝换代的世局嬗变。

事实上，外面的世界要躁动得多。西山的红叶刚刚落尽，11月刚过去九天，东北地区四十七万国民党军队便被共产党全部歼灭。而在此之前，这三十多个师的精锐部队还被当局倚为"兴党兴国"的栋梁。几乎是与此同时，另一场同样规模的大决战，在中国的华中大平原轰轰烈烈地展开了。

当很多人尚未来得及思考这场生死大决战对人生会带来什么影响时，时局已如决堤洪流，一泻千里。11月，被称为"第一夫人"的宋美龄匆匆赴美，欲重温六年前在美国国会大放东方第一夫人异彩的旧梦，以求美国对蒋介石援手，无奈今非昔比，竟一无所获。12月底，国民党另一精锐主力杜聿明集团被围在河南永城一带小小的陈官庄。被国民党总裁蒋介石压制了半生的李宗仁、白崇禧等先后通电，乘机要求蒋下野。在接着到来的新年元旦，蒋介石极不情愿地发表文告，放出愿与共产党商讨恢复和平具体方法的空气。谁料话犹在耳，陈官庄阵地在元月10日便被攻陷，徐州"剿总"指挥官杜聿明被俘。至此，五十五万国民党精锐之师永远消失。十一天后，蒋介石含泪再发"引退"文告，并于当天飞离南京，随即返抵老家溪口。

短短两个多月的变化，令人眼花缭乱，历史在高度浓缩后的瞬间释放，显得分外辉煌！

在北平，则缺少这类戏剧性的场面。甚至枪炮的硝烟也无法驱散那无形的、无所不在的文化氛围。其实，在1948年的11月下旬，数十万共产党东北野战军已完成进攻平津等地的部署。12月上旬，便包围了平津一线国民党华北"剿总"辖下的五十万大军。"围而不打，耐心等待"，与其说这是当时北平真实的态势，倒不如说这是决战双方出于对文化的一种敬畏。

在这个不平常的冬季，北平西北郊美丽的清华园，老早就隐约可闻枪炮声，但实际上直到12月13日，这所中国数一数二的大学才作出自即日起正式停课的决定。15日，清华园一带，已成为共产党的天下。所以，清华大学成为北平最早迎接另一个时代的地区之一。

"国共"双方对北平的争夺，从某种意义上说是对文化的竞争。在"戡乱剿共"的数年间，国民党军队几乎场场大仗皆败北，但有两场"战役"蒋介石却似乎得分：那就是在政权临近崩溃时，蒋介石如愿地抢运出大量的黄金白银及外汇，将故宫博物院和中央博物院等单位的文物精品迁移台湾；另外将一批在学术上已有建树的知识分子接出大陆。有史可查，光是1949年初经当时中央银行总裁俞鸿钧抢运出的黄金便达数百万两之巨[1]。也许靠了这一批硬通货，台湾在五六十年代的经济才得以立稳根基。故台湾国民党人视俞鸿

---

[1] 参阅《运黄金来台湾的俞鸿钧先生》一文，载台湾《传记文学》第46卷第4期。

钧为对台湾经济建设有重大贡献的人物。

比起黄金白银的抢运,"两院"[1]文物的大搬迁与"抢救大陆学人"计划则要早得多。远在"国共"两党在东北及华中等地大决战之时,受蒋介石旨意,傅斯年、王世杰、朱家骅、杭立武等人以"两院理事会"名义,决定将"两院"的文物精品悉数装箱迁运台湾。究竟装了多少箱?笼统的说法为五千多箱,光是故宫博物院的文物即达二十多万件[2]。千里长途搬移,竟然一件不损,也堪称世界文物搬迁史上的一个奇迹。1965年台北故宫博物院开放,成千上万件文物精品重现世人眼前。

重点在北平的"抢运学人"计划,悲壮的色彩要浓一些。当时的北平,国内的一流大学云集,时局的动荡,对于不少标榜"只问学术,不问政治"的学府影响不大。直到兵临城下,危城被围得铁桶一般时,才出现了这样的一幕:1948年12月15日,一架小飞机冒险在北平南苑机场降落,集学人兼具幕僚色彩于一身的北京大学校长胡适匆忙登机,从而拉开了"抢运学人"的序幕。

胡适登机十分匆忙,在他城内东厂胡同的家中遗落了他数十年来与友朋间的大量通信以及日记。他大概没有料到,二十年后,其中的一些信竟成为他早年得意的学生吴晗的一大罪证。胡适匆匆永别北平,可见当时局势之紧张。

胡适的作用也许太大了。飞机在当天下午六时三刻降落在南京的飞机场,当时国民党内主管文化的高官,如王世杰、朱家骅、傅斯年、蒋经国、杭立武等人亲到机场迎接胡适,握手寒暄,致以慰问[3]。

胡适的风头,令人容易忽略了这样一个细节。这一天与胡适一同登机抵达南京的,还有清华大学历史系教授陈寅恪以及他的一家。

---

[1] 指故宫博物院及中央博物院。
[2] 见1957年4月29日《光明日报》相关报道及台湾《传记文学》第38卷第2期有关文章。
[3] 见1948年12月16日《申报》。

这位并非热点人物的教授，竟是在这样的局势与情形下，其名字排在胡适之后作为社会新闻公诸众。无论从哪一个角度看，在国民党"抢运学人"的计划中，陈寅恪足有资格第一批离开北平。和胡适一样，陈寅恪在这个冬日离别北平，以后便再也没有回到这块一直令他魂牵梦萦的土地。这一年他五十八岁。距他经过八年抗战颠沛流离生活后重返清华园不到三年。

从此，陈寅恪开始经历另一个时代的漫长人生。二十一年前，他的挚友王国维自沉于颐和园里的昆明湖，他曾为王国维撰写纪念碑文。正是在这篇不到三百字的短文中，王国维的生命在陈寅恪的笔下获得了超越——"先生以一死见其独立自由之意志，非所论于一人之恩怨，一姓之兴亡"[1]。十九年后，陈寅恪离别北平，他将用自己的生命实践，对人生与文化作一种独特的阐释。而这种阐释，在他身后益发见其意义。

六天后，也即 1948 年 12 月 21 日，清华大学校长梅贻琦率领第二批被"抢救"的学人飞离北平抵达南京。与梅氏同机抵达的有李书华、袁同礼、杨武之、江文锦等人。对着记者，梅贻琦说"市内新机场跑道太软，只能载重三千磅"[2]。言下之意不胜唏嘘。第三日，梅贻琦被国民政府任命为教育部长。不久，梅辞谢教育部长一职，说是未能将大部分的北平教授接运出，感到有愧云云。到此，国民党大规模抢运北平学人的计划搁浅。梅贻琦不愿意正视这样的现实：相当部分学人并不愿意搭乘国民党的飞机逃离北平。

陈寅恪也不愿意。

据曾受业于陈氏门下的北京大学邓广铭教授回忆[3]，北平被围

---

[1] 《金明馆丛稿二编》，第 218 页，上海古籍出版社 1980 年版。
[2] 见 1948 年 12 月 22 日《申报》。
[3] 1993 年 9 月 19 日笔者拜访邓先生，先生忆及陈寅恪生平。以后本书引用知情者的回忆，只注明回忆时的日期。

之初，曾任过北京大学教授的陈雪屏，受教育部的委托数次请陈寅恪乘专机离开北平，为陈坚拒。理由倒很简单，其时陈雪屏已任国民党的青年部长，官方政治味道甚浓。陈寅恪之所以愿意和胡适一起离平，首先与胡适更像个学人这一点有关。六年后，胡适的思想在大陆受到猛烈的批判，外人根本无法知道这位与胡适同一时代的人对胡的臧否，但从陈寅恪愿与胡适同机离平这一点，则大致可窥知陈寅恪对胡适的印象。

陈寅恪离开北平，有一个很重要的原因，他要将大女儿带离北平，他不愿意爱女更深卷入其时在北平高校学生中已成时尚的"学生运动"[1]。陈寅恪一生羁旅漂泊，幼年起便随家人辗转于武汉、长沙、南昌等地，十二岁便东渡日本游历，随后十数年漂泊于美国、德国及北欧等国家地区，直到三十六岁才栖身于清华园。但安稳的书斋生活不过十一年，四十七岁时便因抗日的烽火再次饱受生命迁移之苦。短短八年间，他或携妻带儿或与友朋流离于长沙、香港、昆明、桂林、成都、英国等地。所有的流离之苦，已转化为兴亡之叹，其体味早已超出了生命痛苦之感而具有文化盛衰之蕴。在1945年抗战胜利即将来临的前夕，陈寅恪写下《忆故居》一诗[2]，有句云："破碎山河迎胜利，残余岁月送凄凉。松门松菊何年梦，且认他乡作故乡。"诗句对颠沛流离的人生际遇表达了无限的怅然与苍凉。

再一次流离，不仅仅是一次生存的选择，还是一次政治环境与文化环境的选择！

所以，虽然带着弱质妻女，自己又是一个双目失明的老人，但陈寅恪这次永别北平，相较于一些被"抢运"者，走得还是相对从容。例如比起胡适，陈寅恪不仅能将全家带出[3]，还能将托运书籍

---

[1] 此据邓广铭回忆。当年先生谈及陈寅恪的心态，更有直率之言。

[2] 引自陈流求、陈美延所编《陈寅恪诗集》，清华大学出版社1993年版；并参以《陈寅恪集》，生活·读书·新知三联书店2009年版。以后所录"陈诗"皆见两书，不再特别标出。

[3] 胡适遗下一子在北平。

陈寅恪四十年代后期在清华大学的住宅新林院（俗称"新南院"）52号，图中左边小屋是后来加盖的（1995年摄）

等琐事安排妥当，一些已经写成的手稿还能安然带走无遗落。这显示了陈的一家早已惯于漂泊。

"临老三回值乱离，蔡威泪尽血犹垂。"非是文人的陈寅恪，竟在匆匆乘飞机的途中迸发出这样如杜鹃泣血般的诗句，可见当时陈寅恪心头悲鸣之深！

飞离北平的陈寅恪，究竟想在何处栖身？

永远不甘寂寞的胡适，一离开机场便与陈寅恪告别。第三天，胡适在南京中央研究院出席了庆祝"北大"五十校庆的会议，声泪俱下地痛说自己"乃一不名誉之逃兵"，傅斯年则慷慨云"共产党决不至支持长久，在其之后必有一伟大之'朝代'"[1]。同一天晚上，在南京的蒋介石夫妇便把胡适招去，以祝贺胡适生日为名与胡作了长

---

[1] 1948年12月18日《申报》。

谈。二十九天后，胡适被聘为"总统资政"。其间，胡适多次往返上海、南京等地。书生纵有献策安邦志，怎奈枭雄如蒋氏者也回天乏术，无法抹掉依附性质的一介书生又能怎样！4月6日，怀有万般心事的胡适，在上海登上客轮，奔赴美国，开始了将近十年客寓美国的生活。在茫茫汪洋大海之中，和着海浪的轻摇，胡适挥笔写下了《〈自由中国〉的宗旨》一文，内中有"共产党的武力踏到的地方，立即就罩下了一层十分严密的铁幕"；"在那铁幕底下，报纸完全没有新闻，言论完全失去自由"等句[1]。五年后大陆开展猛烈的"批判胡适派"运动，远在美国的胡适且羞且怒且傲。也许包括胡适在内，世人大抵都忘记了1949年的太平洋上有一个书生在奋笔疾书。历史的渊源，有时总是简单地归结为通俗的因果循环相报。

另一位与陈寅恪有着数十年生死相知的老友吴宓（雨僧），此时正在武汉大学任教。这位与清华大学有着二十年情分的著名教授，在1946年清华在北平复校后，却弃舍了他最熟悉的生存环境——清华园，而受聘于武汉大学。四年后在共产党军队挺进江南地区的进军声中又西飞重庆，并在那里度过了坎坷曲折的三十年。川蜀的万重山岭销蚀了这位文学才华非凡的教授的才气，更销蚀了他的名气，以至他以后三十年是在屈辱、卑微与痛苦中度过，实为人生的一大悲哀。

1948年的吴宓，虽然远在千里外的武昌，但他仍一如既往关心着陈寅恪。此时的吴宓，有机会到西安、广州等地讲学，一介书生，对时局的观察，亦大体能辨一二。故在这年的秋天，他向南国名校中山大学举荐陈寅恪到该校教书。吴宓此举，并非随手拈来之作，而是别有深意。尽管当时东北决战"国共"两方胜负尚未定局，但北国迟早将成共产党的天下这一点，任是两耳不闻窗外事、一心只读圣贤书的书生，也能看出。由此，也可知陈寅恪晚年的一个重

---

[1] 耿云志：《胡适年谱》，第378页，四川人民出版社1989年版。

大抉择，即使密友如吴雨僧事前也不知晓。

陈寅恪一家在南京只住了一晚，第二天便匆匆赶往上海。从此，这位学术大师的晚年，便与一个人紧紧地连结在一起。这个人，便是研治东南亚历史的学者、前西南联合大学法商学院院长、时为岭南大学校长的陈序经博士。

2

作为中国享有盛名的教会大学之一的岭南大学，其创办比清华大学还要早。1888年，广州出现了一家"格致书院"，由两个中文名为香便文、哈巴的美国传教士筹办。它就是岭南大学的前身。1900年，书院迁往澳门，改名为岭南学校。1904年学校从澳门迁回广州，选址在康乐村。岭南校园又称康乐园便由此而来[1]。1921年，学校升格为大学。在中国高等学校的历史上，岭南大学有几件事恐怕是可以载入史册的。其一，岭南学校最早实行男女学生同校[2]；其二，在1913年至1916年，时任岭南学校中国教务长的钟荣光，遍走南北美洲各埠，在美洲各地成立岭南学校共进会共三十多处，在华侨中为岭南学校筹款。一分一元集腋成裘，共筹得美元将近一万，开岭南学校接受华侨资助的先例。正因如此，比起其他教会学校，岭南大学保持着更浓厚的华人特色。1927年，钟荣光任岭大校长，实为中国教会大学中的第一位华人校长[3]。

这样的背景，使岭南大学在二十世纪那些风起云涌的岁月里，能一定程度上置身于现实社会之外并远离政治。抗战前夕，岭大校风已基本形成，那就是在精神上标榜有四大自由——尊重个人思想、信仰、言论与学术的自由，绝不允许介入政治争斗；提倡岭南一家

---

[1] 见"岭南大学档案"，中山大学档案馆藏。
[2] 见《岭南大学校报》第82期，1948年9月20日。
[3] 参阅《钟荣光先生传》，岭南大学同学会印行。

亲的合作与互存互助的风气。这在经年饱受军阀势力你争我夺及战争摧残的广州，不失为一块能放得下一张书桌的绿洲。

这也是一块名符其实的绿洲。向有康乐园之称的岭南大学，位于广州南郊，依傍着滚滚东流的珠江。历四十余年的建设，校园占地面积近一平方公里，校内绿树成荫，规划井然，数十幢欧式别墅和红墙绿瓦的教学大楼点缀其间。远在二十年代，学校已专门请来美国的建筑师对校园的建设作出统一的规划。故康乐园具有美国大学的某些风格。踏入校园，无人不为其优雅宁静的环境而留下深刻的印象。

大半生走南闯北、十岁便远走南洋、二十二岁便赴美国留学的陈序经，也对母校留下了很深的印象。所以在1948年这个多事之秋，他几乎没有什么考虑便答应了岭大美国基金会的聘请，执掌这所南国著名的私立大学。时为1948年的七八月间。

在这个前途难卜的盛夏，很多人在惶惶不安中注视着时局的发展，这位评价自己一生"只是一个教书的"学者，此时却以十二分的热情，献身于他所钟情的教育事业。其开拓进取、丝毫不理会时局变幻而努力办学，于今想来仍是不可思议的。受聘岭大之前，陈序经为南开大学教务长兼经济研究所所长，被张伯苓倚为左右手。张伯苓自然不愿意放走这位难得的人才，多次协商下，张伯苓松了口，答应只借给岭南大学两年。这一借，使陈序经留在广东十六年，为广东当年拥有一支国内外都享有盛名的高级知识分子队伍立下了汗马功劳。陈序经走马上任那一年才四十五岁，他并没有先到学校，而是在北平、香港等地走了一圈。这一走，改变了很多人的命运。在北平，陈序经拜会了很多学者与教授。这位前西南联大的院长，其旧雨新知遍北平。拜会的内容有两个：一是互通信息加强联系；二是诚聘愿意离平者南下到岭南大学任教。陈序经的梦想是在广东建设一所类似清华大学那样一流的名校。五十年代陈序经与中共广东省委书记陶铸成为朋友后曾无限感慨地对陶说,"当初岭南大学聘请到十数名一流的教授,每个人都是我亲自去请的。"此话不假。

正是在这个时候,陈序经拜会了陈寅恪,并发出了邀请。但此时的北平,尚远离战火,陈寅恪自然没有马上答应陈序经。但以后的事实证明,陈序经这个盛夏的北平之行,为陈寅恪晚年的人生走向埋下了伏笔。半年后,陈寅恪与一批平津地区的高级知识分子投奔岭南大学,至此人们才懂得陈序经有着深远的眼光。

北平与香港之行,很能体现陈序经的办学特点:一手抓教授,一手抓经费。香港之行,陈序经满载而归,一个商人慷慨地给了陈校长二十万元港币作学校的经费,这数目在当时绝非寻常。再加上其他的资助,这位在东南亚学界有相当影响的校长便开始大展拳脚了。

8月,陈序经正式到校。9月,新学年开始。新任校长第一次对全校师生作训词,内云,"岭南虽是一个基督教大学,但对于学术的发展,它并无宗派之分,而注重于自由讨论的精神,也许是有了这种精神,岭南才愿意去找一位没有受过洗礼的人来主持校务,这又是中国教会大学的创举,这是兄弟所觉为荣幸的。"[1]

从这段发自内心的训词,大体可以探知陈序经的办学思想,那就是"注重自由讨论的精神"。九年后,中国大地开展"百花齐放,百家争鸣"运动,时为中山大学副校长的陈序经撰《我的几点意见》,认为搞学术"要有优容雅量,否则学术就很难有显著的进步","假使我们把高等学校的生活,完全当为政治生活来看待,这就是把政治庸俗化"[2]。从实质看,陈序经的几点意见不过是他一贯"注重自由讨论的精神"的继续,论调很持平。但随后在"反右"中受到冲击。倒是"优容雅量"一词,正是他一生为人办事的真实写照。

---

[1]《岭南大学校报》第83期。
[2] 见1957年6月14日《南方日报》。

陈序经的到来，为遭受经费困扰、师资疲软的岭南大学，注入了一股生机。9月，毕业于巴黎大学，曾任西南联大以及中山大学教授的语言学专家王力（了一），受聘到岭南大学教授音韵学并兼文学院院长。王力在岭大一直服务到1952年的院系调整为止。这里有一段内幕小故事：王力是在中山大学文学院教授的任上受聘到岭大的。时国立中山大学的教授薪水低微，王力受薪只有一百多元，而陈序经聘王力的薪水据说达四百多元，每月还有特别津贴，相差何止四倍。此事一时成为学界的谈资。

10月，第一批离平南下的高级知识分子抵达岭南大学，陈序经盛夏的北平之行开始见效。第一批学人大部分是北平医学界的精英，如谢志光、司徒展、陈国祯、白施恩、秦光煜等。谢志光，北平协和医院放射科主任，是中国临床放射学的创始人，他对放射学的贡献，被国际医学界命名为"谢氏位"，声誉卓著。其他四人，全是北平协和医学院毕业的医学博士，俱为北平各科的医学专家。正是这一批协和医院的精英，连同后来抵达广州的几位医学界名教授，共同撑起了在中国医学界有相当名声的中山医学院的半边天。因此，才有后来中山医学院有"八大一级教授"的说法。

其时，陈序经把这批医学英才全部安置在岭南大学医学院，并且在当月马上开课。陈序经已打破常规，何时有学人南下报到，何时就受聘上课。在1948年的秋季，岭南大学祥气云集，有如一颗耀眼的明星，在南国地区众多院校之中脱颖而出。如果就局部地区或一所学校而言，若能假以时日，陈序经完全有可能创造出一个教育事业上的奇迹。

远在上海的陈寅恪不一定知道岭南大学这种新气象，但那里有一个陈序经就足以令人放心了。再加上从未涉足岭南这块土地的陈寅恪，其实对岭大并不陌生。

1939年初,英国牛津大学特聘陈寅恪为汉学教授,邀请陈寅恪前往牛津做研究与开讲座[1]。其时陈妻唐篔与三个女儿抗战避难,受困于香港,生活艰辛,陈寅恪遂有举家赴英伦之念。

在陈寅恪漂泊的大半生,此时命运似乎露出些许曙光,它仿佛预示着陈寅恪的中年应该有一个转折点。

但有谁知这竟是陈寅恪中年遭受一连串打击的第一步。这年夏天,陈寅恪暂时结束西南联大的教学工作,从昆明飞抵香港,与妻女团聚,并等候从香港到英国的船期。

陈寅恪本与海有缘。他第一次睁开双眼看世界是十二岁(1902年)那年。这年他随兄长陈师曾第一次乘船漂洋过海到了东京,是大海将他送往异邦彼岸。这一次对海的体验是那样的刻骨铭心,1942年他一家乘难民船从香港回内地,在颠簸的海面上,陈寅恪对晕船的大女儿陈流求谈到了这"第一次"的感受:开始也是晕船卧倒不能动,以后逐渐锻炼出能在恶劣的天气与船上的水手共同进餐。从此,大海便成为他漂泊人生的旅程。据1956年陈寅恪在中山大学填写的《干部经历表》中本人简历一栏所述,1904年陈寅恪第二次赴日本,进入东京巢鸭弘文学院读高中,次年秋天因脚气病回国,旋进入上海吴淞复旦公学攻读。1909年,陈寅恪在复旦公学毕业,即再次远游。1910年,赴德国柏林大学攻读语言文学。1911年,转瑞士Zürich(苏黎世)大学继续攻读"语言文学"。1912年陈寅恪归国,"在上海家中自修文史学"。1913年,陈寅恪第四次远游,在该年进入"法国巴黎高等政治学校社会经济部读书"。1915年,陈寅恪自欧洲归国,此后三年继续"在南京家中自修文史学"。1918年冬,陈寅恪第五次远涉重洋求学:头三年进入美国哈佛大学"研究梵文",至1921年秋;从1921年9月起,转

---

[1] 蒋天枢:《陈寅恪先生编年事辑》,第108页,上海古籍出版社1981年版。另又见《陈寅恪集·书信集》"1939年2月9日陈寅恪致傅斯年函",生活·读书·新知三联书店2009年版。

起止年月	在何地何部門工作（任何職）或學習	姓名	政治面目	現在何地何部門任何職或學習	能証明你什麼問題
1904年以前	在南京家塾唸書				
1904春起 1905秋止	在日本東京巢鴨弘文學院高中部讀書，因脚氣病回國。				
1905秋起 1909年秋止	在上海吳淞復旦公學讀書	竺可楨		北京、中國科學院副院長	在復旦同班同學
1910年	在德國柏林大學讀語言文學				
1911年	在瑞士Zürich大學讀語言文學。後因學費難回國。				
1912年	在上海家中自修文史學				
1913起 1914夏止	在法國巴黎高等政治學校內社會經濟部讀書				
1915年 1918秋	回國在南京家中自修文史學				
1918年秋起 1921秋止	在美國哈佛大學研究梵文	姜立夫		廣州中大教授	在哈佛同學
1921年9月起 1925年1月止	在德國柏林大學梵文研究所研究梵文三年多				
1925年3月起 1926年6月止	受聘北京清華大學教授，因患父病至杭州，請假一年。未到校。				
1926年7月起 1937年10月止	任清華大學教授，住家北京。1937年7.7事變，交通不便，在北京候車再南下。				
1937年11月起 12月止	在長沙西南聯大內清華大學任教授，又因遷校，途中旅行數月始到達雲南				
1938年4月起 1938年7月止	在雲南蒙自，任西南聯大內清華大學教授	陳序經		廣州中山大學歷史系教授	同在蒙自任教
1938年9月起 1940年7月止	任昆明西南聯大內清華大學教授	邵循正		北京大學歷史系教授	同在昆明
1940年9月起 1941年12月止	因心臟病不能在昆明，改以清華教授名義暫在香港大學任客座教授				

1956年陈寅恪在中山大学填写的"个人简历"

1939年陈寅恪全家在香港。其时陈在等候赴英国的海轮

至欧洲"德国柏林大学梵文研究所研究梵文"[1]。十数年间,陈寅恪颠簸于海上,又岂止迢迢万里!

但在他四十九岁这一年,大海无情地成为阻隔他生命飞越的一道障碍。1939年9月1日,希特勒德国大举入侵波兰,第二次世界大战爆发。香港至欧洲的轮船停航,陈寅恪望海兴叹。遥望香港的洋面,陈寅恪根本想不到这一阻隔首尾竟达六年之久。

1939年9月的这场顿挫,给陈寅恪打击很大,以至他在那首《己卯秋发香港重返昆明有作》的诗中写下了这样略带宿命意味的句子:"人事已穷天更远,只余未死一悲歌。"即使是通达的文化大师,面对命运的捉弄,所能感发的也只是"一悲歌"而已。

无奈,陈寅恪只好独自重返昆明,继续在西南联大授课。

第二年的夏季,陈寅恪再一次从昆明抵达香港,渴望着能从这里踏上奔赴英伦的旅途。但很不幸,陈寅恪这一次赶赴香港仍不能搭上开往英国的海轮。于是陈寅恪决定停留香港,继续等候船期。

---

[1] 均引自该《干部经历表》,填表日期为1956年5月21日。

这一停留,达两年之久。[1]

陈寅恪为何在他五十岁的时候急切希望到英国?首先,三十年代有一批中国学人赴英伦研究学问,在伦敦大英博物馆等机构发现了大量在大陆非常罕见的中国文献,如敦煌卷子、太平天国文书等等。这些文献的发现,为中国历史的研究提供了很多新的史料,也造就了一批学者。敦煌学在三十年代的兴起便是一个很好的例了。毕生注重史料的发现与考证的陈寅恪,在1930年曾在陈垣所著《敦煌劫余录》序言中饱含感情地写道:

> 一时代之学术,必有其新材料与新问题。取用此材料,以研求问题,则为此时代学术之新潮流。治学之士,得预于此潮流者,谓之预流(借用佛教初果之名)。其未得预者,谓之未入流。此古今学术史之通义,非彼闭门造车之徒,所能同喻者也。敦煌学者,今日世界学术之新潮流也。自发见以来,二十余年间,东起日本,西迄法英,诸国学人,各就其治学范围,先后咸有所贡献。……今后斯录既出,国人获兹凭藉,宜益能取用材料以研求问题,勉作敦煌学之预流。庶几内可以不负此历劫仅存之国宝,外有以襄进世界之学术于将来,斯则寅恪受命缀词所不胜大愿者也。[2]

1934年,陈寅恪在《王静安先生遗书序》一文中曾精辟地谈到"足以转移一时之风气"的近世学术潮流,即"一曰取地下之实物与纸上之遗文互相释证";"二曰取异族之故书与吾国之旧籍互相补正";"三曰取外来之观念,与固有之材料互相参证"。[3] 所以,

---

[1] 陈氏在港候期,包含多种因素:英方一些机构对职位、费用支付、入境准许等等具体事务的落实。这一切,皆因战争而变得困难重重,陡添变数。

[2] 《金明馆丛稿二编》,第236页。

[3] 同上书,第219页。

被盗到英国的中国文献与佚籍,对任何一个历史学家来说,当有无限诱人的吸引力。陈寅恪自亦不例外。

其次,此时心脏病长久地困扰着唐篔,陈寅恪自己身体也不好,治病疗疾,是陈寅恪渴望赴英伦的另一个原因。

也许还有别的原因。命运偏不作美,等到1945年秋陈寅恪终于能一了心愿,乘飞机辗转抵达英国时,他的眼睛已经失明。英伦名校的汉学讲席虽仍虚位以待,但英伦的名医却无力回天。

1940年决定暂居香港的陈寅恪,不会预知五年后的人生际遇,他还在一心一意地等待海轮起航。这时,香港大学有幸请到了这位蜚声海内外的学者任客座教授。岭南大学就这样走进了陈寅恪的视野。

早在1938年10月,日本军队在广东惠阳登陆,不久广州陷落[1]。岭南大学搬迁到香港。校方与香港总督协商,港督同意岭大暂借香港大学的校舍继续上课。正是这一点缘分,八年后陈寅恪以岭南大学为归宿也就有了某种内在的因素了。

陈寅恪一家12月16日到了上海,住进俞大纲家中。俞大纲是俞大维的弟弟,与陈寅恪"姻连中表,谊属师生",曾同为中央研究院历史语言所的同事。陈寅恪一直留在南京念中学的二女儿陈小彭已先期到了俞家。至此,陈的一家可算是大团圆了。

但社会分裂所带来的一些矛盾,也投射到这个多年漂泊、凄苦的家庭里。还在北平时,陈家大女儿已经受到"学运"思潮的影响,用当年的话来说是一个要求进步的学生。这一点,与陈寅恪一向所坚持的学术应当保持独立自由精神的观点有所冲突。为此,陈寅恪是将他心爱的女儿带离了北平,但两代人的心灵并没有很快得到沟通,时代的裂变仍将对这个家庭产生很深的影响。也许两代人都有

---

[1] 广州市文史研究馆撰稿:《广州百年大事记》下册,第502页,广东人民出版社1984年版。

自己追求人生的方式，等到一切都回复到平静时，历史已刻下了很多不堪回首的沧桑！

从12月16日到第二年的1月16日，刚好整整一个月时间。这一个月除了能享受到很难得的一家团聚所带来的天伦之乐外，陈寅恪还有比较充裕的时间为未来作安排。首先去信与陈序经取得联系，待获得满意的答复之后，陈寅恪便着手准备南下；其次马上确定上海至广州的船期。

从以后的发展来看，还在上海时陈寅恪就开始考虑将广州作为他一生漂泊的最后一站。他不但把两个女儿带到了广州，其中二女儿立即转入岭南大学附属中学，毕业后升入岭大农学院园艺系，最

1949年陈寅恪与岭南大学文学院院长王力（了一）在其居住地"九家村"前合影

小的女儿陈美延则进入岭大附属小学[1]。而且，他一抵达岭南大学便马上进入角色，兼任中文系与历史政治学系两系教授，参加一些活动，恍如回到了熟悉的母校。

1949年1月16日，陈寅恪一家在上海乘坐招商局的"秋瑾"号客轮向广州进发。三天后抵达广州的渔珠码头。陈序经派了得力的秘书卢华焕亲自到码头迎接。卢华焕曾在西南联合大学工作八年，与陈寅恪及夫人熟识，数年不见，分外亲切[2]。广州给陈寅恪的第一个印象充满了温馨与亲情。这是一个很好的兆头。

岭南大学就在珠江边。江那边便是广州市区，学校连接市区最便捷的是交通渡船。为接陈寅恪，学校派来一艘交通船，所以陈一家刚下大轮船又坐上了小型交通船。船抵学校码头，受到陈序经及文学院师生的欢迎。内有王力、容庚、冼玉清、李沧萍等教授。陈寅恪一家，搬进了校内西南区五十二号宿舍，其所在地又称"九家村"。

陈寅恪的最后二十年，正式开始了。

---

[1] 大女儿陈流求留在上海念医科。
[2] 据卢华焕回忆（1993年8月11日）。

第一章　陆沉下的抉择

1

陈寅恪的到来，也使陈序经"一手抓教授"的计划达到了高潮。陈序经懂得陈寅恪的价值。

陈寅恪到达岭大的第二天，也即1月20日，该天出版的《岭南大学校报》登出了"本校聘请到名教授陈寅恪"的消息。该报云陈寅恪"精通十余国文字。西洋汉学家伯希和等曾从陈先生学中国史，壮年即享盛名……本校王力院长亦出其门下……（一九四二年）由英国牛津大学聘为正教授，此为我国罕有之荣誉……陈先生以史学驰名海内外……其博学为学术界所公认。去年国立中央研究院院士选举，陈先生荣膺院士之选"云云[1]。这是陈寅恪在岭南大学第一次正式亮相，评价之高，甚为少见。除了"一九四二年"这个时间及"伯希和等曾从陈先生学中国史"这一点与今人所掌握的史料有出入外，其他的评语很贴切。

从陈寅恪抵粤第二天校刊即登出消息此点去分析，陈寅恪远在上海时，陈序经已周密地安排了一切，他对陈寅恪的行踪了如指掌。

陈序经到底以多少月薪聘请陈寅恪？从五十年代初陈寅恪填

---

[1] 见1949年第91期《岭南大学校报》。

，以作研究之資料，將來結果，希望對於中國柑橘事業，能有相當貢獻云。

前校長晏文士博士在美車傷逝世

△陳代校長致電家屬唁慰▽

前一九〇七年，本校校長晏文士博士，本月八日在美橫過馬路時，不幸為汽車輾傷斃命，噩耗傳來，本校同人咸深感悼。查晏博士為一科學專家，前於一九〇三年奉派來校担任物理教授，領導學生研究科學發生興趣，渠為最早，為人熱心教育，主持理科部門，辦事認真。一九〇六年升任副校長，翌年首任校長尹士嘉博士回籍則由渠繼任校長職務，（此為本校第二任校長）在任期內，對校舍之增建，羅致優良教授，及添置儀器多所建樹，對校務之發展，尤不遺餘力，至一九二五年休假辭職返美，服務本校共達廿二年，奠定本校之基石，及造就不少中國科學界領袖人才，厥功甚偉。返美後任著名約翰哈堅士大學顧問及普蒙那大學校長多年，及本校校董，在美仍為我國文化宣傳多所盡力。今遭不測，不只本校痛失元勳，亦科學界中之一大損失，本校陳代校長現經去電其家屬唁慰，將在校內舉行追悼，以表哀思云。

為國家作育人才 文院添聘教授多位

‖名教授陳寅恪等將應聘到校授課‖

本校文學院為國家作育起見，特向國內廣為延攬教學人才，俾學子莘莘得資培植，查最近名教授陳寅恪，張純明，李祈先生等已蒙應聘先後來校担任教授，本校員生極表歡迎，查陳教授為名詩人陳散原先生之哲嗣。曾在巴黎柏林各大學研究，精通十餘國文字。西洋漢學家伯希和等曾從陳先生學中國史，壯年即享盛名。民十五年，與梁啓超王國維趙元任三先生同任清華大學國學研究院教授（本校王力院長亦出其門下）。迄今共任清華教授廿餘年。中間有一年（一九四二）由英國牛津大學聘為正教授，此為我國罕有之榮譽，終以健康關係歸國。陳先生以史學馳名海內外，尤精於隋唐史；同時以家學淵源，又精於唐詩。且以精通梵文之故，又常講授佛典翻譯文學。其博學為學術界所公認。去年國立中央研究院院士選舉，陳先生榮膺院士之選。張純明教授為美國伊利諾大學博士，曾任南開大學教授兼文學院院長及政治學系主任七年。歷任行政院參事，世紀評論總編輯等職。現任本校歷史政治系教授。李祈教授為金陵女子文理學院文學士，英國牛津大學文學碩士。歷任國立湖南大學，國立師範學院，江蘇省立江蘇學院，及國立浙江大學等教授。李女士係中英庚款派遣留英第一屆公費生。其著作有「華茨華斯及其序曲」，「英國文學」二書。現任本校外國語文系客座教授。

此外尚有經濟商學系及中國文學系教授數位在接洽中云。

英中基會派員訪校

‖史利特任務完畢返英‖

查在英國設立之中國基督教數大學聯合

1949 年第 91 期《岭南大学校报》介绍陈寅恪的消息

写的有关表格所反映，陈寅恪每月的工薪分一度达到二千七百分，比很多教授高出二三倍。陈寅恪在岭大领最高薪水是不容置疑的。1952年，岭大数学系主任姜立夫在思想改造运动中被迫交待这样的"问题"：他自到岭大之日起便每月领取特别津贴港币一百元，一直领了两年多[1]。以此推论，陈寅恪每月所领取的特别津贴也不应少于港币一百元。

至此，在陈寅恪五十九年不安的人生中，岭南大学这段校园生活，成为陈寅恪后半生为数不多的一段有些亮色，泛起一些快乐波澜的岁月。岭南大学的校风以及有些游离于现实政治的环境很适合陈寅恪，而陈序经也是他一生中碰到的为数极少的知音式领导。命运的机缘在这位大半生凄苦的大师迈入第六十个人生的年头，似乎开始展现它的宽容。陈寅恪有点像生活在美丽的桃花源里。

看看同一时期珠江对岸广州市的情形，对此会有更深的感受。

1948年底，国民党在中国的统治分崩离析，各类机关纷纷南迁。广州雪上加霜，社会动荡，物价飞涨，多遭受一层大溃退前夕的浩劫；南国各院校的教学秩序接近瘫痪，"反饥饿、反迫害"等罢教罢学风潮迭起。

1949年1月13日，以国立中山大学中文系主任孔德为首的中大教授，联名向当局发出"因生活悲惨，要求依照最近调整待遇发薪，限十五日十二时前清发两个月，否则全体罢考（按：即不给学生出考题、批考卷）"的警告。

2月2日，因物价上涨，员工生活陷入窘境，中山大学教授会全体教授向当时的教育部负责人陈雪屏请愿，要求一次性透支3至7月份的薪津。

3月5日，中大教授因生活受到严重威胁，从该天起实行罢教并"总请假"达二十四天。

---

[1] 见《姜立夫生平档案》。

5月中，中大教授会向社会发出快邮代电云："恳请代总统、院长、部长准予借支生活费三个月……另每人疏散费二百块银元。"

最令舆论震惊的是，同在该月，中大教授在国民党政府的教育部门前挂起了"国立中山大学教授活命大拍卖"的大字招牌，当街将首饰衣物、图书字画等当场拍卖，情景十分之凄凉。时人评之为这是"中外教育史上的一大丑闻……"[1]

虽是一河之隔，中山大学与岭南大学的景况却有天渊之别，此为陈寅恪之幸抑是时代之不幸？

投之以桃，报之以李。尚未完全熟悉岭表风物的陈寅恪，已开始将全副身心交给岭南大学。第一次透露陈寅恪即将授课消息的是1949年4月20日出版的《岭南大学校报》，在"下学期各院系开设科目"中，有这样两栏——中国文学系：白居易诗；历史政治学系：唐史。此两课程为陈寅恪所开无疑。岭南大学的历史专业一向很弱，没有独立的历史系，故历史与政治合为一系。有此原故，在陈寅恪的教学生涯中便出现了这样的现象，选修陈寅恪所开课程的学生很少，有两个学期甚至只有一个学生在听他的课。听课人少的直接原因，是当时岭南大学历史政治学系，总共只有二三十个学生，大部分人选读的还是政法专业[2]。所以，五十年代广东知名的历史学家杜国庠曾与选修过陈寅恪"唐代乐府"一课的岭大学生胡守为开玩笑，"你恐怕算是一个最高价的学生了"。意谓领最高薪水的教授只是指导个把学生，该学生也可称"最高价"了[3]。

往深一层看，这未尝不是中国文化在这个裂变时期的一种悲

---

[1] 参阅《广州百年大事记》、《中山大学校史》。
[2] 据岭南大学五十年代初学籍档案记录，1950学年（1950年9月至1951年7月）历史政治学系历史专业只有两个学生毕业；1951学年则一个也没有。另据岭南大学学生胡景钊回忆，"岭大历史专业在四九年前后几年的确无人毕业，直到五一年才有我和同学张观富两人毕业"（1997年4月17日）。
[3] 据胡守为回忆（1993年7月3日）。

哀。陈寅恪一生学贯中西，能运用十数种语言文字从事文史研究，这种学识与眼界，表明陈寅恪在二十世纪中叶已站在一个旁人难以企及的学术境界，实惟世纪难遇的一个奇才。陈寅恪前半生涉猎的学术领域繁杂，公认已作出卓越贡献的便有佛教经典研究、中亚古代碑志及古语言研究，及魏晋南北朝史、隋唐史等等。他在这些领域的建树，已显现陈氏学术的博大精深。使人一直深以为叹息的是，这位文化巨匠留给后人的东西，与他渊博的知识系统相比实在是太少了。这不仅意味着陈寅恪尚可以开掘更多的领域，对历史与文化有更多精辟独到的发见；它还意味着当文化的丰厚与历史的沉淀因人生机缘凝聚于文化大师一身时，大师身后，后人竟无法继承其遗产的几分之一。文化的源流在流过大师这一座碑石后，在相当长的一段时间内，新的碑石不知将在何处出现……

实际上，当年的一些理智者已经感觉到了这一点。在陈寅恪的晚年，顺应极"左"思潮，中山大学一直没有放弃改造陈寅恪"唯心史观"的努力，但一个忧虑的问题一直压在学校决策者的心头：

岭南大学的活动中心"小礼堂"（怀士堂）

怎样才能把陈寅恪的东西学过来。于是才有了以后一连串饱含着泪水的故事。

岭南大学在四十年代末至五十年代初，为陈寅恪提供了一个"世外桃源"，却不能提供更多的后学跟随文化大师承袭学问与学业，这是历史一个深深的遗憾。即使是办学妙手陈序经也无法挽回这个遗憾。远离"国共"大决战的中心，偏于南隅的广州，意外地出现了由多种因素造成的岭南大学这块绿洲，却不能使陈寅恪在这里寻找到更多的后代学术知音，这也是岭南文化一个深深的遗憾。在未来，后世的岭南人将会为这一历史性的失之交臂而深深叹息。

而在1949年，没有谁意识到这一点。陈寅恪似乎很快适应了这块土地，似乎喜欢上这座康乐园。

2

不过，现实世界并没有世外桃源。

河北岸的广州，形势一天比一天紧张。6月，国民党在广州组织了"战时内阁"，其中有两个学人出身的人物担任了在此时变得异常重要的两个职务。一为杭立武任教育部长，一为叶公超代理胡适任外交部长。杭立武，安徽滁县人，十九岁毕业于金陵大学，二十二岁获英国伦敦大学政治学硕士学位，二十八岁任中央大学政治系主任。以后即投身政界，担任过国民政府教育部次长。杭立武是国民党"抢运学人计划"与"抢运两院古物"最有力的倡议者。叶公超，原清华大学及西南联合大学教授，曾出任过外国语文学系主任一职，陈序经和陈寅恪，与叶曾是同事又是熟人。

在这段风雨飘摇、很多人都想远走异乡的日子里，杭立武一直未遗忘在岭南大学的"二陈"。他曾多次派人劝说陈序经动员陈寅恪离开大陆。陈序经一直没有答允。杭立武同样懂得"二陈"的价值，多次碰钉子后退而求其次，力劝"二陈"不妨先到香港看看情形再说。在解放军的大炮已震撼南粤大地的9月某日，杭立武拉着"战时内阁"的财政部长徐堪最后一次急匆匆地赶到岭南大学，亲自向陈序经摊牌，要陈序经一同前往劝说陈寅恪与姜立夫到香港。杭立武已到了哀求的地步，对陈序经说，如果陈寅恪答应去香港，他马上给陈寅恪十万港币及新洋房。陈序经当即回答，"你给十万我给十五万，我盖新房子给他们住。"杭立武带着财政部长一同劝说，大概有即时兑现之意[1]。

这一针锋相对的场面，多年来一直不为世人所知。

陈序经的回答自然是气话。他不可能给陈寅恪十五万港元，他也没有给陈寅恪盖新房子。不识时务的倒是杭立武，他似乎直到最后也不明白，"二陈"两人人生的价值取向，远非世人所看重的金钱、房子所能衡量。从杭立武多次劝陈序经动员陈寅恪出国这一点来看，可知此时的岭南大学校长陈序经，对陈寅恪有着多么大的影响力。

若从忠心对君的角度看，杭立武、叶公超等人对自己所服务的政府做到了忠心耿耿。直到10月初，叶公超主持的外交部还在广州办公，还在为国民党认为必须要离开大陆的各色人员办理出境护照。换句话说，直到这时"二陈"若想离开大陆，随时都有机会。但陈序经与陈寅恪，显然始终都不屑这种机会。

10月14日下午5时许，最后一支国民党军队在撤出这座城市之前，用烈性炸药炸毁了沟通广州城南城北的海珠桥，无辜市民死伤近千，在广州的历史上留下了罪恶的一页。一个小时后，共产党的军队开进了广州市。

陈寅恪坚决不出国有着很深刻的原因，这里暂且不提。陈寅恪直到被迫害至死也许都不一定知道，正是他坚决不出国这一点，帮助他渡过了在极"左"路线下面临的许多次难关。陈寅恪也没有料

---

[1] 1962年4月《陈序经谈高校工作和知识分子等问题》，广东省档案馆馆藏档案。

到他身后的十多年间，关于他是否想去台湾这个问题引发了一场笔墨论战。当政治浮躁的烟尘渐渐被拂去，陈寅恪在1949年的人生抉择，便闪现出最朴质的文化灵光。

难以想象，如果在1948年陈寅恪的生命中没有陈序经的出现，陈寅恪晚年将会漂向何方？

陈序经，海南岛文昌县人，1903年生。1920年入读岭南中学，1925年毕业于复旦大学，1928年获美国依利诺大学哲学博士学位。同年受聘岭南大学社会学系助理教授。1930年赴德国柏林大学进修，次年重返岭大。1934年起任南开大学教授，并主持"南开"经济研究所及政治经济学院。到1948年为止，共在南开服务了十四年（内含西南联大八年）。纵览其一生，陈序经是个永不失厚道与雅量的教书匠。他对东南亚史研究的声誉，他出国留学的经历，以及他出生的籍贯，曾使他有很多次平步青云的机会。在三十年代的广东，同为"岭大"校友的林云陔，担任广东省政府主席，数次劝时在学校教书的陈序经出任广东省教育厅长一职，为陈所拒。抗战胜利后，宋子文在广东碰到同乡陈序经，力邀陈担任驻泰国大使，并云"以君之声望，定能受到暹罗华侨的欢迎"。陈再拒。1949年国民党组织"战时内阁"，有意让陈担任教育部次长，陈三拒。

这位一生淡泊官场名利的教授，却有很高的管理院校的才能。他有一句口头禅："我是为教授服务的。"知人知心，优容雅量，是他从事管理的宗旨。这一点，早在他担任西南联大法商学院院长时便已名声在外了。当时法律系主任是燕树棠，其时燕在中国法律界大名鼎鼎，他有一个特点，甚少当律师替人打官司。燕氏家中人口多，故生活困难，燕树棠只好亲自当街摆卖家私杂物，引起轰动。陈序经知道后，设法给燕树棠送去钱，还打恭作揖恳求燕氏"以后不要再当街摆卖了，没有钱可以告诉我一声"。一时传为趣话。

正是这种过人的器量与待人挚诚的吸引力，令陈序经在1949年前后创下了好几个值得一书的奇迹。前文提到的中国放射学权威高等数学,他们到德国哥丁根大学留学,立志为美国研究高等数学。最后用了三十年时间,将高等数学从德国搬到了美国。姜立夫也立志要将数学从美国搬回中国。1920年,获得博士学位的姜立夫回到中国,在南开大学育才二十八年,桃李满天下[1]。

姜立夫从台湾返回大陆,影响很大,留在大陆的中央研究院全体同仁联名发来慰问电。五十年代初,国家筹建新的数研所,所长一职首先考虑姜立夫。时姜立夫已经六十岁,他在1950年赴京时以年老力衰亲自向郭沫若面辞。

姜立夫自台回大陆,对一个人同样有重大的影响,这人便是陈寅恪。许是曾经同为"西南联大"教授,同是终生服膺"超政治、纯技术"(姜立夫语),这段时期姜、陈两人多有来往,交谈甚为投契[2]。

这就是身处岭南大学的陈寅恪,在1949年能强烈感受到的身边四周特有的氛围。它有助于我们探寻陈寅恪与陈序经的心路轨迹,以及这两个学人在文化品格上相互吸引、相互砥砺的撞击点。

仅仅用爱国一词,已无法概括深植在"二陈"身上的那种特有的文化意蕴。也不足以解释那种对文化至死不渝的眷恋。

抗战时期,有关当局明令各大学院长都要加入国民党,陈序经

---

[1] 见《姜立夫生平档案》之"自述"。
[2] 在探寻陈寅恪1949年至1950年之际对前途的选择时,应注意到姜立夫的抉择是一个重要的因素,同时也是一个不可忽略的对照样本。姜、陈关系的渊源,显然比以往学界所知道的要深刻得多。1956年陈寅恪在填写《干部经历表》时,将姜立夫列为自己三十岁前后留学哈佛大学这段经历的证明人(见前列"个人简历"表),同时又以"主要的社会关系"列出,以陈氏史家的意识与晚年言及社会关系时的小心谨慎,此"证"与"标明关系",不是随意之举,应有深意。在五十年代中期后,广东当局在学界优礼"国宝",往往陈、姜并举;一些要员或巨公巡视康乐园,若欲过访"国宝",也必循陈、姜两府而往,已成惯例。从陈寅恪这方面看,这些都意味着绝不苟且的陈氏,是认同姜立夫为"同类",足可"为伍"。另又有以下背景可资参考:据陈美延回忆,姜、陈两家在此后十数年的关系相当亲密,两家夫人的情分基本不分彼此。姜夫人时常上门找陈夫人分享家事,故此姜家发生了些什么,陈府这边很快也就知道了。此外,姜、陈作为岭南大学与中山大学的顶级教授,两家夫人在校园家属中却为人谦和简朴,至今仍让一些知情者怀念。

五十年代岭南大学极负盛名的两位教授姜立夫（左一）、陈寅恪（左二）
及其夫人与校长陈序经夫妇（右一、右三）在广州中山纪念堂前留影

谢志光，其时正去意彷徨，陈序经三番相请，结果谢志光不单自己来了，还带动了一批医学专家南下广州。前中央研究院数学研究所首任所长姜立夫，1948年底已奉朱家骅之命将数学研究所转移到台湾，姜立夫本人亦已在台湾待了半年。当陈序经从其家属处得知姜立夫有离台意时，即写信邀姜立夫回大陆，并为此作了一系列精心安排。1949年7月，姜以"家有急事"为由离台到达香港，陈序经立即请姜到岭南大学执教。自述"一不懂广东话，二不信基督教，和岭南环境不相宜"[1]的姜立夫，就这样留在了广东。

因为姜立夫的到来，陈序经在岭大新设了数学系，聘姜为主任。这位公认的中国数学界现代数学最早和最有成就的播种人之一，在1911年到美国留学，进入著名的哈佛大学研究院。院中有两位老导师的经历给了他很深的刺激。这两位导师年轻的时候美国尚未有

---

[1] 引自1952年姜立夫"自我检查"，见《姜立夫生平档案》。

坚决不肯加入，有言"如果一定要我参加国民党，我就不做这个院长"[1]。最后还是由张伯苓出面说情，陈序经没有"入党"，院长还是继续当。直到1967年含冤而逝，陈序经还是一名"无党派人士"。

1953年，新加坡酝酿筹办南洋大学，有意聘请陈序经为校长。中共华南分局书记陶铸知道此事后，赞成陈序经赴新加坡办学，陈序经却摇头。事后陈序经对其子女说，从南洋归国，其父就告诫他从此要为国家的教育事业尽心尽力，这段嘱咐他铭记终身。南洋大学最后请了当时居住在美国的林语堂出任校长。林语堂举家去了新加坡，结果却是很多人始料不及的。林语堂以校长名义筹办南洋大学，终因与学校"执委会"意见相左，不得不在1955年4月辞职。[2]

终其一生，中国传统贤者"恭宽信敏惠"兼不入俗流的操行在陈序经身上有很鲜明的体现。但正是这位谦谦君子，在三十年代却是力倡"全盘西化论"的得力猛将，名字与胡适等风行一时。数十年来，"全盘西化论"一直遭到社会的痛诋与围剿，今天已没有必要"为贤者讳"。陈序经很特别的一生与其很复杂也是很深厚的文化观与历史观，可以说得上是二十世纪中国某一类知识分子的典型。在人文的意义上，这一典型永远有启迪与值得探寻的作用。

在五十年代的中山大学，流传着这样几则无法证实的轶闻：其一，某次陈序经与陈寅恪同乘一辆小车进城，恰逢走到某处司机要倒车才能绕行，陈寅恪忽与陈序经打趣，陈校长，快捷如小车有时要倒倒车才能跑得快，你的"全盘西化"怕也要倒倒车了。陈序经闻言只是笑笑。其二，某日陈序经与陈寅恪同席吃饭，陈寅恪知道陈序经习惯用筷子，便笑着说，陈校长的"全盘西化"是假的，我的"全盘西化"才是真的。一席人皆大笑。原来陈寅恪大半生已养成习惯，喜欢吃牛油、面包、牛奶等，故有此喷饭之语。

---

[1] 参阅《笳吹弦诵情弥切》第146页，中国文史出版社1988年版。
[2] 参阅《大成》杂志（香港）第30期有关文章。

自然,这都是学者间的幽默趣事,不必当真。但它已反映出"二陈"在个性上的差异及在文化同归之前殊途上的差异。这种差异使文化与人这类形而上的话题显得分外亲切与分外有魅力。

就性格而言,陈寅恪孤清、倨傲,这与他坎坷的人生有密切的关系;陈序经则谦和、优容。一刚一柔似无共通之处。就年龄而言,陈寅恪比陈序经大十三岁,亦师亦友;就经历而言,陈寅恪目睹过本世纪之初的社会裂变,与陈序经可算是两代人。陈寅恪一生在海外求学十余年,陈序经亦有在东南亚、日本、美国、英国及德国游历与求学的经历,但在这两个人身上都保留了很多浓郁的中国文化传统:陈寅恪一生用文言文著述,刊行一定要用繁体字;二三十年代陈寅恪尚年青时,已是终年唐装长袍,典型的传统服饰打扮;带书籍资料上课讲学,多用一块布裹好提着上讲坛,此特征已成为清华学子辨认陈寅恪的最好标记。在极"左"年代一直为"全盘西化"罪名所累的陈序经,其生活方式与待人接物之道,也一直都是中国式的。

最后,最能沟通"二陈"精神世界的,恐怕莫过于灵魂深处已深深根植的"自由之思想,独立之精神"的意识。

此点,成为二十世纪渴望做一个纯粹的学人那一类知识分子不能躲避政治漩涡而只好洁身自守最见品格的一个闪光点。

今天,人们终于可以发问,无论是昨天、今天还是未来,中国社会是否需要或者说能否容得下这一类纯粹的学人?

3

比起陈序经,傅斯年很不走运。

在国民党政府中,最有可能把陈寅恪"抢运"走的,恐怕只有傅斯年。1949年,身在台湾的傅斯年,多次致电陈寅恪催其赴台。

历史还为后人留下了更多的线索。1948年底陈寅恪自北平飞抵南京的第二天，也即 12 月 16 日，国民党政府便宣告傅斯年出任台湾大学校长[1]。1949 年 1 月 20 日，傅斯年在台湾正式就职。

傅斯年当然知道陈寅恪的价值。

远在 1928 年，傅斯年等人创办了中央研究院历史语言研究所。在这一点上，傅斯年对中国历史文化的研究是有相当贡献的。该所云集了一批可算是中国历史研究领域的精英。史语所共设历史组、语言组、考古组三个机构。三个组的负责人皆一时之俊杰。历史组负责人是陈寅恪，语言组负责人是赵元任，考古组为李济。赵元任，现代杰出学者，在语言学等领域有很深的造诣。赵早年已负盛名，为清华国学研究院四导师之一。李济，中国现代科学考古发掘的开山人之一，领导了被世界称之为"二十世纪人类最伟大的发掘之一"的安阳殷墟的发掘。三组负责人都有一个共同的特点，三人都曾远赴美国哈佛大学求学，赵、李两人并获哈佛大学的博士学位。陈寅恪、赵元任、李济三人后来都成为各自学科领域的巨匠，而傅斯年把他们招至麾下时，陈寅恪才三十八岁，赵元任三十六岁，李济更年轻，只有三十三岁。

作为一个管理学人的行政人员，傅斯年亦可算是一个高手。他太了解二十世纪前期像陈寅恪这样一类知识分子的个性与人生理想，他极少与所内的学人谈论实际的政治问题。傅斯年死后二十多年，李济在回忆文章中尚如是说，"傅斯年知道我们这些人不懂政治，他从不跟我们谈政治"[2]。这是傅斯年治事用人的高明之处。这样的例子还有一些。傅斯年当年在史语所有一硬性规定，不准所内人员兼职。陈寅恪与赵元任时为清华教授，无奈，傅斯年只好特允陈、赵两人例外，两头兼顾。据说，当年也只有这两个人是例外。陈寅恪虽是历史组负责人，却一直是挂名的，并不负责具体的行政

---

[1] 1948 年 12 月 16 日《申报》。
[2] 见台湾《传记文学》第 28 卷第 1 期。

工作。傅斯年也不苛求陈,但对陈的意见几乎是言听计从。由此可见傅斯年对陈寅恪相知之深。

撇开其将自己的命运与国民党联结在一起的一面,傅斯年其实也算是一个很有天赋的学人。这位生于1896年的山东人,十岁时被誉为神童,十七岁考入北京大学预科,二十三岁赴伦敦大学留学,二十七岁转德国柏林大学研究哲学。陈寅恪这时正在柏林大学研究比较语言学。若从这个时候算起,直到1948年,陈寅恪与傅斯年的交情已有二十五年之久。傅斯年介乎学人与为官治事之间,一生行藏似乎更偏重于后者,二十多年来他先后担任过中央博物院筹备主任、国民参政会参政员、中央研究院总干事及北京大学代理校长等职[1]。但作为学人,傅斯年亦有著述,对明史及中国东北地区的历史有相当的研究。傅为人正直,嫉恶如仇,令人感兴趣的是,这位长年与国民党"同甘共苦"的学人,身前身后获得了少有的"贤声"。比较一致的看法是,傅斯年识才,懂得珍惜人材。同时他的博学与文化学术思想,也赢得了那个时代一些知识分子的好感。

在陈寅恪的一生中,相交如此之长、如此之厚的官方人员,傅斯年恐怕可算是唯一的。

1949年傅斯年对陈寅恪"屡电催赴台",应有更深的原因。在上一年底傅斯年将历史语言研究所迁往台湾后,便匆匆出任"台大"校长。再联系1948年12月15日傅在南京亲自迎接自平飞宁的胡适与陈寅恪,这期间傅斯年似乎与陈寅恪有一个口头之约,不然不好解释马上成为校长的傅氏为何屡电催陈赴台。据说,在台湾的傅斯年已为陈寅恪准备好数名助手。傅斯年一直期待着陈寅恪的到来是肯定的了。五六十年代在大陆一直有这样的说法,"国民党派专机要接陈寅恪去台湾,陈寅恪坚决不去。"大概这种说法指的就是傅斯年催陈去台事。以傅斯年办事的魄力,只要陈寅恪想走,马上

---

[1]《傅斯年先生小传》,载台湾《传记文学》第28卷第1期。

能派出专机是很有可能的事。

令人略为惋惜的是，这样有才干的人，竟然以悲剧告终。1950年12月20日，五十五岁的傅斯年在台湾省临时参议会议上突发脑溢血倒地不治。其时傅正为"台大"事接受参议员的质询。故傅死后台大学生集会示威抗议参议员逼死校长，几乎酿成一场风波。

耐人寻味的是，傅斯年死后陈寅恪曾写过挽诗，但到目前为止，在已面世的陈诗中未发现这首挽诗。此诗恐怕将永远被湮没。傅斯年直到死，都一直效忠国民党，这是一个很大的忌讳。五十年代初，陈寅恪显然曾将该诗寄给北京大学教授向达，向达对其他人说过这样的话：陈寅恪在诗中将傅斯年比作郑成功[1]。另据邓广铭回忆，陈寅恪悼傅斯年的诗即1950年所作的《霜红龛集望海诗云："一灯续日月，不寐照烦恼。不生不死间，如何为怀抱。"感题其后》的七绝。此说尚有待细考。

相比于陈序经能把姜立夫从台湾"抢"回来，傅斯年不能"抢运"出陈寅恪，已不是欠缺运气可解释。陈序经能安陈寅恪，而傅斯年不能，恐怕有更深刻的原因。

两个同与陈寅恪一样横跨三个朝代（清朝、民国、人民共和国）的人，在1949年前后的人生抉择，可以作为解释上述问题的注脚。

张伯苓，著名的教育家，南开大学的创办人之一，办学之初就立下"终身从事教育不作官"的誓言。1948年底经不起蒋介石的再三恳请，终于第一次破例答应出任国民政府考试院院长，时年七十二岁。结果半年不到，因无法忍受当局"无官不贪，无吏不污"的现实，愤然回到重庆的寓所深居简出。共产党进军西南前夕，蒋介石两次亲自登门催促张去台湾或出国，并保证其一家人可以一同走。张伯苓没有点头。最后一次由蒋经国上门劝说，并云"给先生

---

[1] 见汪篯1953年南下广州时所撰《陈寅恪的简史及学术成就》一文（未刊档案材料）。

留下一架飞机，几时想走就几时走"。张伯苓到最后还是没有答应。结果，张伯苓最终还是留在大陆。[1]

吴宓，陕西泾阳人，1894年生，前清华学校国学研究院主任，清华大学教授。吴宓少年时聪敏过人，已有才子之称。1917年由清华学校派往美国留学，先入弗吉尼亚州立大学学习文学，后转入哈佛大学师从白璧德教授，研习文学、哲学等。吴宓在哈佛与陈寅恪相识，甚钦佩陈寅恪的学识才华、人品志向，遂结下一段长达四十余年生死不渝的友情。在1949年，吴宓执教于武汉大学。4月20日，"国共和谈"破裂，子夜，共产党第二、第三野战军"百万雄师"强渡长江，国民党长江防线崩溃，国统区盛行一时的划江而治的幻想被硝烟吹散。4月29日，吴宓西飞四川，本欲出家当和尚，后取消此念，入当地院校讲学。自云"仍崇奉儒教、佛教之理想，以发扬光大中国文化为己任"[2]。10月，香港友人函请吴宓赴港共事讲学，吴宓谢却，时年五十五岁。很有意思，1949年前后吴宓听到了很多关于陈寅恪已离开大陆的传说，他始终不相信。他太了解陈寅恪了。

吴宓之所以飞赴四川的一个重要原因是想上峨眉山出家。这容易令人想起二十二年前王国维之死。"出家"与"死"，生命的形态虽有不同，但实质只有一个：抛弃俗世。在人生的那一刻，王国维与吴宓是相通的，永远不离开这块土地——无论活着还是死去。

但一念之差，吴宓又降回尘世，他将度过三十年的坎坷人生。

---

[1] 郑致光等：《张伯苓传》，第124页，天津人民出版社1989年版。
[2] 此据吴学昭回忆（1993年9月24日），并参阅吴学昭《吴宓与陈寅恪》一书。

第二章　南土的温情与生命的积淀

1

这是一块给了陈寅恪另一种生命感受的土地。

比起干燥、枯寒的北地，岭南偏于温湿与润泽，风雨与阳光，更多地带有一种温馨。与之相适应，岭南人也带有更多的温情与细腻的关怀。

一踏入岭南，陈寅恪便被南粤所特有的浓浓的人情味包围。一些在陈寅恪晚年生涯中起着相当重要作用的人开始走入陈寅恪的生命历程。

很重感情的陈序经成为陈家的常客。陈序经除了为陈家解决一些实际困难外，更多的是嘘寒问暖。陈序经对陈寅恪的关心，称得上无微不至。

1950年夏，与陈寅恪相依为命二十二年的唐筼携女突然去香港住了一段时间[1]。于是，关于陈寅恪是留在大陆，还是去香港的话题再度提起。香港一些文化机构及个人一直未放弃聘请陈寅恪赴港讲学的努力，并愿付很高的薪酬。一年后陈寅恪的助手程曦不辞而别，跑到香港大学求一席之位，校方一听程曾当过陈的助手，

---

[1] 据陈寅恪女儿回忆，她们更倾向于认为母亲是在1949年有此香港之行。

五十年代初康乐园中区一角

即以九百元港币月薪聘程[1]。据陈序经在 1962 年透露,为了接回陈夫人,他亲自跑到香港找了一个多月,最后在一个旅馆将唐筼找到,陪着她回到广州[2]。其时土地改革运动如火如荼,唐氏大家族中的一些人受到冲击,这是唐筼去香港一段时间的一个不可忽略的原因[3]。

初到岭南的陈寅恪,在这里也觅到了不少旧雨新知。当时留居广州的来自北国的学人不少,岭南大学有王力、梁方仲、姜立夫、李沧萍等,中山大学有朱师辙、刘节等,皆为当时南粤高校知名的学者。其中梁方仲、刘节等人,成为陈寅恪晚年历史的见证人。

此时,岭南大学正按照陈序经的办学方针逐步走向繁荣:新的经费与教学设施陆续到校;海内外的师资人才不断涌入,校园一片欣欣向荣的景象。陈寅恪的生活进入比较安稳的阶段。

---

[1] 见汪籛《陈寅恪的简史及学术成就》。
[2] 《陈序经谈高校工作和知识分子问题》。
[3] 此据中山大学有关档案记录。唐筼,广西人氏(详后),因出生时难产,故从小就被寄养,很早就随养母(也是伯母)脱离了广西大家庭,先后在苏州、天津等地生活。由此推断,唐筼感于家族中人受到土改冲击,其含义并非仅指广西老家。

在清华园时就自愿追随陈寅恪治史与读诗的燕京大学毕业生程曦，在1949年的夏天离开北平，来到岭南大学，要求做陈寅恪的助手。陈序经与王力答应了。在此之前，广东番禺人黄如文曾受王力之嘱协助陈寅恪工作。黄于1936年燕京大学研究生毕业，1946年受聘中山大学文学院，1949年成为岭南大学中文系讲师。黄如文说话带有很浓的方言口音，与陈寅恪不易沟通，程曦到来，自然接替了黄如文，陈寅恪的助手问题暂时得以解决[1]。

此外，七八位医术一流的专家执教于岭南大学医学院，令陈寅恪生平第一次享受到很好的医疗保健服务。这些医学教授受命定期上门为陈寅恪检查身体，他们的诊断是令人欣慰的：六十岁的陈寅恪，除了眼睛的毛病及有些血压偏高外，其他无大碍，身体尚属健康。陈寅恪双目失明的病因是"视网膜严重剥离"，此时双目犹可在明亮处隐约分辨目中影像的轮廓。陈序经最关心陈寅恪的眼睛能否复明，屡嘱医学院设法医治。十分可惜，学校医学院的多位名医也无力改变这残酷的事实。

但仅仅是这些已经足够了。

六十岁的陈寅恪，生命之船似乎寻觅到了一个恬适的港湾。在人们看来，在此世纪巨变之际，陈寅恪立足于"北京—海外"这两极间的中介地带广州，似乎有可进可退之势，而实际上生命的漂泊

---

[1] 今天重辨这段历史，看似只是插曲一段的"陈寅恪两个助手的故事"，仍有蛛丝马迹可寻，仍能读出某些历史的渊源。黄如文生于1905年，1934年入读燕京大学，1936年毕业，1939年复返燕京大学任教，直至1942年上学期。在1942年的夏秋间，燕京大学在四川成都办临时学校，因香港沦陷而回到内地的名家马鉴，重返燕大复任国文系主任。曾自述与老师马鉴"比较认识"（五十年代初"自我交代"语）的黄如文，离平赴成都任燕京大学国文系讲师。1946年，马鉴回归香港大学中文系任职，黄如文遂结束与燕京大学前后达十年的关系也南返广州（以上史实据《黄如文生平档案》）。甚可注意者，陈寅恪曾于1943年底应聘任燕京大学教授，时间将近两个学年，陈寅恪在初到广州之时，两个助手黄如文、程曦才曾先后是燕京大学的学生，恐非偶然。这样，"燕京大学、马鉴、陈寅恪"，这三点已划出了一条连线，它显示了潜意识的"学术圈子"与择人取向。至于马鉴与陈寅恪的关系，在五十年代前期仍未中断，不过这已是另外的话题了。

1949年12月《岭南学报》第10卷第1期刊载陈寅恪四篇论文

已经到头了[1]。从1949年到1952年，陈寅恪先后在《岭南学报》《南国》等岭南大学刊物上发表了《从史实论切韵》、《白乐天之先祖及后嗣》、《白乐天之思想行为与佛道之关系》、《论元白诗之分类》、《元和体诗》、《白乐天与刘梦得之诗》、《白香山琵琶引笺证》、《元微之古题乐府笺证》、《秦妇吟校笺旧稿补正》、《崔浩与寇谦之》、《论唐高祖称臣于突厥事》、《论隋末唐初所谓"山东豪杰"》、《以杜诗证唐史所谓杂种胡之义》等论文，共计十三篇。从《岭南学报》第9卷第2期开始，几乎每一期都有陈寅恪的论文刊出，直到该学报在1952年停刊。这完全可视作是陈寅恪对岭南大学知遇之恩的一种回报[2]。

此外，从1949年至1952年，陈寅恪先后完成《论韩愈》、《记唐代之李武韦杨婚姻集团》、《述东晋王导之功业》等十篇新论文，以上三篇尤为史界推崇。在这三年间，陈寅恪先后完成及分别刊行的论文超过十万字。其文思泉涌，见解精妙，笔力尤勤，论史以抒通古今之慨，这些都为后人理解岭南大学期间陈寅恪的生命形态留下了无穷的余韵。

---

[1] 1916年，王国维在《彊村校词图序》曾感慨谓："古者有去国，无去乡。后世士大夫退休者，乃或异于是。如白太傅之居东都，欧阳永叔之居颍上，王介甫之居金陵，盖有不归其乡者矣。然犹皆平生游宦之地。乐其山川之美，而习于其士大夫之情，非欲归老其乡而不可得也。至于近世，抑又异于是。光宣以来，士大夫流寓之地，北则天津，南则上海。其初，席丰厚、耽游豫者萃焉。辛亥以后，通都小邑，桴鼓时鸣，恒不可以居。于是趋海滨者如水之赴壑，而避世避地之贤，亦往往而在。"避世，是清末民初动荡之际，一批上流士夫对全身而退这种生存方式的选择。王国维早前也随人东渡避地数年。但仅是一介寒士的王氏终在1916年春返归故国，十一年后自沉于一直有着精神象征的皇家园林颐和园。至1949年前后，同属"海滨者"的香港，已取代上海，成为"末世逃难栖身地"。但趋赴者早已不是士夫或"贤者"，而是一个转型并不成功的现代国家中的既得利益群体，以及政治意识选边者。所谓去国去乡的寄托，已今非昔比，面目全非了。

[2] 近年，有关晚年陈寅恪"欲移居海外"的个别议论再起，一些间接的资料面世。只是这些材料仅能证明在1950年前后，海外的一些机构仍对招揽陈氏在做工作。而对于"去"或"留"最能一锤定音的陈寅恪，在适应了岭南大学的环境后，已抱"不动"之旨。实际上此时陈序经已是陈寅恪身边最大的"保护人"与最信赖的人。欲移此陈，必先经过彼陈。陈序经改朝换代之际坚不移身海外，其心志是毋庸置疑的。

2

　　带着浓浓的人情味，有两个女性在陈寅恪晚年的生涯中先后出现了。很难说南粤的风土人情影响了陈寅恪什么，但陈寅恪在晚年两部最重要的著作（《论再生缘》、《柳如是别传》）中所表现出来的更重感情、笔端时常流露细腻的情感痕迹，也即在文史方面多了许多"文"的倾向，与他一贯的治史风格是略有变化的。

　　这是一段很值得追溯的人生交往。

　　第一位女性名叫冼玉清，岭南大学中文系教授。这位自号"碧琅玕馆主"的奇女子，堪称二十世纪广东不可多得的女学者与女诗人。她对岭南历史、风物、史志文物的发掘与整理，数百年间岭南巾帼无人能出其右。

　　冼玉清二十年代已有诗名，著有《碧琅玕馆诗稿》，深为黄晦闻、柳亚子等赞赏。她在二十年代末赴京进修兼游览的日子里，得识当年京华学界的名士贤达陈垣、马衡等人。马衡曾力邀冼留在燕京大学和清华大学讲学，终因岭大钟荣光校长"劝冼服务桑梓"而未能成行。今天已无法考知冼玉清如何认识郑孝胥及陈三立（散原）等人。郑、陈两人阅读了《碧琅玕馆诗稿》后，分别给予很高的评价。陈三立的评语为"澹雅疏朗，秀骨亭亭，不假雕饰，自饶机趣"[1]。陈三立显然激赏这位女诗人，亲笔为冼玉清的书斋"碧琅玕馆"题写一匾。冼玉清视此匾为毕生珍藏，无论迁居何处，总是高悬于居所正中。陈三立为陈寅恪之父，早年以晚清"四公子"之一闻名[2]，晚岁以诗文著称，有"吏部诗文满海内"之誉。二十多年后，在1956年的旧历正月初一，陈寅恪赠与冼玉清一副由他撰写、唐篔手书的春联，联云"春风桃李红争放，仙馆琅玕碧换新"。此联一直被认为是陈寅恪心情舒畅之作，

---

[1] 原件藏广东省文史研究馆。
[2] 晚清"四公子"有多种说法，姑录此说：陈三立、谭嗣同、徐仁铸、陶菊存。

四十余岁时的冼玉清

但更深一层的典故则知之者甚少。冼玉清出生于 1895 年,比陈寅恪小五岁,却有幸成为陈氏父子两代之高谊友朋。陈氏父子在近世中国堪称一代诗家与一代史家,两代人先后为一人题匾写联,如此异性知音,不知在陈三立父子交友史上是否有第二例?

这位一直被世俗社会视为"怪"的女性,终生不曾婚嫁。她二十三岁进入岭南大学附属中学求学,随后升入大学,毕业后留校任教,前后在岭南大学读书、任教共三十四年。在二十年代她便以一段肺腑之言而惊世骇俗:"以事业为丈夫,以学校为家庭,以学生为儿女";"立志终身从事教育,牺牲个人幸福,以为人群谋幸福。"[1] 说这话时冼玉清尚年轻,但已概括了自己的一生。

陈寅恪一家的到来,给时年已五十五岁的女教授带来了觅到知音的快慰。亲人般的相互照顾与关怀,无论是对大半辈子孑然一身的冼玉清来说,还是对惯于漂泊的陈寅恪一家而言,都感受到一种浓浓的人生暖意。

---

[1] 引自冼玉清 1952 年 9 月 6 日《检讨我的封建保守思想》(未刊档案材料)。

南方的温情,更容易体现在饮食上。陈家主妇唐筼见冼玉清一人过日子很清冷,每有美食佳肴,常请冼过来分享或派人送上门去。冼玉清有好东西也往陈府送。冼氏的送礼方式体现了典型的岭南民风,喜欢讲"意头"(吉祥意),多取双数,所有礼物的数目、品种,都很工整地写在礼单上,一目了然。出身于世家的唐筼很喜好这类交往。唐筼这种喜欢排场的世家派头曾被人作为"陈府动态"向广东省委有关方面反映。这位善良的家庭妇女亦因此而在有关档案中留下了"爱慕虚荣"这么一个形象。这是闲话。

在五十年代,冼玉清显然参与了陈寅恪的许多家事。大到和校方的应对,小到家中女儿在哪里读书、工作,甚至陈家女儿的婚恋等等,冼玉清都发表过意见。晚年的陈寅恪虽深居简出,但仍敏于时事,对现实有透彻的了解,这与冼玉清总及时地将外间见闻说与陈寅恪分享有很大的关系。

在陈寅恪初次感觉"过岭南来便隔天"[1]的岭南生涯里,历史无法抹掉冼玉清在陈宅"活跃"的身影!

在这里,历史还能更深地透视出陈寅恪与冼玉清长达十数年的同病相怜、意气相投有着相似的与深刻的文化背景。

冼玉清十三岁即入私塾,其启蒙老师是二十世纪初"省港澳"一带享有声誉的陈荣衮。陈荣衮的道德观与文化观给了冼玉清终身的影响。

陈荣衮,字子褒,光绪十九年举人。同科与陈获得举人功名的,还有南海康有为。据说陈子褒的举人放榜名列于康有为之前。在后来康有为带头发起的"公车上书"中,陈子褒也参加了。戊戌变法失败后,陈子褒和其他维新人士东渡日本留学考察。此一去,决定了陈子褒的后半生志向,认为要救中国需从教育入手,而教育须以妇孺为根本。日本归来后陈子褒设帐授业,自号"妇孺之仆",致

---

[1]《庚寅元夕用东坡韵》(1950年)。

第二章 南土的温情与生命的积淀 43

1936年陈三立（散原）老人（中坐者）与家人留影。
后排右一为陈寅恪

力小学基础教育和平民教育，先后在澳门、香港等地创办子褒学校及灌根书塾等，开一时之教育风气。

在同一时期，陈寅恪的祖父陈宝箴、父亲陈三立干得更轰轰烈烈。1895年，陈宝箴授湖南巡抚一职，在此三个月前，帝都已发生康有为等千余名举人痛感朝政腐败、丧权辱国，奋然上书痛陈变法的事件。年过六十的陈宝箴，藉此风云际会，怀"以一隅为天下倡，立中国富强之根基"的梦想，在湘省锐意整顿，除弊兴利，举荐维新风云人物谭嗣同、梁启超、黄遵宪等人参与湘省的维新运动。一时全国瞩目，风气独标，气象一新。时陈三立随侍其父左右，襄助策划，亲身参与了这场对国与家都带来深刻影响的政治变革。可惜，短短的三年时间，对这两位"益切忧时爱国"、等待了大半生欲一展宏图的父子来说，显得是多么的紧迫与短暂。

冼玉清的道德学问、遗世独立，源自她那参与过公车上书的举人恩师；陈寅恪的兴亡之叹，则来自他顷刻间功名事业便尽毁的家庭变故。1898年9月,"百日维新"失败,谭嗣同等戊戌六君子被杀,陈宝箴以"滥保匪人"罪名被朝廷夺职,陈三立也遭吏部除名,父子两人同被清廷宣告"永不叙用"。时陈寅恪八岁。直到1937年,陈三立伤中华之多难,倭寇毒焰正炽而辱不再生,绝食而死,陈寅恪经年关于家仇国恨的"兴亡情结"不但没有化解,相反越加凝重,更因渗透了人生的曲折而具有更伤痛的意味。

陈寅恪与冼玉清的交往,在陈寅恪的晚年,已超出了一般新知旧雨的友情,具有一种固有文化并不因时代的嬗变而迷失的相互寻觅、互为鼓励的精神。在剧变的社会里,其志节因得以固守带来对生存的肯定,从而引起交往双方精神上的愉悦。这一点,对晚年陈寅恪很重要。

其实,互为气类的心灵共鸣,早已在生命的历程上有了伏笔。1941年底,日本军队攻陷香港,香港大学停课,陈寅恪一家愁困港岛,望尽天涯路。当时痛失家园而客寓香港的冼玉清,托人给陈寅恪送去价值四十港元的"军票",陈寅恪没有收下。但这一份情谊久久缠绕了一段很长的人生。二十四年后冼玉清不幸撒手人寰,陈寅恪悲痛地写下了一首挽诗。诗云,"香江烽火犹忆新,患难朋交廿五春(太平洋战起与君同旅居香港,承以港币四十元相赠,虽谢未受,然甚感高谊也)。此后年年思往事,碧琅玕馆吊诗人。"二十五个春秋犹年年思赠四十元的往事,可见此事给陈寅恪的印象有多深。历史更感兴趣的恐怕是一种相似的气节与品格。日军占领香港后,日本驻港总督矶谷廉介欲请冼玉清出面主持香港的文化事业,为冼所拒。为免日人纠缠,冼玉清放弃隐居香港的打算,随校迁回内地[1]。与此同时,陈寅恪亦为免日人纠缠,不仅拒不接受日军送上门的食物,而且很快也携妻女离港回到大陆。

---

[1] 见冼玉清1960年11月在广东省政协会议上的发言。

第二章　南土的温情与生命的积淀　45

五十年代的冼玉清，时任岭南大学文物馆馆长

1952年9月6日，冼玉清在"思想改造运动"中这样检讨和回首自己的人生："我向往'贤人君子'的人格，我讲旧道德、旧礼教、旧文学，讲话常引经据典，强调每国都有其民族特点、文化背景与历史遗传，如毁弃自己的文化，其祸害不啻于亡国"；"我常游于古迹之间，临风独立，思古之幽情，神游超世，这些都是封建保守思想"；"我最同情自古忠心耿耿而遭谗受屈之人，于是专找这些人的材料而为其表白。"[1]

冼的思想表白，剔除女性所特有的伤逝情怀，几与陈寅恪的人生观、文化观无异。晚年的陈寅恪，远离熟悉的北地，远离相随了许多年的友朋、学生，在岭南却意外地觅到了洞彻肺腑的知音，这只能感叹是天意。在那个思想渐趋一统的年代，像冼玉清如此袒露

---

[1] 见《检讨我的封建保守思想》。

心迹，说出"不论哪一个政府我也没有关系，只要是能够继续让研究古物"[1]这样话语的人，无论是北地还是南疆，都可以说是很少见的了。"人生得一知己足矣。"这句话在陈寅恪南下栖身岭南之际，分量显得很重！

冼玉清的确遗世独立得可爱。她自然被归入"封建落后、思想保守消极"一类人之中。她与陈寅恪的交往，多次被当年的中山大学比喻为"臭味相投"。1958年，在人人过关的"交心"运动中，冼玉清曾毫无保留地交出了在五十年代初期的"活思想"。[2]

其一云，"'言论自由，处士横议'，是旧名士的习惯。我觉得说说怪话，发发牢骚，写写歪诗，事实有之，反党则绝无此心。一生读线装书的人，是安分守常不会造反的，希望党相信他们多一点。"这段表白，似乎是冼玉清为当时"忠心耿耿而遭诬受屈之人"讨句公道话。以陈寅恪是冼玉清晚年最投契的挚友这一点去分析，"说说怪话，发发牢骚，写写歪诗，事实有之，反党则绝无此心"等数语的后面，总难抹去陈寅恪绝不同流的孤峭的身影。

最有意思的是其二，"解放后每逢开会，凡叫口号，女子也和男子一样高举拳头，我看见这样剑拔弩张，有点不顺眼，认为世界真是变了"。冼玉清所抒发的尚是一个传统女性的感受，而陈寅恪流露的则是更有深意的感叹。1952年陈寅恪在一首题为《男旦》的诗中这样写道："改男造女态全新，鞠部精华旧绝伦。太息风流衰歇后，传薪翻是读书人。"比起冼教授对"女子也和男子一样高举拳头"而感不满，陈寅恪对"改男造女"的社会风气的嘲讽，已提高到对学人气节、操行的评价这一层面上。可以这样说，陈、冼两人当年对"改男造女态全新"的现实，尚有更

---

[1] 引自《冼玉清生平档案》。
[2] 同上。

动情与激烈的"横议"。

其三,冼玉清继续表白道,"有人检举我去香港传达情报,许多检举材料都是私人恩怨而制造的。我认为风俗之良劣,在乎人心之厚薄。自检举风兴,人心之凉薄极矣"。冼氏委屈之情跃然纸上。

无独有偶,陈寅恪在1950年正式刊行的《元白诗笺证稿》一书中这样写道:

> 纵览史乘,凡士大夫阶级之转移升降,往往与道德标准及社会风习之变迁有关。当其新旧蜕嬗之间际,常呈一纷纭综错之情态,即新道德标准与旧道德标准,新社会风习与旧社会风习并存杂用。各是其是,而互非其非也。斯诚亦事实之无可如何者。虽然,值此道德标准社会风习纷乱变易之时,此转移升降之士大夫阶级之人,有贤不肖拙巧之分别,而其贤者拙者,常感受苦痛,终于消灭而后已。其不肖者巧者,则多享受欢乐,往往富贵荣显,身泰名遂。其故何也?由于善利用或不善利用此两种以上不同之标准及习俗,以应付此环境而已。[1]

陈寅恪毕竟是史家,论"风习与社会道德"之向背,力透纸背。陈、冼两人是否"贤者",历史自有定论。陈、冼两人是否"拙者",则一目了然。"常感受苦痛,终于消灭而后已"这一句,陈寅恪虽说的是历史,但已有预感地概括了自己及冼玉清们的最终结局。

陈、冼两人之高谊,在陈寅恪这段话中找到了落脚点。

在1949年12月,陈寅恪夫妇与冼玉清结伴作了一次"探梅"

---

[1]《元白诗笺证稿》,第82页。

陈寅恪跋冼玉清《琅玕馆修史图》三首绝句。其中第二首直斥四五十年代盛行一时的新派"中国历史简编"一类的读物,甚触时忌。故该诗三四十年来一直被尘封

郊游后[1],陈寅恪写下题为《己丑仲冬,纯阳观探梅柬冼玉清教授》一诗,诗中有这样两句:"名山讲席无儒士,胜地仙家有劫灰。"[2]陈寅恪借名山胜地今昔之盛衰,慨传统文化之世纪浩劫。一年后,陈寅恪在赠与冼玉清的《题冼玉清教授修史图》三首七绝中,有一首这样称许冼氏——"流辈争推续史功,文章羞与俗雷同。若将女学方禅学,此是曹溪岭外宗。"其时一些新编的中国历史书在文化界大行其道,陈寅恪"忽展图看长叹息"[3],对"羞与俗雷同"的冼氏《修史图》,心头充盈着"胜地仙家有劫灰"般的感叹。

---

[1] 此次郊游目的地是清代名胜漱珠岗纯阳观,该观因清代经学大师阮元题词而名噪一时,一直是羊城文人雅士讲学结社集会之地。
[2] 见《岭南学报》第 10 卷第 2 期,冼玉清撰《天文家李明彻与漱珠岗》一文。
[3] 同题七绝"之三"中的一句。

陈、冼两人的意气相投,使陈寅恪在晚年固守文化道德、学人气节标准的凄苦旅途上,不是一个独行者。这是南土给予陈寅恪在精神上一份最特别的温暖!

3

岭南大学这块绿洲可以使陈寅恪暂时忘忧,但新时代已经不以人的意志为转移地来临了。

在北国,知识分子们感到了新世纪带来的雷霆万钧。

1949年5月11日,著名历史学家陈垣在《人民日报》发表了给胡适的一封公开信。陈垣,字援庵,广东新会人,1880年生。陈垣一生著述甚丰,是公认的传统史学大师。在该文中陈垣第一次以赞同的口吻提到了历史唯物论,并说是自己"对历史有了新的见解"。1949年后中国史学界有"南北二陈"的说法,"南陈"指陈寅恪,"北陈"便是陈援庵。陈援庵的公开信,表明史学界也将面临一场巨变,它将令所有治史者在新与旧之间作出抉择,而且新与旧的界线,已经非常清晰地划出。

从1949年下半年开始,在北京大学等高校内已开始出现批判胡适实证主义等旧治学方法的文章。到了1950年,北京学术界开始结合对唯心主义学术思想的批判,一些学者公开作自我检查。其中北京大学冯友兰及社会学家费孝通等人在报刊上发表的自我批评文章,在学界产生相当的影响。

10月1日,中华人民共和国成立。这时中国共产党虽尚未夺取全中国,但江山易主已成不可阻挡的历史潮流。

1950年6月,中国共产党第七届三中全会召开,毛泽东作了一段对中国教育文化事业来说相当重要的讲话。毛泽东讲话的大意为:企图用粗暴方法进行文化教育改革的思想是不对的;观念形态的东西,不是用大炮打得进去的,要缓进,要用十年到十五年的时间来做这个工作；改造知识分子，不要过于性急……毛泽东还特别强调，全国的二十八所教会学校，不要在里头硬性教授"猴子变人"的唯物主义原理，要有灵活性[1]。

毛泽东的这段话仅是他在七届三中全会上讲话的一部分。它反映了最高领袖对当时中国教育文化界有一个很冷静的分析。以毛泽东这番话去分析岭南大学这所教会学校为何在五十年代初反而欣欣向荣的更深一层的历史原因，答案已不言自喻了。但形势的发展，出乎很多人的意料。

同年10月12日，中央政府政务院明令接收影响甚大的北京教会学校辅仁大学。这事已宣告所有教会学校在未来的结局。同月，中国人民志愿军秘密入朝抗击美国为首的联合国军队。全世界开始热切关注东亚地区燃起的熊熊战火。"抗美援朝，保家卫国"运动在中国大地蓬勃兴起。

1952年初，全国文化界、思想界、教育界等领域掀起了一个规模很大的"思想改造运动"。以后在历次运动中必有的一个程序——人人过关，在这场运动中已见雏形。

1952年3月6日，辅仁大学校长陈垣在《光明日报》发表《自我检讨》的长文。陈垣回顾自己曾从政、参加曹锟贿选，最后看不惯政治舞台的污浊，立志潜心学术的人生路，批判了自己在辅仁二十三年中不自觉地充当了美帝国主义文化侵略的工具，并表示要在这次运动中跟上时代的要求。

陈垣的文章在学界引起震动。像陈垣这一辈人，几乎无人不与美国发生多多少少的联系，很多有建树的学人都有过赴美留学的经历。

在广州，控诉声讨美国进行文化侵略的浪潮开始冲击美丽的康乐园。其时岭南大学尚有少数美籍教师还在校内上课，学生们在美

---

[1] 吴建国等：《当代中国意识形态风云录》，第21页，警官教育出版社1993年版。

国人的住宅前集会示威。7月，校内举办大型展览会，内容有庚子赔款培养出来的美国洋奴的数字统计等。8月，岭南大学教师"人人过关"。9月，大火烧到学校最高领导人面前。9月9日，校长陈序经在全校师生面前作了四个钟头的"自我检查"，尽管讲到动情处陈序经禁不住热泪纵横，但陈序经的检讨不获通过。随后全校师生在宣传阵地上向校长展开了猛烈的批判，质问陈序经是怎样忠实执行"美帝文化侵略政策的"[1]。

平心而论，这些批判多少有点捕风捉影。作为一个只想把一生都献给祖国教育事业的知识分子，陈序经说得上是任劳任怨。用一个当时批判他的观点来形容他执掌岭南大学的特点，那就是"以不变应万变"。但这个不变不是"勾结美帝之心"，而是第一是办学，第二还是办学，第三依然是办学。

陈序经最后怎样"过关"显然不了了之。一个月后，全国高校院系调整迅猛开展，在广东，岭南大学、广东法商学院等与原中山大学合并，组成一新的综合性大学。该大学沿用中山大学名称，岭南大学被取消。新的中山大学的校址就是原岭南大学的校址。建筑依旧，风景依然，但已是"换了人间"！

这是1952年年底的事。

院系调整结束，明明白白地宣告：一个从未有过的教育时代已经到来。

正是在这个时期，有一个老人的经历，第一次给了陈寅恪在处理与共产党的关系上至深的影响。

这个老人就是民国年间有名声的经史小学名家朱师辙。

朱师辙，字少滨，安徽黟县人。朱氏出自世代书香之家，祖孙三代，均是百年间知名的学者。承三代传经，朱少滨精于训诂校勘

---

[1] 以上史实参阅岭南大学1952年《学习快报》。

之学。抗战胜利后，中山大学校长王星拱力邀曾任燕京大学教授的朱师辙南来任教。其时朱少滨已年近七十。陈寅恪南来广州，朱、陈两人暮年聚首，颇有沧桑之感。1951年，陈寅恪在一首给朱师辙的诗中便有如下两句，"君今饱啖荔支去，谁话贞元七十秋（尝与君论光绪壬午科乡试事）"[1]。朱师辙比陈寅恪大十一岁，若以年龄言，与王国维属同龄人。陈寅恪先后与王国维、朱师辙"共话贞元事"，想来这是与生俱来刻下的印痕。

但朱师辙晚年的命运要比陈寅恪"明亮"得多。

1950年，朱师辙七十一岁，当时负责领导广东高校的是有学者风范的杜国庠。在这一年的年底，杜国庠派广州历史学会的秘书李稚甫前去探访朱师辙，征询其退休后愿到何处安居养老。朱师辙表示愿去杭州。杜国庠将此情况汇报给其时正主持广东政局的叶剑英，叶即致电上海市长陈毅，请陈予以关照。陈毅便通知浙江省做好安置工作。就这样，1951年秋天，朱师辙怀着对共产党的无限感激，前往杭州。临行前叶剑英特地托秘书送给朱师辙两百元作书籍搬运费[2]。

五十年代的杭州西湖，尚有马一浮等名士在此安居养老。

经历过两个世纪巨变的朱师辙，怀着深深的感激之情给毛泽东写了一封信，连同朱氏三代人的著述一齐寄给了毛泽东。不久，毛泽东亲笔给朱师辙复了信[3]。朱师辙接信后即赋诗一首，其中两句云"琅函飞下九重天，尧舜都俞在眼前"。直把毛泽东比作尧舜。毛泽东不知道，这位老人十数年间一直将他复函致意一事牢牢记于心间，每每向人说起。

陈寅恪很羡慕朱师辙的归宿。在1951年送别朱氏择居杭州的诗作中，便与对方有如此相约——"他年上冢之江畔（寅恪先茔在

---

[1]《送朱少滨教授退休卜居杭州》。
[2] 据李稚甫回忆（1993年12月14日）。
[3] 见1952年2月16日《人民中大》（校刊）。

六和塔后牌坊山），更和新诗结后缘"。两年后，陈寅恪咏《次韵和朱少滨癸巳杭州端午之作》，诗中有后来被人引用得比较多的一联："粤湿燕寒俱所畏，钱唐真合是吾乡。"陈寅恪最后有在杭州归终的打算，恐怕与朱师辙卜居杭州后有一个安逸的余生很有关系。

朱师辙与杜国庠的友谊，还使晚年的陈寅恪第一次接触到一位有着高风亮节的优秀共产党人。1950年8月，由杜国庠主持的中国历史学会广州分会成立，陈寅恪应邀担任该会委员。这是陈寅恪第一次在中国共产党领导的学术机构中担任职务。从此，在陈寅恪晚年的生涯里多了一段与杜国庠"道不同然相知高谊仍在"的交往。这是后话。

朱师辙受"礼遇"，有很特殊的历史原因。尊老，一向是第一代中国共产党领导人一份独特的文化情结。所以在二十世纪五六十年代的政治风云中，才有如此反差的一种现象：绝大多数从"旧时代过来"的知识分子需要不断地"改造"，但少数历经数朝的名士与元老，却一直备受照顾礼遇。典型者有马一浮、章士钊等。可惜，此际年仅六十余岁的陈寅恪，尚未有资格进入受尊敬礼遇的元老行列。这已注定晚年陈寅恪只能是一个总在现实中活着的人。

新旧时代的交替，表面上看似乎没有给陈寅恪带来太大的影响，即使"人人过关"的思想改造运动，似乎也远离于他。这一点命运很照顾他。自从他的眼睛失明后，他在清华园便形成了这样的习惯，除了上课，他基本上不参加学校的其他活动。陈序经很了解陈寅恪，将他这个习惯延续到岭南大学。所以，五十年代初同样在岭南大学很时兴的政治学习、民主生活会一类的活动，陈寅恪一般都不参加。

在这段政治威力已开始显示的岁月里，陈寅恪仿佛能游离于现实世界之外。但政治斗争的无情，在陈寅恪的心头投下了浓厚的阴影。陈序经的命运已预示着陈寅恪未来的命运。在1958年的一次会议上，冼玉清一段不长的插话，为后人了解陈序经在1952

年那场斗争中如何受辱留下了一缕痕迹。冼玉清说,"群众说陈序经是美帝分子,斗他时斗到他流眼泪。我认为应实事求是,诬陷人不好"[1]。在流泪的陈序经的身后,无疑站立着流泪的陈寅恪、冼玉清等人。1955年"肃反运动"期间,中山大学一些人捏造所谓"有一个岭南(大学)小集团,企图夺取中山大学领导权",要陈序经坦白如何"笼络岭南老教授,阴谋复辟"等事。1966年文化大革命运动,陈寅恪多次被勒令交代"与陈序经的关系"。

唇亡而齿寒。在1952年的秋天,陈寅恪当为流泪的陈序经而伤!一年后,陈寅恪饱含伤逝之感撰《论再生缘》,其情感的积淀,可用一句成语来形容——冰冻三尺,非一日之寒!

在1952年初冬,陈寅恪转为中山大学历史系教授,历史系主任是他在清华国学研究院任教时的学生刘节。其时陈寅恪南迁已近四年,生命正向晚年最灿烂的著述高峰期逼近,滚动的生命岩浆即将喷薄而出。

在这个再度辉煌的前夕,历史让六十二岁的陈寅恪,再作了一次很丰厚的积蓄与准备!

4

第二个女性出现了。

以后的事实证明,没有这份积蓄与准备,陈寅恪晚年的著述,也许将是无法想象的另一种样子。

黄萱,一个很普通但有着不同寻常身世的家庭妇女,很偶然地闯入了陈寅恪独特的世界。陈寅恪以其深刻的阅历,马上感觉出这是一个在自己余生中可遇不可求的重要合作者。陈寅恪的眼光没有错。陈、黄两人写下了人文意义上的一段感人的人生。

---

[1] 见广东《统战人物动态》1958年第4期。

在此之前，还有一件令人并不愉快的事需要补述。

1949年暑假期间投奔陈寅恪的程曦，在1951年的夏天与岭南大学产生了严重的矛盾。当时岭南大学实行新的聘任制度，认为自己"以讲助的身份同教授开一样的课"[1]的程曦，要求获得讲师职称。这时，容庚任主任的中文系答应聘程为讲师。问题就在于此时的中文系已不再聘陈寅恪为中文系教授，而程曦之所以能进入岭南大学，是凭着任陈寅恪专任助教的身份这一条件的。程曦若赴中文系任讲师，则无疑必辞去陈寅恪助手的工作。故吴宓在他的日记中有这样的记载："知寅恪兄与容庚甚不和，已改入历史系。而曦竟叛离寅恪，寅恪写读各事，均赞夫人代职云云。"[2] 吴宓与陈寅恪情投意合，难免情感有所偏向，让我们客观地看看这件事的全过程吧。

程曦，1947年12月毕业于燕京大学中文系，随后在史语所担任历史组助理。北平和平解放后，在家闲居了半年的程曦，携妻南下广州投奔岭南大学，请求担任陈寅恪的助手。1951年为讲师职称问题程曦与校方闹得不可开交。5月底，学校教务长给程曦的复信中有如下句子，"你之所以未改换讲师名义，仅是为了年资问题。"

6月30日，容庚亲自给学校聘任委员会写了一封信。这封信程曦自然是无法看到的，所以容庚在信中言词相当直露，留下了这一事件的一些最朴质的原貌。该信原文如下："程曦君乃陈寅恪教授的助教，下学期陈教授专任历史系，程君拟请改用历史系名义。且程君身有肺病性情乖僻，为保护同人的健康和本系的秩序起见，亦不拟再聘任。前次推荐程君为本系讲师函件应即撤销，此致。"[3]

这封信表明，陈寅恪二十多年来一直在高等学府为中文与历史两系合聘教授的历史结束。中文系变卦不聘用程曦，经此一闹，程也不会回到陈寅恪身边了。被容庚形容为"性情乖僻"的程曦去了

---

[1] 见《岭南大学档案》，广东省档案馆藏。
[2] 吴学昭：《吴宓与陈寅恪》，第132页，清华大学出版社1992年版。
[3] 该信藏广东省档案馆。

香港。据香港大学人事部记录,程曦是在1951年10月15日正式被录用为香港大学中国语言学校的教员[1]。八年后程曦离开了该校。程曦专长于古典艺术及词典史,从他在岭南大学的刊物上发表的诗词及艺术评论来看,程曦有一定程度的国学基础。

还有一件很巧合的事,五十年代前期在陈寅恪身边的一些学生,都先后患上肺结核病,有一段时间曾令唐篔忧心忡忡。

程曦不辞而别,对陈寅恪的影响很大,吴宓称为"叛离"。这在陈寅恪为师授业的生涯中是绝无仅有的事。陈寅恪从此有一年时间没有专任助教协助教学与著述。

与丈夫共患难二十多年的唐篔,担负起为丈夫备课、抄写文稿、读材料的工作。这位一直到离世仍是一名家庭妇女的女性,第一次以能干、坚强的形象出现在师生面前,赢得了师生的热爱。

程曦离走,也使历史政治学系的老师有机会更多地接近陈寅恪。有时唐篔心脏病发作,系里的老师便临时充当陈寅恪的助手协助陈上课。系里有一位留美博士生曾为陈寅恪读材料抄黑板干了一个多月,竟高兴地说,"能为陈先生读材料真是莫大的荣幸"。这话数年后被用作大批判的材料。

陈寅恪治学的博大精深,论述的缜密与旁征博引,吸引了校内一批教授去听课,出现了教师多于学生的现象。中国高等学府中公认的绝无仅有的对陈寅恪的一个称呼——"教授之教授",五十年代再次在康乐园流传,其意为陈寅恪是教授中的教授。此称呼三十年代已在清华园被传颂。

在这批慕名听课者中,有一个时年已四十岁的女性。黄萱就这样走进了陈寅恪的世界。

这是一个黄萱在开始只能仰视的世界。

---

[1] 见该校人事部档案。

她最初是出于好奇去听陈寅恪上课。她只是一名家庭妇女，有两点促使她走上了那条许多教授如朝圣般走过的小道：一是她就住在陈先生府第的斜对面，二是她曾受过好几年很严格的古文训练。黄萱的丈夫周寿恺，时任岭南大学医学院院长，经常为陈寅恪夫妇看病，故周、陈两家便成为好邻居。

1952年11月的某日，在医学院教授陈国祯的夫人关颂珊的带领下，黄萱怀着不安的心情踏入东南区十号去见陈寅恪[1]。关夫人一向与黄萱相熟，当她知道陈寅恪欲找一助教时，没多想便推荐了黄萱[2]。

一"见"之下，陈寅恪马上要求黄萱到他身边工作。这位在陈寅恪身边工作时间最长的女性，陈寅恪从未能一睹她的真容，但在这个秋日的上午，陈寅恪没有犹豫就断定她是自己最合适的合作人选。

这是一种具有某类历史意味的气质相吸引。1970年3月，"造反派"依然不放过已成灰烬的陈寅恪，再次逼令孤苦无助的黄萱重新交代与陈寅恪的关系：怎样与陈"臭味相投"，怎样与陈用"资产阶级的那套假平等和旧礼法来相互迎合"[3]。无知与粗鲁的"造反派"，倒也触头到了陈、黄两人关系的实质。

黄萱，福建南安县人，1910年生。其父黄奕住，是二十世纪初印度尼西亚赫赫有名的华侨富商。黄奕住一生的奋斗史，是海外华人艰苦拼搏发家致富的缩影。黄奕住十八岁从福建孤身走南洋再转至中爪哇，用了三十年时间成为三宝垄市的华人巨富，名字载入当时的《世界商业名人录》[4]。

第一次世界大战结束后，荷印殖民政府用减免税率相诱，欲使

---

[1] 其时陈寅恪已由西南区五十二号搬至该址居住。
[2] 据黄萱回忆（1993年7月23日至27日）。
[3] 参阅《黄萱生平档案》。
[4] 参阅《东南亚著名华侨华人传》"黄奕住"条，海洋出版社1989年版。

黄奕住入荷兰籍，具有强烈爱国意识的黄奕住宁愿放弃在印尼已打下的大好基础，在1919年他五十一岁这一年，结束了在印尼的大部分生意，将价值约三四千万银元的资金汇回国内，他自己也返回厦门鼓浪屿定居。其时黄萱九岁。

回闽后的黄奕住不失其大亨本色，继续在银行、铁路及厦门市政建设、房地建筑等方面投资，一跃而成为厦门首富，鼓浪屿几为黄氏家族的天下。黄萱从小就生活在这样的家庭里，过着富裕的生活。从懂事起，她便先后在鼓浪屿小学、厦门女子师范学校读书。年未满十八，传统意识很浓的黄奕住便不再让女儿出外抛头露面，用了旧式家庭在家中延师设帐的办法，继续让女儿受教育。其时，黄奕住可以捐赠十数万元给厦门大学等学校，却坚决反对女儿渡海念书。在鼓浪屿这边的别墅，黄萱犹能隐约望见对岸那边丛林中井然的厦大校舍，但只能徒呼奈何。这件事，成为黄萱一生的遗憾。

鼎盛时，黄奕住曾一下子聘了四个老师辅导心爱的女儿。四个老师分别教授国文、英文、音乐等。令黄萱改变下半生命运的是这个时期进修的国文。这年是1928年，黄萱十八岁。教授国文的先生名叫鄢耀枢，号铁香，一个在当年略有名气的晚清举人。鄢举人最大的功劳是令深闺少女从此对线装书产生了很浓厚的兴趣，并将此爱好保持了一生。

同在1928年，陈寅恪时年三十八岁，担任清华学校国学研究院导师，声名日隆。

鼓浪屿是个好地方。枕着涛声，和着终日萦绕不断的音乐声，黄萱在家中习国文，一修五年。这是很重要的五年，不然，终此一生，黄萱只是一个贤良淑德的旧式家庭妇女，陈寅恪在晚年也无从寻找如此有忍耐性的合作者。

二十五岁那年，黄萱与北平协和医学院博士周寿恺结婚。婚后的黄萱走着传统女性的人生道路，在家相夫教子。不久，抗战爆发，

三十年代的周寿恺与黄萱

黄萱随丈夫辗转于贵阳、四川等地，流离八年。以至后来在工作之余黄萱与陈寅恪谈起抗战时在四川等地的人生之苦，两人深有同感，唏嘘不已。

1945 年 5 月，黄奕住病逝。他不仅给最疼爱的女儿留下了一笔遗产，还以其民族气节给了黄萱很深的影响。抗战时黄奕住坚决不与日本人合作，曾避居上海等地。

1949 年，时任上海国防医学院少将教务长的周寿恺，随该院迁往台湾。这是一次重大的抉择。已到了台湾的周寿恺，显然觉得这个海岛不是自己理想的归宿，遂从台湾跑回厦门，从此割断了与那边的联系。就为此，周寿恺在"文革"时惨遭迫害，最后活活被折磨致死。

周寿恺在厦门闭居一年多，其间他多次有机会移居香港，但这位当时已有名声的内科教授，已决定后半生留在大陆，迎接新时代的到来。其年四十四岁，在四十年代以其精湛的医术先后为吴铁城、戴笠、陈立夫等人看过病的周寿恺，作出这样的选择，对后人考察 1949 年前后中国知识分子对家与国前途的思考，又提供了一个典型的例证。

1950年，周寿恺受聘岭南大学医学院，举家迁到广州。大概这时已没有人知道，周寿恺的岳父黄奕住，曾在二三十年代先后为岭南大学捐过巨款。黄萱终于在她四十岁那年踏入令人向往的大学校园，一圆当年的梦想。

无法抹掉祖先显赫历史的铭印和与生俱来的名士气质，使陈寅恪一生自觉或不自觉地恪守着"物以类聚，人以群分"的准则。这种气质无论在他的学术研究里还是待人处世中都留下了刀刻一般的痕迹。详考"家世风习、历史源流"，实为陈寅恪中年后治史一大心得及手法，其运用之娴熟与得心应手，每有精论。陈寅恪在《唐代政治史述论稿》中曾有这样的论述："夫士族之特点既在其门风之优美，不同于凡庶，而优美之门风实基于学业之因袭。故士族家世相传之学业乃与当时之政治社会有极重要之影响……"[1]陈寅恪是在论史，也是在发心中之感慨。它反映出陈寅恪人生观与历史观中的某一层面，它已超越了士族的范围，而具有了一种文化的意义。尤其在旧有的传统正被摧毁，新的文化道德犹未建立时，这种意韵极显其价值。至于"凡山东旧族挺身而出，与新兴阶级作殊死斗者，必其人之家族尚能保持旧有之特长，如前所言门风家学之类"。"亦有虽号为山东旧门，而门风废替，家学衰落，则此破落户之与新兴阶级不独无所分别，且更宜与之同化也"。[2]"深有感于士之自处，虽外来之世变纵极纷歧，而内行之修谨益不可或阙也"[3]等等恣意纵横之宏论，也是陈寅恪感同身受的文化感叹。这样的见解及气质，在陈寅恪的一些著作中比比皆是；这样的见解及气质，也是陈寅恪的人生见解及生命气质。

"门风家学之优美"，不仅令陈寅恪在花甲之年觅到了罕有的合作者，还使陈自己在几近孤寂的世界里不致太寂寞，除了有相濡以

---

[1] 该书第72页。
[2] 该书第87页。
[3] 该书第94页。

沫的夫妻之情外，几乎每天还能感受到舒心雅致的知己友情。

陈寅恪非常珍惜黄萱的到来。

在漫长的十三年中，陈寅恪从未向黄萱发过脾气。在岭南二十年，"脾气怪"成了人们对陈寅恪的第二种说法。第一种说法指"陈很厉害，懂十几国语言"。

初期的工作，陈寅恪几乎是一字一句地指导还心怯怯的助手。今日看来，陈寅恪很懂心理学，初时黄萱一直想打退堂鼓，但陈寅恪的耐心及从不苛求，令黄萱许多次话到唇边又咽了回去，只好硬着头皮慢慢去适应。

以后黄萱才知道，1946年陈寅恪返回清华园时，身边常年有汪篯、王永兴、陈庆华三个助手协助工作。这三人皆一时之人选。陈庆华英语很好，汪篯深得老师治史神韵，王永兴的勤恳很为陈寅恪信赖。

但在这个年代，即使终身难忘师恩的后学，也毫不犹豫地走一条新的人生之路，故黄萱的出现，实在是历史对这位更感孤独的文化老人的顾怜。

1952年11月22日，中山大学聘任黄萱为陈寅恪的兼任助教。之所以"兼任"，一是黄萱自感还在适应陈寅恪的工作；二是当时学校经费不够，只能支付一部分工资。黄萱接受了这个聘任[1]。

1953年夏，陈寅恪一家搬到周寿恺家的楼上，也即东南区一号二楼，于是一道楼梯将两家人更紧紧地联结在一起。东南区一号是一幢二层楼的洋房，建于1911年。因由美国人麻金墨（译名）夫人捐资六千美元所建，故又称为"第一麻金墨屋"[2]。从这一年的夏天起，陈寅恪在这里度过了漫长的十六年。

这是一段短暂又弥足珍贵的岁月。带有浓浓旧时王谢人家痕迹

---

[1] 参阅《黄萱生平档案》。
[2] 见《岭南大学档案》，中山大学档案馆藏。

陈寅恪晚年的居所（二楼）东南区一号全貌。
在五十年代陈寅恪将二楼的走廊辟作课室

的两户人家，以礼相待，挚诚相见，人生品位俱同，更因黄萱已为陈寅恪工作这一层而有更多共同的语言。芳邻的温馨，人情的温暖，给陈寅恪带来了几许快乐。一时小楼成一统，几令人忘却楼外日渐繁嚣的现实世界。

《论再生缘》正是写于这段时期。应该说，这是一部陈寅恪生命情感宣泄得最畅快的奇异之作。

初期工作交流的艰苦，没有影响陈寅恪的兴致。黄萱初时不太容易辨别陈寅恪的口音，陈寅恪竟不辞劳累在黑板上先将语句写出，然后黄萱再抄下来。这种最原始的工作方法，1953年底汪籛南下广州探望陈寅恪时目睹过，他私下里认为老师的工作效果已不如前[1]，因为在清华园时，陈寅恪只需口述，助手们便能记录得大致不差。其实，精神的愉快使得身体的劳累变得次要；而拥有共

---

[1] 见汪籛《陈寅恪的简史及学术成就》。

鸣，则令人文思泉涌。以陈、黄等人之力，用十三年时间完成将近一百万字的著述，该是何等惊人的业绩！六万多字的《论再生缘》，前后只用了半年时间便完成，就是一个很好的例证。

但快乐对陈寅恪太吝啬了。

1954年夏，已任华南医学院副院长的周寿恺，要搬到市区竹丝村的宿舍。竹丝村距中山大学有十余里，要转两趟公共汽车，来回一次至少要花三个小时。黄萱的上下班一下子成为一个大难题。时年四十四岁的黄萱，向陈寅恪提出了辞去兼任助教的请求。

于今仍不易估量周寿恺一家搬离东南区一号给陈寅恪带来的影响。东南区一号坐落在康乐园的中区，四周草坪环绕，楼房独立自成一格。周家离去，陈寅恪失去的岂止是一个芳邻，陈寅恪更失去一份相存相依的倚托。陈寅恪人生的孤独，不仅是文化意义上的，从1954年开始还意味着是生存环境的。周家搬走后，新与陈寅恪为邻的是时任中文系主任王起（季思）教授。王与陈素昧平生。王起第一次接触陈寅恪是在1953年，那次学校专门组织中文、历史等文科数系的老师去听陈寅恪讲课，题目是"桃花源记"。陈、王两家来往不多。1957年之前陈、王两人偶尔有诗词唱和，之后则极少交往。王季思比喻为"鸡犬之声可闻，而老死不相往来"[1]，这大概也是当年知识分子身处的一种环境。

黄萱提出辞职带给陈寅恪的是怎样的感受？

今天，我们只能从"文革"期间黄萱被迫交代所谓问题的字里行间，去追寻当年的情景。陈寅恪与黄萱作了一次很伤心也很动情的谈话。出乎黄萱意料，一向很尊重她意见的陈寅恪，竟不同意黄萱的辞职："你的工作干得不错，你去了，我要再找一个适当的助教也不容易，那我就不能再工作了。"[2] 黄萱在十六年后的追述，字

---

[1] 据王起回忆（1993年10月7日）。
[2] 引自《黄萱生平档案》。

句很平淡，但依然能让人感觉出陈寅恪动了真情。"那我就不能再工作了"这一句话，深深打动了黄萱，她收回了辞职的要求。

从此，黄萱开始了很平凡但也很不凡的人生：每天早上七时起挤两个小时的汽车赶回南郊的中山大学，九时整坐在陈寅恪的面前开始工作；中午一点钟过后工作结束，再挤两个小时的汽车回到市区的家。风雨不误。

有必要指出，巨富黄奕住给他众多的子女留下了巨大的遗产，平生极淡薄金钱的黄家大女儿黄萱也能乘祖荫，数十年每月定期均有分红和定息收入，所以黄萱完全有条件过很舒适的生活。

还有必要指出，1954年的中山大学历史系，汇集了一批广东史学界的精英，人才济济，新老教员不下三十人，要找一两个助教协助陈寅恪，那是很容易做得到的事。但陈寅恪还是说出了"我要再找一个适当的助教也不容易"的话。

黄萱的勤奋与任劳任怨令陈寅恪很满意。四十年后，黄萱的儿子周任回忆，有时陈寅恪嘱咐黄萱查找一句话的出处，出处找到了，黄萱仍要将该书全看一遍，为的是更深地理解陈寅恪的思路。

陈寅恪的确很有预见。

在随后而来的十余年间，各次政治运动都要求助教及青年老师与老教师划清界线，并以此作"人人过关"的标准，无人能幸免。如果陈寅恪晚年所找的助手不是黄萱而是其他人，则陈氏晚年著述便无法预料了。黄萱的身份，缓冲了陈寅恪与时代不可调和的矛盾。1953年底，周寿恺对汪籛说，陈愿意找黄萱做助手，大概是她不会将陈平时的言行往外传。周寿恺说对了。陈寅恪选择对了。令后人一直心绪难平的是，陈寅恪的预见惊人的准确。

1955年9月15日，由陈寅恪提出，陈序经亲自承办，中山大学正式聘任黄萱为陈寅恪教授的专任助教。同时以此为由说服华南医学院免去黄萱"医学院家属委员会筹备主任"职务。这种职务在

四十多岁时的黄萱。其时黄萱已来到陈寅恪身边工作

当时并非闲职。从该日起,黄萱正式成为历史系的教师,开始了她作为一个高校教员的悲欢人生。

  黄萱成为专任助教后,工作性质没有改变,名义却变了。以前"兼任",带有友朋间私谊的成分;"专任"后,则有为国家工作的含义。陈寅恪一家并没有区分这种变化,仍像对待亲朋一般对待黄萱。黄萱每天一早赶路,时常来不及吃早餐,便专门在陈家订了一瓶牛奶,陈寅恪总是等黄萱喝完牛奶才开始工作。工作完毕,黄萱也常在陈家吃午饭。

  对历史的怀想,总令人忍不住要作无穷的想象,欲探寻那些应当很丰富很细腻的生活场面。但事实上,陈、黄两人每天四小时的工作是相当枯燥的。后者的笔触要不断追上前者的思绪。陈寅恪严谨的考证,常常是一段写好,后来又发觉不妥,于是便推倒重新再来。有时甚至数十个字,也要改动多次。无疑,最能反映陈寅恪心迹的,首推那些由无数心血浸出来的著作——尤其在晚年。

  陈寅恪的生活开始形成这样的规律:上午至中午为固定的工作

时间，下午休息，晚上为第二天的工作做些准备。

即使在这样刻板的生活中，陈寅恪的人生仍溅出令人惊诧的火花。下午与晚上虽为休息时间，但陈寅恪的大脑仍在高速运转：其一，回忆上午所进行的工作，发现错漏，第二天马上告诉黄萱补正；其二，对第二天要进行的著述谋篇布局；其三，在脑海中搜索以前看过的资料，如有欠缺，便派人查找。在这方面，才有时人"陈寅恪记忆力惊人"的说法。陈要核实所需资料，常常是告诉助手在哪本书哪一页便可找到，结果十有八九如他所言。

真难为了这位旷世奇才。在同一个时期同样从事晚年著述，远在大洋彼岸的胡适，此时正不失轻松地与他的助手对着录音机在作人生的回忆与总结。

陈寅恪直到死也没有用上录音机。一为大陆当时很少有民用录音机，二为陈已养成他口述、助手记录的习惯。

但大脑日夜疲劳，也为陈寅恪带来痛苦不堪的烦恼，在晚年他已离不开安眠药。"文革"爆发之初，人们首先对陈寅恪要服食进口安眠药，浪费国家外汇进行"揭发批判"。很多时候，在夜深人静时陈寅恪想好了问题准备第二天告诉黄萱，但一觉醒来又忘记了，又要重新苦思冥想一番。陈寅恪晚年著述之艰，可见一斑。

六十年代初，陈寅恪享受一些副食品的补助，有人认为陈整天在家很清闲，不知陈寅恪是否听到了这些闲话，有天他突然对黄萱说，"其实我的脑子每一分钟都在思考问题"。八十年代后期，已迈入古稀之年的黄萱回首往事时，对陈寅恪的这段学术人生呼为"惊天地，泣鬼神"[1]。短短六字，蕴含着多少生命的雄伟与悲壮。

还有一些小插曲值得一说。

1955年黄萱担任"专任助教"后月薪为七十六元，直到黄萱

---

[1] 据黄萱回忆。

1973 年退休后依然没有改变。

　　自从黄萱每天要到中山大学工作后,周寿恺副院长只要有时间,每天下午必定到车站接妻子,风雨不改。

　　陈寅恪一直让女儿们呼黄萱为"周伯母",以示黄萱与自己同一辈分。就为这似乎很平常的称呼,黄萱数十年一直感激陈寅恪对自己的这份"尊敬"。

　　1955 年,陈寅恪借《元白诗笺证稿》一书重印之机,在附记中特别指出该书的修订有赖于黄萱的帮助。[1] 这是黄萱第一次为学界所知,其名字第一次与陈寅恪联结在一起。

---

[1] 见 1955 年 9 月文学古籍刊行社版本。

第三章 晚年人生的第一轮勃发

1

人生经过一番调整、积淀之后，将迸发新一轮的热能。好比一把琴，经过一轮定位、校音之后，将奏出更美妙的乐章。

1953年，也即陈寅恪南来广州的第四年，陈寅恪迎来了新的生命周期。其内在热能的喷涌，使陈寅恪晚年学术出现了第一个高峰期。也就在他确定将余年定位于这块土地的时候，对历史与人生的阐述，成为生命的主旋律。

1953年夏，陈寅恪病了一场。病中陈寅恪请历史系的同学为他到学校图书馆借些弹词小说回来。在借回的这堆书中便有清代女子陈端生所写的《再生缘》。陈寅恪在病中休养的日子里，听读了这些弹词小说。

积蓄已久的感受终于找到了一个喷发口，自此一发不可收拾。

无论从内外因素看，这一年都应该是陈寅恪的学术有新爆发的一年。知识分子思想改造运动已经过去，学界的政治气氛相对又趋平缓。一年后震动神州学界的批判俞平伯《红楼梦研究》、批判胡适派及其思想体系的运动，此时尚无征兆。其次，黄萱来到陈寅恪身边快近一年，陈、黄相互适应的阶段已经结束。更重要的是，在这貌似平缓的日子里，对现实的感触，对学术精神的思考，平静中显沉重,点滴最上心头;积六十三年人生的感叹,如鲠在喉,不吐不快。

这是一个灵魂最躁动、最不安、最宜于思考的季节。

于是,一篇气如长虹、势若飞瀑的《论再生缘》诞生了。

这是一篇直到今天依然令一些史家感到不好评说的长文。陈寅恪论《再生缘》,其意虽为考据,但实际是一篇淋漓尽致的文学评论。一旦冲破"史"的沉重与凝思,生命的快意有如插上双翅,尽情尽性地在精神世界里翱翔。

四十年后的今天,已不太容易追寻当年陈寅恪是怎样一气呵成地尽倾性灵,黄萱又是怎样急速地录下那些滚烫、闪耀着光彩的句子。但论文起首那数百个字,足为陈寅恪当年吐出妙语如珠的快意生平刻下了不可磨灭的痕迹。探讨陈寅恪这一刻的心境,这一段文字相当重要:

> 寅恪少喜读小说,虽至鄙陋者亦取寓目。独弹词七字唱之体则略知其内容大意后,辄弃去不复观览,盖厌恶其繁复冗长也。及长,游学四方,从师受天竺希腊之文,读其史诗名著,始知所言宗教哲理,固有远胜吾国弹词七字唱者,然其构章遣词,繁复冗长,实与弹词七字唱无甚差异,绝不可以桐城古文义法及江西诗派句律绳之者,而少时厌恶此体小说之意,遂渐减损改易矣。又中岁以后,研治元白长庆体诗,穷其流变,广涉唐五代俗讲之文,于弹词七字唱之体,益复有所心会。衰年病目,废书不观,唯听读小说消日,偶至再生缘一书,深有感于其作者之身世,遂稍稍考证其本末,草成此文。承平养,无所用心,忖文章之得失,兴窈窕之哀思,聊作无益之事,以遣有涯之生云尔。[1]

---

[1]《寒柳堂集》,第1页,上海古籍出版社1980年版。

这一段不足四百字的起首部分,在平实的叙述中已蕴含着浓烈的感情色彩,悲凉之气引而未发。时人多着眼于"聊作无益之事,以遣有涯之生云尔"一句,视之为点睛之笔。其实从另一角度而言,恰恰是这一句,证明即使兼容如陈寅恪,潜意识中亦向视弹词小说为"鄙陋者",即使"稍稍考证其本末",也只能算是"聊作无益之事"。不由人感慨历史学家心灵深处总有那种欲构建名山大业的使命感!

但正是这"无益之事",却令陈寅恪生命情感喷发,一泻千里,几不能收。陈寅恪经历着作家创作、体验的过程,他已不能像治史那样精确地把握自己的情感,他把激情,感怀身世的浩叹,全都倾泻于陈端生身上,其评价之高,已达到他治史的最高要求——能发历史未发之覆,以及"代下注脚,发皇心曲"。文章早已远远超出了"稍稍考证其本末"的框架。

这是生命的一次不羁的勃发,当它获得一定的自由时,它突围而去,展现了另一种的人生,也更感性地展现了另一种生命的价值以及存在的形式。这是《再生缘》的价值,是陈端生的价值,从这个意义说,也是陈寅恪为陈端生"代下注脚,发皇心曲"最有意义的价值所在。

若从生命的意义而言,《论再生缘》是陈寅恪晚年生命本质最重要的体现。

其一,当陈寅恪活在他自己所建构的历史世界里,其生命便进入一种酣畅淋漓、物我两忘的状态。而在《论再生缘》中,这酣畅淋漓表现为一种快意与欢愉。《论再生缘》起文不久,便论述到"为人喜攀援贵势"的陈文述。陈文述终因为后人留下了陈端生一些很重要的记载,而在陈寅恪的笔下不乏带点喜剧人物的味道,"文述所为,虽荒唐卑鄙,然至今日观之,亦有微功足录,可赎其罪者"[1]。

---

[1]《寒柳堂集》,第6页。

陈文述在《论再生缘》中自是一个无足轻重的角色，从不为人所注意，但陈寅恪在文中对其人品与文品的某种"宽容"，则可察陈寅恪活在陈端生的世界里的心境。需知，在1953年的现实中，陈寅恪曾毫不掩饰地对当时"喜攀援贵势"，随"时势易变"的学人，表示其深恶痛绝。

这种酣畅其至令陈寅恪在那一刻间忘记了自己是谁，直如一个顽皮的少年，其率真直见生命的朴质。如有这么一段文字：

> 句山[1]虽主以诗教女子，然深鄙弹词之体。此老迂腐之见囿于时代，可不深论。所可笑者，端生乘其回杭州之际，暗中偷撰再生缘弹词。逮句山反京时，端生已挟其稿往登州以去。此老不久病没，遂终身不获见此奇书矣……今寅恪殊不自量，奋其谫薄，特草此文，欲使再生缘再生，句山老人泉底有知，以为然耶？抑不以为然耶？[2]

其文势之宕跌，信是陈寅恪一气呵成的，足见其最本质的创作状态。

其二，也是最主要的一点，陈寅恪绝不是不经意地回顾了他对中国文化某些层面的看法。这实在是窥探陈寅恪晚年文化思想的一个不可多得的契机。《论再生缘》起首第一段谈到，陈寅恪中岁后"广涉唐五代俗讲之文，于弹词七字唱之体，益复有所心会"。从少时厌恶繁复冗长的弹词小说，到中晚年后有所感受，这表明陈寅恪对中国文化的认识，在晚年仍在发展与变化。这种变化不是"即兴式"的。若以《论再生缘》成文共耗三四月光阴计算，则距撰写起首部分数十天之后，陈寅恪再次阐述了这一思想变化的痕迹：

---

[1] 陈句山，陈端生之祖父。
[2] 《寒柳堂集》，第62页。

今人所以不喜读此书之原因颇多，其最主要者，则以此书思想陈腐，如女扮男装、中状元、作宰相等俗滥可厌之情事。然此类情事之描写，固为昔日小说弹词之通病，其可厌自不待言，寅恪往日所以不喜读此等书者，亦由此故也。年来读史，于知人论事之旨稍有所得，遂取再生缘之书，与陈端生个人身世之可考见者相参会，钩索乾隆朝史事之沈隐，玩味再生缘文词之优美，然后恍然知再生缘实弹词体中空前之作，而陈端生亦当日无数女性中思想最超越之人也。（着重号为引者所加）[1]

其年陈寅恪六十三岁，早已是中国一流的学术大师，可谓尚未盖棺已有定论，但对认识已有了新发展的传统文化，仍取毕恭毕敬之势，"年来读史，于知人论事之旨稍有所得"。这"稍有所得"，实在是一个从"厌恶其繁复冗长"，到"益复有所心会"的飞跃。

也因为如此，《论再生缘》蕴含着相当广泛的人文色彩。陈寅恪论证陈端生塑造孟丽君这一弹词中的人物，是"即其本身之写照"。这实在是一个很大胆也很具人格魅力的观点。陈寅恪为陈端生"发潜德之幽光"，也未尝不是借此作某种自身的写照：

呜呼！端生于乾隆三十五年辍写再生缘时，年仅二十岁耳。以端生之才思敏捷，当日亦自谓可以完成此书，绝无疑义。岂知竟为人事俗累所牵，遂不得不中辍。虽后来勉强续成一卷，而卒非全璧，遗憾无穷。至若"禅机蚤悟"，俗累终牵，以致暮齿无成，如寅恪今日者，更何足道哉！更何足道哉！[2]

---

[1]《寒柳堂集》，第56、57页。
[2]《寒柳堂集》，第54页。

到此，陈寅恪其投入与忘情，浑然忘记了他的本意是对陈端生作史实的考证，其伤情之叹弥漫着他感怀身世的人生回顾，其情其性，是一个历史学家最可贵的生命之光的闪耀。

从"承平豢养，无所用心……聊作无益之事，以遣有涯之生云尔"句，到"至若'禅机蚤悟'，俗累终牵，以致暮齿无成，如寅恪今日者"等语，充满了"壮士闲处老"的悲鸣。"暮齿无成"，既可视作陈寅恪淡薄功名的写照，但更是陈寅恪雄心未泯的心曲。往更深一层，则是陈寅恪欲建更辉煌的历史名山，快慰人生的生命躁动与勃发。这也是陈寅恪历史理性最核心的所在[1]。

这样就产生了一个不易索解的问题：陈寅恪心中的"有成"是什么？

但仅仅这样理解《论再生缘》，似乎缺了些什么。让我们回过头来看看陈寅恪撰写《论再生缘》的过程。

陈寅恪从9月开始著述，到11月底张罗刻写油印等事，前后只花了三个月的时间[2]。在这三个月的时间内，陈寅恪的情感明显地留下了一条有较大起伏的曲线。陈寅恪因陈端生的遭遇而有感而发的"自伤之意"，绝大部分集中于《论再生缘》的后部分，其中悲凉之感最甚的五首"七律"更附于文章的结尾。它似乎表明，陈寅恪撰写《论再生缘》的过程，同样也是陈寅恪对人生与历史不断加深体味、不断触发"寄幽思"的过程。越写，越投入；越写，越忘情。最后，情感的宣泄达到了最高峰……此种情形也许是在历史学家的理性意料之外，而在生命体验的情理之中！

---

[1] 陈寅恪人生"无成"的悲凉，由来有自。1941年，陈氏作《读东城老父传》，中有叹息云："寅恪昔岁读郑传（指《唐书·郑綮传》），未能通解。今以暇日补证旧稿，遂附录于京之文并著鄙说于此，以求通人之教正。一时臆度所及，殊不敢自信。惭老学之无成，忆宿疑犹在，残年废疾，益深烛武师丹之感矣。"该年，陈寅恪才五十一岁，然残年之感已若此。十二年后，人生原苦之伤，则情已弥漫矣。

[2] 汪篯1953年11月底在广州已知道陈正找人刻印《论再生缘》。见《陈寅恪的简史及学术成就》。

論再生緣

陳寅恪 撰

寅恪少喜讀小說，雖至鄙陋者，亦取寓目，蓋取其繁複冗長也。及長，獨彈詞七字唱之體，則略知其內容大意後，輒棄去不復觀覽。始知所言家教哲理，固有遠勝吾國彈詞七字唱者。然其攜章遣詞，其繁複冗長，實與彈詞無甚差異，絕不可以桐城古文義法反江西詩派句律繩之者，而少時厭惡此體小說之意，遂漸減損改易矣。又中歲以後，研治元白長慶體詩，窮其流變，廣涉唐五代俗講之文，於彈詞七字唱之體，益復有所心會。衰年病目，廢書不觀，草成此文，聊作無益之哀思，以遣有涯之生云爾。

關於再生緣前十七卷作者陳端生之事蹟，今所能攷知者甚少，茲為行文便利故，不拘材料時代先後，節錄原文，並附以辯證於後。

再生緣第貳拾捌拾回末，有一節續者述前十七卷作者之事蹟。最可注意。茲迻寫於下。至有關續者諸問題，今暫置不論。俟優詳論之。其文云：

「再生緣。接續前書玉釧緣，業已詞登十七卷，未嘗了結這前緣。既讀「譜」疑當作「續」。）前緣緣未了，空題名目再生緣。可惜某氏寶閨香，筆下遺留未了

— 1 —

1953—54年間，陳寅恪要自費油印《论再生缘》。他对刻写的要求是格式工整，字形要好，特意请求系里副教授端木正的夫人姜凝帮忙刻写。图为1954年的《论再生缘》油印本

这就是《论再生缘》"说之不尽"的一个重要原因。

2

《论再生缘》大约在 1954 年的春季最后定稿。正所谓文字一形成，便不再属于作者自己，而是属于社会。以后该文引发出来的一系列事件，是陈寅恪始料不及的。

1953 年 11 月，陈寅恪便已委托系里副教授端木正的夫人姜凝为他购买蜡纸等工具，要刻印《论再生缘》。

端木正，安徽人，1920 年生。1942 年毕业于武汉大学，1947 年获清华大学法学硕士学位，1948 年留学法国巴黎大学国际法专业，1950 年取得该校法学博士学位。受恩师陈序经的召唤，端木正在 1951 年秋受聘岭南大学，并担任历史政治学系副教授兼代系主任。当时陈序经与文学院长王力特别嘱咐端木正，系内主要的工作是好好关心陈寅恪。其实端木正与陈寅恪关系的渊源，还可推前至五年前，在 1946 年冬的清华园，端木正已与陈寅恪相识，以后渐多往来。

从 1952 年起，时任岭南大学家属委员会主席的姜凝去旁听陈寅恪上课。当时岭大家属中未就业者，不少人为学校教材科刻写讲义，按件计酬。姜凝既与陈家相熟，唐筼遂与姜凝商议，请姜专门为陈寅恪刻写讲义。姜凝答应了。陈寅恪特意请姜凝为自己刻写讲义，除了有一份渊源外，还因为陈对刻写的要求甚严格，不能写简体字，格式字形要端正好看。《论再生缘》完稿后，陈寅恪仍托姜凝刻写。刻写好后虽交学校油印，但陈寅恪一再坚持自付刻写、纸张、印刷等费用。陈寅恪这样说，《论再生缘》不是学校教材，是个人著作。故屡嘱姜凝不要到教材科领取刻写酬金[1]。

---

[1] 据端木正、姜凝回忆（1993 年 6 月 4 日）。

陈寅恪为何一再坚持自印《论再生缘》似是一个谜。此谜更因1959年香港友联图书编译所根据油印本出版《论再生缘》一书而染上了很浓的政治色彩。因为该书在"关于出版陈寅恪先生近著《论再生缘》的话"一文中有如下语句:"自中共以马列主义的教条控制大陆文化学术界以后,一般学人已失去思想、研究、发表的诸种自由。除了合乎马列主义的教条者外,其余一概视为反动思想,千方百计地加以排斥……陈先生对于此在书中一再慨乎言之。"[1]

四十年过去了,今日沿着尚有踪迹可辨的历史轨迹去探寻,或能更接近历史的真相。

与众多的学人一样,陈寅恪中岁后一大心愿就是能将心血之作付诸印梓。在岭南大学四年,陈寅恪很满意的一件事,就是在1950年11月由该校中国文化研究室出版了新著《元白诗笺证稿》一书。该书用传统线装形式印刷装订,开本阔大厚实,堪称精印。出版之日不但在校刊上登了消息,而且说明在三个月内购书还可给予八折优惠[2]。

陈寅恪对著作出版的情感,从下面几件事可以窥知。

《元白诗笺证稿》出版后,每位选修他的课的同学,都可以得到他亲赠的一本书,扉页还印上陈的印章。这种做法一直保持到1955年为本科生开设的"元白诗证史"的选修课。该年参加选修课的同学,仍能得到陈赠送的一本当年9月文学古籍刊行社重印的《元白诗笺证稿》。但"与时代不合"的阴影,早在1952年便给了陈寅恪第一次莫名的打击。

1951年,中国科学院准备出版杨树达的旧作《积微居金文说》。杨树达,字遇夫,知名的语言文字学家。十年前陈寅恪已为杨树达的著作写下序言,评价之高,杨引为肺腑知友。十年后,杨树达仍

---

[1] 该文最后落款为"友联图书编译所(民国)四十八年六月六日"。
[2] 见1950年12月30日《岭南大学校报》第121期。

线装本"元白诗笺证稿"封面

《元白诗笺证稿》1950年初版本的内页

1944年重庆熟料纸初版本《隋唐制度渊源略论稿》书影。时在抗战，物资匮乏，图书用纸极差。六年后，岭南大学以线装形式为陈寅恪精印《元白诗笺证稿》一书，这是陈氏六十岁时很感满意的一件事拟将陈寅恪的序言放于卷首,陈寅恪欣然答应。但到了 1952 年 5 月,中国科学院编译出版局给杨去信称:陈寅恪序文的"立场观点有问题"[1]。这无疑宣告了该序文的命运。该年 10 月,杨树达的《积微居金文说》出版,陈寅恪的序文自然被删除。

所幸陈文在 1942 年已经刊行,检索这篇题为《杨树达积微居小学金石论丛续稿序》的短文,考察有问题的"立场观点",很有意思。

也许文中最有现实意义的便是这么一段:

> 先生少日即已肄业于时务学堂,后复游学外国,其同时辈流,颇有遭际世变,以功名显者,独先生讲授于南北诸学校,寂寞勤苦,逾三十年,不少间辍。持短笔,照孤灯,先后著书高数尺,传诵于海内外学术之林,始终未尝一藉时会毫末之助,自致于立言不朽之域。与彼假手功名,因得表见者,肥瘠荣悴,固不相同,而孰难孰易,孰得孰失,天下后世当有能辨之者。呜呼!自剖判以来,生民之祸乱,至今日而极矣。物极必反,自然之理也。一旦忽易阴森惨酷之世界,而为清朗和平之宙合,天而不欲遂丧斯文也,则国家必将尊礼先生,以为国老儒宗,使弘宣我华夏民族之文化于京师太学。[2]

这与其说是为杨树达作序,倒不如说是陈寅恪因感而发,表达了他对为人治学以及文化与时势的遭际的心声,铮铮有凛然之气。

"生民祸乱"、"国老儒宗"、"京师太学"等等字眼,显然与五十年代中国大陆的社会时尚相去甚远。陈寅恪序文的被删,实属

---

[1] 杨树达:《积微翁回忆录》,第 345 页,上海古籍出版社 1986 年版。
[2] 《金明馆丛稿二编》,第 230 页。

必然[1]。

这是今日所知陈寅恪在新的社会中感受其"立场观点"与时代有相当大的冲突的第一次。它给陈寅恪带来什么影响呢？

1952年12月6日，即《积微居金文说》出版后不久，陈寅恪给杨树达寄去一信，信云："手示敬悉。大著尚未收到。贱名不得附尊作以传，诚为不幸。然拙序语意迂腐，将来恐有累大著，今删去之，亦未始非不幸也。湖大改组，公何所归？能退休否？弟现仍授课作文，但苦多病，恐无相见之日，如何如何？专此奉复，敬请道安！"[2]

陈寅恪自云"语意迂腐"，恐怕是当时最贴切的形容，陈寅恪的确对世局与个人不可调和的冲突有深刻的洞察。"将来恐有累大著"，表明陈寅恪对自身的判断已超出了一时一事之得失[3]。

这是一封表达了不少内心真实想法的信。以后随着各类运动的此起彼伏，无论从言谈或是通信交往，陈寅恪已经极少在人前臧否人物、褒贬时事了。

---

[1] 1952年，陈寅恪撰《述东晋王导之功业》，引《晋书·王导传》："……（王导因向帝）进计曰：'古之王者，莫不宾礼故老，存问风俗，虚己倾心，以招俊义。况天下丧乱，九州分裂，大业草创，急于得人者乎！顾荣、贺循，此土之望，未若引之，以结人心。二子既至，则无不来矣。'帝乃使导躬造循、荣，二人皆应命而至。由是吴会风靡，百姓归心焉。"陈寅恪由此断言，东晋初年因行王导"笼络江东士族"、"宽纵大族"的政策，"民族因得以独立，文化因得以续延"，卒开东晋南朝三百年之世局。此可看作是陈氏旁观二十世纪华夏变局的一个注解。上举为杨树达作序之文与此《述东晋王导之功业》，实有异曲同工之妙。

[2]《积微居友朋书札》，第96页，湖南教育出版社1986年版。

[3] "将来恐有累大著"这一句式既有深意，更有隐喻性很强的历史典故在。据宋人《梁溪漫志》所录，元祐党家之子晁公武曾作《毗陵东坡祠堂记》，对苏辙撰苏轼"墓志铭"中涉及苏轼在"元祐党争"中与奸臣交往的内容，认为乃是苏辙处于"贼臣擅国，颠倒天下之是非，人皆畏祸，莫敢庄语（按：犹言正论）"的崇宁年间写下的隐晦之笔，"亦非实录"。晁公武感叹"岁月滋久，耆旧日益沦丧，绪言将零落不传"，故慨然作这样的结论："后世不知其然，惟斯言（按：指苏辙曲笔）是信，则为盛德之累大矣。"晁公武为名门之后，晁门累有世德，北宋后期党争惨烈，晁门诸子多被贬斥。最可注意者并非晁公武对苏轼的维护，而是作为元祐故家之后晁氏对"元祐党人"的深厚感情与对"元祐史事"价值观的维系。表面看陈寅恪此句信手天成，实融合了无限的身世与现实之感。

在1954年的春天，陈寅恪的确不想将《论再生缘》示人。有一细节可供参考：在1956年国家教育部委托高校发出的"专家调查表"的填写中，陈寅恪在"存稿情况"一栏里这样填写："论文颇多，现正在搜集。"[1] 丝毫没有《论再生缘》的信息。《论再生缘》依然"真人不露相"。在五十年代的大部分岁月里，《历史研究》与《中山大学学报》一直希望能刊登陈寅恪的新论文，陈寅恪坚不示人，定有其苦衷。"将来恐有累大者"（今仿晁公武句式），应当是其中一个最重要的注脚。其次，在"无所用心"心态下写成的《论再生缘》，在陈寅恪心中一直是"以遣有涯之生"的消遣之作，这未尝不是陈寅恪的一个心曲。十年后，当《论再生缘》名满天下（只是名字满天下而国内尚未出版刊行）时，陈寅恪作《再生缘校补后序》一文，起首第一句即为"论再生缘一文乃颓龄戏笔，疏误可笑"。"戏笔"一词，应当不是陈寅恪的自嘲，而是他的某种内心想法。

这或者是命中已前定，《论再生缘》从它流传之日起，就与陈寅恪的诗作一样，被现实更多地从政治的角度去阐释与理解，甚至为时势所借助，其人文的涵义相反退居第二位。

3

1956年8月，时年七十五岁的世纪老人章士钊走进了康乐园。《论再生缘》开始出现意想不到的经历。

章士钊是肩负着重大使命在赴香港前夕路过广州的。一个月后，《论再生缘》油印本被带到香港。

生于1881年、比陈寅恪年长九岁的章士钊，是一个很具传奇色彩的风云人物。晚清时期他与革命党人鼓吹革命，1903年轰动一时的"苏报案"，在三名当事人之中，章太炎被捕入狱，邹容死

---

[1] 中山大学档案馆藏。

于狱中，而章士钊则侥幸得脱。其后，在数十年中国现代历史风云中，皆能见章士钊并不寂寞的身影。以下几件在历史上很惹人注目的事件，似乎可以勾勒出章士钊在不同时期的各个侧面。1914年，章士钊在日本办了一本《甲寅杂志》，抨击时弊，议论时政，为时人瞩目。十年后，章氏再创《甲寅周刊》，封面画上一只咆哮的老虎；时章氏出任段祺瑞政府的教育总长，卷入了1925年北平的学运风潮，人称"老虎总长"。三十年代后，章士钊与上海闻人杜月笙来往密切，以大律师的面目出现在上海滩。1932年在国民党法院控诉前共产党总书记陈独秀犯了"危害民国罪"的案件中，章士钊奋然担任陈独秀的辩护律师。1949年3月，国民党政府派遣张治中、邵力子、章士钊等人为"国共和谈"代表赴北平与共产党谈判，章士钊等人被人誉为"和平老人"。

终其一生，亦官亦士，亦主亦客，故"无党派人士"章士钊一生交游甚广，在1949年后，章氏在中国大陆成为一个很特别的人物。

1956年8月7日，带着毛泽东与周恩来的嘱托，章士钊从北京乘火车南下广州准备赴香港[1]。在等待赴港的这段时间里，章士钊专程到中山大学拜访了陈寅恪。章、陈两人会面，相谈甚欢。陈寅恪将近年所撰新著一一相赠，其中便包括《论再生缘》。章士钊一生"贤达"的名声太大了，掩盖了他作为一个有才华的学人的另一面。章幼娴诗书，卓具文采，早年东渡日本留学，复至英国攻读法律专业。相传辛亥武昌首义消息传至伦敦，章马上收拾行装返国，其时距其将获得硕士学位尚余数月。二十年代末国民党通缉"北洋余孽"，章士钊携妻重返英伦读书，此时章士钊已年近五十岁。

章士钊独具慧眼，在陈寅恪相赠的数种近著中，觉《论再生缘》"尤突出"，于是诗兴大发，"酬以长句"。一年后章士钊在香港印

---

[1] 章氏行程事见有关档案，广东省档案馆藏。

了一本《章孤桐先生南游吟草》诗集，以纪念 1956—1957 年广州、香港之行[1]，诗集收录了这首七律。诗云：

> 岭南非复赵家庄，却有盲翁老作场。
> 百国宝书供拾掇，一腔心事付荒唐。
> 闲同才女量身世，懒与时贤论短长。
> 独是故人来问讯，儿时肮脏未能忘。

诗中第一、二句典出南宋诗人陆游在七十一岁时所作的一首绝句："斜阳古柳赵家庄，负鼓盲翁正作场。身后是非谁管得，满村听说蔡中郎。"该典并非章士钊活用，实为陈寅恪之感叹无疑。在《论再生缘》的结尾，陈寅恪悲伤写道，"自是求医万里，乞食多门。务观赵庄之语，竟'虔为今日谶'矣"。[2] 欲明陈寅恪之悲，需先解陆务观之句。陆游作此诗时遭贬闲赋已有六年之久。诗中描述盲目艺人在古风依然的赵家庄说唱"身后是非谁管得"的蔡邕故事。蔡邕，又名蔡伯喈，东汉人，灵帝时为中郎，献帝时拜左中郎将，世称"蔡中郎"。据徐渭《南词叙录·宋元旧篇》载，宋光宗年间已有"蔡邕弃亲背妇为雷震死"的剧目上演。时人附会剧中人蔡伯喈为东汉年间的这个著名的历史人物。所以陆务观有"身后是非谁管得"之叹。"古典"虽解，"今典"仍朦胧。"负鼓盲翁"一典，在陈寅恪晚岁诗篇中多次出现。陈寅恪对陆游此绝句感触独深，当有"不足为外人道"的心事在。章士钊效陈寅恪之法，以古典、今典入诗赠与陈寅恪，可知1956年陈、章两人这次见面倾谈之深。

陈寅恪在这个夏日对"故人来问讯"的章士钊表示了十二分的

---

[1] 见香港《大人》杂志第 38 期第 2 页。
[2] 《寒柳堂集》，第 76 页。

热情。唐篔亲自下厨置酒招待。这些在章士钊另一首《和寅恪六七初度，谢晓莹置酒之作》的七律中有所反映。章士钊诗中"懒与时贤论短长"一句，说明章士钊对陈寅恪在五十年代前期的情况有相当的了解。

陈寅恪晚年到底与章士钊有过几次见面今已不易考证，但每次见面均作密谈则当年与陈寅恪来往密切者已有所闻，只是密谈的内容无人知晓。

9月，章士钊抵达香港。这是章士钊自1949年以来第一次以半公开的"特殊统战使者"的身份在香港露面。在台湾、香港等地的上层圈子中引起反响。《论再生缘》油印本也由章带到香港。

两年后，1958年12月号的香港杂志《人生》登出署名余英时的文章，题目为《陈寅恪先生〈论再生缘〉书后》。文中主要观点为："而尤足以显出陈先生对极权统治下学术文化状态之反应者，则为书中论思想自由之文……"[1]1959年，友联图书编译所将《论再生缘》排印出版。至此，陈寅恪这篇文章"传播海外，议论纷纭"。大多数海外人士认为《论再生缘》"充满了家国兴亡的感慨"，随处可见"家国兴亡哀痛之情感"。其时大陆"三面红旗"等政治运动开始给国民经济造成恶果，台湾的国民党开始构想反攻大陆的美梦。这些无法抹掉的时代背景，令人们眼中的陈寅恪所抒发的"家国兴亡感慨"，具有很浓的现实政治色彩。

1960年，香港出版《论再生缘》的消息传回大陆。香港《大公报》一记者将该书送了一本给学校党委书记冯乃超。校方这时才重视这篇"饶有深意"的长文。在此之前，《论再生缘》一直未引起太多人的注意：一、理解该文，需要有相当程度的文史基础；二、在当时中山大学一些人的印象中，陈寅恪最可批判的地方，不过是"顽固的资产阶级立场"。

---

[1] 见该杂志第27页。

其实，中山大学早于1953年便已知道陈在研究《再生缘》。该年汪篯南下访师时已向校方汇报过此事。翌年学校教材科油印《论再生缘》一稿共得一百零五本，其中一百本交陈寅恪，五本教材科留下存档。更有一事，陈寅恪晚岁曾一度非常喜爱的一位学者，时任历史系副主任的金应熙，在五十年代中期便对《论再生缘》推崇备至，对文中的一些段落及诗句背诵如流。

但现实政治是相当敏感的。校方开始严厉追查《论再生缘》究竟如何流出境外。中山大学一些有可能接触过该文的人都受到审查。最后由唐筼说出可能是章士钊带出境外方不了了之。章士钊的能耐的确可"通天"，1960年7月29日，由他提议，中央有关部门批准，陈寅恪、沈尹默、商衍鎏、徐森玉四人被任命为中央文史研究馆副馆长[1]。陈、沈两人皆为章士钊的挚友。不知何故，这次聘任没有发薪水，连聘任书也没有发[2]。章士钊曾向陈、沈等人发出到京任职的邀请，但陈寅恪与沈尹默都没有晋京上任。这是题外话。

一向避离"世俗"的陈寅恪是敏感的。在中山大学追查期间，他不但只让黄萱将油印本《论再生缘》亲手交给校方，含送交审查之意，而且唐筼代表陈寅恪亲自向冯乃超作了说明。冯乃超即表示，"出版的话无非想挑拨陈和党的关系"，党信任陈寅恪，"不会让别人挑拨得逞"[3]。

其时，距郭沫若突然对《再生缘》发生兴趣，不久发出一轮密集型的研究"排炮"还差一年的时间。

距陈寅恪1953年"忖文章之得失，兴窈窕之哀思"亦悠悠七载。头上添几许白发，心灵走过多少曲曲折折的路。"将来恐有累大者"，竟不幸而言中。

---

[1] 时章士钊为馆长。商衍鎏，曾是光绪甲辰科探花；徐森玉，时任上海"文管会"主任。
[2] 此据中央文史研究馆工作人员回忆（1993年9月24日）。
[3] 见1962年《陈寅恪小传》（未刊档案材料）。

4

在这里，我们不得不暂时中断紧接而来的历史时空，提前叙述七年后《论再生缘》溅起的又一朵浪花。因为这是《论再生缘》无法割断的生命之链。

1960年，中国科学院院长、被誉为中国当代马克思主义历史学开山祖的郭沫若，突然对《论再生缘》及陈端生产生了极浓的兴趣。

从郭沫若掩饰不住的兴奋以及在短短的时间内花去大量精力来看，郭沫若不会早于1960年第四季度才看到《论再生缘》一文[1]。

惺惺惜惺惺，充满了诗人激情的郭沫若，被《论再生缘》深深打动，他竟惊讶于陈寅恪对陈端生评价之高，并且毫不掩饰地说，读了《再生缘》原著，"竟使我这年进古稀的人感受到在十几岁时阅读《水浒传》和《红楼梦》那样的着迷"。[2] 从本质上说，郭沫若是一个感性的学人，他写下此等文字时似乎早就忘记了三年前他对"资产阶级史学家"陈寅恪作过毫不客气的评价。

从1960年底算起，到1961年底为止，在短短的一年时间里，郭沫若将大部分精力都花在研究《再生缘》以及校订该书准备出版上。在三百多天里，郭沫若还先后访问过古巴、缅甸、印度尼西亚等国，可谓国事与行政事务繁杂。郭沫若再度燃起冲天的激情，反证陈寅恪的《论再生缘》，抒写的正是可贵的生命意识的乐章。

《再生缘》一书，用陈寅恪的话来说讲述的是古代女扮男装、中状元、做宰相这类"俗滥可厌之情事"，用当时的术语来说是很难借这类题材达到"借古喻今"的政治目的。缘何郭沫若会有如此大的兴趣，在《论再生缘》的基础上再度发挥？

从1957年开始，集文化人、和平使者、国际知名人士兼中国

---

[1] 据王继权、童炜钢《郭沫若年谱》第262页载，"（12月）初旬，经金灿然介绍，看了陈寅恪著《论再生缘》。"江苏人民出版社1983年版。

[2] 《序〈再生缘〉前十七卷校订本》，1961年8月7日《光明日报》。

人大领导人等等头衔于一身的郭沫若,长年累月几乎有一半的时间花在出国访问、开各类会议、到各地参观视察等等事情上。本质仍是个学人的郭沫若,在这几年只能将创作的欲望宣泄在出访途中大量的即兴诗上,以及可以根据大胆想象而构建的艺术味浓郁的历史剧上。《蔡文姬》、《武则天》等剧正是创作于这段时期。与他的文学才能相比并不逊色的治史才华,因为难以安下心来,在这几年竟无突破性的创造。

这或者能为人们理解郭沫若突然爆发出十二分的热情,倾洒在陈端生身上提供另一种思考的角度。

与四十一年前喊出"我是一条天狗呀!我把月来吞了,我把日来吞了……我飞奔,我狂叫,我燃烧……"[1]等著名诗篇相比,刚迈入古稀之年的郭沫若,其热情仍是"爆炸"式的:

1960年12月23日,郭氏率团出访古巴,在飞行途中犹在翻阅和校订《再生缘》。在古巴期间,仍不忘致信国内的秘书,谈《再生缘》等事。

1961年2月至4月,郭沫若检看各类《再生缘》的刻本。

5月4日,郭沫若第一次在《光明日报》撰文,全面评价《再生缘》。这篇题为《〈再生缘〉前十七卷和它的作者陈端生》的论文,字数一万三千多,它显示了郭沫若一出手即作重锤出击。该文中有陈端生"的确是一位天才作家"、"《再生缘》比《天雨花》好。如果要和《红楼梦》相比,与其说'南花北梦',倒不如说'南缘北梦'"[2]等语。评价之高,立即引起学界注目。七年前已写成的《论再生缘》,大陆学人仍无缘一识。但郭沫若5月4日发表的这篇长文,为关注陈寅恪的学人提供了一个信息,人们这时才知道陈寅恪写了《论再生缘》一文。二十多年后郭沫若为学界一些人所诟病的,是郭氏在

---

[1]《郭沫若选集》第二卷,第35、36页,四川人民出版社1979年版。
[2]《郭沫若古典文学论文集》,第876页,上海古籍出版社1985年版。

该文中似乎不经意地提到陈寅恪和《论再生缘》,而且用了挑剔辩驳的口吻。

6月8日,郭沫若第二次在《光明日报》发表《再谈〈再生缘〉的作者陈端生》一文,距第一篇文章发表刚好三十五天。

6月29日,第三次在《光明日报》发表《陈云贞〈寄外书〉之谜》,再次考证陈端生的身世。

8月7日,第四次在《光明日报》发表《序〈再生缘〉前十七卷校订本》一文,叙述了校阅《再生缘》一书的经过。令人惊讶的是,在这第四篇文章中,郭沫若用很优美的文字称许陈寅恪的"功劳"。语云:"《再生缘》之被再认识,首先应该归功于陈寅恪教授。""我没有想出:那样渊博的、在我们看来是雅人深致的老诗人(指陈寅恪——引者注)却那样欣赏弹词。"在以后的叙述中,人们将可以看到"那样渊博"、"雅人深致"等语句由郭沫若说出,时代开的是多么大的玩笑。

10月5日,郭沫若第五次在《光明日报》发表《有关陈端生的讨论二三事》一文。

10月22日,第六次在《光明日报》发表《关于陈云贞〈寄外书〉的一项新资料》。

11月5日,郭沫若开始了长达四个多月时间的休养、游览、寄情山水的闲适生活。这一天,郭沫若在杭州参观了陈端生的出生地——勾山樵舍。睹物伤人,历史的尘埃仍无可辨认,郭沫若写下了一诗,有"樵舍勾山在,伊人不可逢"句。

1962年1月2日,郭沫若在《羊城晚报》发表《读了〈绘声阁续稿〉与〈雕菰楼集〉》一文,就陈端生及有关《再生缘》诸问题再次表明自己的观点。

至此,郭沫若费时一年多对《再生缘》的考证与评价告一段落,注意力已转移。在这一年多的研究中,郭沫若除了赞成陈寅恪对《再生缘》及作者很高的评价外,主要对陈端生的身世的一些细节提出了与陈寅恪不同的意见，并对自己的观点作了多次阐述。

郭沫若行文的潇洒及当时史学界言论很单一的背景，令郭氏的系列文章轰动一时。不但学界不断有讨论文章加入；而且《再生缘》骤然成为文化界的一个热点。《再生缘》在旧戏曲中早就被改编过，名字很多，最常见的一出戏名叫《孟丽君》。六十年代文艺界有喜欢追随史学界热点的风习，故旧戏《孟丽君》一时受宠，各地戏班纷纷改编上演。此可视作郭沫若推广《再生缘》的功劳。

但历史的沉思，并不因郭氏兴趣转移而划上句号。这两位都无愧于现代中国史学大师称号的学人，他们在研究同一历史题材时所经历的不同遭遇，实令人叹息不已。

陈寅恪考证《再生缘》本末，所引史料与"考据"，主要凭脑海的记忆去检索，然后派助手到学校图书馆借阅，最劳师动众的也不过是请外地的学生帮助提供一些刊本。七年后郭沫若想弄清楚陈端生的一些问题，几乎尽阅当时所能看到的珍贵资料。如1961年4月，在北京图书馆的协助下，郭沫若在郑振铎捐赠的藏书中找到了一本《再生缘》的"海内孤本"，郭即将其与流行的"道光刊本"核对研究。郭氏文章登出后，全国各地不断有人为郭提供新资料。

历史最容不得假设，但人类对历史作反思时往往最喜欢提出假设。如果陈寅恪拥有同样的研究条件，将会怎样？

至于郭沫若能够在半年时间不到的情况下，在一家全国学术界最为关心的报纸上，以"排炮"的方式对某一学术问题发表一连串文章，则更是陈寅恪望尘莫及的了。

以陈寅恪的学术地位和对中国文化的贡献，他应当有资格拥有最好的条件去做研究，其成果应当引起全社会的注目。但陈寅恪无缘得到这些，他走着一条孤寂的路。

只有一个空灵的声音在历史幽深与漆黑的长空中永恒地回荡：古来圣贤皆寂寞！

陈寅恪不一定是圣贤，但陈寅恪真的很寂寞！

第四章　向北京关上了大门

1

对于一些关键的历史来说，一年等于很多年。

时代总有自己的运行方式，它总要将一些人、一些事纳入自己的轨道。顺之者则合潮流，逆之者则产生所谓的历史悲剧。最能令人一咏三叹的，是有时实在无法分清究竟是人的悲剧，还是时代的悲剧！

在被传统的中国人称为旧历癸巳年的1953年，对于陈寅恪来说，的确发生了不少不同寻常的事情，以至不能不在这一年徘徊、流连，细辨历史在宇宙天籁发出的轻微的叹息声。

癸巳年，一年等于好几年。

沉寂往往是风雷激荡的前夕。毛泽东于1950年6月撰写的那篇著名的《不要四面出击》雄文中所描绘的理想目标——"对知识分子，要办各种训练班，办军政大学、革命大学，要使用他们，同时对他们进行教育和改造"[1]——在癸巳年开始实现。大批知识分子接受了马列主义，接受了新的思想教育，共产党对知识界的领导开始发挥作用。

---

[1]《毛泽东选集》，第5卷，第22、23页，人民出版社1977年版。

以史为镜，是中国历朝吸取江山更替教训的最好法宝。对"史"情有独钟的毛泽东，在夺取政权后，在政治、经济等压力稍为减轻的时候，便不自觉地对这个于智者来说充满了迷人色彩的领域，投入兴趣浓厚的关注。考察1949年以后人民共和国的历史，人们会发现，在好几次重大的抉择前夕，总能在史学界隐约辨听出毛泽东在这里发出的新声及前奏。

正是在这样的形势下，中共中央决定设立历史研究委员会。1953年，这个委员会由陈伯达、郭沫若、范文澜、吴玉章、胡绳、杜国庠、吕振羽、翦伯赞、侯外庐、刘大年及尹达等人组成[1]，毛泽东亲自指定陈伯达担任主任。当时陈伯达的身份很奇特，他兼着中国科学院副院长一职，身为院长的郭沫若反而要接受他的领导。这份名单，基本上囊括了1949年后中国马克思主义历史学的权威人士。值得注意的是，来自广东的杜国庠也是委员会成员之一。这样，陈寅恪成为这一年筹办的《历史研究》编辑委员会委员，并愿意在该刊物第2期上发表《论韩愈》一文，历史为后人提供了一个比较合理的解释。

在1953年10月，历史研究委员会作出了几项重大决策：尽快在中国科学院再增设两个历史研究所；创办一份代表新时代历史研究最高水平的刊物《历史研究》。目的是要确立马列主义在史学研究中的领导地位。两个月后，郭沫若在《历史研究》创刊号上撰文，特别指出："学习应用马列主义的立场、观点和方法，认真地研究中国的历史"[2]，迎接文化建设的新高潮。

陈寅恪被纳入时代运行的轨道。

在即将设立的历史研究所三个所的所长名单中，郭沫若、陈寅恪、范文澜三人分别出任一所（也称上古史研究所）所长、二所（也

---

[1] 见1986年第4期《历史研究》载刘大年回忆文章。
[2] 见《发刊词》。

称中古史研究所）所长及三所（也称近代史研究所）所长。

现代中国史学界人才济济，名家辈出，更有新史学家领一时之风骚。从身体条件与对时代的顺应而言，比陈寅恪更适合担任所长职位的人很多，是谁还能感觉出远在几千里之外的陈寅恪的存在？今日已无从知晓其中的详情，但这一点已经变得不很重要。重要的是，时代需要陈寅恪随其运行。

不过，这时陈寅恪独立的世界在岭南已重新构建完毕，生命意识在这重构的世界里再度勃发。历史出现了它永远不忍看的时代与个体生命不可调和的撞击与冲突。这种冲突在历史的星空中留下了多少悲歌与千古绝唱。

自进入1953年以来，北国便不断捎来信息，"政府希望陈先生北返"。陈寅恪称为"北客"的北京来人，也不时借路过广州之机劝陈寅恪重返北京。早在北平和平解放不久，清华园的一些弟子便寄信来劝恩师重返清华。这种亦私谊亦关怀的劝说，陈寅恪并没有看得很认真，但一个"劝"字，已很朴质地点出了陈寅恪对北返的态度。

终于，一个肩负使命的人在这个时候出现了。他的出现，意味着劝陈寅恪北返的行动达到高峰；他的出现，也意味着共产党在全国学界最高层的领导，第一次正式表达对陈寅恪的尊敬和对陈寅恪学术地位的肯定。

这位带有私谊色彩兼学生身份现身的"使者"，身怀两封沉甸甸的信件，兴冲冲地踏上了南下的旅途。他就是时为北京大学历史系副教授的汪籛。他是怀着志在必得的心情上路的。

2

汪籛也许没有想到，他身上的两封信，他要完成的"使命"，使他此行爱徒探视恩师的温馨色彩荡然无存。而正是这种色彩，才

第四章 向北京关上了大门

1951年陈寅恪夫妇与三个女儿拍下这幅"全家福"

会挑中这位无论从辈分、地位都不足以与陈寅恪作正式对话的其时才三十七岁的后学充当"使者"。汪籛更没有想到，一别四五年，自己已发生了巨大的变化，恩师也发生了变化，但这是两种截然不同的变化。

这是一位很可爱、但最后无法逃脱悲剧命运的知识分子。

生于1916年的汪籛，在陈寅恪研习隋唐史的弟子中恐怕要算才华相当突出的一个。1931年，作为一个铁路工务员之子，汪籛考入了名校江苏省立扬州中学，1934年升入清华大学，其读书的天赋得到尽情的发挥。清华校风显然对他的人生有重要的影响：终身做一个学术研究的人。1938年他在清华大学历史系毕业后，因成绩优异被推荐留在西南联大跟随陈寅恪从事研究，并享受"史语所"傅斯年专门批发的每月三十元的津贴补助[1]。

这是汪籛第一次正式跟随陈寅恪对隋唐史做研究。陈寅恪成为对他一生影响最大的人。他的学问，他的某些人品道德，无不深深打上了陈寅恪的烙印。一年后汪籛考入北京大学文科研究所。1947年，汪籛重新回到陈寅恪的身边，直到陈寅恪离开北平时为止。

汪籛的才华表现在他二十二岁时开始追随陈寅恪，用了数年时间拼命钻研陈的治史方法。抗战期间汪籛所写的一些论文，已明显地看出陈寅恪的影子。这位未到而立之年的年轻人开始微露头角。在他三十一岁那年，他作出了一个奠定了他以后学业基础的决定，他从吉林长白师范学校回到北平，在尚未受到任何单位聘用的情况下来到陈寅恪身边，与王永兴、陈庆华等协助陈寅恪著述。半年后北京大学才聘用汪籛，并派他去清华大学当陈寅恪的助手。由北京大学聘任却到清华大学工作，这不能不算是一件很奇特的事。

---

[1] 引自《汪籛生平档案》。

在两年多的时间里，汪篯朝夕陪伴着陈寅恪，住在老师家中。他的人生经历有一点与老师相似，都是年近四十才成家。

显然，这两年汪篯已得陈寅恪治史方法的真传。据陈寅恪其他弟子的回忆，这一时期汪篯不仅协助陈著述与修改书稿，而且能提出自己的意见，有一些意见还为陈寅恪接受、采纳。以后，汪篯没有发表太多的研究成果（或者说是皇皇巨著），便在中国史学界隋唐史的研究领域奠定了公认的地位，合理的解释是，汪篯公开发表的为数不算太多的论文，大部分都有独创性。

令人惊讶的是，十数年来一直对陈寅恪的行文格式甚有心得并刻意模仿的汪篯，1949年后竟可以很娴熟地将文言体的叙述方式转化为白话文，其流畅潇洒别具一格。汪氏之才华可见一斑。

如果历史仅是这样的一面，则以后的故事便要简单得多。偏偏历史并非只有一面。

1950年2月，汪篯在北京大学加入中国共产党，第二年，便成为北京马克思列宁学院（中央高级党校的前身）第二部的带职学员，接受了马列主义教育。从这个时候起，汪篯便成为一个真诚的马克思主义者。他的后半生将证明这一点。从汪篯这一类知识分子人生观的改变，证明毛泽东的见解有过人之处：知识分子经过改造是能够为社会主义服务的。

1953年的11月中旬，尚未从北京马克思列宁学院毕业的汪篯，带着满腔热情以及接受了新思想的喜悦，南下充任劝说陈寅恪北返的"使者"。

汪篯身怀的两封信，一封来自中国科学院院长郭沫若，一封来自副院长李四光。李四光，地质学家，1950年5月冲破重重阻挠从海外归返祖国。抗战时期在桂林李四光与陈寅恪有过一段不浅的情谊。李四光本为理科学界的楷模，与文史界无多大关联，但也随郭沫若函示陈寅恪，可见中国科学院当时考虑之深。

以后还有一种说法流传,在北京方面正踌躇不定派谁去劝说陈寅恪时,汪篯主动请缨南下。

但北京的人们似乎都忽略了要了解这么一点:1949年后陈寅恪的生存状态、心态到底怎样?忽视了这一点,以后的发展便可以预料了。

汪篯不会迟于11月21日抵达广州。还像五年前师生亲若无间一样,汪篯一抵中山大学便直接住进恩师家中。但很显然,谈话谈"崩"之后汪篯便搬到学校招待所去住了。[1]

今日要感激汪篯为后人留下了一份相当珍贵的原始记录。这份一万字以上的报告[2],真实地记录了陈寅恪与汪篯多次交谈时的真实思想和喜怒哀乐的情感发泄,令人闻其声而想见其人,陈寅恪的神态跃然纸上。

这份报告显然是汪篯即将结束广州之行时写下的一份汇报。其记忆力惊人,忠实地录下了陈寅恪的心声。

11月21日晚,汪篯将郭沫若与李四光的信转交给陈寅恪。"二十二日晨",陈寅恪即作答覆,由唐篔执笔书写,提出了陈寅恪担任中古史研究所所长的两个条件:

一、允许研究所不宗奉马列主义,并不学习政治;

二、请毛公或刘公给一允许证明书,以作挡箭牌。

所谓"毛公"、"刘公",即指毛泽东与刘少奇。陈寅恪让唐篔将此两个条件写于纸上,明显地要让汪篯带回北京,以示并非空口无凭。

以后在全国学界暗地里流传的"陈寅恪公然提出不学马列"的说法,便源自1953年11月22日的这个早晨。这一天是星期天。

这是一个令所有人都很难堪的话题。汪篯没有叙述自己的心

---

[1] 此处史实分别据有关档案材料记载及知情者回忆。另据邓广铭先生1993年9月19日述及,汪篯惹怒师尊后,陈寅恪即让汪篯"你马上搬出去"。

[2] 即《陈寅恪的简史及学术成就》。以下的引文均来自该报告,不再特别标出。

态,但汪篯说到了冼玉清与黄萱。这两位与陈寅恪有很多共同话题的女性,在这个早晨目睹了这一幕,参与了这一场谈话。冼、黄一齐劝陈寅恪没有必要这样提,陈寅恪倔强地说,"我对共产党不必说假话"。

走出家门刚一年的黄萱问陈寅恪,"如果答应你的条件你又怎么办?"陈寅恪回答,"那我就去,牺牲也可以。"

冼玉清再劝陈寅恪不必如此,陈寅恪说,"我要为学术争自由。我自从作王国维纪念碑文时,即持学术自由之宗旨,历二十余年而不变。"

汪篯用忠实的笔调客观地记录下每个人的原话,今人仍能感觉出陈寅恪话语中含着一股怒气。以陈寅恪对历史对现实的"通识",陈寅恪当然明白他这样做是极大的不合时宜。

这将是一个令人永不能释怀的人生场面。陈寅恪为何毫不掩饰地提出两条足以惊世骇俗的条件?

郭沫若与李四光的信,怕是要解开这个问题的第一个关键。可惜,至今还不知这两封信的内容。以后事件的发展,说明陈寅恪的"气",相当部分是冲着郭沫若而来。

其次,正像后来在陈门圈子中流传的那样,汪篯怕要负一定的责任。汪篯显然用了"党员的口吻"、"教育开导的口吻"与陈寅恪谈话。这位内心不乏善良、正直的学人,在北平和平解放后的初期工作中,曾以无限的热情主持编辑《北大周刊》,为赶时间常常编稿至通宵,创下这样的"记录":在全校师生代表大会上担任记录员,三天共写下十多万字,随后又花了几个通宵整理誊清[1]。对新时代的顺应,令汪篯从思想到语言都有了深刻的巨变。这种变化显然与他甫下舟车即入住恩师家的"旧我情结"格格不入。陈寅恪难以接受四年前的学生,四年后会用这样充满了"时俗"的口吻对自

---

[1] 见《汪篯生平档案》。

中年时期的汪籛

己说话。于汪籛来说,这也许不是他的错。他也许直到最后也不明白,恩师为何如此反感!而他所说的,不过是在政治学习会上人人都能说上一通的道理。

这次会面后,陈、汪两师徒从此再也没有见面的机会。于陈寅恪,此事给他的伤害无法估计;于汪籛,亦是一个终生的遗憾。最具悲剧意味的是,从始到终,汪籛一直挚爱着自己的老师。1953年12月他从马列学院毕业后回到北京大学历史系教书,对讲台下的学生,他总不自觉地流露出对陈寅恪的敬意以及对陈寅恪治史方法的肯定。这些,陈寅恪都不会知道了。在1953年岭南这个初冬季节里,陈寅恪在火气正盛时说出了这样的气话,"你不是我的学生!"[1]

不过,历史从来不认为个人行为能解释历史的全部原因。

---

[1] 从汪籛岭南之行的最后结果看,陈寅恪仍委汪将自己对"催归"的答复带回北京,则陈氏对这个昔日爱徒所发泄的,乃是"怒其不争"的一时意气。陈氏于生员之"爱",仍深藏。可惜,对于这两个情义特别的师徒来说,人生已失去从容转圜的机会了。

陈寅恪是有感而发。

新中国成立之初，中共中央就向全国发出学习与宣传马克思主义与毛泽东著作的号召。1951年5月，中央召开全国宣传工作会议时就强调：用马列主义的观点和方法去教育全国人民，而不是用其他任何观点与方法；要运用各种办法和克服各种困难，做到"在全国范围内和全体规模上"宣传马列主义。同时在全国范围内，掀起了"政治学习"的热潮，对绝大多数的人民进行政治启蒙的教育[1]。

五十年代初学马列的热潮声势浩大，风气所及，人人言必称马列，著文论说以引用马列及毛泽东著作原文原话为荣事。最有影响的是一批知名的专家学者，撰文表示与"旧我"决裂。许多学人大半生追求的"只问学术，不问政治"的安身立命理想，开始被摧毁。辩证唯物论与历史唯物论，开始树立了在学术研究中的权威地位。

这一深刻背景，应是陈寅恪提出两条先决条件的最好注脚。"为学术争自由"，六十三岁的陈寅恪说出这句话时，在那一刻拥有中国传统历史学家某种秉笔直书的壮烈情怀。至此，这位老人并没有超然避世得以证明。

尤其值得探寻的是，陈寅恪为何在第二个条件中提到了毛泽东和刘少奇？郭沫若等人的信中是否传递了什么信息？

对历史作合理的推测，总使人难以舍弃这样的背景：一年多以前，陈寅恪的挚友朱师辙喜获毛泽东的问候信，朱师辙视此为晚年最大的荣幸事。能"上达天听"，被"礼遇尊敬"，是五十年代一批历经数朝的"名士"所感受到的一种罕有的"隆恩"。陈寅恪的确有所"恃"，他不一定戴德感恩，不一定以此为荣，但他透彻明白他在共产党心目中的分量。从性格而言，在常人看来迹近幼稚天真

---

[1]《当代中国意识形态风云录》，第25—29页。

的两个条件,恰恰正是陈寅恪自傲、倔强气质最鲜明的体现。六年后,陈寅恪再次提出了意思相似的条件。很明显,两个条件的提出,绝不是陈寅恪一时的气话!

3

毫无失败准备的汪籛,在这场铭记终身的谈话结束之后调整了策略。本应在南下劝陈寅恪北返前就应该做的准备工作——了解陈的生存状态与生存心态,在这场谈话后,汪籛静悄悄地进行了"补课"。他期待亡羊补牢。

汪籛在几天时间里,先后接触了在中山大学与陈寅恪过从甚密的一些人。他拜访过冼玉清、黄萱、周寿恺、刘节、唐筼等人,获得了大量的第一手材料,陈寅恪真实的心境与目前的生存状态,开始凸现在汪籛眼前。

1953年的陈寅恪已开始拒绝外界的干扰,连学校负责人及系主任刘节也轻易不敢上门打扰,只有冼玉清,被陈寅恪视为可信赖的知己。

1953年,陈寅恪的经济状况也不太宽裕。其时陈寅恪的工资是整个中山大学最高的,工薪分达一千分,但相当部分要用于医疗药物的开销。唐筼空闲时忙于为女儿们缝补衣饰。就汪籛所见,陈寅恪的衣服也多补缀。

1953年,陈寅恪还忍受着高血压的折磨。虽然最高时只有一百四十,但陈寅恪已感到相当痛苦,伴着血压升高而来的是半边头痛。

但比起并不宽裕的生活与病痛的侵扰,陈寅恪似乎更无法忍受的是灵魂深处的痛苦。汪籛的到来,终于为这种痛苦的宣泄找到了一个突破口。汪籛也许不知道,这是陈寅恪在晚年为数不多的一次痛快淋漓的宣泄。因为这种宣泄必须有合适的听众。

连续两天,陈寅恪"怒骂"那些与他相熟并加入了民主党派的朋友,称之为"无气节,可耻",比喻为"自投罗网"。陈寅恪动气了,恣意评点人物,怒说前因后果,极其痛快淋漓。若剔除其中的情感色彩,则陈寅恪当时对一些学人的评点,想来是一篇篇相当精彩的人物历史素描。

四十年后的今天,已没有必要讳言这一幕。历史已证明陈寅恪所评点的一些学人在以后痛苦不堪的人生路上,以自己的良知与士人气节证明了人格的高洁。而陈寅恪一时的愤怒,则有着深刻的历史根源。汪篯不愧为陈寅恪曾经极喜欢的高徒,承受着陈的惊心动魄的"怒骂",他马上在老师八年前所写的《艳诗及悼亡诗》一文中找到了根源。只是不知汪篯在追述陈寅恪的思想源流,写下"他认为每当社会风气递嬗变革之际,士之沉浮即大受影响。其巧者奸者诈者往往能投机取巧,致身通显。其拙者贤者,则往往固守气节,沉沦不遇"这些语句时,心中是否有所感想?

汪篯向周围人调查、了解的努力是卓有成效的。他解开了一些疑团。1951年陈寅恪曾将一首七绝寄给北京大学历史系教授邓之诚(文如),这就是后来谈到陈寅恪的政治态度时被时常引用的"讽刺诗"——《文章》。诗如下:

八股文章试帖诗,尊朱颂圣有成规。
白头学究心私喜,眉样当年又入时。

这首七绝,实际上讽刺五十年代初的人,写文章喜生吞活剥马克思主义理论。陈寅恪用"有成规"比喻为做八股文章统制了思想,并认为当年写八股文的办法如今又入时了,以前做八股文的老学究又高兴了。北京的友朋如邓之诚、向达、周一良等解错了第三、四句,以为中国科学院多次向陈约稿,陈以"白头学究"自况[1]。

此外,汪篯还了解到这段时期陈寅恪与朱师辙、余嘉锡等人唱和较多。其中《改旧句寄北》、《癸巳七夕》两首曾寄给余嘉锡。汪篯专门对《改旧句寄北》作了解释。这是一首即使在今天看来对理解陈寅恪的思想仍有一定启发的七律。诗云:

> 葱葱佳气古幽州,隔世相望泪不收。
> 桃观已非前度树,藁街翻是最高楼。
> 名园北监空多士,老父东城剩独忧。
> 回首卅年眠食地,模糊残梦上心头。

汪篯注释为第三句引刘禹锡"玄都观里桃千树,尽是刘郎去后栽"诗句,以斥责陈的旧日学生都学习马列去了。第四句汪篯注释错了,误认为此句讽刺郭沫若。后人一般作如是理解,"藁街"是唐代外国人所居之处,此句暗含马列成为人人顶礼膜拜的东西。第五句指余嘉锡等人。第六句用唐人小说"东城老父"典故,汪篯云"此句疑是骂苏联。'独忧'是说唯有他能看到前途之可忧"。

汪篯毕竟很了解陈寅恪,在1953年这样注释《改旧句寄北》大致没有错。余嘉锡,字季豫,湖南常德人,1883年生,曾任中国科学院语言研究所专门委员。余氏平生读书博广,尤精目录学及古文献学。陈、余两人生前相交渊源至今尚不清楚。余氏于1955

---

[1] 此诗第三句尚有异文,在陈诗另一抄稿中,此句作"白头宫女哈哈笑"。表面看"学究"与"宫女"两不相类,然在诗境中嘲讽却一。1933年陈氏作《与刘叔雅论国文试题书》,借评论《马氏文通》摹仿印欧系语文法之陋,贬斥中西文化比较研究中"穿凿附会,怪诞百出"的乱象,有语云:"然彼等既昧于世界学术之现状,复不识汉族语文之特性,挟其十九世纪下半世纪'格义'之学,以相非难,正可譬诸白发盈颠之上阳宫女,自矜其天宝末年之时世装束,而不知天地间别有元和新样者在。"此语正可作"白头宫女"、"白头学究"的最佳自注。1933年,陈氏人正中年,大可用"上阳宫女"这一典故讽刺近世的食古不化者。二十年后,陈氏侪辈已人进老年,所谓白头学究,已变为自甘受"成规"禁锢的迂腐者。陈寅恪讽世刺人,甚或也隐含自嘲之意,由是诗味转更悠长。

年去世，陈寅恪曾作《余季豫先生挽词两首》，其二云：

> 当年初复旧山河，道故倾谈屡见过。
> 岂意滔天沈赤县，竟符掘地出苍鹅。
> 东城老父机先烛，南渡残生梦独多。
> 衰泪已因家国尽，人亡学废更如何。

　　诗中蕴含的"古典"与"今典"重重叠叠，对时事、人生、天意等等的感慨良多，诗家脑海中的意象如不平息的涟漪。后人若要通透理解此诗，大概不起陈寅恪于九泉，不易矣。

　　在陈寅恪生前，陈寅恪诗已呈扑朔迷离之象；在他身后，他的诗则成为他所处时代某种盛衰的生命慨叹以及一个亲历者极感伤与忧郁的心声，每一个后来的诵读者都将获得不同的体验与感受。

　　与其说陈寅恪的诗具有政治意味，倒不如说它是一个独立的生命浸淫着中国传统文化的气韵、士人对自身永恒价值的体认而发出的一种"苦吟"。可惜，能如此近距离地接触与观察诗人的人，在陈寅恪的晚年甚少。有机会与陈相互唱和的知音如余嘉锡、冼玉清、朱师辙等，早已魂兮飞九天，带走了很多未发之心声。

　　汪篯仍得到陈寅恪一家的信任。唐筼并不介意这位共产党员。汪篯向师母了解老师的情况时，唐筼说，陈寅恪最不愿意看到别人写文章时时提到马列主义，一看到头就痛。但这位看到别人引用马列就头痛的老人，在上课及平时"决无讽刺现在政府等情事"。黄萱向汪篯证实，陈寅恪上课时"也尽量讲劳动人民受压迫事"[1]。

---

[1] 检1950年刊《元白诗笺证稿》第五章"新乐府·捕蝗"条："兴元元年，是秋螟蝗蔽野，草木无遗。贞元元年四月，关东大饥……夫兵乱岁饥，乃贞元当时人民最怵目惊心之事。乐天于此，既余悸尚存，故追述时，下笔犹有隐痛……乐天于元和中不主张用兵，固习于贞元以来朝廷姑息藩镇，以求苟安之措施。惟与此似亦不无心理情感之关系。"又，同章"卖炭翁"条："宫市者，乃贞元末年最为病民之政，宜乐天新乐府中有此一篇。且其事又为乐天所得亲有见闻者，故此篇之摹写，极生动之至也……今传世之（转下页）

短暂的十天很快就过去了。汪篯的努力白费了。

4

命运注定努力不辱使命的汪篯,只能带着惶恐与深深的遗憾踏上归途。

12月1日上午,陈寅恪与汪篯作了一次正式长谈。这个上午的长谈,表明陈寅恪向北京最后关上了大门,关闭之严密,没有留下一丝余地。它更意味着陈寅恪在六十三岁这一年已决意选择一条余生只能是更加孤独的生命之路。

长谈也意味着汪篯的岭南之行要结束了,他应尽快北归复命。

这天上午,陈寅恪口述了一篇长文,其结构之紧凑,语气之从容不迫,决非即兴之作,而是深思熟虑的结果。汪篯轻车熟路地将这篇陈寅恪的自述记录下来,也记录下一段不应被淹没的历史。这篇自述,全文如下:

对科学院的答复

我的思想,我的主张完全见于我所写的王国维纪念碑中。王国维死后,学生刘节等请我撰文纪念。当时正值国民党统一时,立碑时间有年月可查。在当时,清华校长是罗家伦,是二陈(CC)派去的,众所周知。我当时是清华研究院导师,认为王国维是近世学术界最主要的人物,故撰文来昭示天下后世研究学问的人。特别是研究史学的人。我认为研究学术,最主要的是要具有自由的意志和独立的精神。所以我说"士

(接上页)《顺宗实录》,乃昌黎之原本,故犹得从而窥见当日宫市病民之实况,而乐天此篇竟与之吻合。于此可知白氏之诗,诚足当诗史。比之少陵之作,殊无愧色。"陈寅恪深得白氏新乐府之旨,所谓"歌诗合为事而作","惟歌生民病,愿得天子知",陈氏每于点评白诗,情见乎词。

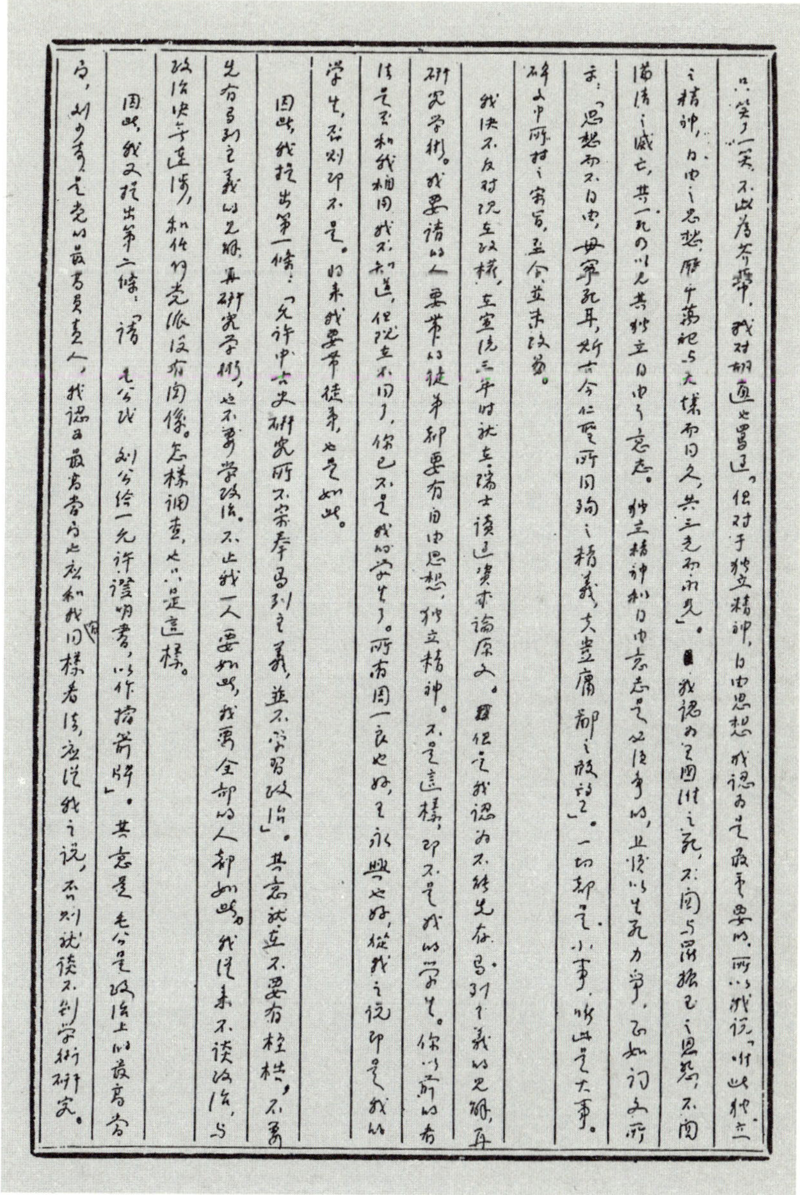

第四章　向北京关上了大门

汪篯亲笔录下陈寅恪《对科学院的答复》

之读书治学，盖将以脱心志于俗谛之桎梏"。"俗谛"在当时即指三民主义而言。必须脱掉"俗谛之桎梏"，真理才能发挥，受"俗谛之桎梏"，没有自由思想，没有独立精神，即不能发扬真理，即不能研究学术。学说有无错误，这是可以商量的，我对于王国维即是如此。王国维的学说中，也有错的，如关于蒙古史上的一些问题，我认为就可以商量。我的学说也有错误，也可以商量，个人之间的争吵，不必芥蒂。我、你都应该如此。我写王国维诗，中间骂了梁任公，给梁任公看，梁任公只笑了笑，不以为芥蒂。我对胡适也骂过。但对于独立精神，自由思想，我认为是最重要的，所以我说"唯此独立之精神，自由之思想，历千万祀与天壤而同久，共三光而永光"。我认为王国维之死，不关与罗振玉之恩怨，不关满清之灭亡，其一死乃以见其独立自由之意志。独立精神和自由意志是必须争的，且须以生死力争。正如词文所示，"思想而不自由，毋宁死耳。斯古今仁圣所同殉之精义，其岂庸鄙之敢望"。一切都是小事，惟此是大事。碑文中所持之宗旨，至今并未改易。

我决不反对现在政权，在宣统三年时就在瑞士读过资本论原文。但我认为不能先存马列主义的见解，再研究学术。我要请的人，要带的徒弟都要有自由思想、独立精神。不是这样，即不是我的学生。你以前的看法是否和我相同我不知道，但现在不同了，你已不是我的学生了，所有周一良也好，王永兴也好，从我之说即是我的学生，否则即不是。将来我要带徒弟，也是如此。

因此，我提出第一条："允许中古史研究所不宗奉马列主义，并不学习政治"。其意就在不要有桎梏，不要先有马列主义的见解，再研究学术，也不要学政治。不止我一人要如此，我要全部的人都如此。我从来不谈政治，与政治决无连涉,和任何党派没有关系。怎样调查也只是这样。

因此,我又提出第二条:"请毛公或刘公给一允许证明书,以作挡箭牌。"其意是毛公是政治上的最高当局,刘少奇是党的最高负责人。我认为最高当局也应和我有同样看法,应从我之说。否则,就谈不到学术研究。

至如实际情形,则一动不如一静,我提出的条件,科学院接受也不好,不接受也不好。两难。我在广州很安静,做我的研究工作,无此两难。去北京则有此两难。动也有困难。我自己身体不好,患高血压,太太又病,心脏扩大,昨天还吐血。

你要把我的意见不多也不少地带到科学院。碑文你带去给郭沫若看。郭沫若在日本曾看到我的王国维诗。碑是否还在,我不知道。如果做得不好,可以打掉,请郭沫若做,也许更好。郭沫若是甲骨文专家,是"四堂"之一,也许更懂得王国维的学说。那么我就做韩愈,郭沫若就做段文昌,如果有人再做诗,他就做李商隐也很好。我的碑文已流传出去,不会湮没。

陈寅恪面对的好像不是汪篯而是郭沫若。其激奋、悲鸣之深,显示了陈寅恪经年经受着无法排遣的精神世界与现实世界水火不相容所带来的心灵折磨。

所谓"四堂",是指王国维(观堂)、罗振玉(雪堂)、董作宾(彦堂)、郭沫若(鼎堂)。皆为近、现代研究甲骨文的大师,名满天下,世称"四堂"。

但"四堂"之中的观堂与鼎堂,两人从未谋过面。1927年王国维投水而死时,郭沫若犹在北伐革命军中。1928年郭沫若避难日本,开始接触甲骨文,王国维成为其素昧平生的引路人。郭沫若研究甲骨文得益于王国维,在1949年之前每每发自由衷的内心感叹,云王国维的成就,"好像一座崔巍的楼阁,在几千年来的旧学

清华大学王国维纪念碑(1995年摄)

的城垒上，灿然放出了一段异样的光辉"[1]。"卜辞的研究要感谢王国维"，"我们要说殷墟的发现是新史学的开端，王国维的业绩是新史学的开山，那样的评价是不算过分的"[2]。而在1949年之后，郭沫若则默许了时人对他这样的评价——"郭老曾用不多的功夫，研究甲骨文、金文，把这个阵地占领过来，不然的话，资产阶级搞这一部分的学者，不知道要表现多大的骄气。这个经验是值得学习的。"[3] 至于郭沫若对王国维一生的评价："研究学问的方法是近代式的，思想感情是封建式的"[4]，几成为马克思主义史学对王国维盖棺论定式的总评，影响久远。

此外，陈寅恪在《对科学院的答复》中的最后两句，——"那么我就做韩愈，郭沫若就做段文昌。如果有人再做诗，他就做李商隐也很好。我的碑文已流传出去，不会湮没。"——蕴含着一个一千多年来一直有争议的典故：在唐宪宗时期，经过四年的讨伐战争，唐王朝一举平定叛乱割据的淮西镇。唐宪宗便命前唐军讨伐淮西的行军司马韩愈撰《平淮西碑》（史称"韩碑"），以记其事。不久，唐宫中即传出这场战争的主将李愬不满"韩碑"其辞多叙裴度事。于是，在《旧唐书》与《新唐书》中，便有宪宗诏令磨掉"韩碑"，命翰林学士段文昌重撰碑文（史称"段碑"）的记载。

陈寅恪说出这两句话时，他的《论韩愈》一文已交《历史研究》期刊，快要发表。陈寅恪当然不是自比韩愈，实在是借古喻今。与韩愈同时代的诗人李商隐，在一首名为《韩碑》的七言古诗中，详尽记下"韩碑事件"的全过程，内有数句成千古绝唱，脍炙人口。如"公之斯文若元气，先时已入人肝脾。汤盘孔鼎有述作，今无其器存其辞"。李商隐盛赞"韩碑"不会因为被推倒磨去文字

---

[1] 见《中国古代社会研究·自序》，人民出版社1977年版。
[2] 《古代研究的自我批判》。
[3] 范文澜：《历史研究必须厚今薄古》，载1958年4月28日《人民日报》。
[4] 《中国古代社会研究·自序》。

王国维纪念碑碑铭拓片。碑文为陈寅恪所撰，
碑式为梁思成所拟，林志钧书丹，马衡篆额

1953年蒋天枢（左一）在陈宅旁的草坪与陈寅恪、唐筼及陈美延等人留影

而失去它留在天地间的浩然正气。陈寅恪视自己亲撰的《王观堂先生纪念碑铭》如李商隐笔下的"韩碑"那样"公之斯文若元气，先时已入人肝脾"已昭然。在陈寅恪的心目中，"纪念碑铭"已成为他呵护若生命的传统文化的象征。陈寅恪将郭沫若比作段文昌，足见1953年的陈寅恪，对时尚与"新学"积怨之深。

悠悠青史，谁知我心？

在王国维一死以证"独立之精神"的二十六年后，孤独的陈寅恪仿佛聆听到那个寂寞灵魂还在悲泣。二十六年前，是他赋予了这个"只欠一死，义无再辱"的孤魂以鲜活的生命意义，挖掘出"凡一种文化值衰落之时，为此文化所化之人，必感苦痛，其表现此文化之程量愈宏，则其所受之苦痛亦愈甚"的空谷足音。王国维之死，成为中国现代文化史上"说不尽"的一次奇特的死亡。

生前，王国维与陈寅恪是"许我忘年为气类"的相知。身后，王国维的心曲要由比他小了十三岁的陈寅恪来阐发，同代相知，隔世有缘。王、陈两人"生死之交"这一文化现象，它留给后世的，将是永远都有启迪意义的思索。

惟一有所区别的是,死是容易的与超然的,生却充满了艰辛与痛苦。就其"文化苦痛"而言,陈寅恪比王国维更甚,但陈寅恪并没有步王国维的后尘。

由此可见生命个体的差异及其丰富色彩!

汪籛带着陈寅恪《对科学院的答复》北归了。

在北国,一切按既定的计划进行。12月3日上午9时半,中国科学院召开院务常委会。据参加了会议的中国科学院副院长竺可桢在该天的日记中所记,这个上午的会议"讨论东北分院编制问题及历史所人选,上古史所郭院长兼,尹达为副;中古史所陈寅恪为所长,向达和侯外庐为副;……"[1]甚有戏剧性的是,12月3日这天,汪籛应该还在北归的路途上。

对于科学院及郭沫若来说,有两点教训足可总结。其一是前面已说过的没有先做好了解的准备工作。陈寅恪关于"自由思想、独立精神"的答复在1953年无异是"骇人听闻"的。"南北二陈"之一的陈垣,一生经历三个朝代,在四八年底国民党"抢运学人"计划中被列入重点抢运的名单。国民党的专机曾冒着炮火数次等候陈垣上机,但陈垣决意不走。陈垣在致胡适的公开信中有一段话可视作陈垣的心声:"青年学生都用行动告诉我,他们在等待光明,他们在迎接新社会,我知道新的力量已经长成,正在摧残旧的社会制度,我没有理由离开北平。"时年陈垣六十九岁。陈垣思想的巨大转变是一个典型,它映照出时代铺天盖地的潮流。北京的人们相信,在这股洪流面前没有人能置身于外。

偏偏陈寅恪是个例外。

其二,郭沫若给陈寅恪的信中有一个字写错了,虽然当时已改

---

[1]《竺可桢日记》,第3册,第399页,科学出版社1989年版。

过，但尚能辨认。连为陈寅恪读信的唐筼也看出了这个错字。小小的一个错字，于郭氏形象很不佳。故中山大学后有"陈寅恪写诗讽刺郭沫若"的传说。

但中国科学院希望陈寅恪北返的确恳切。1954年1月16日，郭沫若再向陈寅恪发一书函。郭氏的书函，其内容今不得而知。1月30日，中国科学院又一次召开院务常委会，通过了数项任命事宜，其中正式任命向达为中古史所第一副所长，侯外庐为第二副所长[1]。正所长一职仍对陈寅恪虚位以待。

中国科学院为何一再对陈寅恪委曲求存？

应该感谢竺可桢，他又一次为后人留下了最原始的历史记录。竺可桢在院务常委会召开前两天（即1月28日）的日记中写到，这一天"科学院在政务院作报告"，"周总理总结论：……要团结一切爱国分子，如陈寅恪，要考虑科学家待遇"（着重号为引者所加）[2]。虽寥寥数语，却为周恩来直接过问陈寅恪的情况提供了一个有力的证据。世传中共领导人在五十年代初就关照有关方面要"厚待"陈寅恪，此事终在竺可桢当年的日记中得到证实。

在陈寅恪这方面，他已于1月23日作函回复郭沫若的来信，云"沫若先生左右：一九五四年一月十六日手示敬悉。尊意殷拳，自当勉副。寅恪现仍从事于史学之研究及著述，将来如有需要及稍获成绩，应即随时函告并求教正也"[3]。陈寅恪这封给郭沫若的信很客气，但他在另一封给好友的信中表达的是另一种心境。1954年7月10日，陈寅恪给杨树达写了一信，信云：

遇夫先生左右：
　　前屡承寄示大作，今日有此等纯学术性著述之刊行，实

---

[1] 均见前注第 415、416 页。
[2] 同上。
[3] 《陈寅恪先生编年事辑》，第 146 页。

为不可多得之幸，幸甚！喜甚！佩甚！……

先生平生著述科学院若能悉数刊布，诚为国家一盛事，不识当局有此意否？弟畏人畏寒，故不北行，去冬有一短诗，附呈以博一笑。

  答北客
多谢相知筑菟裘，可怜无蟹有监州。
柳家既负元和脚，不采蘋花即自由。
  专此奉复 敬请
暑安

弟寅恪敬启[1]

"弟畏人畏寒，故不北行"，短短九字，意可深究。一个"畏"字，神形俱现。"畏人"是陈寅恪的真实内心，典出杜工部《畏人》一诗。该诗后四句云"畏人成小筑，褊性合幽栖。门径从榛草，无心待马蹄"。清人仇兆鳌注解为该诗"有故乡故国之思"，"有避世避人之意"。而"畏寒"则是陈寅恪的托词。陈寅恪与唐篔居燕都十余载，若"畏寒"便无从说起。但"畏寒"是陈寅恪回复北国友朋及要人相劝的主要理由。故学界一直有"陈寅恪不愿北返，乃喜欢广州暖和"一说。至于《答北客》一诗，"不采蘋花即自由"句，典出柳宗元《酬曹侍御过象县见寄》诗末句"欲采蘋花不自由"。陈寅恪将柳宗元的叹息点化为自己坚定的心声——不作投桃报李式的相酬，身心便获得自由。可见陈寅恪拒绝北返之志已坚。在1954年，"陈寅恪北返"一时成为学界热衷于谈论的话题。其实，若了解陈寅恪的脾性，中国科学院便应知大局已定矣！

在这一年，三个历史研究所正式成立。三个所长分别是郭沫若、陈垣、范文澜。据说，陈寅恪拒绝北返时，同时举荐陈垣担任中古

---

[1]《积微居友朋书札》，第98页。

史所所长。陈垣在1952年"院系调整"后任北京师范大学校长。1958年,历史研究所架构再次有变,原一、二所合并,三所改名为近代史研究所,郭沫若继续任合并后的新所所长职务,陈垣则专任北京师范大学校长。

至此,北京方面再没有劝过陈寅恪重返京华。[1]

5

未能接回陈寅恪的汪籛,回京后受到一些埋怨。比他年长的其他陈门弟子都认为他不该用"官腔"与陈师谈话,更不应该惹老师生气。也有人斥汪籛"不知天高地厚"。

这份沉重的内疚,一直压在汪籛心头许多年。五十年代中,全国各高等院校优秀教师云集北京,讨论编写一套全国通用的教学大纲。当时史学界新老精英大部分到会。中山大学历史系派出刘节及陈锡祺参加。汪籛得知中山大学有人与会,便找上门来。汪第一次认识陈锡祺,却对后者作了长时间的剖白,他希望陈锡祺能向陈寅恪转达他的内疚。会议将结束时,汪籛拿来一大包北京风味食品托陈锡祺带回去给老师,并一一指点,哪些点心哪种蜜饯是陈寅恪最喜欢吃的[2]。

陈锡祺没有辜负汪籛的嘱托,陈寅恪收到礼物后很高兴。但有些裂痕是永远无法弥补的。汪籛已没有机会当面向老师倾诉他的赤

---

[1] 此事尚有一个从未被揭示的"结局中的结局":在1957年"整风运动"达到沸点的5月下旬,历史二所副所长侯外庐在中国科学院学部会议上抱怨,"历史二所从成立两年来,那里一直就没有所长的办公室,现在连他那间副所长的办公室也不得不让了。最近好不容易得到批准几千平方米的基建数字,但在找地基时又遇到了形形色色的官僚主义的阻挡"(引文为摘录,据1957年5月25日《光明日报》第1版)。据此可知这个"历史研究所第二所"从一开始到结束,几乎就只是一块牌子。陈寅恪三年前坚不北返,确乎有卓越的识见。今日回首,仍让人慨叹不已。

[2] 据中山大学教授陈锡祺回忆(1993年12月17日)。

诚之心了。

时代的召唤，使年仅三十七岁便成为全国一流名校副教授的汪籛，很快就以全副身心投入到所认定的人生追求中去，其才华开始引人注目。三十七岁这年，汪籛在《光明日报》上发表了一篇数十年后依然被认为研究方向正确的论文。这篇题为《唐太宗"贞观之治"与隋末农民战争的关系》的论文，是解放后第一篇比较有见地研究唐太宗的论文。若往前溯，从1900年至1949年，中国史界论述唐太宗的论文总共只有七篇[1]，以唐太宗历史地位之重要，可以说这是块尚未被开掘的宝地。在人们习以为常的历史中发现新的历史价值，并以此作突破口解决一连串的历史问题，汪籛对唐太宗的开掘，可谓得其师治史之真谛[2]。

汪籛追求马克思主义的人生道路，其实是五六十年代许多中国知识分子真诚信仰与真诚追求的缩影。这是整整一代人的命运，也是一段已刻下深刻烙印的历史。他们都创造过新的人生，走过一条充满了时代气息与生命不断焕发的道路。杰出者，在此过程能不断加深理解"实事求是"的精髓，能将马克思主义融汇贯通。汪籛虽运用马克思主义观点写作，但在其论史文章中多多少少都可见陈寅恪的影子：或阐发陈寅恪论史之余绪，或继承陈寅恪在隋唐史上建起的构架，乃至在种种考证上都能见其师的踪影……马列的观点与汪籛深深受益的陈寅恪治史方法，在汪籛的笔下浑然天成，了无陈寅恪极厌恶的"贴标签"的痕迹，文风新颖，令人耳目一新。至于他在隋唐史一些领域里的开拓与创造，实不辱其师。

---

[1] 赵克尧、许道勋：《唐太宗传》，第417页，人民出版社1991年版。
[2] 1940年，陈寅恪撰《唐代政治史述论稿》，以发李唐一代千年未发之覆。该书言简意赅，直见出一个历史学者的功力与心力已臻至境。文中随处可见陈氏如下的自负语："自来史家于此既鲜卓识之议论"；"所不解者，昔人于此何以未尝留意"；"迄于今日，治史者竟无一不为其所欺，诚可叹也……"学人风华，踌躇满志，登极而众山小。

若没有1953年那场冲突,陈寅恪应当为有如此深刻体会自己治史精髓的学生而感到骄傲!

不过,命运并没有特别照顾这位因"又红又专"而被称之为"党内专家"的学人。在1959年反右倾运动中,汪篯遭到批判。伴随着精神上的被摧残,汪篯的身体几乎垮了下去,大病一场后身体一下子减去二三十斤之多。生命力之软弱,为汪篯七年后含恨离开人世已留下了一点征兆。

汪篯生命的辉煌点在六十年代前期。他生前发表为数不算多的论文,大部分完成于这段时期。在这一点上,他承袭了陈寅恪的学风,已形成文字的论文不轻易发表,说是"尚未成熟,还要补充修改"。

1962年11月9日,汪篯回母校——中央高级党校作了一场关于《唐太宗》的学术报告。这是史学界解放以来最全面、详细评价唐太宗一生功过的长篇学术报告[1]。数十年后的今天重看汪篯的《唐太宗》,其中很多观点仍不失为有开创性。最可注意的是该报告中最后一节"太宗中晚年的政治",汪篯用了很长的篇幅,分析了唐太宗中晚年后随着国内形势的好转,早期开明、兼听纳谏的良好作风渐渐消失,对忠臣诸多猜忌,喜听阿谀之词,骄傲自满思想日盛的深刻原因。

书生两耳不闻窗外事,却不知1962年的中国政坛,一出《海瑞罢官》使两方势力都在积蓄力量,准备大干一场。文史学界凡涉"影射"之事,实属敏感,此时谈论唐太宗的功过,实非明智之举。

同在1962年,中央宣传部陆定一等人提倡学习"魏徵精神"。魏徵,唐太宗时期的重臣,也是历史上最著名的犯颜直谏的诤臣。

---

[1] 参阅《汪篯隋唐史论稿》,中国社会科学出版社1981年版,及赵克尧、许道勋的《唐太宗传》。

中宣部提倡学习魏徵,与三年前党内提倡"海瑞精神"是同一思路。在 11 月 9 日的报告中,书生汪籛对唐太宗与魏徵作如此评述:

> 随着国内形势的好转和边疆胜利的扩大,到贞观中年,在他(唐太宗)的思想里滋长了骄傲自满的因素,**政治逐渐不如以前了,兼听、纳谏的良好作风渐渐冲淡,对农民让步的政策开始不能很好地执行,侈靡奢纵的行为也有所发展。这种变化引起了一部分大臣的强烈反应。**贞观十一年(六三七年),魏徵连续上了论时政四疏,反复劝告他要慎终如始,不要居安忘危,应当经常以亡隋为鉴。(着重号为引者加)[1]

真可谓字字惊心!

"'大跃进'劳民伤财","毛主席听不得批评意见"……这样的议论在六十年代前期已经出现了。无论汪籛是自觉或不自觉,他在 1962 年对魏徵的评价及在此前后参与了中宣部等单位组织的撰写《魏徵传》的工作,表明他已陷身于一场政治漩涡之中。五年后,"造反派"是这样批判"魏徵精神"的:"海瑞精神突出'骂',魏徵精神突出'反'。"[2] 命运在 1962 年再次埋下了沉重的伏笔。

1963 年,经教育部批准,汪籛晋升为北京大学历史系教授。时年四十七岁。

1966 年 6 月 10 日晚,汪籛在家中自杀,送医不治身亡。时年五十岁。其时文化大革命刚爆发没几天,汪籛之死,留下了一个谜。

---

[1]《汪籛隋唐史论稿》,第 108 页。
[2]《南方日报》1967 年 11 月 11 日。

在短暂的生命轨迹中,一颗富有才华的星就这样熄灭了。这只是由无数颗星组成的星河中很平常的一颗,其轨迹也无特别曲折与起伏的波澜。但这位被他的学生追述为书生气与名士气兼而有之的学人,显然属于以生命被摧毁、精神被摧残作代价,而成为疯狂年代政治祭坛上的第一批祭品。

第五章　磨难终于启幕

1

陈寅恪虽以带有挑战意味的"自由思想，独立精神"回复中国科学院，但1954年的春天还是给了这位六十四岁的老人一份淡淡的关怀。

在校园，院系调整后新的格局渐趋稳定。中山大学将近一年半由筹备委员会领导学校的临时状态，在这一年的上半年结束，学校恢复了校长负责制。中山大学校长为许崇清。许崇清是岭南地区一个资深的教育家，民国年间曾先后担任过广东省教育厅厅长、中山大学校长等职务。中山大学副校长为冯乃超。冯乃超，字绍基，出生于日本一个华侨商人的家庭。其祖父在日本曾积极支持孙文从事推翻清朝的活动，其叔父则是国民党内极负盛名的元老冯自由。冯乃超1927年回国，与成仿吾、郭沫若、朱镜我、李初梨等人成为后期创造社的重要成员。二十年代末便成为一名共产党员的冯乃超，以其对共产党事业的忠诚，在五十年代后一直备受信任地主持中山大学的党政大局。

曾是岭南大学校长的陈序经，在这一年成为历史系的一名教授，着手筹建东南亚研究室。直到1956年，陈序经才被任命为中山大学副校长。

在"院系调整"后，1954年中山大学历史系一跃而为全国高校历史教学与研究的重镇，老、中、青三线师资力量雄厚，人才济济。图为此时期该系"三代人"较有代表性的一张照片。从左至右为杨荣国、梁方仲、端木正、金应熙

这个春天所透现出来的勃勃生机，使人深信新时代会带来无限美好的希望。康乐园一片读书声。新进校的老师忙于开新课，各系忙于大抓科学研究和教学质量，一些知名的教授纷纷开设专题讲座，校园一时有着浓浓的学习风气。

5月2日晚，历史系学生会举行了"尊师爱生"晚会，刘节向全体师生介绍了系内两位全国一流的历史学家陈寅恪、岑仲勉的学术成就。随后，历史系全体老师向这两位前辈赠送了"诲人不倦"、"循循善诱"的锦旗，以表达对两老的崇高敬意[1]。

5月3日下午，中山大学举行"敬老尊师"座谈会，陈寅恪应邀赴会。当陈寅恪与二十二位老教工衣襟上别着大红花，步入学校礼堂会场时，全场师生热烈鼓掌。红花作为一个时代的象征，是

---

[1] 见1954年5月8日《中山大学周报》。

五十年代最表敬意的嘉奖。

此时的中山大学历史系，已一跃成为全国一流的历史系，名家荟萃，师资力量强大。陈寅恪自不用说。岑仲勉也是当时全国有数的研究隋唐史的名家。这位比陈寅恪还大五岁的教授，创造了一个学术奇迹，中年后完全靠自学步入历史高深的殿堂，著述达一千多万字。系主任刘节，清华国学研究院第二期学生，1946年开始任中山大学教授。刘节对先秦古史的研究卓有成就，晚年致力于史学史，因其至死不改的尊孔思想，使他晚年大部分岁月是在被批判中度过的，留下很多带泪的故事。梁方仲，1933年清华大学研究生毕业，专长明代经济史，其《一条鞭法》、《明代粮长制度》等著述享有声誉。杨荣国，原湖南大学教授，1953年调入中山大学历史系，专长中国思想史及先秦哲学史。据杨树达《积微翁回忆录》所述，杨荣国在湖南大学时便与杨树达多有不合，后者鄙视前者"学力不任教授"，"似可以图书馆长或总务长任之，免其贻误后一代青年"[1]。官司曾打到毛泽东那里。杨荣国调入中大时，党外无人知其秘密党员的身份。一年后，杨荣国"反客为主"取代刘节成为中山大学历史系主任。至此，南方的杨荣国与北方的翦伯赞，分别执掌着中国高校两大历史系。两者非常相似的是，同为五十年代的秘密党员。身为北京大学历史系主任的翦伯赞，在五六十年代已是马列主义史学的权威人物；而杨荣国则要到二十年后"评法批儒"的运动中才大露头角，成为中国学界注目的风云人物。

此外，历史系尚有戴裔煊、董家遵等中年教授以及金应熙、何肇发、陈锡祺、端木正、蒋湘泽、朱杰勤等等中青年学人。一时人才济济。

这就是陈寅恪将要度过余生的其中一个外部环境。

这里还有一段闲话。五十年代中期全国高校评定职称，陈寅恪

---

[1] 该书第324、第327页等。

是理所当然的一级教授,但也因为此,据说中山大学历史系其他老教授便很难再往高一级评定。因为陈氏是一级,其他人只好屈就二级。一级教授陈寅恪,与二级教授岑仲勉、刘节、梁方仲等构成了当年全国瞩目的中大历史系阵容。

这个春天带来的雨露,甚至润泽到这年的初秋。在暑假期间召开的全国高等学校教学座谈会结束之后,综合大学的教学工作与培养人才计划都有了明确的目标。那就是"提高教学质量、贯彻专业教学方案,培养科学研究人才"。

9月,中山大学历史系招收新生七十九名,全系学生共有一百六十三名。而1952年院系调整后总共才有学生六十五名。人数足足增加了一倍多。它似乎预示着历史学在新时代将大有作为!

2

比起政治气候,自然季节的变化要迟钝得多。岭南的秋天,尚未使岭南人的衣饰有所变化,政治风暴已经来临。

10月下旬,《人民日报》、《光明日报》等首先拉开风暴的序幕,公开点名批判《文艺报》长期以来对资产阶级唯心主义表现了容忍麻痹的态度,对生气勃勃的马克思主义摆出老爷态度。这场紧接着引发另一场政治运动的风暴终于现身于世人前。

原来早在沉默处已酝酿着惊雷。在1954年,李希凡、蓝翎写成《关于〈红楼梦简论〉及其他》一文,从尝试投稿《文艺报》开始,辗转时日,最后才在该年9月份的《文史哲》杂志上发表。夺取了全国政权,恢复了国民经济生产,已确立了绝对领导权的毛泽东,在经济建设上提出了很得人心的第一个五年建设计划之后[1],也期待着能在思想与学术领域掀起与"改造旧世界"相适应的思想

---

[1] 该计划1953年提出,1955年7月全国"人大"正式通过。

风暴。毛泽东以他对文史学科的偏好,敏锐地捕捉到两个"小人物"撰文向名家挑战遭不予理睬这种很平常、以后仍将重演无数次的小事作突破口,快速地完成了他要再打一场思想大战役的构想。

10月16日,毛泽东向党内其他战友公开了他的《关于〈红楼梦〉研究问题的信》[1]。以后的历史都有相似的轨迹。1957年5月15日,在"大鸣大放"达到最高潮之际,毛泽东疾书《事情正在起变化》一文[2],突然改变了整个形势。1959年"庐山会议"期间,毛泽东将彭德怀给他的信,以《彭德怀同志的意见书》的形式公诸他的战友,再发一场政治运动的先声[3]。1966年,毛泽东以《炮打司令部——我的一张大字报》,正式宣告无产阶级文化大革命全面发动[4]。

《人民日报》未认真评论俞平伯的《红楼梦研究》而先批判《文艺报》的方向与态度,已准确地传达出毛泽东的意向,借此开展反对胡适派资产阶级唯心论的斗争。"至于俞平伯这一类资产阶级分子,当然是应当对他们采取团结态度的。"[5] 短短数语,不但令俞平伯获得了生存的权利,而且也为日后对待一批资产阶级知识分子提供了一个政策蓝本。陈寅恪们自然属于可以"采取团结态度的"这一类资产阶级分子!

毛泽东的号召威力无穷。半个月时间不到,神州已成燎原烈火之势。11月,中山大学开展了轰轰烈烈对《红楼梦研究》的批判。这时,指导运动的理论开始升级:由俞平伯研究《红楼梦》错误观点所引起的讨论,应该看成是马列主义与资产阶级唯心论思想的斗争,这是自"五四"运动以来资产阶级唯心论思想体系与无产阶级

---

[1]《毛泽东选集》,第5卷,第134页。
[2] 同上书,第423页。
[3] 参阅中共中央党史研究室《中国共产党历史大事记》第240页,人民出版社1991年版。
[4] 同上书,第280页。
[5]《毛泽东选集》,第5卷,第135页。

思想体系对立斗争的继续。对胡适思想体系的清算与批判，已水到渠成了。

俞平伯的错误不再重要（或者说从来就不曾重要过），胡适以及胡适思想以"丑恶的面目"开始作为反面教员登台。

这场"二合为一"的运动持续了足足一年时间。至于余响则延续到五十年代末。这场运动对历史有深远的影响。它是思想界与学术界首次大规模运用辩证唯物主义与历史唯物主义对学术界传统的研究方法、学术思想和思维方式（也即"资产阶级唯心主义"）作了摧毁性的批判。以后，学术界的所有政治运动，其实质都可以归到辩证唯物主义、历史唯物主义和资产阶级唯心主义作斗争这一范畴。这也是不断改造知识分子的根源。

在当时，一些学人已凭直觉看出了运动的实质。刘节公开说，"批胡适搞坏了学风，百年后自有定论"，"批判胡适也就是批判四十岁以上的人"。

在北京，1949年以前与胡适有过来往和接触的学人，不得不作公开的检讨，揭发胡适思想的毒害性与反革命的危害性。不过毛泽东发动这场运动旨在改变时代的风气，故绝大部分人都能最终过关。

在美国纽约，闲散如寓公的胡适，每隔一段时间便兴致勃勃地和助手共同欣赏从大陆等地收集回来的一大堆批判自己的材料[1]。尽管在美国并无多少人关心大陆的这场运动以及留意这位外貌很朴实的中国老人，但九百六十万平方公里的熊熊烈火，仍然使这位隔岸观火并在烈火中益见其身价的学人内心窃窃私喜。高兴的理由也简单：越批越证明自己有历史的影响力。这一点，胡适分析对了。当政治云雾渐渐消散后，胡适一生中留下的大量著述，以及他对二十世纪中国文化的影响，很值得新一代的学人去

---

[1] 见唐德刚有关回忆胡适的著述文章。

分析与评估。

历史的可笑就在于，当许多人或作义愤填膺状，或作痛心疾首状，或违心检讨、惊惶度日时，大洋彼岸应当为这场运动"负起责任"的被批判者却优哉悠哉地过他的闲适日子。当数十万人的命运与"胡适思想"这个名词发生紧密联系时，始作俑者却已失去了能激活思想的生命锐气和朝气。

历史的歧义还在于有不少未被宣扬的内幕。据说，1957年前后，大陆曾派人对在美国的胡适表达这样的意思：我们尊重胡先生的人格，我们所反对的不过是胡适的思想。胡适当即回答，没有胡适的思想就没有胡适。

歧义的是政治，还是人？

3

在这惊心动魄的一年多时间里，陈寅恪在做什么？拒绝北返的陈寅恪，得以远离政治的冲击。在北京，几乎所有有点名望的学人，都要表态。即使炙手可热的郭沫若等人，也要在运动之初承认自己做了"错误思想的俘虏"。

其实，臧否俞平伯与胡适，陈寅恪算是最有发言权的一个。1954年11月，中山大学举行大型的对《红楼梦研究》进行讨论的座谈会，中文与历史两系的教授全部出席，唯独陈寅恪没有参加。在历史系，先后举行过多次批判会，陈寅恪依然缺席。陈序经在岭南大学时为陈寅恪保留下来的传统做法——陈寅恪可以不参加除上课外的任何活动，经受了猛烈的政治运动的"考验"。犹幸这个"传统"没有被破坏。有此先例，陈寅恪在以后历次政治运动中得以深锁书斋，免除了亲历其境直接遭受折磨的痛苦。

历史没有留下太多关于陈寅恪对批判俞平伯红学思想、批判胡适派思想体系的看法的记载。倒是有一些线索可供后人揣摩。陈寅恪曾自述其一生"研治范围与中国文学无甚关系"[1]。1953年撰写《论再生缘》时，陈寅恪曾数次提到他对《红楼梦》的看法，如"端生虽是曹雪芹同时之人，但其在乾隆三十五年春暮写成再生缘第壹陆卷时，必未得见石头记，自不待言。所可注意者，即端生杏坠春消，光阴水逝之意固原出于玉茗堂之'如花美眷，似水流年'之句，却适与红楼梦中林黛玉之感伤不期冥会。不过悼红仅间接想象之文，而端生则直接亲历之语，斯为殊异之点，故再生缘伤春之词尤可玩味也"[2]。陈寅恪虽不是评论《红楼梦》，但其臧否之意已隐现。

更能直接洞察陈寅恪心迹的，则是同一著作中的一段文字："至于吾国小说，则其结构远不如西洋小说之精密……如水浒传、石头记与儒林外史等书，其结构皆甚可议。寅恪读此类书甚少，但知有儿女英雄传一种，殊为例外。其书乃反红楼梦之作，世人以其内容不甚丰富，往往轻视之。然其结构精密，颇有系统，转胜于曹书……为罕见之著述也。"[3] 这已经是实实在在对《红楼梦》的评价了。姑且勿论陈寅恪的评价是否公允，陈寅恪因研究《再生缘》有感而发的这些评论，可以看出一定的现实影响。

1952年9月，俞平伯将三十年来研究《红楼梦》的心得体会结集编成《红楼梦研究》一书。1953年5月，《文艺报》高度评价俞平伯对"红学"的研究及其著述。在前后一两年的时间里，俞平伯再撰写了一系列红学论文。在五十年代初那几年，似乎与现实无关痛痒的红学研究，在学界不显山不露水地再领风骚。完成于同一时期的《论再生缘》，数次提到《红楼梦》，并与之作了一些比较，这与"红楼梦研究"在五十年代前期再度走红有关。

对这两场席卷学界，"所有从旧社会过来的知识分子都受到极大震动"的政治运动，现在所知，陈寅恪只留下一个意味深长的八

---

[1]《柳如是别传》，第3页，上海古籍出版社1980年版。
[2]《寒柳堂集》，第53页。
[3] 同上书，第60页。

字评价和一首诗。八字评价为"一犬吠影,十犬吠声"[1]。这八字似无甚褒贬,正因如此,更使人咀嚼不已。以陈寅恪一向主张的"独立精神"看,此时期大部分学人都失掉了独立的判断力而去趋时附势,则似乎是"十犬吠声"的最好注脚。故此,这句话传到中山大学有关负责人的耳中时,其感受也只能意会而不能言传。一年后,这句话被校方注释为"讽刺积极参加运动的那些人是共产党的应声虫"[2]。一首诗,则为1954年底所作的《无题》。此诗用典甚隐晦,"今事"亦深隐,精确之解恐已不易,不过大体的情感倾向仍很鲜明,全诗如下:

> 世人欲杀一轩渠,弄墨然脂作计疏。
> 猧子(太真外传有康国猧子之记载,即今外人所谓"北京狗",吾国人则呼之为"哈吧狗"。元微之梦游春诗"娇娃睡犹怒"与春晓绝句之"狌儿撼起钟声动"皆指此物,梦游春之"娃"乃"狌"字误,浅人所妄改者也。)吠声情可悯,狙公赋芧意何居。
> 早宗小雅能谈梦,未觅名山便著书。
> 回首卅年题尾在,处身夷惠泣枯鱼。(昔年跋春在翁有感诗云:"处身于不夷不惠之间。")

该诗陈寅恪有两处自注最可注意,一为"猧子吠声情可悯"句之"猧子"注释;一为"处身夷惠泣枯鱼"之"昔年跋春在翁有感诗……"注释。"猧子吠声情可悯"的今典前已述及,而"春在翁"即俞樾[3],俞平伯之曾祖父,又号曲园。二十余年前陈寅恪曾在《俞

---

[1] 见1956年中山大学有关档案。
[2] 见前注。
[3] 俞樾,清代学者,俞平伯出生那年俞樾七十八岁。据云"俞平伯双满月时俞樾抱之剃头,赋诗志喜"。见孙玉蓉编《俞平伯研究资料》,天津人民出版社1986年版。

曲园先生病中呓语跋》一文中谓:"尝与(俞)平伯言:'吾徒今日处身于不夷不惠之间,托命于非驴非马之国,其所遭遇,在此诗第贰第陆首之间,至第柒首所言,则邈不可期,未能留命以相待,亦姑诵之玩之,譬诸遥望海上神山,虽不可即,但知来日尚有此一境者,未始不可以少纾忧生之念。然而其用心苦矣。'"[1]陈寅恪"处身于不夷不惠之间"的自注,曲折地点明陈、俞两人关系的渊源及诗的微旨。《无题》诗流溢着"兔死狐悲"的痛楚,凄惋地表达了对俞平伯"泣枯鱼"之哀。三年后陈寅恪此"心结"终于有机会宣泄,对着来访的北国友人,连连询问俞平伯的情况,甚至连俞氏家族在苏州的祖居是否还在也问到了[2]。局外人也许只将此视为一般的问候,其实这里面蕴含着多少的牵挂与深情的凝视!

不过,在1954年,勃发的生命意识已不容许陈寅恪对身外的世界作过多的关注,陈寅恪要赶路,在余下屈指可数的日子里,他要付出毕生的功力去实现与其一生的宏愿相比只能算是很小一部分的愿望,完成一部"以诗证史"的经典之作。生命的激流驱动着陈寅恪不停地向前奔,力量之大,已超出了一般生理能量的意义。

这部最初名为《钱柳因缘诗释证稿》、后改名为《柳如是别传》的巨著,在1954年的春天已经开始动笔。陈端生的历史意象尚未消失,柳如是便翩然而至。陈寅恪进入"钱柳因缘"这个世界之快,为后人理解陈寅恪晚年的精神世界留下了一个重要的线索。

在对历史的感受上,陈寅恪承续着倾诉在陈端生身上的那份历史情感。在对生命的体味上,悲凉已成为陈寅恪余生的主调。柳如是紧随陈端生步入陈寅恪的历史之梦中[3],这两个性格、气质、命运都有太多不相同的历史人物,必有深深打动陈寅恪的某种相似的

---

[1]《寒柳堂集》,第146页。
[2] 1957年5月10日《光明日报》第2版。
[3] 陈寅恪有"异代春闺梦里词"诗句。

精魂在。陈端生长于"承平之世",柳如是活在动荡的时代;陈端生是深闺女子,柳如是则为风流放诞之"不类闺房儿女"。活在盛世的陈端生忧伤而死,不为世所容的柳如是因理想与人生倚托的消失而亡。陈、柳两人人生有异,但留给历史的痛感却相同。

有关陈端生的感叹可见前述。而钱谦益与柳如是的因缘,可使人"不仅藉以温旧梦,寄遐思……披寻钱柳之篇什于残阙毁禁之余,往往窥见其孤怀遗恨,有可以令人感泣不能自已者焉。夫三户亡秦之志,九章哀郢之辞,即发自当日之士大夫,犹应珍惜引申,以表彰我民族独立之精神,自由之思想。何况出于婉娈倚门之少女,绸缪鼓瑟之小妇,而又为当时迂腐者所深诋,后世轻薄者所厚诬之人哉"![1]

多么深情与痛快淋漓的倾诉!弥漫在陈寅恪心头的,正是这种"感泣不能自已"的痛感。生不逢时而遭逢困厄,陈寅恪为陈、柳而伤,也为自己而伤,可谓字字凝泪。生命意识中的悲凉之调,明显改变了陈寅恪以往切入历史的角度。他对历史的考证,他对已被湮没的历史场景的再现,全都服膺于抒发这种"孤怀遗恨"的历史痛感。

从另一种角度而言,陈寅恪钟情于陈端生、柳如是,亦见生命气质与世局变迁对历史学家的影响[2]。陈寅恪的生命气质偏于忧郁、感伤与多愁,在其一生中明显有一条连线。二十岁前后,陈寅恪便写下了许多伤怀的诗句。如"嗟予渺渺偏能至,惜汝离离遽已陈。士有相怜宁识面,生原多恨此伤神"(《皮桓生墓》);"陶潜已去羲皇久,我生更在陶潜后。兴亡今古郁孤怀,一放悲歌仰天吼"(《庚

---

[1] 见《柳如是别传》,第3、第4页。
[2] 陈氏曾屡屡自述少时喜读《梅村集》、《易堂九子文钞》等"痛史"旧籍。易代之际,离乱之感,文字可哀,今昔影照,足有长萦一生者。至暮年已演为如是饮泣:"噫!三百五十年间,明清国祚俱斩,辽海之事变愈奇。长安棋局未终,樵者之斧柯早烂矣。"(《柳如是别传》下册,第982页。)

戌柏林重九作》;及"清游十日饱冰霜,来吊词人暖肺肠。东海何期通瘴寐,北欧今始有文章"(《易卜生墓》)等。陈寅恪早岁欧洲之游,最触动心事的正是诸如在易卜生之墓、"茶花女"之墓、皮桓生之墓前的流连凭吊。到晚岁陈端生、柳如是成为陈寅恪宣泄悲凉情怀的合适载体,赫然已见个人遭遇与个人气质对历史学家选题时的潜意识的左右。陈寅恪曾自述,"余少时见牧斋初学集,深赏其'埋没英雄芳草地,耗磨岁序夕阳天。洞房清夜秋灯里,共简庄周说剑篇'之句……寅恪少时家居江宁头条巷,是时海内尚称乂安,而识者知其将变。寅恪虽年在童幼,然亦有所感触,因欲纵观所未见之书,以释幽忧之思"[1]。在《柳如是别传》之"缘起"一篇中,不足一万字的抒怀,"早岁"、"少时"等字眼已反复出现多次,留下了"少年情怀"于人生终极影响的痕迹[2]。故而至中岁,偶购得"钱氏故园中红豆一粒,因有笺释钱柳因缘诗之意,迄今二十年"。到晚年,"重读钱(谦益)集,不仅藉以温旧梦,寄遐思,亦欲自验所学之深浅"。所谓"遐思"者,陈寅恪实已说出晚岁自己治史的一大特点:双目失明后,历史学家更偏重用心灵、用情感去研治历史。

当然,晚年陈寅恪感伤情怀不能自已的泛滥,另有更为隐痛的原因。1949年前后,陈寅恪在二十年致力研治的隋唐史领域,已基本实现了改变千年以来"隋唐两朝为吾国中古极盛之世……而迄鲜通论其渊源流变之专书,则吾国史学之缺憾也"[3]这种状况的理

---

[1] 《柳如是别传》,第1页、第2页。
[2] 陈寅恪暮年犹藉"以资谈助"的闲笔,一抒昔年之因:"(钱)遵王与牧斋之关系,章式之(钰)《钱遵王读书敏求记校证》补辑类记所载'钱曾传',颇为详尽……唯忆昔年寅恪旅居北京,与王观堂国维先生同游厂甸,见书摊上列有章氏此书。先生持之笑谓寅恪曰:'这位先生(指章式之)是用功的,但此书可以不做。'时市人扰攘,未及详询,究不知观堂先生之意何在? 特附记于此,以资谈助。"(《柳如是别传》下册,第1217页)钱曾(遵王),是钱牧斋族孙,牧斋死后由其"代下注脚,发皇心曲"。
[3] 《隋唐制度渊源略论稿》,第1页,上海古籍出版社1982年版。

想。他在此领域已经完成了开山拓荒的重任，陈氏式的框架已基本搭起。陈寅恪的才华，陈寅恪的抱负，使陈寅恪不可能像一般的历史学者那样只局限于某一朝代的研究，并在某一断代史上终此一生。换言之，在六十岁之际，陈寅恪再次面临着另拓一片历史新天地的选择。但命运并没有为这位学者在面临新的学术转型期时提供更充分的准备条件。双目失明使陈寅恪欲创更宏大事业的雄心顿遭挫伤；而1949年前后的大变局，使陈寅恪对历史的探求，骤然向更多地渗透着命运身世之慨的"伤心史"倾斜[1]，纯粹意义上的"学术"已退居其次。这一点对陈寅恪在最后二十年于历史题材的取舍影响最大。有一传说很典型：1950年，岭南大学为陈寅恪出版了《元白诗笺证稿》一书。据说京华那么多陈的友朋，只有邓之诚一人收到陈寅恪寄来的图书，陈寅恪尚附一信给邓之诚，信函大意为京华的学人已捐弃旧学而追逐"新学"，该书也只有你感兴趣了。传说毕竟是传说，最具说服力的还是陈寅恪十数年来不绝如缕的"自伤"。1953年，陈寅恪给蒋天枢的诗中有"文章存佚关兴废，怀古伤今涕泗涟"等句。同年，陈寅恪在《论再生缘》中有"聊作无益之事，以遣有涯之生云尔"之叹。1961年，陈寅恪回首暮年学术人生，自嘲"著书唯剩颂红妆"。1964年，陈寅恪再感"偶忆项莲生鸿祚云'不为无益之事，何以遣有涯之生'，伤哉此语，实为寅恪言之也"。此情感萦绕十年，道尽在"新学"已成显赫之学、"旧学"如敝屣的现实下，陈寅恪之痛苦与无奈。唯有活在"发皇心曲，代下注脚"的精神世界中，陈寅恪的神思得以游万里，感伤的情怀溅起不息的浪潮，给暮年以滋润，历史因而平添了一种魅力、一种激情；人生进入深深的古今两忘的意境之中……

这是陈寅恪在1949年之后唯一的一种"历史选择"！

---

[1] 陈寅恪在《陈垣敦煌劫余录序》一文中曾云，"或曰，敦煌者，吾国学术之伤心史也"。今借其词而赋新意。

从 1954 年到 1964 年，足足十年时间，陈寅恪在迹近湮没的历史废墟之中艰难地发掘，在残垣断壁间辛勤地寻觅，其悲壮与痛苦，亦令后世者感泣不能自已。《柳如是别传》全书八十余万字，此书犹如一丛需不停地添加燃料才能旺盛燃烧的火，耗尽了这位还有很多愿望尚要去实现的老人的心血。火焰将长久闪动着迷人的亮光，但生命则在烈火中化作云烟……

在这段时期，有两个人不可以不说。

他们将要证明，很多时候人生还需要默默无闻地奉献。这两个人，一是周连宽，一是蒋天枢。若失去了这两个后学的相助与温暖，陈寅恪的晚年人生会更加寒冷。

周连宽，广东开平人，1905 年生，1924 年毕业于香港圣士提反中学，随后成为广东大学第一届毕业生，1930 年再毕业于武昌文华图书馆专科学校。从此，周连宽大半生与图书档案打交道，被人形容为"书虫"，意谓把书都钻透了。[1]

从三十年代起，周连宽先后在南京政府一些部（局）主管文书档案，略有名气。抗战胜利后，他随"接收大员"抵达上海，别人忙着捞肥缺，他却出任"清水衙门"上海市立图书馆馆长一职。1949 年时局动荡，周连宽南下受聘岭南大学图书馆编目部主任。岭南大学的传统，一向比较重视有留学资历者，初时，周连宽的才华尚未显露。1954 年，懂得周连宽价值的梁方仲，向陈寅恪推荐了这位前上海市立图书馆馆长。陈寅恪与周连宽一见如故。不仅仅因为周连宽对古籍了如指掌，素有"一口准"之誉，还因为他是个学人。周连宽一生惟好目录学，在上海时，郑振铎曾与其建立了不薄的交情，郑振铎藏书之丰，学林有名声。郑振铎常邀周连宽过府为其鉴别古籍版本。

---

[1] 见《周连宽生平档案》。

就这样,命运特意安排了这位精通古籍史料的人才,在陈寅恪的生命历程上静静地等候着。一等五年。

这位在旧书摊说哪本古籍值多少钱就值多少钱的"书虫",在1954年开始了长达十年专为陈寅恪搜寻史料、查阅各类图书版本的工作。

每逢约好见面的日子,陈寅恪总是焦急地等待周连宽的到来。然后开出一些急需查找的史料,让周连宽去搜集,有时一开就是十多个问题。整整十年,周连宽共为陈寅恪查找过多少种资料?无人统计过。1949年以前,周连宽已是一个知名的图书馆学专家,而此时,周连宽为陈寅恪所做的工作,只是一名助手所应该做但并不一定每名助手都能做得好的工作。《柳如是别传》所引材料之庞杂、种类之繁多,令人叹为观止。曾有人统计出陈寅恪旁征博引各种典籍"多达六百种以上"[1]。这其中有多少是周连宽的功劳?直到晚年,周连宽也没有说。他永远铭刻在心间的,是那十年陈寅恪在学术上给了他很大的启发与指导,使他在晚年能完成《大唐西域记史地研究丛稿》一书[2]。

从四十九岁开始,周连宽将一个学者最宝贵的知天命的十年时间主要贡献给陈寅恪。刚开始时,周连宽尚要半天在图书馆上班,半天为陈寅恪工作,1956年,刚担任副校长职务的陈序经,即将周连宽调到历史系资料室,让其专心为陈寅恪服务。

即使从图书馆学行家的眼光来看,周连宽也深为陈寅恪的记忆力折服。很多要验证的典籍,陈寅恪几乎能指出在哪一本书哪一卷哪一页。周连宽说,陈寅恪是真正的"一口准"。

岁月蹉跎,1985年,时年八十岁、在抗战胜利后曾被聘为苏州社会教育学院兼任教授的周连宽,被中山大学提升为教授。一年

---

[1] 何龄修《〈柳如是别传〉读后》,载《纪念陈寅恪教授国际学术讨论会文集》,中山大学出版社1989年版。

[2] 据周连宽回忆(1993年6月2日)。

后周连宽退休，中大图书馆学系返聘其为硕士研究生导师。

蒋天枢，字秉南，1903年生，1927年9月成为清华学校国学研究院的学生，师从梁启超与陈寅恪等人。在三个月前，研究院另一位声名显赫的导师王国维在颐和园投水自杀。王国维的影响是深远的。无缘向大师行弟子礼的蒋天枢，对王氏的名山事业十分向往，曾艰辛跋涉，徜徉其间，并一直存有整理王氏遗著的宿愿。此愿最终未能实现，但这份向往随着岁月的消逝化为对传统文化的深深依恋。数十年后命运选中蒋天枢主持整理编辑陈寅恪遗著的重任，宿愿终于以另一种形式得偿。这种以漫长的一生证明一份历史之缘，似乎昭示了在现代中国文化史上有这么一些学人的特别人生——他们是为文化而生的！

1930年，蒋天枢在清华毕业，这一年，曾盛极一时的国学研究院也告结束。其时蒋天枢二十七岁。但三年受业，却影响终身。毕业后的蒋天枢先后在多所大学任教，1943年8月，蒋天枢受聘复旦大学中文系。自此直到病逝，蒋天枢一直都没有离开这座在全国知名度甚高的校园[1]。数十年来，关于这位"很严谨"的教授，在复旦历年后学者的心目中，流传着不少故事。蒋天枢长于《诗经》、《楚辞》等先秦文学的研究，据说蒋天枢在五十年代讲授《诗经》，一首诗可以讲授两个月，一句诗可以旁征博引地解释两个星期。其实蒋氏授业方式有出处：陈寅恪早年讲授唐诗，据说解释《长恨歌》第一句"汉皇重色思倾国"，便要花去数星期。若再往前溯，这似乎是清代朴学重材料整理与分析，长于考据、讲究实事求是的一个治学传统。1958年"拔资产阶级白旗"时，这类教学方法遭到无情的讽刺与批判。

若从情感、气质到安身立命的学术思想，将蒋天枢归入到陈

---

[1] 见《蒋天枢生平档案》。

寅恪这一类知识分子中是相宜的。有些细节能直见人的精神。直到六十年代带研究生，蒋天枢依然毫不通融地要求学生写字只能写繁体字，写简体字算错别字；读古籍只能读那种未标点断句的版本。蒋天枢一直强调，治学首先要从语言入手，从历史入手。这与当时的时尚距离颇大[1]。

这样，陈寅恪对蒋天枢二十年的信赖，便有了令人信服的基础。若据蒋天枢后半生行状判断，1949年后蒋天枢只有三次机会与陈寅恪相处。第一次是陈寅恪率一家人从南京暂寓上海，时间刚好一个月，居沪的蒋天枢多次前往拜谒。这一次，标志着陈、蒋两人关系进入一个新阶段。蒋天枢的厚道、忠恕，在陈寅恪晚年的心目中开始凸现。陈寅恪南迁广州后，不少学人仍与陈保持联系，蒋天枢能够在陈寅恪的视野中脱颖而出，可见蒋的人品、气节及为人之道有与众不同之处。

第二次是在1953年秋，蒋天枢专程南下广州探望陈寅恪。在那个陈寅恪认为绝大多数学人都趋时附俗去了的年月，有这么一份"事师如事父"的关怀，有这么一份深深的理解，今人已不易感受陈寅恪内心所想所叹。正是这一次相聚，陈寅恪写下《广州赠别蒋秉南》两首七绝。两诗如下：

其一
不比平原十日游，独来南海吊残秋。
瘴江收骨殊多事，骨化成灰恨未休。
其二
孙盛阳秋海外传，所南心史井中全。
文章存佚关兴废，怀古伤今涕泗涟。

---

[1] 据蒋氏1962年指导的研究生周明回忆（1994年1月21日）。

陈寅恪的心迹与情感向蒋天枢和盘托出。若说是一种分享，陈寅恪倾诉的是一种"所南心史"的底蕴。这两首诗显示，陈、蒋两人在1953年相交之深已若此！三年后，陈寅恪无意中为后人了解他与蒋天枢在五十年代前期的交往留下了"第一手材料"。在1956年5月21日陈寅恪填写的《干部经历表》上，在"主要社会关系"一栏里，陈寅恪谈到蒋天枢，"1928年在清华大学研究院师生关系，最近数年因托他在上海图书馆查材料，故常有信来往"（摘录）。

无独有偶。1958年蒋天枢在其《履历表》中"主要社会关系"一栏这样写道，"陈寅恪，六十九岁，师生关系，无党派。生平最敬重之师长，常通信问业。此外，无重大社会关系，朋友很少，多久不通信(着重号为引者所加)"[1]。需知1958年批判资产阶级史学权威的政治运动正炽，蒋天枢在这种只会带来麻烦而不会有任何好处的"社会关系"中丝毫不掩饰对陈寅恪的生平敬重之情，则蒋氏为人的笃忠执着与表里如一，直见在当代已变得很陌生的士人精神！

陈、蒋第三次相聚还在后头。

一个生命对另一个生命的温暖，叙述到这里，已经足够了。

陈寅恪怎样十年磨一书？生命并非弹指一挥间，十年时间还很漫长，陈寅恪还有很多事要经历，命运似乎也不愿让这位老人顺畅地走完他的余生。就让后世者循着这条还很漫长的路，去体验生命之悲壮与悲凉！

4

生命磨难的第一折终于启幕。不过它开始是以闹剧的面目出

---

[1] 复旦大学档案。

主要社会关系				
姓名	政治面目	是何关系	何时何地怎样认识？相处了多长时间（并注明年月）？互相来往关系如何？	现在何处任何职及其详细地址
姜立夫		同学	在哈佛大学同学，又在岭南大学（中山）同事，年月见上简历，多病事忙不常见面	现在广州中山大学数学系教授。
陈序经		同事	西南联大同事，岭南大学（中山）······年月见上简历，多病事忙不常来往	现任中大历史系教授
邵循正		师生	1934年是清华大学我的学生，1937→1948是清华大学同事。他事忙我多病很少通信。	现任北京大学历史系教授
蒋天枢		师生	1928年在清华大学研究院师生关系，后来多年无来往。最近数年因托他在上海图书馆查材料，故常有信来往。	现任上海复旦大学中文系教授。

陈寅恪1956年填写的"主要社会关系"（出处见前引《干部经历表》），其中有对蒋天枢的描述。此表透露的历史内容甚多，陈氏以"同学、同事、师生"三个关节串起自己半世的社会关系，无论是有意或无意，一个纯粹学者的一生牵连已尽在其中了。至于陈氏每每强调的"不常见面""不常来往""很少通信"，恰恰说明这些人的情谊是体现在心灵上

现,最终以喜剧的形式结束。前者多了一点荒唐,后者笑中带泪。

1954年9月,一个同样带点悲剧性的政治人物出场了。他在中山大学轰轰烈烈地领导了数场运动,到1956年4月时,刚好整整一年半时间。

在这个南国还能感到酷热煎迫的季节,中共广东省委为了加强党对中山大学的领导[1],派来一位主管副校长,一年后中山大学党委成立,他兼任书记。

新任副校长的泼辣作风,令许崇清、冯乃超这类学人型的领导相形见绌[2]。1954年10月,全国开始批判俞平伯《红楼梦研究》,11月份转入批判胡适资产阶级唯心思想体系。1955年5月,又进入批判胡风反革命集团运动;7月,更进入惊心动魄的"肃反运动"。短短的一年多时间,他是在不停歇的政治波涛中度过,如果将校园比作战场,这名新领导无疑是一个很有控制局面、把持方向能力的指挥官。

1954年10月,副校长第一次向中山大学师生作报告,在说到"国民党"三字时,冲口而出一句"他妈的",全场震动[3]。1955年初,在全校批判胡适思想的会议上,副校长作报告,形象化地将胡适称为"美国天字第一号奴才"。5月,全校进入揭批胡风分子罪行高潮,副校长来到中文系,直言"胡风分子不在你们中文系找,到哪里找?""中文系活像大观园,除了石狮子之外,没有一个干净的。"7月,又迎来"肃反运动",副校长再作惊人语,"有人企图使岭南大学复辟,如有风吹草动,我在国民党回来之前先把你们杀光还来得及";乃至"你不坦白,就枪毙你"。这些话最后犯了众怒,以至在

---

[1] 见《陶铸与□□的谈话》,广东省档案馆馆藏档案。

[2] 在五十年代中期,冯乃超身体不好,时常需休养;许崇清为民主人士,虽充校长之名,实少管理之权。

[3] 见1957年《关于□□所犯错误的材料》,中山大学档案馆及广东省档案馆藏。本章节史实均来自同一"材料",以后有关引文不再特别标出。

1957年中国共产党发起的"整风运动"中,已调到中央国家机关工作的前副校长,因中山大学广大群众的要求,由广东省委出面,将其从北京唤回中大,参加运动,接受"整风"。[1]

正所谓"闲在家中坐,祸自天上来"。

远离"火热生活"的陈寅恪,没有料到依然不能避开每天都要抓运动大方向的主管校长的视野。在1955年,对中山大学已有相当了解的副校长,开始在一些场合嘲笑陈寅恪。在一次会议上,他点名批判陈寅恪思想陈旧腐朽,并讽刺学术界将这样的人捧得那么高,最后说"看陈寅恪的著作不如去看《孽海花》"。

日后在向中央和广东省委所作的检查中,他将陈寅恪称为"陈老"、"陈教授",并深刻检讨自己的无知。甚至将说过"陈寅恪的体系是唯心主义"的说法也当作错误作反省。但在1955年的夏天,他对这位"唯心主义体系"的学者多次点名批判。

历史叙述到这里,已呈现了许多令人咀嚼不已的枝蔓。

以该领导的气魄,对中山大学最特别的"老古董"的批判,明显属于"和风细雨"式的。能迫使他略有顾忌,并非是陈寅恪有何神通,而是有着让人不敢漠视的原因。

在1954年,来自中央有关方面的意图,欲选陈寅恪为第二届全国人民代表大会代表,无奈上门工作做了多次,陈寅恪还是没有答应。但这种努力仍没有放弃,终于在1955年下半年有所收效。陈寅恪在北京方面及广东省委的视野中这种不同寻常的身份,中大领导是明显感觉到了。

还是在"肃反"时期,该副校长在批判陈序经搞岭大小集团的会上,当众作诗讽刺陈寅恪。据当年听过这场报告的人回忆,他在中山大学的小礼堂当众念读了陈寅恪的几首诗,并说其中的一首是怀念台湾的日月潭,随即即兴吟诗嘲笑陈寅恪。据其在1957年的

---

[1] 均见中山大学1957年"整风运动"学习材料以及同期中山大学校刊报道。

检讨中说,他是和了陈寅恪三首诗,并"在会场上念了两句",便"马上停止"。为此,他事后不得不亲自到东南区一号二楼陈寅恪的家中赔礼道歉。他后来称之为"作善后工作,说了好话"。

是谁有这样的力量,迫使这位重权在握者做了明显不愿意做的"善后工作"?

可惜,有关档案没有记录下他"唱和"陈寅恪的三首诗,也不知是将陈寅恪哪三首诗作"唱和",不然,后人将会发现更多的历史真相。

但事情并未因此了结,用数年后陈寅恪的原话说,"(副校长)到北京后去中央告我,碰了钉才静下来"。[1] 副校长后来检讨时说,"我对陈寅恪的问题考虑不周,和他三首诗,在会场上念了两句,后来到了北京,许多领导同志都问到陈寅恪,我才知道问题不那么简单"。

事后的记载已无法还原当时事件过程的丰富与生动,虽然事后学校其他领导上门安慰陈寅恪时,陈寅恪很大度地说,"对我有意见为什么不当面讲?我是能接受意见的。"[2] 但是1955年发生在中山大学的一连串故事对陈寅恪的冲击还是无法估计。

它开了陈寅恪自1949年以后遭受政治冲击的先例。第二次冲击来临时,陈寅恪含泪告别了他痴守三十多年的教坛!

等到这位领导明白原来陈寅恪并"不简单"时,他已经受到通报处分。于是,有关陈寅恪的"神话"再度流传,在人群中悄悄传播:其说一,五十年代毛泽东率中共代表团赴苏联访问,闲谈时斯大林向毛泽东打听陈寅恪这个人,并说知道此人的历史著作。毛泽东答应回国后查找,后来才查知在广州的中山大学,便嘱广东当局要好好优待。其说二,周恩来有一次在正式场合说过,光是凭陈寅恪不乘蒋介石派来的飞机去台湾这一点,陈寅恪的所有问题都不成问题。

---

[1] 见《1957年陈寅恪情况》,广东省档案馆馆藏档案。
[2] 见《关于□□所犯错误的材料》。

传说免不了离奇甚至荒诞可笑，但能被不断演绎的传说，往往反映了历史的心声，虽然它不一定是事实。

历史让这位在特殊时期主政高校的领导，对自己1955年前后在中山大学的人生经历作了沉重的交待：1956年1月，中共中央在北京召开"关于知识分子问题"的会议；4月，作为中共中山大学党委书记兼副校长的他奉调回京，离开了仅仅工作一年半的康乐园。1957年，"大鸣大放"遍及神州，中大师生强烈要求前副校长回中山大学参加整风运动。广东省委分别在1957年6月25日和8月3日两次将该干部的有关情况汇报给中央[1]，建议给予适当的处分。1957年7月中旬，这位领导回到阔别一年多的中山大学，接受群众的审查。8月，广东省委对他的问题作了审查报告并上报中央。报告中有该干部"在中大工作期间所犯错误在群众中造成了不良的政治影响，使党的威信遭受很大损失"等语[2]。1957年10月18日，中共高等教育部党委会作出了处分决定；称其违反知识分子政策，态度粗暴，严重影响了党和知识分子的关系，以及党性不强，将自己视为高出党委之上，独断专行等，给予严重警告处分，同时上报周恩来、张际春及有关部门[3]。

每个人都受着历史的制约。1957年该领导与陈序经在中大重新相见时曾内疚地说，"假使高等知识分子政策早一年宣布了，我就可能避免好多错误"[4]。

他与陈序经还有一段相当精彩的对话。他对陈序经说，"你有涵养"。陈序经回答，"我还须学习涵养。高等知识分子在思想上一般比较复杂，权利心比较淡薄，但也有其自尊心，甚至有怪脾气。与高等知识分子打交道，重要的一个条件是要有涵养。尊重对方的

---

[1] 均见广东省档案馆馆藏档案。
[2] 均藏于广东省档案馆、中山大学档案馆。
[3] 同上。
[4] 见陈序经《我的几点意见》，载1957年6月14日《南方日报》。

长处，不须过分强调对方的弱点"[1]。

这位在两年前曾毫不客气地在大会小会点名批评陈序经的领导，两年后承受着四方质问时，根本没有料到陈序经在一片批评声中居然还能说出他的优点：作风泼辣，认真负责，有事业心。

历史的确总有让人感慨之处。九年后"文革"爆发，这位干部遭受迫害，身心俱被摧残。七十年代他任职国家出版局，对"四人帮"及其爪牙的一套坚决抵制[2]。1979年他因病去世，中央有关单位为他举行了追悼会，对他的评价甚高[3]。极少有人知道，在生命的最后一二年，他已经了断了人生的一个遗憾："文革"结束后，中大图书馆的一个负责人在京华探访过这位前学校领导，他恳请该人回中大后向当年因"肃反运动"受到伤害的学校教工转达自己的歉意[4]。仅仅二十年，人事与世事俱已面目全非矣！这是题外话了。

"和了"陈寅恪三首诗的副校长，带给陈寅恪的是什么呢？

副校长1956年4月被调离广东，两个月后唐筼置酒庆贺陈寅恪六十七岁（旧历算法）生日，陈寅恪有感于此而作《丙申六十七岁初度，晓莹置酒为寿，赋此酬谢》七律一首。这是一首陈寅恪身后争议较大的诗。诗云：

> 红云碧海映重楼，初度盲翁六七秋。
> 织素心情还置酒，然脂功状可封侯。
> 平生所学供埋骨，晚岁为诗欠砍头。
> 幸得梅花同一笑，炎方已是八年留。

---

[1] 见陈序经《我的几点意见》，载1957年6月14日《南方日报》。
[2] 据三联书店原总经理范用回忆。
[3] 参阅1979年2月7日《光明日报》有关报道中所引悼词。
[4] 据中山大学图书馆老馆员刘少雄先生回忆。刘氏1942年加入中大图书馆，服务学校长达六七十年，2002年，中大图书馆授予他"终身馆员"荣誉称号。

最值得注意的是第五、第六句："平生所学供埋骨,晚岁为诗欠砍头。"诗的"争议"就落在这两句上。在祝寿的大好日子里,陈寅恪竟写下"供埋骨"、"欠砍头"这样不吉利的句子,似乎甚不合情理,但知晓了"中山大学的肃反故事"与"和诗风波","供埋骨"、"欠砍头"的"今典"便迎刃而解。

又过两个月,章士钊来访,章赠陈的诗句中有"懒与时贤论短长"句(前文已述),"肃反及和诗故事"于陈寅恪耿耿入心明矣[1]。

这重公案因北归的前副校长继续向中央有关负责人和部门告状而延伸。他的悲剧在于直到受了批评还不明白这么一个事实:中国只有一个陈寅恪!

在1957年7月28日中山大学党委会对该领导检讨的审查意见里,举出了具体的事例,认为该干部在检讨中"对讽刺陈寅恪教授等影响很坏的事例,则只字不提,这显然是避重就轻"。随后,广东省委在上报中央的材料中,也有其人"在中大造成恐怖气氛"等语。

在人们看来是讽刺,在陈寅恪看来已预示着"平生所学供埋骨"的人生结局了。

所谓争议,也许"供埋骨"与"欠砍头"太显露了,数年后陈寅恪在另一诗抄稿中,这两句诗写成了"平生所学惟余骨,晚岁为诗笑乱头"。于是,后人在谈论这首律诗时出现了"避讳"一说。

似乎不能说副校长态度粗暴的"和诗"令陈寅恪第一次对"诗文惹祸"产生反感,但完全可以说,这种做法加深了晚年陈寅恪对现实的对峙心理。五十年代初,陈寅恪寄寓古今的诗篇在揶揄、隐讽之余尚有诗家旁观者清的味道。五十年代中期后,陈诗屡屡直抒"欠砍头"一类感怀身世的悲鸣。这期间,陈寅恪还写下了一首悲感更深沉的七律,全诗如下:

---

[1] 在1956年1月开过"关于知识分子问题"会议后,全国知识界开始处理"肃反运动"中的错案。至1957年春,要求解决"肃反"遗留问题的呼声再掀第二轮浪潮。

> 乍暖还寒几换衣,今年节候与春违。
> 黄莺惊梦啼空苦,白雁随阳倦未归。
> 披史独悲朱墨乱,看花谁送紫红飞。
> 东坡文字为身累,莫更寻诗累去非。

这首吟于1955年的诗,其落脚点尽在"东坡文字为身累,莫更寻诗累去非"这两句上。可以相信,"讽刺"与"和诗"等事,其内情远比今天所能考知的还要激烈与复杂。

5

这一年,在陈寅恪的生命历程中还有不少余绪。

1955年7月,中共中央发出《关于展开斗争肃清暗藏的反革命分子的指示》[1],"肃反运动"在全国范围内开展。挚友冼玉清被人检举时常往香港送情报。自伤为"孤零女子"的冼玉清被迫写"坦白书"。好事者这才知道冼玉清有一笔遗产在香港。原来冼玉清立志终身不婚嫁之后,其父怜其孤苦,送了一笔财产给冼玉清,让其老有所依。冼每月定期赴港,是去香港银行签收利息[2]。

"送情报"一事自然是子虚乌有,但这事对碧琅玕馆主的打击实在太大。某日,冼玉清上陈家,含泪对陈寅恪诉说"人心之凉薄",陈寅恪闻言默然无语。

11月,借批判胡适资产阶级唯心论、批判胡风反革命集团及"肃反"取得胜利的东风,中山大学进行了一次震动很大的整编。由主管校长作报告,将一些不合潮流及上了年纪的教师整编出去。年刚满六十,向往"贤人君子"人格,讲究"旧道德、旧礼教,教学时

---

[1] 《中国共产党历史大事记》,第215页。
[2] 见冼玉清"坦白书"。

冼玉清在书斋

重文言轻白话"已出了名的冼玉清,被归入整编之列。在根本无法抗争的情况下,冼玉清在一个月内办完了退休手续。

终身以"学校为家庭"的冼玉清呼天天不应,叫地地不灵。其实冼氏过早离开校园于她个人未尝不是一种"幸运",免遭三年后教学改革带来的折辱;于岭南文化而言则是一个损失。冼玉清一生著述甚丰,光是有关岭南文献研究的著述便达数十种(篇),有影响者便有《广东女子艺文考》、《广东鉴藏家考》、《广东丛帖叙录》、《广东文献丛谈》、《梁廷枏著述录要》、《招子庸研究》、《陈白沙碧玉考》等等。而因各种原因尚未公开刊行的著述稿本便有《广东艺文志题解》、《广东释教道教撰述考》、《近代广东文钞》等[1]。最可叹息的是,冼玉清无儿无女无继承者,其收藏、学术研究等等,在冼氏身后多年无人作系统整理,一代奇女子生前创下的文化财富,

---

[1] 参阅黄任潮:《冼玉清的生平及其著作》,《岭南文史》1983年第1期。

渐被岁月湮没，教人宁不叹"天欲灭汝耶"！[1]

但回过头来看，即使1955年冼玉清能留任，时代能为她保留一片可以高声吟咏"之乎者也"的宁静空间么？

冼玉清的命运已预示，三年后的陈寅恪，将要步冼玉清的后尘！

不过，时运暂时还没有让陈寅恪走到那一步，它还需要陈寅恪品尝那丝缕挥不去的烦恼。在1954年至1955年之间，陈寅恪与有关方面在出版问题上第一次爆发了比较大的矛盾冲突。

1954年，人民出版社准备出版陈寅恪在四十年代初写成的一部代表作《唐代政治史述论稿》[2]。合同虽已订好，出版日期却拖延下来。同年9月，陈寅恪忽然接到学校教务处的一个电话，说是学校一同事欲借阅《唐代政治史述论稿》的底本。陈寅恪同意借出。取书人带着条子上陈家取走了该底本。来人刚走，唐筼突然发现那张条子上有"检送"的字样。陈寅恪大怒，连说："为何我的著作要去检送？"让唐筼马上去教务处取回底本。唐筼赶到办公室时，底本已用信封装好，封面"中共华南分局马皓同志收"的墨迹犹新未干。

办事人员疏忽了，将华南分局借书的条子原封不动交给陈寅恪，给这位敏感、受过伤害的老人再带来一次刺激。所谓底本，应当指1943年商务印书馆出版《唐代政治史述论稿》的初版本。

"底本风波"自然有历史原因。1949年以后陈寅恪的著述之所以出版不顺利，有很重要的一条是陈寅恪不肯改动原著中他认为是正确的东西，有时甚至改动一字也不行。比如，在五十年代陈寅恪一直坚持在他的论文著述中保留"朝鲜，小国也"等明显有违时俗、但也是千年前真实的历史词语。类似的例子不少，故其著述的出版

---

[1] 近年情况略有改观，继1995年《冼玉清文集》出版后，冼氏另有少数著作被整理刊行。
[2] 以下史实引自中山大学五十年代有关档案记录。1951年，生活·读书·新知三联书店并入人民出版社，已无独立建制，但出版名义仍存。陈氏此书即是人民出版社以三联书店名义出版的。

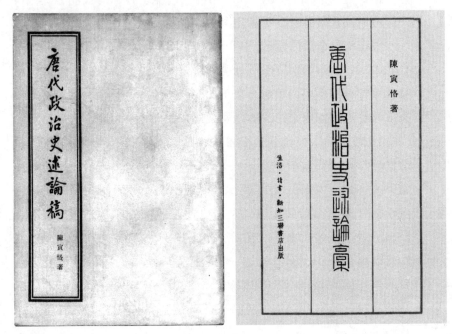

1956年三联书店出版的《唐代政治史述论稿》封面、扉页

被一拖再拖，甚至被"检送"。可叹历史总随着时俗的变化而不断被打扮，唯一无法被修饰的，是那些正直的历史学家的良心。千古皆然！

一波未平，一波再起。

1955年10月25日，原出版单位给陈寅恪发了一信，称《唐代政治史述论稿》一书已转到中华书局出版。其时距双方签订合同已一年多。11月19日，中华书局来信告知陈寅恪要更改出版合同：（1）出版权永归书局；（2）第一版以后再版一万册每次稿费递减20%（原来重版稿费不减）。

如此一变再变，陈寅恪动了肝火，声言宁愿不出版，也坚不答应改动合同。一个月后，原出版单位再次来函，云该书稿现已收回自己出版。1956年，历经两年好事多磨的《唐代政治史述论稿》终于以三联书店名义出版。尽管陈寅恪一直坚持著述不作改动，出版社还是对一些字句作了修改，并且在书印好后才告知陈寅恪。在当时，这种做法似无可指摘，不过对于陈寅恪，出书这样不如意，真是伤透了心。

好在1956年的春天很快就要到来，它将赐给这位文化大师一段温暖的旅程。

第六章 1956年：一个罕有的春天

1

无论从哪一角度看，1956年都是新中国建设事业极有成就的一年，一个令历史十分怀念的年份。

在这一年，自1949年以来的国民经济建设获得了高速度的发展。当代有的修史者认为：从1953年开始执行的发展国民经济的第一个五年计划，在这一年已经提前完成了主要的指标，"取得了社会主义改造和经济建设的巨大成就"[1]。数字是相当枯燥的，不过数字也能使人一目了然：在这一年，全国社会总产值比1952年增长60%以上；国家财政收入比1952年增长50%。若以典型的事例作横向比较，予人的印象更深刻：中国的钢产量在1952年是135万吨，到1956年已升至446.5万吨，"用了四年时间，差不多走完了当年西方资本主义国家用了十年至二十五年才走完的路程"[2]。这种举世瞩目的增长速度，大概是两年后滑向浮夸的"大炼钢铁运动"的重要依据之一。

也正是在这一年，毛泽东向中国共产党发出了要用十数二十年

---

[1] 参阅朱玉湘主编的《中华人民共和国简史》第2章，福建人民出版社1991年版。
[2] 见前注。

时间赶过和超过美国与英国的号召。尽管以后毛泽东的一些号召不免带上些浪漫与空想的色彩，但在这一年他向亿万中国人所展现的前景，则是底气充足的信心表现。

以后的历史也表明，五十年代最好的日子当是在这一年——1956年。在学术界，经过前后一年多的"批判俞平伯"、"批判胡适"、"批判胡风"及"肃反斗争"等四大政治运动，各种非无产阶级的学术思想已销声匿迹。中国共产党已牢牢掌握了在学术界与文化界的领导权与控制权。

可幸1956年之际的中共领导人，对中国知识分子的现状和历史作用的评估相当清醒。1956年2月，在《中共中央关于知识分子问题的指示》中，中国共产党第一次鲜明地评估了中国知识分子在现代化国家建设中的历史地位：

> 我国社会主义的经济建设和文化建设的高潮的到来，日益显出科学干部、技术干部和一般文化干部的重要性，同时也日益显出我国知识分子不论在数量上和质量上都远远地不足以适应国家的需要。因此，党有必要进一步地把知识分子问题放在全党和国家的各个工作部门的议事日程上，要求全面规划，加强领导，克服我们在这方面工作中的缺点和错误，采取一系列的有效措施，充分地动员和发挥现有知识分子的力量，不断地提高他们的政治觉悟和业务能力，并且大规模地培养新生力量来扩大知识分子的队伍，以便尽可能迅速地改变我国的科学和文化的落后状态，力求最急需的科学部门能够在12年内（即第三个五年计划期末）接近世界的先进水平，而使我国建设中的很多复杂的自然科学和技术的问题能够逐步地依靠自己的力量加以解决。[1]

---

[1] 引录1956年2月24日中央政治局会议通过的《中共中央关于知识分子问题的指示》，广东省档案馆馆藏档案。

>   ……
>   但是,直到现在,在知识分子问题上,党内还存在着两种错误倾向。一种倾向是宗派主义。有这种倾向的同志们,第一,对于知识分子抱有或多或少的成见,只看到他们的缺点和错误,看不到几年来知识分子在新中国条件下所发生的绝大多数倾向于我们的变化,因而,不把他们当作自己人,不用同志式的态度同他们共同工作,也不尊重他们的职权和他们的合理意见。第二,不了解我们要建成社会主义,就需要现代技术和科学知识,也不了解我们为了掌握现代技术和科学知识,就必须利用资产阶级和其他一切有价值的文化遗产,而旧社会所遗留下来的知识分子,正是最重要的一种遗产。……[1]

这是一个古老的民族在新生与腾飞的转折关头发自心底的呐喊!它还表明,1956年的中国共产党,准确地把握了历史跳动的脉搏。若说世界在近百年来曾给予这个民族不少次振兴的机会,则1956年的这一次,无疑是最重要的了:五十年代中期的西方,处于战后最紧张的冷战阶段,经济尚未恢复元气,废墟犹待清理;在东方,日后称"霸"的日本及"四小龙"犹在艰难中求生存,尚未摆脱经济困境。

跻身强国之林意识很浓的中共领导人,在这一年对历史本质的把握,显示了他们与历代统治者相比有着卓尔不凡的战略眼光。知识的力量可以兴国安邦,在一百多年动荡纷争的中国历史进程中,第一次超越其他力量脱颖而出,从而提供了一种最大的历史可能!

焦点,突然投射到中国知识分子的身上。

在1955年年底,中央统战部以及一个受中央领导的"中央研

---

[1] 见前注《中共中央关于知识分子问题的指示》。

究知识分子问题十人小组"的机构，已对中国知识分子的现状做了深入的调查，掌握了大量的第一手材料。材料揭示了一个令人吃惊的世界[1]：

一、到1955年为止，全国高级知识分子只有十万多一点。其中高等院校的教育人员三万多。这显然与六亿人口的大国不相适应。

二、高级知识分子绝大部分生活比较艰苦。和抗战以前相比，现在高级知识分子的货币工资还是低得多。以大学教授为例，55年的最高工资为二百五十二元陆角，而抗战前可达当时的六百元，折合人民币一千五百元（以战前一元折人民币二点五元计）；若用百分比，则为百分之十六点八。通俗一点地说，55年高级知识分子其收入只相当于抗战前的五分之一还弱。

于是，一个借鉴苏联经验的"特定津贴"办法提交中央会议讨论：在全国范围内选出八百多名突出人才实行特定津贴，每月能保证工资达五百元左右[2]。

这八百多人的名单，几乎囊括了当时中国"科、教、文、卫"[3]的大部分精英。在文化教育界，可以看到一些很熟悉的名字：中国科学院院长郭沫若，当时领行政级别的工资，月薪五百元；俞平伯，文学研究所研究员，月薪一百八十五元；顾颉刚，历史研究所研究员，月薪二百一十八元；翦伯赞，北京大学教授，月薪二百一十七元八角；向达，北京大学教授，月薪二百元零二角；季羡林，北京大学教授，月薪一百八十四元八角；陈寅恪，中山大学教授，月薪二百五十三元；王力，北京大学教授，月薪一百八十四

---

[1] 见1956年中共中央办公厅印发的《关于全国高级知识分子人数的调查报告》，广东省档案馆藏档案。
[2] 见《关于高级知识分子待遇问题的意见》，出处见前注。
[3] 指科学、教育、文化、卫生等领域。

元八角……[1]

这些都是中国高等院校一流的文史学者专家，但他们的平均工资只有二百元左右。

尤值一提的是，在这张名单中没有吴宓的名字。一个不应遗漏的名字，但时代显然将他遗忘了。

1956年1月7日，中共中央办公厅印发了《中共中央关于知识分子问题的指示草案》[2]。该"草案"是为1月14日开幕的"关于知识分子问题会议"提供讨论、修改的文件。该草案满腔热情地提出："必须对目前高级知识分子的政治状况和历史作用有一个正确的认识"，并认为当前的高级知识分子队伍已发生了根本性的变化，"拥护共产党和人民政府的进步分子，已经占多数"。"党中央要求全党一切组织，首先是同党外高级知识分子有密切关系的科学机关、高等教育机关、文化机关、文化团体、经济机关、企业、卫生机关、军事机关等机构中的党组织，迅速地坚决地消除在对待知识分子问题上的缺点和错误。"

1月14日，关于知识分子问题的中央会议隆重开幕！这个会议后来被称为"中国共产党一九五六年关于知识分子问题会议"。

各省市的负责人、在京的中央领导以及"科、教、文、卫"等有关部门的负责人参加了会议。周恩来在第一天作了重要报告，即史称《关于知识分子问题的报告》。周恩来在报告中尖锐地指出，在党政部门内对知识分子问题存在着宗派主义倾向，具体表现为"低估了他们（指知识分子——引者注）在我国社会主义事业中的重大作用"，"而我们目前对知识分子的使用、帮助和待遇中的某些不合理现象，更妨碍了知识分子现有力量的充分发挥"[3]。周恩来并提出：1. 对所使用的知识分子应给予充分的信任与支持，让他们有职有

---

[1] 见《关于高级知识分子待遇问题的意见》。
[2] 广东省档案馆馆藏档案。
[3] 均见《关于知识分子问题的会议文件之二》，广东省档案馆馆藏档案。

权,重视他们的研究成果;2. 改善对他们的使用和安排;3. 为他们创造必要的工作条件(如配备助手、解决资料、制订合理的升级及奖励制度等)和必要的生活条件。[1]

在中国共产党以后数十年的知识分子政策中,所能做的照顾工作大体没有超出周恩来提的这三点,不容易真正落实也是这三点。

1956年1月14日,是值得永远记住的日子。

2

1月18日,有一个人将陈寅恪这个名字带进了这次会议。他的发言不仅引起了人们对几千里之外的陈寅恪的关注,而且当陈寅恪作为某类知识分子的典型代表时,这个名字便具有了一种不可忽略的意义。

这个人就是冯乃超。

当冯乃超以中共广东省高等学校委员会书记的身份参加会议时,他一定有很多发自内心的感想。一个多月前,他随郭沫若访问了日本,直到1955年的12月底才回到中国。两个星期后便参加了这个历史性的会议。

这位曾是后期创造社的重要成员、担任过中国左翼作家联盟负责人之一、时任中山大学副校长的代表,身份显然要比副校长一职特殊得多。他随访日代表团乘船返抵上海时,曾与郭沫若应毛泽东之召立即赶赴杭州晋见最高领袖[2],所谈内容无人知晓。

冯乃超为人的平和以及他是知识分子出身这一层,使他成为校方能与陈寅恪接触的极个别负责人。陈寅恪晚年深居简出,极少待客,冯乃超能不时上陈家走动,并受到礼待,这是很不容易的事。

---

[1] 见《关于知识分子问题的会议文件之二》。
[2] 《冯乃超文集》,下卷,第400页,中山大学出版社1991年版。

唐筼曾对冯乃超有这样的评价:"冯副校长虽是个老党员,但倒是个念书的。"一句"倒是个念书的",不仅揭示了冯乃超的气质,也显示了陈家交朋的取向。

在这个重要的会议上,冯乃超作了精彩的发言。他的发言被印成会议文件[1]。数十年后,我们透过文件得以知道当年的一些情景。冯乃超说,"知识分子的政治情况在今天说来,已经有了根本性的变化,我们不仅是应该而且完全可以争取、团结、改造他们的绝大多数。"接着,冯乃超举了陈寅恪作例子:"落后的和思想上反动的知识分子能否争取和使用呢?我们认为还是可以的。中山大学有一个老教授陈寅恪,解放以来他在思想上一直是和我们敌对的,而且还写诗讽刺过我们。去年中国科学院聘他任职,他表示:任职可以,但不谈马列,不干政治。直到去年初我们展开对胡适的思想批判的时候,他还说某些教授是'一犬吠影,十犬吠声'。但是,这次聘请他参加全国政协,他便答应下来了。像这样顽固的人,也可以争取过来……像陈寅恪,中央数次指示要耐心争取他。"

毕竟是对自家人说话,1928年入党的冯乃超,将他很熟悉的陈寅恪列为"思想上一直是和我们敌对的"一类,反映出很深的时代烙印。知识分子出身的冯乃超尚且从心底里并未将陈寅恪看成是"一条战线的人",不由人感叹中国知识分子的多灾多难,与从未被视作"一家人"有很大的关系。

日后前中大副校长在北京告状碰了钉子一事也有了谜底,因为"中央数次指示要耐心争取他(陈寅恪)"。

令人可惜的是,1975年离开中山大学回到北京的冯乃超,晚年着重回忆"左联"、鲁迅及郭沫若的生平,1983年以八十三岁高龄去世,他带走了许多关于陈寅恪的生平事迹以及一些历史内幕。

---

[1] 见"关于知识分子问题的会议文件之七十一"。

冯乃超发言后的第三天,也即1月20日,毛泽东到会讲话。毛泽东强调了党要加强对知识分子的领导,强调了知识分子改造思想的重要性和迫切性,并且说了一番日后被广泛引用的话:我们现在要进行的是技术革命、文化革命,就是要革没有文化、愚昧无知的命。[1]

会议在同一天结束。

2月24日,中共中央政治局通过了《中共中央关于知识分子问题的指示》,宣告了知识分子政策已成为一项关系到新中国建设成败的重大政策。这个《指示》的主要内容基本来自1月份提交讨论、修改的"草案"。其中最具分量的一句话是:"目前我国高级知识分子有十万人,这同我国不相称,全党要急起直追,不断培养专家,中央和地方各部门,在制定十五年远景计划、第二个五年计划,以及五六、五七年度计划时,要把此问题放在重要地位。"

但《指示》同样有两条不太为人留意的强调:其一,经过实践和理论的学习,继续改造知识分子;其二,纯洁知识分子队伍,肃清暗藏在知识界中的反革命分子。

这个春天毕竟很美好,中华民族开始懂得怎样才能走上现代化强国之林。这个春天也很罕有,1956年的国力比起七年前真有天壤之别。七年医好连年战争的创伤,比起第二次世界大战的战败国用十年二十年时间腾飞的历史,丝毫也不逊色。中国历代王朝所冀盼的"民意、人心、国运"这些最辉煌的场景,在这个已经扑面而来的春季,全都在这块古老的土地上呈现了。

3

"民心可用"。

---

[1]《当代中国意识形态风云录》,第100、101页。

这个春天所煽起的旋风，再一次印证了这句千古圣言。

"关于知识分子问题"的会议，使大部分已产生了严重自卑情绪、已感对现实无所适从的知识分子，唤回了几乎已丧失的人的尊严、知识的尊严和文化的尊严。

中国知识分子传统的优良品德，在五十年代第一次获得整体显示：绝大部分人抛弃了几年来遭受委屈与不公平对待所产生的不满情绪，以满腔的激情感谢党的信任，表示要全副身心投入到"向科学进军、向知识进军，赶超世界先进水平"的时代洪流中去。有幸生于斯，当无愧于祖国，无愧于党……上百万中国知识分子表达了最朴素的共同心声。

1956年1月30日，《人民日报》刊登周恩来《关于知识分子问题》一文。同一天，全国政协第二届第二次会议在北京开幕，上百名知识界的知名人士在会议上畅谈感想。翻翻1956年1、2月份的《人民日报》，发黄与变脆的纸张，依然无法掩盖直扑人面的春天的气息，以及1956年所特有的"民心、国运"带来的一个时代的朝气。有些历史场景，是永远不会风干的。

很凑巧，陈寅恪自1949年以来第一次答应在全国政协中担任委员一事，刚好发生在这个季节。1956年1月24日，《人民日报》刊登政协第二届全国委员会特邀委员名单，其中有陈寅恪的名字。陈寅恪自然没有赴会。在以后，陈寅恪先后任全国政协第三、第四届常务委员，但依然没有赴会。

在最南面的中山大学，对春天的感应几乎是最快的。

1956年2月2日，已回到学校的冯乃超，邀请全校副教授以上的高级知识分子召开座谈会，传达周恩来的报告。

2月4日，中大召开全校员工大会，传达关于知识分子问题的会议精神。同日，刚出版的校刊，用了整整两版的篇幅，刊登了十数名教授抒发的感想。大部分人的感想，都是从"我们应当怎样迎头赶上，努力改造自己，才对得起党与人民"这个角度谈起[1]。岑仲勉教授更反省知识分子"远落在后面"，"应有羞愧之心"。今日重读这些文字，仍能感到心灵的颤动：多么善良的知识分子！

整个2月份，中山大学掀起了"听党的话,努力改造提高自己"；"响应毛主席号召,迅速赶上世界先进科学水平"的热潮。3月2日，学校再次邀请副教授以上的教师座谈。学校党委开始采取措施贯彻知识分子政策。3月中旬，学校总务处公布了改善教师生活条件的几个办法，其中有两点反响最大：一是讲师以上的教师每人每月增加糖二斤，油一斤的补助；二是副教授以上的教师若在膳堂用膳可由工友送饭菜到家门[2]。

4月，原党委书记奉调回京，冯乃超暂代主持党委工作。

同月，中山大学贯彻党对知识分子政策的计划出台。主要内容有：给全校的教师尽快做好历史结论（指"肃反"留下的尾巴）；给予一些教师出国的机会；制订享受特殊照顾的高级知识分子名单；改善教师的生活条件；在教师中发展中共党员；为专家学者配备助手；安排一些有名气的教师担任人大或政协的代表。

一时，校园内的知识分子个个扬眉吐气，极尽人生之得意。那时盛行"优待证"，该证神通广大，令人生羡。举凡购物、理发、看病、乘车、吃饭等等，持证人都可得到优先的照顾。于是生出了许多啼笑皆非的笑话。例如，有科长去理发店理发，围布已围好，没料到进来一持证的教师，理发匠便撤下科长脖子上的围布，围在教师身上。

再如，在食堂，持证者将好肉买光，工友忿然，"余为领导阶级，为何厚彼薄余？"

到最后，照顾知识分子的政策开始犯了"众怒"，怨声四起。

---

[1] 见1956年2月4日《中山大学周报》。
[2] 参阅1956年中大校刊及同年中大有关档案记录，以后若材料出处相同，不再标出。

现实的尴尬就在于，难以指责"众怒"的浅薄。因为时代已赋予了他们是创造历史的主体角色，作为同盟者的知识分子突然被推到时代大舞台的最光亮处，人们当然难以接受这种社会地位的骤然易位。过不了多久，不用"众怒"指责，作为一个群体的知识分子，又面临着一次严峻的冲击，连同盟者的地位也岌岌可危。自然这是要一年后才发生的事情。

在1956年，这些小小的不和谐的插曲，尚不足以使回旋在整个神州大地的知识分子主旋律变调。知识被尊重，文化找回应有的价值，令人感到中国前进的脚步更加坚定有力。

变化是在瞬间发生的。

校园还是昨天的校园，人还是昨天那些人，但恍如一个童话，一觉醒来，世界已变得面目全新。

已经无法归纳出中山大学为落实知识分子政策制订了多少措施，做了多少工作！大至教学安排，小至校车加装窗帘、专门为教授们留下了六个专座，乃至一下子购买了四百九十张靠背椅分配给教师使用，免得他们的腰椎劳损等等，这种种神话般的变化，没有人不被感染，没有人不相信这是个能创造奇迹的时代！

陈寅恪感受到这种变化么？

可以肯定，在北京开会时冯乃超已经接受了北京高层的指示，对陈寅恪作重点照顾。因为，中山大学在这个春天所制订的一系列照顾知识分子的措施中，最重要的部分，几乎全都专为陈寅恪而设。

首先，学校为四户专家住宅修建了专用通道，陈寅恪最先得益。后来在学界传为美谈的"白色水泥路"正是建筑于此时。陈寅恪于光亮处犹能辨影，故专门在陈宅旁边通道铺上白色水泥，以利陈寅恪闲暇时散步。

其次，《中山大学学报》专为陈寅恪等人设了一个"特级稿费"制度，每千字稿费可达二十元。而一般的稿费千字十二元。从

陈寅恪在唐筼的陪伴下,正在宅门前
那条"白色水泥路"上散步

1956年3月开始，陈寅恪在《中山大学学报》上先后发表《述东晋王导之功业》、《书世说新语文学类钟会撰四本论始毕条后》、《论李栖筠自赵徙卫事》、《论唐代之蕃将与府兵》、《书魏书萧衍传后》等五篇论文。最后一篇《书魏书萧衍传后》载于该学报1958年第1期。五篇论文总字数为三万余。有意思的是，五篇论文中的四篇分别完成于1952年和1953年，事隔三四年后陈寅恪才拿出来发表。

第三，学校再次向陈寅恪表达了可以为其多配备一名助手的意思，但没有得到陈寅恪的回应。其时历史系不乏年青助教，却没有陈寅恪感到满意的。备受心灵创伤的陈寅恪，显然戒备心重重，不愿意一个不熟悉也不知根底的人朝夕伴在自己身边。此后，学校曾先后考虑将抗战时曾从学陈寅恪、时在武汉大学任教的石泉，和抗战后当过陈寅恪助手的陈庆华，调来中山大学协助陈寅恪工作。可惜终因武汉大学及北京大学不愿放人而作罢。

第四，学校专门订了一条规定，凡是陈寅恪、姜立夫两人需要用车，随时可调学校的小汽车。小汽车对于这位深居简出的老人作用不大，不过可以想象，当学校的领导人上门告诉陈寅恪学校有哪些特别照顾他的措施时，陈寅恪在那一刻会有怎样的心境。

还是在这个学年，陈寅恪继续在家中开"元白诗证史"的选修课。初时参加选修的同学达三十多人，将陈寅恪辟作课室的二楼走廊坐得满满的，走廊上放着的饭桌也被同学当作书桌使用。这些人生观已深受时代影响的大学生，几乎都用惊奇的眼光打量着面前这位声名显赫、平时绝难一见的史学大师。那种反差的确很大，陈寅恪穿一长袍，天寒时犹戴上一顶瓜皮帽，身上再裹马褂。这是一种在旧时代的照片中才可看见的打扮。不少选修者马上想起了当时常用来讽刺"落伍分子"的一词——遗老遗少。[1]

这一学年的教学在陈寅恪的晚年是空前的，早几年他曾只为一

---

[1] 据部分当年参加过选修课的人追述。

个学生上课；同时也是绝后的，两年后他便永别讲坛。曲高和寡，似乎是陈寅恪三十多年教学生涯的一个特点。三十多个同学到最后能坚持选修完这一门课程的据说只剩下十三人。[1] 这十三个人中有好几个三十年后成为中大历史系的教学骨干。后来要批臭资产阶级唯心主义时，这"三十多人走掉一大半"的所谓事件，被渲染成陈寅恪资产阶级治学方法在新时代已经不灵，同学们通过学习纷纷提高了觉悟、进行抵制云云。其实大部分走掉的人是听不懂陈寅恪的讲课。

一些当年的学生，至今仍对陈寅恪上课的情景作这样的追忆：陈寅恪阐述问题时旁征博引，史料的运用常常是古今中外信手拈来，还不时夹杂着所引史料的数种语言文字，听起来不免有东一句西一句、不知所云之感。太难为了这些五十年代的大学生，他们绝大部分人外语尚未过关，文史基础知识贫乏，陈寅恪的"高谈阔论"，自然无法引起他们的共鸣。也太难为了这位教授，从清华到中大，听他的课而得益良多的也许倒是那些前来旁听的教师。

从不因学生多寡而影响教学情绪的陈寅恪，这年六十六岁，身体已感大不如前，一个星期才两个小时的课，不得不分为两次，每次一小时。即使如此，陈寅恪上课时仍兴致甚好，学生们时常能听到陈寅恪在述史过程中对近期的时事新闻作些言简意赅的评论。看似不经意，实有"通古今之妙"。其时，"向科学进军"的浪潮直卷全国，中大先后成立了近百个科研小组，陈寅恪多次教导学生们多做学问，多钻研学术。暖人的话语久久地回荡在这个面积不会超过二十平方米的走廊上。

1956年9月22日下午5时，中山大学历史系迎新联欢会刚结束，一群新生在部分老师的带领下，前往东南区一号拜访陈寅恪。这是自1952年院系调整后历史系专门组织师生探访受人尊敬的史学大

---

[1] 有几种说法，姑从此说。

陈寅恪将家中二楼的阳台走廊辟作课室。图为陈寅恪向选修"元白诗证史"一课的同学授课

师的仅有记载。这样规模的探访也许不是第一次,但可能是最后一次。很快"反右"风起,校园间的温情荡然无存。

陈寅恪面对着这一群朝气蓬勃的青年显然深深被打动,他兴致勃勃地发问,有多少新同学第一志愿是报中大历史系,又有多少人第一志愿是报北大历史系[1]。可惜,当年的报道隐去了一问一答的丰富细节,我们只能从三年后的一篇批判文章中捕捉当时的一些情景,"陈先生于是说:'北大也没有什么好货,不是我的朋友,就是我的学生。'"[2] 批判文章的丑化与歪曲,实不足为信,但从陈寅恪的发问,可知永别京华的陈寅恪,挥不掉的依然是燕都校园的情结[3]。

---

[1] 见 1956 年 9 月 29 日《中山大学周报》。
[2] 《"教授中的教授"种种》,见 1958 年第 12 期《理论与实践》。
[3] 陈寅恪关于"有多少人第一志愿是报北大历史系"的询问,背后尚隐藏着一个已被淹没的重要历史背景。1953 年"院系调整"完成后,北京大学、清华大学等多所在(转下页)

气氛看起来很融洽,陈寅恪谈兴甚浓,为新生们留下了这样的话语,"问题不在中大或北大,而在于自己的努力。如果自己努力钻研,一定会取得成绩的"[1]。最后,陈寅恪以两点意见赠予新同学:一是要学好古文与外文,提高阅读能力;二是要注意身体锻炼,否则会半途而废。这两点,皆是陈寅恪针对现实与感怀身世的肺腑之言。

好一幅感人的尊师爱生图!所有在场的人恐怕谁也料想不到,两年后这些曾被深深感动的青年,竟会以满腔的愤怒、幼稚的狂热,将冷酷的批判锋芒,无情地指向这位他们曾爱戴过的大师。

同月,由陶铸亲自提议,将原任中国科学院广州分院筹备委员会委员的陈寅恪和许崇清,提为筹备委员会副主任。该"筹委会"主任是陶铸,副主任有杜国庠、丁颖(农业科学家)、陈焕镛(植物学科学家)、梁伯强(华南医学院一级教授)以及陈寅恪与许崇清(中山大学校长),皆岭南学界最具代表性的精英[2]。

4

1956年的10月,将秋天的绚丽舒展得甚美。

一位豪放、真率与通达的诗人,走进了陈寅恪封闭的内心世界。诗人的本色和军人的豪情,竟然有如此的魅力,真诚长驱直入,高

(接上页)京华的高校,采取"抽丝剥茧"的方法,逐年在全国范围内向各高等院校抽取最好的各科人才充实自己的师资队伍。中山大学从1953年开始,各系都有优秀的教师与先进的教学设施被抽走,影响最大的一例是,1954年以王力为首的语言学系整体被调入北大。数年间,北京高教部的这一做法引起中大上上下下的不满,到了1957年,借着"大鸣大放",这一抑郁的群体心理终于公开化(参阅"1957年中山大学整改运动材料")。陈寅恪的询问,显然也含有以上的特殊"语境"。

[1] 1956年9月29日《中山大学周报》。
[2] 见1956年中国科学院广州分院筹备成立资料,广东省档案馆馆藏档案。

山流水觅知音。

陈毅来了。

1956年10月16日下午,国务院副总理陈毅,在广东省省长陶铸及广州市市长朱光等人的陪同下,参观了中山大学,并专程赶到陈宅,探访了陈寅恪。引人注目的是,夫人张茜与其同行,令这次拜访平添了几分亲切。

陈毅很详细地询问了陈寅恪生活与工作的情况,陈寅恪一一作答。据1956年10月20日的《中山大学周报》报道,陈寅恪"对党和政府几年来所给他的各方面的关怀与照顾,表示衷心的感谢"。以1956年中山大学对知识分子的照顾而言,陈寅恪对陈毅说出这番话,应当是比较真实的。

最融洽的倾谈,是有关《世说新语》一书及魏晋士人清谈与风骨的话题。陈毅的"平常之心"立现,陈毅与陈寅恪对艺文的探讨,一下子拉近了两人的距离。陈寅恪早年对《世说新语》一书已情有所钟,用功甚勤,累年在阅读本上写下很多眉批。不幸该书连同其他平日翻阅时也记下不少心得体会的典籍在抗战期间丢失,陈寅恪关于《世说新语》一书的真知灼见永被埋没,殊为可惜[1]。甚有意思的是,陈寅恪印象最好的两个共产党高级干部杜国庠与陈毅,同因"魏晋清谈"的话题而给陈寅恪留下了铭记终生的回忆。

三十多年后,当年与陈寅恪一度来往甚密的李稚甫这样回忆,陈毅的高明之处在于他去探访陈寅恪时没有谈及政治,而是专"论文说史"[2]。

陈毅也许没有意识到,1956年他的中大之行,像一缕不熄灭的灯火,长久地燃亮了陈寅恪的心香一角。七年后,已走向悲惨境地的陈寅恪,对来访的朋友杨东莼,还无限怀念地回忆起七年前陈

---

[1] 陈寅恪生前甚敬慕的两位长辈、近现代学者李详(审言)与余嘉锡,曾对《世说新语》的整理、校勘作出过突出的成就。
[2] 李稚甫是民国年间扬州学者李详之子,曾为广东省文史研究馆馆员。

毅副总理到校园探访过他[1]。

作为一个政府要员，陈毅的中大之行只是他无数次巡察中很普通的一次，不过它对于另一位老人则是历久难忘的一次人生感受。在16日的这个下午，陈毅夫妇不但探访了陈寅恪，还探访了校长许崇清一家，参观了中大中国现代革命史资料室。从中可推知陈毅在东南区一号二楼做客的时间不会太长。即便如此，陈毅来访的意义仍大。陈毅在共产党的高级干部中对知识分子的偏爱有口皆碑。五十年代初，陈毅掌管上海，对名流学者的关怀，留下了许多佳话。1951年，朱师辙能够如愿在西湖定居，与当时主持华东军政委员会的陈毅向浙江方面打招呼有很大的关系。从此，朱师辙与陈毅两人的友情日益深厚。陈毅的可贵，不仅在于他对人才和知识的尊重，还在于他常常保持着一颗平常之心，其性其情折射出高尚的品格。陈毅对陈寅恪的敬重，仿佛是一种示范，以后历次政治运动升级，大火烧及陈寅恪时，广东省委负责人曾多次紧急指示中山大学，要慎重对待陈寅恪。

陈毅走了，陈寅恪仍回味无穷。几天后李稚甫来访，陈寅恪感慨地说，"没有想到共产党里有这样懂学问的人"。李稚甫答，"陈毅还是个诗人呢！"陈寅恪一听，说你帮忙找一些来看看。其时陈毅公开发表的诗作不多，李稚甫最后也找不了多少首。

五年后，陈毅在中央宣传部的一次会议上曾这样坦诚地说到："现在专家太少，我是主张将来还是搞点博士、院士好，这不是资产阶级思想，拿这来为无产阶级服务，是两回事。在外国时，人家对我这个部长、副总理不起敬，说我是元帅、诗人，肃然起敬。"[2]

---

[1] 见1963年第284期《动态》，广东省档案馆馆藏档案。
[2] 见《1961年7月31日陈毅在中宣部文艺座谈会上的讲话》，广东省档案馆馆藏档案。

在1956年,陈寅恪对"元帅兼诗人"的陈毅,真的肃然起敬。

1962年6月12日,陈毅给杭州的朱师辙寄去一信,信函全文如下:

师辙先生尊鉴:

　　尊函及尊著均收阅,近日才送中华书局办理出版。裁答延迟年余,十分罪过,祈先生过谅。赠诗称誉逾恒,令人惭愧。先生谓拙作使湖山生色,愚谓适得其反。先生住湖畔近十余年而著述精勤,垂志不衰,他日秉史笔者当首书先生可断言也。愚有志艺文,但苦于行役和外务,业余捧场而已,言著作断不以此自欺欺人。先生黄山樵唱我甚喜读,词格与梦窗为近。叹咏人民事业及其伟绩,愚以此属望于先生能常以新作见惠,不胜感谢。灾情甚重,夏日又寒暑不定,千万珍重。

陈毅敬礼
一九六二、六、十二[1]

自谓"有志艺文,但苦于行役和外务,业余捧场而已"的陈毅,其文心与诗心,跃然纸上,性情毕现。陈毅盛赞朱师辙"十余年而著述精勤,垂志不衰,他日秉史笔者当首书先生可断言也",此评语若移至陈寅恪身上,亦十分恰当。肺腑知音,天心有缘,想来人生有许多东西已经注定。

---

[1] 摘自1992年2月26日《团结报》,李稚甫所撰《陈毅与朱师辙》一文。

第七章　欢乐走到了尽头

1

直到现在，不少年龄已在七十岁以上的知识分子，还分外怀念1956年的那个春天。今天，历史的评说已显露轮廓：1956年之前的毛泽东，对中国社会国情的分析，尚符合客观实际。

令人叹息不已的1956年！

历史之笔，并非对这长河一瞬的数百天恋恋不舍，而实在是它还发生过很多的欢乐。

这一年，一个很普通的女性中途闯入了陈寅恪的生命旅程。她的出现，意外地给陈寅恪夫妇带来了某种希望。

她叫高守真，一个普通的女学生。说她普通，不仅因为她的一生很平凡，还因为数十年过去，她与陈寅恪夫妇的交往，一直被深埋在历史的瓦砾之中[1]。

高守真，广东澄海县人，1927年生。澄海县位于广东著名的潮汕平原。数百年来，广东有两大平原以富庶著称，一为珠江三角洲，一为潮汕地区。土地肥沃的潮汕平原，物华天宝，历代人才辈出，到了近代，更以涌现众多海外华人大亨而名满天下。1954年，

---

[1] 本节史实均据高守真回忆，以及高伯雨有关高氏家族史的回忆文章。

二十七岁的高守真进入中山大学历史系,她的年龄比那些高中毕业便升上大学的同学大出好几岁。人们只知道高守真来自澄海中学,入学前为中学的教员,却不一定知道高守真还来自一个显赫的家族。

十九世纪上半叶,世代为农的高氏先人高满华,和众多的潮汕人一样,怀着美好的梦想,孤身独闯暹罗。这位起初一文不名的漂洋者,凭着刻苦耐劳,为高氏家族的崛起立下了汗马功劳。到了十九世纪中叶,已身为暹罗知名大米商的高满华,以独到的眼光投资其时刚开埠不久的香港。在香港著名的南北行街,高氏的"元发行"盛极一时,其联号甚至遍布东南亚的重要通商口岸。近代的澄海,名流大户迭出,但从十九世纪下半叶开始,高氏家族以异军突起之势,成为澄海显赫一时的两大家族之一。

高家到底有多少财富?有一细节可供参考。辛亥革命爆发那年,时局动荡,澄海城内高家的大本营,为求自保计,专门组织了一个民团看家护宅。该民团鼎盛时人数多达一百五十人,拥有枪支近百。这个规模比起中土一些豪强丝毫也不逊色。

令人感兴趣的是下面的一些历史场面。

1888年,高守真的祖父参加光绪十四年戊子广东乡试,位列第三十七名举人。若不算太牵强的话,似乎可以这样说,在陈寅恪晚年身边出现的人,都似与"举人"有着某种联系。该年,正逢晚清重臣张之洞以粤督入围监临,因此,按照中国科举会试习惯,所有获得功名的考生,除了认正副主考为座师外,也认身为监临的张之洞为座师。依照传统社会的习例,高守真的祖父也可以称为张之洞的门生。

张之洞,一个在近代中国曾产生深刻影响的人,他那"中学为体,西学为用"的著名论调,在近百年来每一次中西文化观念相碰撞时,都被后人加以引用、阐释,甚至树为一面旗帜,影响之深,流风所及,在中国向西方汲取何种养分以自强的征途上,其价值随着岁月的推移还将不断被论证。陈寅恪也深受张之洞的影响。在这里不能不提到陈寅恪在《冯友兰中国哲学史下册审查报告》一文中的那段自述："寅恪平生为不古不今之学，思想囿于咸丰同治之世，议论近乎曾湘乡张南皮之间。"[1] 张南皮即张之洞，因其籍贯是直隶南皮（今属河北省）之故。

尽管名义上的张之洞的门生，与1890年才降临这个世界的陈寅恪难以附会联结在一起，但从影响陈寅恪终身的"门风之优美"的观念中，后人还是可以看到人与人之间有一种历史的缘分。高守真，将这种缘分化为了真实。

茫茫人生路，似乎为高守真出现在陈寅恪夫妇身边之前，已作了一些必不可少的铺垫。在二十世纪初，高氏家族的一个人称"八爷"的纨绔子弟，已与陈衡恪、吴昌硕等名画家有密切的来往。高八爷很豪爽，给陈衡恪等人画画的润金就比常例要多一倍。陈衡恪，字师曾，是陈寅恪一生最为敬佩、念念不忘的亲兄长。在陈三立的众多儿女中，陈师曾最早成名，其画其诗别具一格。1923年9月，陈师曾奔母丧，忽染痢疾，医治无效在南京弃世，年仅四十八岁。纵观陈寅恪的一生，亲属中有两次死亡对他的生命意识影响最大，一为比他年长十四岁的陈师曾之死，一为他挚爱的父亲陈三立在1937年悲愤国土沦丧绝食而死。陈氏父子三人的人品与文品，早为世人熟知，其气质、志节以及艺文风神的袭承有惊人的相似之处，亲兄命蹇早殇，其父含悲而逝，构成了陈寅恪始终挥之不去的"不独悲今昔亦悲"的人生原苦意识的一个最为沉痛的内容[2]。

在1955年的秋天，高守真不过是慕名选修"元白诗证史"一课三十多个同学中很普通的一个。她之所以能坚持下来，除了她喜欢隋唐史之外，还因为她在读私塾时，家人教过她好多首唐诗。

五十年代的历史系学生，大都视陈寅恪为"可望不可接触"的

---

[1]《金明馆丛稿二编》，第252页。
[2]"不独悲今昔亦悲"句见陈寅恪《十年诗用听水斋韵》。

大师。当时貌不惊人的高守真没有这些顾虑，某日课后，高守真向陈寅恪请教韦庄《秦妇吟》中的几句诗。陈寅恪很惊奇，他似乎没有料到在这些学生中有人居然对《秦妇吟》的诗句提出如此专僻的疑问。陈寅恪很高兴也很耐心地作了解答，并询问高守真何时开始学习这首《秦妇吟》。高守真一一作答。

这是一个很平常的秋日，从这一天起，高守真与挚爱的老师、慈祥的师母开始了一段长达两年多的少为人知的交往。

这也是陈寅恪在晚年唯一一段与在学学生有很融洽师生之情的交往。

唐篔特别喜欢这位个子不高、脸庞圆圆，戴着眼镜的女学生。唐篔甚至对高守真说，只要高愿意，可随时来陈家坐。如此相邀，在戒备心日重的陈寅恪夫妇的晚年，甚为少见。以后的发展，证明了唐篔对高守真倾注的是一种浓浓的母爱。

1956年6月，高守真的父亲高伯雨出现了，为这份历史之缘抹上了又一缕温馨。

高伯雨，又名高贞白，笔名有林熙等。这位富家子弟，终身喜舞文弄墨并卓有成绩。出生于香港的高伯雨，享受着先祖创下的财富，青年时代便得以漫游四方，浪迹求学，结友甚多，在京、津、沪等地的文人雅士中略有名声。这些都为他中年以后致力于清中晚叶及民国年间的历史掌故、名人轶事的著述，作了深厚的积累。

1956年6月，移居香港已近二十年的高伯雨，随一个观光团到北京观光，回香港前停留广州。高伯雨得悉女儿师从陈寅恪，非常高兴，将他最新出版的一本《听雨楼杂笔》让高守真转送陈寅恪。该书辑录了高伯雨对近代中国名流掌故奇闻轶事的记叙。高伯雨终因很快要返回香港而未能与陈寅恪见上一面，但《听雨楼杂笔》一书显然给了陈寅恪很深的印象。事后陈寅恪数次对高守真提到该书写得不错。以陈寅恪对清末民初掌故的熟知，《听雨楼杂笔》能得到陈寅恪的如此评价，可谓觅得知音。

两年后，高守真毕业，陈寅恪亲手赠予高守真两本刚再版重印的《元白诗笺证稿》，吩咐一本是送给高伯雨的。到此，以书会友的雅事，经过两年的时间终于划上了一个句号。陈寅恪对人对事的细微，由此可见一斑。

2

三十多年后，年近七十的高守真老人，为当年未能深切领会恩师的教诲、良苦的用心，以及辜负了恩师的期望而深深懊悔。

1956年冬，有一日陈寅恪忽然吩咐高守真为他查一首诗。陈寅恪给高守真提供的线索只是该诗的第一句。等到高守真年满花甲重忆往事时，她对此才有深悟：陈寅恪原来是有意识考考她的能力。

其时，命运很眷顾这位女学生。有如神助，高守真数天前才收到亲人从澄海寄来的一本《唐诗三百首》，遂按图索骥，没有费多大的工夫就将这首李商隐的五律《风雨》诗查到了。第二天，高守真兴高采烈地跑去告诉陈寅恪"诗找到了"。陈寅恪十分高兴，他没有想到第二天就能得到"考试"的结果，而且是这样的令人满意。陈寅恪乘兴勉励了高守真一番。

李商隐的《风雨》诗，寄慨独深，悲愤有不平之气，无论是偶然还是潜意识，陈寅恪独举《风雨》为例，自可窥见陈寅恪当时的心境。该诗如下：

> 凄凉宝剑篇，羁泊欲穷年。
> 黄叶仍风雨，青楼自管弦。
> 新知遭薄俗，旧好隔良缘。
> 心断新丰酒，销愁斗几千。

全诗首尾两句用典，诗人抒发的是自己怀才不遇，潦倒终生，

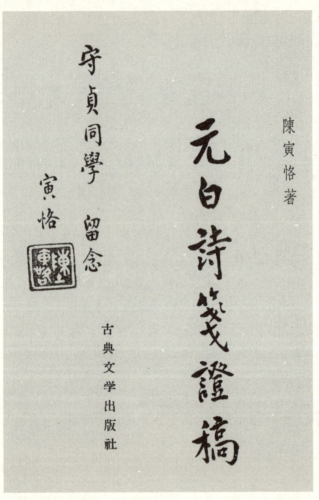

陈寅恪将《元白诗笺证稿》一书赠与高守真(守贞)的字迹(唐筼代笔)

异乡羁泊,欲借酒销愁解忧却又不知此物"斗值几千"的愤郁心境。后人若要"穿凿附会",则此际陈寅恪的心态,距李义山写下该诗时的情感,无疑相去不远!这是题外话。

幸运之神再次降临。进入三年级,同学们都要写学年论文。唐朝的武则天、唐太宗等历史人物一时成为热门选题,高守真去请教陈寅恪,陈为高选了一个冷僻的人物——太平公主。随后高守真报上选题,系里忙问原由,高照实回答,系里回话,你若要做这个题目,便要陈寅恪当指导老师。当天下午,高守真前往陈宅,陈寅恪听说,当堂答应做高守真的论文指导老师。

这是1957年的事。这是陈寅恪三十多年教学生涯亲自指导的最后一个学生。陈寅恪是否已有此预感?

他几乎是用最浅白的话语,将平生治史的心得尽诉与高守真:"历史上太平公主的史料不多,搞现成的东西没有意思,人云亦云最讨厌,正因为资料少,可以逼着你去看更多的书,努力作些新发现。"[1]

陈寅恪太厚爱高守真了。他甚至将自己对太平公主的评价也告诉了高守真,在后者收集资料碰到不少困难时还屡屡为之鼓气:"写文章不是为了一举成名,你就当是一场学习吧,你有耐心,还能按照我的意思去做,基础尚有一些,可以慢慢试试。"这些话,高守真当时就记录下来,今日成为追寻陈寅恪心迹的一个参考。

纵观陈寅恪最后的二十年,"还能按照我的意思去做"这句话,对理解陈寅恪太重要了。

当政治运动兴起,陈寅恪的治史方法和史学思想便被唾弃;到了大批资产阶级唯心史观,大树无产阶级唯物史观时,时代已无情地将陈寅恪划入"老古董"之列——可以供养,但不足为训。浅白的"还能按照我的意思去做"这句话,在那个年代蕴含了多少悲叹!

---

[1] 据高守真回忆(1993年12月7日)。

一年后的一场政治大运动，再次为这句话作了最残酷的解释。

还能按照陈寅恪意思去做的高守真，到底是怎样做的呢？数十年前陈寅恪的"老古董"形象要大于史学权威形象，高守真内心产生"这是一位很亲切随和、很容易说话的老人"的意识，在当时的青年学生中很少见。高守真有这样的感觉实属不易。可惜，也仅此而已。陈寅恪与高守真交往过程中，兴之所至，为学之心得，治史之真谛，妙语叠出，极为生动。要求一个参加政治运动还多于系统基础知识训练的五十年代的学生，从文化财富的角度去重视陈寅恪的妙语，整理陈寅恪的治史心得，这似乎太超前了。历经文化大革命的浩劫，从高守真残存的一些课堂笔记及零星的谈话记录中，我们尚能拾得陈寅恪学术心得的片羽：

    1. 在治史中能开阔思路的一个比较好的方法就是作比较研究，尤其是对历史人物的判断。

    2. 我之所以要搞唐诗证唐史，是因为唐代自武宗之后的历史记录存在很多错误。唐代历史具有很大的复杂性，接触面也很广，并且很多史料遗留在国外。但唐代的诗歌则保留了大量的历史实录，唐史的复杂性与接触面广这些特点，都在唐诗中有反映，成为最原始的实录。文章合为时而作，所以唐诗中也反映了当时社会的现实……[1]

从陈寅恪让高守真查找李义山《风雨》诗起，到高守真接受陈寅恪的论文指导，高守真是一步一步地体会陈寅恪的治学方法。这是陈寅恪最为满意的一点。

陈寅恪夫妇对高守真的关怀，在这一年越加浓郁。命运的捉弄

---

[1] 由高守真整理提供。

就在于，在最后一刻才露出它出乎意料的结局。

这一年，高守真身体有病，唐筼从旁人处闻知，便要高守真以后天天到她家去喝牛奶。高守真心有不安，唐筼解释道，"陈老师最近肚子不舒服，不能吃牛奶，但已订好的牛奶又不能退掉。"唐筼的解释显然是一种借口，因为高守真随后连续四个月每天都上陈家喝牛奶。有一细节高守真铭记终身，某次寒流突至，唐筼将一件棉袄披在高的身上，说借与高穿，本身身体并不好的唐筼，告诫高平时要多注意身体锻炼，爱护健康[1]。就是在这样拉家常的闲谈中，高守真第一次知道了文弱的师母，年轻时曾在女子师范学校担任过体育教员，其祖父曾是清朝时期的台湾巡抚。

1957年3月的一个晚上，陈寅恪夫妇兴冲冲进城前往东乐戏院观看广州京剧团的演出。数日后京剧团的名角来到中山大学与一群教授联欢，躬逢盛会的陈寅恪兴奋难平，赋诗三首。没过几天，唐筼用工整的书法，将这三首诗抄录赠与高守真。

陈寅恪夫妇一生都将赠诗作为友朋间交谊的珍贵礼物。尤其在晚年，唐筼抄录的赠诗，是陈寅恪夫妇对接受者无比信赖的一种表示。陈寅恪夫妇弃世后的十三年，蒋天枢在其《楚辞论文集·弁语》中曾云："昔年陈师有咏《印度象鼻竹实》诗，师母绘竹实图并书诗其上以寄枢，'莫教绿鬓负年时'。所以勖枢也。……今兹衰老，追怀往事，感恨曷及！"蒋天枢半生不忘唐筼赠诗勉励之情。

---

[1] 唐筼实际是赠衣，高不敢要，唐故如是云。现在已可以看得出，"唐筼赠衣"，不是一个偶然的举动，它是这位让人难忘的女性一生善良的一种本能、但却有象征性的外化流露。当年，唐筼身边的一些友人或校内家属，都接受过"陈师母"这类相似的厚意表达。这一点，只有在唐筼身后，其"内在的精神"才慢慢凸现。据姜凝回忆，1968年11月，她要随众人去"五七干校"，唐筼不仅前往出发点学校操场送行，而且亲手送赠一件丝绵背心，唐筼谓"在外用得上"。该衣为陈师母常穿之物，由她亲自裁改而成。这件事令姜凝感怀终身。而对这位善近至纯的女性刺激很大的一次伤害，还是与"衣物"有关。"文革"期间一次抄家，校园内一位常得唐筼接济的女职工，竟然在抄家队伍离开后复令唐筼当场脱下身上正穿着的毛衣，作"封资修"由其个人抄走。据知情者回忆，唐筼对此怎样也想不通……

以一个普通学生的身份，能获唐筼赠录陈寅恪的诗篇，可见高守真深得唐筼的喜爱与信赖。其时高守真刚满三十岁。年轻的高守真那时还未掂出这份关怀的分量，这三首诗后来遗失了。

1957年底，陈寅恪向学校表达了希望高守真毕业后能留校当自己助手的愿望。这是继黄萱之后陈寅恪第二次主动提出自己心目中的助手人选。"很难为陈寅恪找到合适的助手"这个难题，终于有望得到解决。

但出乎意料，学校没有同意陈寅恪的请求。这件事从没有张扬过，有权决定此事的人只是极少数，与闻其事者也寥寥。胎死腹中，似乎从来没有发生过什么。即使是高守真本人，对这么一件也许决定人生走向的大事也全然不知[1]。从不张扬，这似乎是陈寅恪的风格，也是一种美德。抗战胜利后陈寅恪重返清华园，王永兴任他的助手。其时王一家住在北京城内，每天城内城外奔波也无怨言。陈寅恪看在眼里，但没有做声。某日，王永兴忽接到庶务科的通知，说是已为他在清华园安排了房子。王永兴跑去一看，房子很好，甚感惊奇。当时复员后的清华，各路人才涌入，房子相当紧张，王永兴认为这是学校对他特别优待，也没有多问就搬了进去。四十多年后，王永兴偶然从清华大学的旧档案中发现了一封当年陈寅恪写给清华大学校长的信，内容有请帮助解决王永兴的房子问题。四十多年前的谜终于解开，欲对恩师痛哭一声"谢谢"也无从倾诉，王永兴惟有在心中无数次地默念着八个字："自强不息，厚德载物。"[2]

这八个字是清华大学的校训。这八个字也可以看作是陈寅恪一生的概括。

学校为什么不同意陈寅恪的请求？今天只能依据唐筼当年的一

---

[1] 据端木正回忆。
[2] 据王永兴回忆（1993年9月17日）。

句话去作些分析。唐筼当年对一挚友说,学校不同意高守真留校,是因为高守真不是党员。这是1958年的事。1959年,受党的委派,并征得陈寅恪同意,党员教师胡守为担任了陈寅恪那一个空缺了好几年的助手一职。

中山大学在1957、1958年之际拒绝了陈寅恪的请求,可以说是在正常年代(相对于文化大革命而言)给陈寅恪一次最无情的打击。陈寅恪请求配备助手,其意义当与他一直坚持的"自由之意志,独立之精神"相似。一句话,"有深意存焉"。从1952年陈寅恪选中"身份特殊"的黄萱到1958年再次物色到纯朴的高守真,陈寅恪这样出人意料地选择助手,再次表明他对现实有很深的防范。故此,从某种意义上说,陈寅恪的请求与校方的拒绝,是两种截然不同的思想的对峙。中山大学的拒绝,也是时代的拒绝。

结局来临。这一段情分终于要结束。

留不住的高守真,在1958年的春夏之际离别了学校,离别了有千般关怀只藏于心底的陈寅恪夫妇。高守真走得正是时候。该年急风暴雨式的教育革命,其雷声正在天边轰鸣,预示着狂风暴雨将至。这种气候也使师生的分别少了许多伤感。时事的变幻,将情感的宣泄淡化到最低点。

陈寅恪除赠与高守真刊有他多篇论文的《岭南学报》数种及两本《元白诗笺证稿》之外,还赠与高守真"不要放弃学习,坚持下去必有所成。除了要继续钻研隋唐史,还可读些明清的历史专著"等话语[1]。

此一别,竟成永诀。

高守真1958年在中山大学毕业后,便分配到广西一所中学当历史教员。1961年调回澄海县中学。从1954年进入中山大学算起,生命转了一圈又回到了原来的起点上,只是添了许多沧桑。六十年

---

[1] 据高守真回忆。

代高守真有事来到广州,很想前去探望陈寅恪,被人劝阻"最好不要去打扰"。窥一斑已知全豹,六十年代陈寅恪的景况可以想见。

很奇特,高守真的命运其"苦寒"色彩与老师竟有些相似。高守真在三十九岁那年才结婚,很快文化大革命全面爆发。高守真因在四十年代末在澄海参加了一个读书会之类的组织而在"文革"期间被打成反革命分子。这顶帽子一直戴了多年,等到获得"平反"时,人已到花甲之年。

若将目光再往历史的深处探视,则有不一定是巧合的发现:在陈寅恪最后二十年与陈有过密切来往的一些人,其命运或多或少都有"苦寒"的影子:冼玉清、刘节、梁方仲、黄萱……还可以数出一些。随着未来岁月的到来,一些人的命运最后以悲剧而告终。

最后,还需要交待的是,直到毕业,高守真还未能完成有关太平公主的研究。陈寅恪非常愿意看到的那种并非人云亦云、随意引录一些观点、语录就成文,而是"按我的方法"去完成的论文,并没有写成。在晚年,高守真老人无限内疚地称自己是"陈老不成器的学生"。若以每一个个体生命的发展都有不相同的因由来审视,相信九泉下的陈寅恪也不会责怪曾有不少机会获得陈寅恪耳提面命教诲的高守真。

若从陈寅恪晚年的轨迹看,高守真的出现,只不过是在他的人生历程上溅起的几朵悲喜的浪花。陈寅恪继续步步走向在后人看来是不可改变的归宿。

3

但人生的魅力就在于在结局呈现之前,前方总有不少希望的诱惑。

1956年至1957年之际的陈寅恪,随时代风云的起伏,也进入了一个飞旋的时期。跌宕有致的人生感受,难以抗拒的时代感染力,使已被禁锢经年的精神快乐，在这一段日子里，显得很动人。

1956年2月，陶铸邀请广州地区部分高校教师到从化温泉招待所召开"知识分子问题"座谈会。从化温泉位于广州北郊七十五公里处的从化县温泉镇。1933年，早年曾出任南京政府东路航空司令一职的广东南海人刘沛泉，在一次驾机飞行途中，意外地发现了这一带有飞流奔泻的大瀑布，沉睡了无数个世纪的"胜地"终于被发现。从化温泉区丛林掩映，群山叠翠，滚烫的泉水能治多种疾病。但真正令此名胜名扬海内外还是二十年以后的事情，它因陶铸的积极开发和国内外政要人物常到此处休养而成为南中国一个不容忽略的"政治热点"。在1956年，这个广州最著名的疗养胜地，与广东高级知识分子们有了某种联系。在未来的岁月里，它将成为知识分子地位高低的一个寒暑表。

陈寅恪夫妇应邀赴会。这是陈寅恪栖身岭南后的第一次远足，也是唯一一次远游。有关档案没有留下这位身份只是一普通高校教师的老人的有关活动情况。陈寅恪自己倒留下了诗篇《从化温泉口号两首》。将诗放到这段特别的时期去比较，会发现一些有意思的东西。《从化温泉口号两首》其一云：

火云蒸热涨汤池，待洗倾城白玉脂。
可惜西施心未合，只能留与浴东施。（医言患心脏病者不宜浴此泉。）

这首七绝，显然是陈寅恪吟与供唐篔一笑的游戏之作，因唐篔患有严重的心脏病。该诗的闲适，在陈寅恪上百首晚年苦吟的诗篇中另见情趣。它勾勒出1956年陈寅恪一帧别样的人生小素描。

这的确是一个飞旋的时期！

从1956年至1957年上半年这短短的一年多时间里，有关陈寅恪的动态与消息，先后五次刊登在中山大学的校刊上。若从

1952年底陈寅恪正式成为中山大学教授算起，到1966年为止，在这十四年中，中大校刊先后共八次登载过有关陈寅恪的报道，而1956、1957年之际已占去五次，其密集程度，与陈寅恪在受批判年代的寂寞很不成比例。传媒，永远是现实的反映。

1957年1月1日早晨，学生代表高守真，代表"史三"级的同学，向"大家所敬爱"的陈寅恪送上了一张美丽的贺年卡片。正在那条白色水泥路散步的陈寅恪，很高兴地接受了这份礼物。高守真当场向陈寅恪诵读了她写在卡片上的一首小诗。诗云："百家争鸣时节，带来桃李芬芳。"[1] 诗略嫌稚嫩，不过很真实地反映了其时的现实。这一场面，很像是一次早有准备的演出，太具戏剧性。

五天后，陈寅恪高兴接受同学新年礼物的消息，刊登在新出的校刊第一版上。在同一报道中，人们还知道元旦这一天，陈寅恪撰写了一副新联："万竹竞鸣除旧岁，百花齐放听新莺。"此联被人们理解为陈寅恪拥护"双百"方针。

关于陈寅恪在1957年元旦撰写新联，尚有未被提到的一事。在此送旧迎新之际，陈寅恪还妙用苏东坡的诗句戏成一联。联云："野老已歌丰岁语，暗香先返玉梅魂。"陈寅恪暮年以"野老"自喻，受杜甫与苏东坡的影响很深。中年时杜甫便有兴亡感慨甚深的一诗《哀江头》，第一句即为"少陵野老吞声哭"。苏东坡晚岁屡次遭贬被逐，亦以"野老"自称。当新即位的天子"诏元祐谪贬者量移内郡居住"、远在天涯海角的苏东坡闻此消息而吟下"野老已歌丰岁语，除书欲放逐臣回；残年饱饭东坡老，一壑能专万事灰"[2] 等诗句时，苏东坡的生命亦只余一年多一点的时间了。陈寅恪以"野老"自喻一联，心思莫测，而在当年中山大学有关"情况反映"的材料上，却判断此联反映了陈寅恪愉快的心情，历史值得可圈可点的地

---

[1] 见1957年1月6日《中山大学周报》。
[2] 见七律《儋耳》。

方太多了。

同在 1957 年的 1 月，中山大学中文系举行了一次"语言、文学专题研究座谈会"，受邀与会的外校专家有来自浙江师范学院的夏承焘教授。夏以研究古典文学见长，尤以诗词研治知名。夏承焘当时就住在中文系王起家中，因此夏承焘有机会拜访了陈寅恪，并结下了一段诗词唱和之缘。会议结束之际，夏承焘作了一首《广州别寅恪翁》的七律赠与陈寅恪。夏诗云：

> 数书湖海久相望，握手天南鬓已霜。
> 万卷唯凭胸了了，九州共惜视茫茫。
> 黄莺曲里春声好，红豆灯边夜课长。
> 老学放翁能返老，会看牛背射神光。[1]

此诗第三句赞陈寅恪目盲治学，虽不能视然胸中已存万卷书。第四句叹神州学界共惜一代大师竟遭目盲之不幸。第六句钦佩陈寅恪日夜辛勤研治"钱柳因缘"。最后一联则表达了衷心的祝福。

夏承焘亦可称是陈寅恪的知音。敬慕、赞叹、祝愿融于一诗。同感陈寅恪暮年失明之哀，夏承焘这首诗却洋溢着明快与欢乐。

据王起回忆，夏承焘在中大访问期间，无比钦慕陈寅恪仍著述不辍，曾画了一幅柳如是的画，王起将画送上楼交唐筼请陈寅恪题诗。陈寅恪题了一首诗，唐筼将诗录在画上送回楼下。后来这幅陈、夏、唐三人合璧之作，毁于文化大革命。

夏承焘走了。在北归的湘赣途中，止不住的情思使夏承焘再吟一阕《水调歌头·作此寄寅恪诸公》。内中有词云，"待酌西江一勺，伴唱后村三曲，洗出两青瞳。我亦欲投老，后约荔枝红"[2]。再次表

---

[1] 见《天风阁诗集》第 118 页，浙江人民出版社 1982 年版。
[2] 《夏承焘词集》，第 187 页，湖南人民出版社 1981 年版。

达他希望陈寅恪双目能复明的心愿。夏承焘何幸,他可以带着美好的回忆离开广州。半年后,东南区一号二楼的客厅里,已不太容易听到旧雨新知欢聚时的笑语欢声了。

1957年3月的一个晚上,陈寅恪夫妇乘上学校的小汽车进城观看广州京剧团的演出。一个星期后,在学校工会戏剧小组的穿针引线下,广州京剧团一群名角来到康乐园,来到了一群教授的中间,也来到了陈寅恪的心坎上。

4

这是一段不应被看轻的人生享受,尤其对于像陈寅恪这样一生凄苦的人。

这一天是1957年4月1日。

这一天,广州京剧团众名伶与中山大学的教授们欢聚,气氛相当热烈。中文系教授詹安泰在即兴所作的《南歌子》一词前言中这样写道,"广州京剧团访问中山大学,集教师之家,座谈、清唱,情甚欢洽"。

这一天,陈寅恪尽情领略到一个戏迷所应有的幸福。这种感觉,陈寅恪全部倾诉于当天所写的三首绝句之中。三诗全文如下:

其一

暮年萧瑟感江关,城市郊园倦往还。

来谱云和琴上曲,凤声何意落人间。(谓张淑云、孙艳琴两团员及任凤仪女士。)

其二

沈郁轩昂各有情,(谓男团员及票友。)好凭弦管唱升平。

杜公披雾花仍隔,戴子听鹂酒待倾。(新谷莺、华兰苹两团员未来。)

1957年4月1日，广州京剧团众名伶与中大教授联欢，情甚欢洽。事后，陈寅恪欣然赋"三绝句"，并将名伶张淑云、孙艳琴，好友任凤仪的名字镶嵌在诗句中。图为是日联欢后陈寅恪夫妇与心仪名伶及友人合影。从左至右分别是：文化局陪同干部、张淑云（左二）、陈寅恪与唐筼、任凤仪（左五）、孙艳琴（左六）、端木正夫人姜凝（左七）以及端木正夫妇的两个孩子端木美（左八）、端木达（前排）

其三

红豆生春翠欲流，闻歌心事转悠悠。

贞元朝士曾陪座，（四十余年前，在沪陪李瑞清丈观谭鑫培君演连营寨，后数年在京又陪樊增祥丈观谭君演空城计。）一梦华胥四十秋。

张淑云、孙艳琴等人，皆是当时广州京剧团的主要演员。在这三首诗中，名角的名字，都让陈寅恪镶嵌在诗句中。

若研究陈寅恪不幸的人生，这三首总题为《丁酉上巳前二日，广州京剧团及票友来校清唱，即赋三绝句》的诗句，似可视作难得的消遣捧场之作；但若以一种独特的情感体验而言，此刻年已六十七岁的陈寅恪，流泻的是急于倾吐的一种快意！

这种快意凝聚了多大的生命冲动？

三首绝句仍不能平息陈寅恪心中涌动着的激情，他在当天即将这三首诗分别赠与中文系三位知名的教授詹安泰、王起与董每戡，称之为"祝南、季思、每戡先生一笑"，以乞唱和。

　　太不容易了。这是陈寅恪晚年唯一的一次公开向"同道中人"求心灵的和鸣与回应。其情不自已于今亦能感受到生命的欣欣所带来的喜悦；沉重的历史亦因这一连串发自灵魂深处的欢声而抹上了淡淡的一道油彩。

　　真的太不容易了。半年后，这三位中文系教授的命运截然相反，人生各异，友情一去不复返！

　　征得陈寅恪的同意，中山大学的校刊很快就将陈寅恪的"三绝句"刊登出来[1]。这一天是1957年的4月13日，这三首陈诗问世刚好十三天。

　　这是迄今所知自1949年后陈寅恪的诗句第一次在大陆公开发表。"三绝句"的基调可用其中的一句诗来表示，那就是"好凭弦管唱升平"。从"写诗讽刺我们"到"好凭弦管唱升平"，变化了的是时代？还是陈寅恪？从"陈寅恪的诗有问题"到公开刊载，历史留给后人回味的东西很多、很多……

　　中文系三教授自然积极唱酬。詹安泰献出《南歌子》，王季思和了两首七绝，很有艺术才华的董每戡则一口气写了四首"打油诗"。三教授的"奉和之作"全部刊登在4月20日的《中山大学周报》上。

　　历史太无情了。数月后，唱和的三教授中有两人被打成了"大右派"。詹安泰与董每戡从受人尊敬的高级知识分子，一下子沦为被戴上"老狐狸"、"阴险恶毒"等等帽子的反党分子，被穷追猛打。董每戡的命运尤其悲惨，从此人生进入饱遭摧残的漫漫长夜！

　　詹安泰，国内有数的宋词研究专家。董每戡，精于中国古典戏

---

[1] 见《中山大学周报》。

曲的研究。詹、董两人，都是知名的一流学者。

诗以言志。在三教授的和诗中，董每戡的诗洞察陈寅恪的肺腑最深。试看其一：

> 花前杖策听莺语，清兴来时妙句成。
> 硕学先生非古董，风流诗笔压群英。（陈先生曾戏作二联，中有"百花齐放听新莺"及"古董先生谁似我"句，故云）

董每戡的注释为后人保留了陈寅恪的一则吟联趣话。陈看京戏，董教授多陪座[1]。故此月前陈寅恪有一联书赠广州京剧团。联云：

> 古董先生谁似我，
> 新花齐放此逢君。

联中"古"与"董"既分别代指陈自己和董每戡，又暗含时人讽其"老古董"的"今典"。此句源自《桃花扇》一剧中的唱词。"新花"则代指新谷莺与华兰苹两位京剧演员，"花"与"华"通。小小一联，已内含如此之多的旧事与今典，感慨与心事，陈寅恪心事之深不可测，信焉。

正是这位在三个月后被说成"恶毒攻击党"的董每戡，在其第四首诗中竟抒发出这样明亮的诗句："盛世居然多盛事，座间顾曲尽周郎。"

"盛世"，这是1956年至1957年上半年的真实写照。梗直如董每戡，对此也是发自由衷的慨叹的。

就在四教授相互唱和的二十多天后，1957年4月下旬，"民革"

---

[1] 从少数陈氏生前好友的回忆中可知，陈寅恪看戏，实是"听戏"，陈氏目不能观，晚年听戏多赖陪座者从旁不断介绍剧情发展而领略戏曲"唱念做打"以及现场舞台特有氛围的美妙。1957年"反右"前，董每戡无疑是陈寅恪在戏场上的最佳陪座者。

中央委员许宝骙藉视察广州之机，与《光明日报》一位记者一同登门拜访了陈寅恪。在这个初夏季节，毛泽东"百花齐放，百家争鸣"的号召正掀起"大鸣大放"的高潮。神州各界知名人士响应号召对现实作"指点江山"式的评论，激起这个国家自1949年以来第一次扑朔迷离的"民主浪潮"。满心想写点这位中国文化界惹人注目的大教授心态的记者，在5月10日的《光明日报》上发表了一篇采访专稿。1957年前期的陈寅恪，和成千上万善良的中国知识分子一样，心灵深处亦洒落了一片阳光。但甚有预见性的陈寅恪仍有意识很浓的保留，记者的专访实际未能探出陈寅恪的心声。

1957年4月，江西赣剧团到广州演出，期间专程赴中山大学演出《牡丹对药》、《梁山伯与祝英台》等剧目。祖籍为江西修水人氏的陈寅恪，欣然前往礼堂聆听乡音。听罢赋诗一首，诗云：

　　金楼玉茗了生涯，（年来颇喜小说戏曲，梁祝事始见于萧七符书也。）老去风情岁岁差。
　　细雨竞鸣秦吉了，故园新放洛阳花。
　　相逢南国能倾国，不信仙家果出家。
　　共入临川梦中梦，闻歌一笑似京华。

诗韵，继续流泻着那份难得的平和与恬适。

1957年6月29日，香港《文汇报》刊登了陈寅恪这首题为《丁酉首夏，赣剧团来校演唱〈牡丹对药〉、〈梁祝因缘〉，戏题一诗》的七律。陈寅恪的近况信息以陈寅恪自述的方式传至海外，但没有引起什么反响。陈寅恪的"金楼玉茗了生涯"，未能让其他政治观点不同的人感兴趣。其时距《论再生缘》在香港的刊行还相差两年。

到此便可以作一个不太精确的统计。从1956年至1957年的上半年,在这四百多天的日子里,陈寅恪在海内外媒体上的"曝光"接近十次。这段岁月的"意气风发,生机勃勃",可以想见。

但欢乐在这个夏天已走到了尽头!

第八章　风暴中的孤寂者

1

1957年6月开始的"反击资产阶级右派分子猖狂进攻"的政治运动,给后世留下最悲怆影响的,是一网打尽十数万知识界的精英。付出十数万人才的代价固然极沉重,但对历史最深远的影响,还是它打开了政治斗争中凶恶的"潘多拉盒子",让其幽灵整整盘旋于中国大地二十多年——甚至更长的时间。它在现代中国开了政治运动翻手为云、覆手为雨的先例,从"阳谋"到"阴谋"的定性,仅仅是几天之隔;从"齐放""争鸣"到"恶毒攻击""猖狂进攻"的突然转变,更是在朝夕之间。在以后连串政治斗争及一系列政治人物的升降浮沉中,人们都可以看到"反右斗争"毫无游戏规则的政治变幻。

这是一段思之依然令人不寒而栗的历史。

而事情的起因,似乎不能不提到"百花齐放,百家争鸣"这个口号。第一次向中国知识界亮出这个口号的,是1956年5月26日中央宣传部部长陆定一作的《百花齐放,百家争鸣》的报告。但在一个月前,毛泽东已在一次中共中央政治局的扩大会议上提出,艺术问题上的"百花齐放",学术问题上的"百家争鸣",应当成为我国发展科学、繁荣文学艺术的方针[1]。

"双百方针"无疑是毛泽东的杰作。

回溯数千年的中国历史,即使最鼎盛的朝代,也没有哪一个帝王有如此的气魄,欲建构"百花齐放,百家争鸣"这样雄伟的宏图。

毛泽东"双百"理想的源头,似可追溯到二千多年前的春秋战国时期。陈寅恪至死不变的"独立精神"与"自由思想",则更多地具有近代西方的人文理想。这样的比较也许很蹩脚,但可以给人启发。按照陆定一在报告中的阐述,"双百方针"就是在学界提倡"有独立思考的自由,有辩论的自由,有创作和批评的自由,有发表自己的意见、坚持自己的意见和保留自己意见的自由"。概括言之,就是在追求科学真理时享有"四大自由"。

历史很"宠爱"这段令所有学人都动容的岁月。政策与措施,可以立即生效与贯彻;关怀与照顾,可以立即体现。惟有文化的光扬与对真理的追求,无法在一夜之间重构。在付出了整整一个时代传统文化断层的代价之后,也许今天的中国人还尚未深切地意识到这一点。一个古老的命题依然警醒着后人:文化是一种无法割裂,也需无限积淀的渐进过程。

四百多个日子太短暂了。甚至上百万知识分子尚未能潜下心来进入科学的自由王国,新时代的学术精神尚未体现,一年多的时间便很快过去了。在这段很珍贵也很短暂的黄金岁月里,知识界对科学、对真理的思辨无突破性的成就,"四大自由"从科学的意义上说也从未真正实现过。这是文化对敢于违背它发展规律的人们的一种抗议。人们必须为此付出代价。

正是在这段岁月里,陈寅恪第一次与时代的距离靠得这样近。以至一时难以说清是陈寅恪走近了时代,还是时代贴近了陈寅恪。后一种说法似乎很荒谬,但若以陈寅恪代表了某种文化精神而言,

---

[1]《中国共产党历史大事记》,第220页。

五十年代的陈寅恪

则它便有了历史的意义。早在三十年代,胡适便点评陈寅恪有"遗少"的味道,"遗老遗少"的帽子追随了陈寅恪大半生。到了晚年,人们更冠之以"老古董"。今天,已可以从容地分析"老古董"的学术精神,正是文化源流的折射。时代在1956年,有幸贴近了这一源流。在那些沸腾的日子里,时代需要向科学进军,学界需要创出新成果,陈寅恪成为当之无愧的学术象征,"史学大师"的光环再次令人炫目。

但是,寂寞的陈寅恪依然是寂寞的。

至今,仍未发现1956年的陈寅恪对"双百方针"有何评论、有何看法。寂寞的陈寅恪躲过了一年后那场"著名"的灾难。于是,有人说他是一个超前者,有人说他具有深刻的洞察力,也有人说他善于明哲保身……其实他什么也不是。文化本是寂寞的,所谓"热点"、"焦点",本与文化无缘。陈寅恪只是一个文化长河里的孤独探索者。

2

人生中的有些事，总令人叹息不已。

那些曾热烈拥护"双百方针"的学人，在1957年的夏天，成为最容易被打成"右派"的人。

这段历史今人太熟悉了，再叙述不免有啰嗦之嫌，但有些背景却不能不交待，它将使我们立于一个比较高的位置去俯瞰一群如蝼蚁一般弱小的生命，是怎样经受狂风暴雨吹袭的。

1956年10月，东欧社会主义阵营发生震惊世界的"匈牙利事件"。

11月15日，毛泽东在中共八届二中全会上讲话，指出"东欧一些国家的基本问题就是阶级斗争没有搞好，那么多反革命没有搞掉"[1]。在毛泽东这篇长达九千字的讲话中，决定1957年中国命运的就是这不足五十个字所表现出来的"阶级斗争思想"。

1957年2月27日，毛泽东在最高国务会议上发表了著名的《关于正确处理人民内部矛盾的问题》的讲话，再次强调在科学文化领域实行"双百方针"。这再一次的强调，使两个月后的"大鸣大放"达到了顶点。

4月27日，中共中央发出《关于整风运动的指示》；5月2日，《人民日报》发表《为什么要整风》的社论[2]。

5月15日，毛泽东奋笔疾书调子已截然不同的《事情正在起变化》一文，正式拉开了"反右"的序幕。当然这一天还不是高潮，无数人尚未知人生还有另外的一幕。

仅仅十三天，风云变幻之急，政治车轮前进与急转弯之快，令后世观史者也感目不暇给！

---

[1]《毛泽东选集》，第5卷，第313页。
[2]《中国共产党历史大事记》，第226页。

5月上旬，中山大学全体师生学习中央系列整风文件以及传达报告。随后全校停课五天进入"大鸣大放"运动，揭批官僚主义、宗派主义、主观主义（简称"三大主义"）[1]。

5月19日，陶铸亲临中山大学，召开了第一次座谈会，动员全校教职员工积极投入运动。

如果说人生最大的可笑莫过于阴差阳错，则人生最大的悲哀莫过于命运其实早已决定但仍在作无谓的努力。

"鸣放"倒出了平时难以吐出的一肚子"苦水"。历史自会对"反右运动"作出客观的评价，下面所录的，不过是当时真实发生过的场景：

——老教师认为：解放后我们一路挨打，如旧时大户人家的老奴，上有老爷太太，下有少爷小姐；

——老教授认为：专家学者不被重用，现在是老教授要看助教、讲师的脸色，因为他们中不少人是积极分子，懂得"汇报"（指打"小报告"）。

——专心治学者认为：工作能力低者反而步步高升，一"党"显威风，一些积极分子盛气凌人，视自己比众人高出一等。

…………

已经无须再摘录了。

毛泽东的本意是发动党内外的力量帮助共产党整风，去掉"三大主义"。若以此衡量，大部分的诉苦都没有错。

悲剧时代，总要涌现一些典型的悲剧人物。在5月19日上午，一个悲剧人物就这样走了出来，此后他再也未能回到原来的生存位置上。他就是前面提到过的董每戡教授。

在这一天的座谈会上，董每戡肯定最引人注目。因为陶铸对董教授说，知道他"写了几首诗，很好"。陶铸甚至背出了其中一首

---

[1] 参阅1957年上半年《中山大学周报》，本节引文若录自该报，不再标出。

诗的两句:"书生都有嶙嶒骨,最重交情最厌官。"[1]

数十年后,广东学界不少与董每戡同时代的学人,都还能诵读这首成为董每戡一大罪状的短诗。这诗只有二十八个字,不妨引录如下:

> 书生都有嶙嶒骨,最重交情最厌官。
> 倘若推诚真信赖,自能沥胆与披肝。

陶铸的肯定,使董每戡很庄重地提了两条意见。其一,高等学校是学术机构,应重学术。现在学校重视职务官衔,不重学术。这种社会风气与党对学术的看法有关,要赶上国际学术水平,必须扭转这种不重视学术的风气。其二,一些党员有两副面孔,平时冷若冰霜,面笑心不笑,运动一来凶恶异常云云。[2]

书生毕竟是书生,连叙述的语言也充满了很能刺激神经的感情色彩。话音一落,后半生已定。数月后董教授成为"大右派分子"。令人惊叹的是,在以后二十多年形如"放逐"的生活条件下,董每戡依然著述不辍,写下了大量的学术心得。1979年,董每戡重返中山大学中文系复职,但曾经给他带来一生最大痛苦的康乐园,二十年后也没有给他带来幸福。十个月时间不到,董每戡便病逝了。这位有"嶙嶒骨"的知识分子,到死仍未能获得彻底的平反,仍未能看到渗透着心血的专著问世。直到1983、1984年,人民文学出版社先后出版了他一生的代表作《说剧》、《五大名剧论》,这两部书被不少艺术院校指定为学生必读参考书。

陈寅恪对身边的好友被打成"右派"有何感想?历史没有留下记录。几乎是在同一时候,6月29日的香港《文汇报》刊登陈寅

---

[1] 中山大学《学习情况简报》,1957年第5号。
[2] 同上。

恪的那首《丁酉首夏,赣剧团来校演唱〈牡丹对药〉、〈梁祝姻缘〉,戏题一诗》的七律时,同时刊登了董每戡一首《奉和陈寅老原韵,兼赠赣剧团诸同志,并坚后约》的和诗。[1]陈、董之交情,当还有更丰富的内容。

5月底,中山大学在校园中区开设了"自由广场"和"民主墙"。

6月2日,历史系一群低年级同学在"民主墙"贴出了中大学生的第一张大字报。随后大字报成为"大鸣大放"第一号主角而在政治舞台上大显神威。至此,"双百"口号成为一种理论指导被引入最反复无常的政治竞技场,被无数善良的人们视作一种工具或手段参与运动。这不免令人再次回眸那位从开始就不动声色、到最后仍然寂寞的陈寅恪,回眸陈寅恪在"大好形势"下那冷峻的身影。5月10日《光明日报》那篇《访陈寅恪教授》的专访文章这样写道:

> 这几天的报纸,真个是大鸣大放,大概知名的学者、教授无不发表了言论,就是懒于发言的知识分子党员也被记者将了军。百花齐放、百家争鸣的方针,已经深深地激起了全国知识界无限的关怀。怎么,当代著名的历史学家陈寅恪教授还未发表他的见解呢?
>
> 我问过一位记者,他告诉我,这几年陈先生在广东很少发表意见。他不喜欢应酬,也不常接待外人。谁若问他对百家争鸣有什么意见,他只淡然地让你去看看他的门联,不轻易发言。这使我很纳闷,为什么当代一家学者,独默默而不鸣?[2]

---

[1] 见该日香港《文汇报》。
[2] 见1957年5月10日《光明日报》。

陈寅恪的门联前文已述，即"万竹竞鸣除旧岁，百花齐放听新莺"。不轻易发言的陈寅恪，成为1957年那场风暴中冷眼看花开花落的极少数清醒者。

6月8日，中共中央发出《关于组织力量准备反击右派分子进攻的指示》。同日，《人民日报》发表社论《这是为什么？》[1]。这一天，距毛泽东撰《事情正在起变化》一文已经二十四天。数十年后，已可以比较客观地综合、对比与分析在这不寻常的日子里时代的方方面面。

《事情正在起变化》一文在5月下旬已发至一定级别的党内干部去阅读。到"反右"已成定局时，人们才掂量出"我们还要让他们猖狂一个时期，让他们走到顶点……或者说：诱敌深入，聚而歼之……右派有两条出路。一条，夹紧尾巴，改邪归正。一条，继续胡闹，自取灭亡"[2]等话语的真实分量。

很多"老右派"晚年"改正"之后才解开了自己当年为何被打入十八层地狱之谜：原来当时划"右派"是在人群中按百分比来划定。人生有些谜还是永远不要去破译好。最大的历史之谜早已在这篇文章中留下了注解："所谓百分之一、百分之三、百分之五到百分之十的右派是一种估计，可能多些，可能少些。"[3] 其百分比的伸缩性，毛泽东表达的可能是"对具体情况要做具体分析"的一贯思想，但正是其伸缩性，导致多少地方网罗了多少无辜者？！

《事情正在起变化》一文，对历史的影响还要久远得多。文中这一段话——"资产阶级和曾经为旧社会服务过的知识分子的许多人总是要顽强地表现他们自己，总是留恋他们的旧世界，对于新世界总有些格格不入。要改造他们，需要很长的时间"[4]，意味着1956

---

[1]《中国共产党历史大事记》，第227页。
[2]《毛泽东选集》，第5卷，第425、427页。
[3] 见上书第426页。
[4] 见前注。

年 2 月中共中央政治局通过的"关于知识分子问题的指示"已成为过去。这段话也成为文化大革命结束之前中国社会对知识分子这一群体政治地位、政治状态的结论性概括,影响长达二十多年。有此前提,同一文中提出要在人群中划分"左、中、右",那便是很自然的事了。这些,都与下面即将出现的历史场景有着紧密的联系。

3

在这个躁动的季节,陈寅恪在做什么?

在这个躁动的季节,广东省委书记兼省长陶铸先后四次前往中山大学,或作动员,或鼓励师生投身运动[1]。风云变化之快,泥沙俱下之杂,即使是陶铸也不一定能随时了解北京的信息与动态。有一细节很微妙,6 月 8 日中共中央已发出反击"右派"进攻的指示,而在这一天的上午,陶铸还再次来到中山大学鼓励师生"大鸣大放"。

现今所知,陶铸四次中大之行,至少有一次前往东南区一号看望陈寅恪。5 月 19 日,陶铸在参加中大教授座谈会的中休时段,专程上门拜访了陈寅恪以及居所离陈宅不远的姜立夫。其时岭南的"鸣放"开始步入高潮,对党的感激涕零反成为此时最热烈的主调[2]。陶铸看望南中国学界极负盛名的两老,带有党对高级知识分子尊重的展示,故此是日陶铸之行一直有省港记者相随。但陶、陈见面的内情,恐永远淹没,记者未能写出只字"陈宅的见闻"[3]。于

---

[1] 参阅 1957 年中山大学《整风材料》,中大档案馆藏。

[2] 其实 1957 年 5 月中旬的中国知识阶级,是感恩于北京的,尤其在他们所处地区或部门的当政者迟迟不响应最高当局要求彻底"整风"的号召后。所以,后来绝大部分右派感到冤屈的是,他们从来没有反党,他们反对的只是实际握有管理权的官僚主义者。

[3] 即使擅长"挖料"的香港记者,实际上也未能挖到陶、陈见面的半点信息,这与记者录下另一位受访者由衷拥护"双百"方针的心声形成对照。

今看来，陈寅恪的不表态实际就是表了态。陶铸显然也是一个"解人"。在下半年"反右"的狂潮中，学校有少数人一度曾有"可否将陈寅恪划为右派"的议论，这个打算很快便被遏制下去。"不能动陈寅恪"，广东省委给中山大学打了这样的招呼。但在运动的后期，在给所有知识分子排队定政治性质时，陈寅恪还是被排为"中右"层层上报。也许若干年后，后人已不太容易弄清楚在二十世纪五六十年代盛行一时的一些特殊政治术语，尤其是一些秘密使用的术语。人群既划分"左、中、右"，按照大部分人属于中间派的观点，"中"又细分为"中左、中中、中右"三等。依当时的做法，"中右"已到了"右派"的边缘，其实是不戴帽的右派分子，同时又叫做内部控制右派分子。陈寅恪自从被划入"中右"行列后，到死也未能升为"中中"。[1] 与陈寅恪共享"人以群分"同一定性的，还有历史系的刘节。十年后，刘节闻说"造反派"欲斗争陈寅恪，奋然表示愿代替陈寅恪上台挨斗，并视之为一种荣耀。

陈寅恪被划为"中右"，表明极"左"已使不少人开始失去理智。1953年已向北京明确表示不反对现政权的陈寅恪，对1956、1957年之际的运动不表示什么态度是不容置疑的。尽管学校与历史系多次派人利用上门探访的机会窥测陈寅恪的所谓"政治态度"，但都空手而归。"陈寅恪没有发表过什么言论"，这是中山大学在"反右"期间给陈寅恪作的结论。如果说陈寅恪对现实有超前意识的话，那么这种意识在1957年前后表现为这位历史学家继续走着那条凄寒的生命与学术已融为一体的人生之路。

距1954年开始笺释"钱柳因缘"，到1957年已进入了第四个年头。这三年，在构建这部著述的宏大工程中，是具有很重要意义的三年。激情与畅快，欢愉与感奋，使本已"残阙毁禁"的历史亦

---

[1] 当年政治排队，先由系里定性，再上报学校由校方平衡。有一年陈被评为"中中"，转年却又成为"中右"。

陈寅恪在助手黄萱的协助下正在著书（1957年）

变得分外气韵生动。古老的文言格式也无法束缚自由活泼与不羁的生命，掩盖不住"无礼法拘牵"、"风流放诞"之三百年前名姝的人生亮丽。这一切，在陈寅恪的笔下都有很具魅力的展现。陈寅恪倾尽心血再现了柳如是的一颦一笑，一刚一柔的风姿绰约。在对柳如是的喜怒哀乐作传神的描述中，可以分辨出陈寅恪的呼吸声与起伏的叹息声；除了全书随处可见的诸如"睹景怀人，必甚痛苦"；"今日追思，殊令人惋惜"；"国事家情，俱不堪回首矣"等等叹息外，这种声音，在当时留下了永不磨灭的印记。

在这段时期，陈寅恪曾作《戏题余秋室绘河东君初访半野堂小影》一诗。诗云：

> 弓鞾逢掖访江潭，奇服何妨戏作男。
> 咏柳风流人第一，画眉时候月初三。
> 东山小草今休比，南国名花老再探。
> 好影育长终脉脉，兴亡遗恨向谁谈。

该诗的珍贵，在于它留下了陈寅恪在这段岁月里著述的痕迹。"奇服何妨戏作男"，"咏柳风流人第一"，"南国名花老再探"等诗句，可看作是陈寅恪对柳如是从生命过程到情感气质的一种深深认同。当年柳如是因其惊世骇俗的行为遭社会讥讽，更因其地位的低微向为传统社会蔑视。数百年后陈寅恪抒发的岂止是一种"寄遐思"，更含有一种对柳如是生命中不羁与不堕浊流的神品的颂扬。这种颂扬在这个时期远远超过了陈寅恪将在这个人物身上挖掘的另一种"兴亡遗恨"的意味，而具有一种重塑生命之魂的痛快。陈寅恪用不乏轻松与赞赏的笔调考证柳如是的名号、身世、与陈子龙一段影响终生的爱情生活，以及柳如是"风尘憔悴，奔走于吴越之间，几达十年之久"，才"终于天壤间得值牧斋"的过程，这部分近四十万言的著述，正是产生于这三年。在这三年的时间里，陈寅恪显然保持着一份激情与一颗充满了感性的心灵，尽情地再现了柳如是很灿烂，也应该是如此的历史人生。其笔触的趣味、明丽与轻快，历史场景与季节气候、地理环境展示的细腻、逼真，有如展示了一长卷明末清初江南社会之风情画。它同样展示了陈寅恪无与伦比的考据功力。若没有这样的激情与性灵，漫漫十年长的著述，将会是在怎样枯燥与痛苦的运作中艰难地前行！

随着命运逐步走向苦难的深渊，这份可贵的激情与性灵，逐渐被消磨殆尽。这部著述后半部分的苦涩与凝滞，证明了这一点[1]。

1957年，是陈寅恪笺释"钱柳因缘"的一个重要的分水岭。

在此时期，陈寅恪又作数首有关著述"钱柳因缘"的诗篇。如《前题余秋室绘河东君访半野堂小影诗，意有未尽，更赋二律》，诗云：

---

[1] 1953年，陈寅恪论陈端生完成《再生缘》前十六卷后中途辍笔、事隔十二年后才重续第十七卷的写作，有语云："其绸缪恩纪，感伤身世之意溢于言表，此岂今日通常读再生缘之人所能尽喻者哉？今观第十七卷文字，其风趣不减前此之十六卷，而凄凉感慨，反似过之。则非'江郎才尽'，乃是'庾信文章老更成'，抑又可知也。"若以此借喻1957年后的陈寅恪，亦同样可察岁月的消磨，于陈氏才情的发挥，影响也大矣。1957年后的陈寅恪，其著述坚忍矣、凄苦矣、无尽矣。

其一
岱岳鸿毛说死生，当年悲愤未能平。
佳人谁惜人难得，故国还怜国早倾。
柳絮有情还自媚，桃花无气欲何成。
杨妃评泊然脂夜，流恨师涓枕上声。
其二
佛土文殊亦化尘，如何犹写散花身。
白杨几换坟前树，红豆长留世上春。
天壤茫茫原负汝，海桑渺渺更愁人。
衰残敢议千秋事，剩咏崔徽画里真。

未及一春秋，诗情诗旨比起前度"戏题"之蕴已有变化，令人有不胜唏嘘之感。

同年，在一首《丁酉阳历七月三日，六十八岁初度，适在病中，时撰〈钱柳因缘诗释证〉，尚未成书，更不知何日可以刊布也，感赋一律》的诗中，陈寅恪感叹"生辰病里转悠悠，证史笺诗又四秋"。未几，情犹未已的陈寅恪以《用前题意再赋一首，年来除从事著述外稍以小说词曲遣日，故诗语及之》为题，再吟道："岁月犹余几许存，欲将心事寄闲言。推寻衰柳枯兰意，刻画残山剩水痕。"个体生命无法超然于命运打击及时代影响之上再添一明证。

1958年初，陈寅恪又有《笺释钱柳因缘诗，完稿无期，黄毓祺案复有凝滞，感赋一诗》之作，第一句即云"然脂暝写费搜寻"。此时，陈寅恪的著述，已进入了艰苦的跋涉阶段。著述已开始失去了快乐，而成为毅力与意志的考验。几乎是同一时期出现的新一轮的政治运动，第二次将烈焰烧到了陈寅恪的身上，给陈寅恪的心灵造成了最大一次伤害。

陈寅恪倾尽晚年的精力笺释"钱柳因缘"，是否还有其他心曲？陈寅恪在1957年给友朋刘铭恕所写的一封信，留下了另一个心迹。

信云：

> ……弟近来仍从事著述，然已捐弃故技，用新方法，新材料，为一游戏试验（明清间诗词，及方志笔记等）。固不同于乾嘉考据之旧规，亦更非太史公冲虚真人之新说。所苦者衰疾日增，或作或辍，不知能否成篇，奉教于君子耳。（下略）[1]

"捐弃故技"，"用新方法，新材料"等语，出自向被视为"老古董"陈寅恪之口，这表明陈寅恪的学术思想与学术追求在晚年仍在发展与变化；它还表明，无论是过去还是现在，世人对晚年陈寅恪仍具强大活力的学术心态的认识，远远不够。此点也将是解读《柳如是别传》的重要钥匙。

半个世纪以来，陈寅恪为"遗老遗少"之名所累；大部分同时代人也为此假象而迷惑！

1957年之后，"衰疾日增"与著述"复有凝滞及费搜寻"，成为陈寅恪治学两道不太容易跨越的雄关。1957年之后，《钱柳因缘诗释证稿》开始显示其"完稿无期"的趋向，它将耗尽陈寅恪晚年宝贵的光阴。这一点，是出乎陈寅恪的意料的。

---

[1] 引自《敦煌语言文字研究通讯》1988年第1期刘铭恕《忆陈寅恪先生》一文。

第九章 "今日吾侪皆苟活"

1

若研究五十年代至七十年代中国学界政治运动的时间周期，是探讨这段历史的一个独特视角。1952年学界的第一次政治风暴——知识分子思想改造运动，前后进行了七八个月。两年后，批判俞平伯红学思想及胡适派资产阶级唯心体系共花去一年的时间。1957年开始的"反右"及引发后来的"兴无灭资"[1]等等一系列的政治运动，时间已长达两年多。到了1966年爆发的全国性的无产阶级文化大革命，前后竟达十年之久。

政治家总在摧枯拉朽的风暴中享受到改造世界的快感，总在狂飙突进式的政治伟力面前获得深深的满足。他们也总是在每一次风暴过后感到某种未能达到全部目的的遗憾，从而孕育下一场更大的风暴。

若以大自然的破坏力作比喻，1957年的"反右"犹如一场大地震，第一轮的摧毁力也许只扫荡了那一个黑色的夏季以及一小部分人，但它所带来的震动却诱发了随后一连串的余震，前后长达两年多的时间，其破坏力更有过之而无不及。

---

[1] "大兴无产阶级思想，大灭资产阶级思想"的简称。

马上要展现的历史,正是沿着这样的轨迹一页一页地翻开的。需要特别指出的是,都说"文革"是政治运动的集大成,但"文革"中的大部分名词术语、运动方式、斗争手段等等等等,都在1957至1959这两年间露出头角了。

怀着"反右"胜利后的喜悦,毛泽东又以他潇洒流畅的行文,在中共第八届中央委员会第三次全体会议上,作了一次题为《做革命的促进派》的总结。溯本追源,1957年后中国历史的坎坷曲折,大抵可以视这篇总结为主要源头。因为毛泽东在该文中断言,"无产阶级和资产阶级的矛盾,社会主义道路和资本主义道路的矛盾,毫无疑问,这是当前我国社会的主要矛盾"[1]。而早在一年前,在中共第八次全国代表大会上,中国共产党却认为"国内主要矛盾,已经不再是无产阶级和资产阶级的矛盾,而是人民对于经济文化迅速发展的需要同当前经济文化不能满足人民需要的状况之间的矛盾"[2]。

理论术语也许太枯燥了,但不应妨碍我们用历史的眼光再读这篇产生于1957年10月9日的讲话,为明瞭将要发生的事件做好心理准备。

毛泽东说道,"今年这一年,群众创造了一种革命形式,群众斗争的形式,就是大鸣,大放,大辩论,大字报。现在我们革命的内容找到了它的很适合的形式……以后要把大鸣,大放,大辩论,大字报这种形式传下去"[3]。

在同一讲话中毛泽东还说,"整风有两个任务:一个任务是反右派,包括反资产阶级思想;一个任务是整改,整改里头也包含两

---

[1]《毛泽东选集》,第5卷,第475页。
[2]《中国共产党历史大事记》,第222页。
[3]《毛泽东选集》,第5卷,第467页。

条路线斗争"[1]。

这是一篇影响历史进程的讲话。政治家与社会学家可以从中看出中国政治路线的骤然转变；而对于阅史者来说，仅仅引用上面两段话就已经足够了，因为它足以为知识分子即将来临的命运搭好了一个历史的框架。

1957年11月1日，中山大学的整风运动由"反右"阶段全面转入以整改为主的新阶段，拉开了自"反右"后一系列余震的帷幕。

所谓"整改"，是"整顿与改造"的简称。它来势之猛，范围之大，比起刚刚消退的"反右"高潮毫不逊色。今天，重读当年的口号，依然令人心跳不已："坚决地放，大胆地放，彻底地放；坚决地改，大胆地改，彻底地改。""全民整风，知无不言，言无不尽，谁也不能置身事外。"[2] "肃反"与"反右"等运动涉及到的只是一部分"有问题的人"，而这个"全民性"的整改运动，触及到的则是所有的人，它开了1949年后群众性政治运动带有浓烈火药味的先例。

12月，毛泽东再次肯定的"大鸣大放"进入高潮，在中山大学，头六天时间便贴出五千多张大字报。不到十天，大字报增至一万多张。举凡领导作风、右派言论、教学方法等等，都在鸣放之列。直到今天，这一历史现象仍令人不解：刚刚历经一场狂风暴雨吹折的知识分子，早已心有余悸，风声鹤唳，却为何风暴余威犹在时，又忘形地投身到新的一轮从内容到形式都与过去如出一辙的政治运动中去？而且，这种现象在未来将继续一次又一次地重演。

引人注意的是，在"大鸣大放"中，学生这一支庞大的队伍已呈异军突起之势。相当部分的大字报出自那些毛笔字尚嫌稚嫩的学生之手，内容多为对学校与老师提出尖锐的批评。在当代中国学界

---

[1]《毛泽东选集》，第5卷，第476页。
[2] 见1957年下半年至1958年中山大学校刊。

的政治运动中，高等院校的学生队伍是一股至今仍不易评估的重要推动力量。在这个寒冷的冬季，这股力量显然是第一次登上了政治舞台，发出了很幼稚但绝不可轻视的政治呐喊。这一声呐喊，于历史说来永远值得铭记。其一，它预示着中国数千年以来一直被视为社会道德而被遵守的"尊师爱师"礼教开始被摧毁；其二，授业者的社会地位从此一落千丈；其三，学生队伍开始在政治舞台上扮演冲锋陷阵的马前卒角色。从"教育革命"运动，到"造反有理"的"文革"，在不同时期的路线斗争中都可以看到"马前卒"惊心动魄的表演。

运动不断升温，数十种最快反映运动信息的各类"快报"应运而生。其中尤以历史系的《火焰》、《烈火》等快报最为出名。

陈寅恪等高级知识分子开始被触及。有部分大字报不点名地批评道：有些人教学脱离实际，既拿高工资、高稿费，又生活待遇非常优厚，终日养尊处优。这是陈寅恪晚年因其特殊的生活境况第一次受到"革命群众"的批判。此后，陈寅恪一直未能摆脱这种非议。其实，以陈寅恪的境况而言还谈不上养尊处优。1956年，陈寅恪被评为一级教授，受薪三百八十一元，人们戏称为"三八一高地"。1955年陈寅恪受聘为中国科学院哲学社会科学部委员，每月领取一百元的津贴，这便是陈寅恪一个月的主要收入。

在一个知识被踩在脚下的年代，价值的取向无疑以政治作标准。

幸亏在横跨新旧两岁的冬日里，严寒没有进一步肆虐。校园里的人们在这短暂的不乏温情的时光里一洗旧岁的征尘，躁动的心灵获得片刻的宁静，祈求新的一年有新的开始。

在1957年岁末，中国向全世界公布，中国发展国民经济的第一个五年计划胜利超额完成。1957年同1952年相比，国民收入总额增长了53%。建设社会主义的新高潮已经到来，"大跃进"的口号在该年底第一次响在亿万中国人的心头上。

群众运动的巨大威力，已开始让人预感这个国家即将进入一个无法预测的时代。

2

这是一个"乱云飞渡"的年代。

作为一种洗礼，在迎接更大的风暴来临之前，中国学界的知识分子在短短的两三个月时间里，已先后经历了数场运动的"过场"教育。

在中山大学，1月份刚结束"知识分子参加体力劳动"的大辩论，2月份马上开始了"勤俭办学办校反浪费"的大辩论。2月底则转入"关于处理右派分子"的大辩论。3月初，关于右派分子与反革命有何区别的大辩论达到高潮。3月中，"尽最大力量去支援农业大跃进"热潮又起，捐款献金行动直卷校园。3月15日，一个贯彻"鼓足干劲，力争上游，多快好省地建设社会主义"方针的新运动宣布开始，——这就是后来风行一时的"双反"运动（反浪费与反保守）。

在这些走马灯般的运动中，给两代学人和青年学生影响最深的，是长达两周的给右派分子定性的大辩论。名为"大辩论"，实际是言论一边倒。对一些右派分子的定性逐步升级，无限上纲上线，政治的残酷与斗争的无情，为更多的学人亲身感受。这种心灵裂变，毒化的岂只是人与人之间的关系，毒化的更是数代学人的灵魂。

运动之密集，周期之短促，直如排山倒海，以至这一段岁月很难理清头绪。其实，八九年后"文革"中的很多悲剧行动，在这个时期已经初露端倪。

如在"反浪费"运动中，中山大学某系资料室的英文打字员，受运动的感染，忽觉自己的存在实在是一种"浪费"，长年没有多少外语资料可翻译打印，便真诚地向学校提出自愿退职回家以节约国家经费的请求。学校很快同意其请求并郑重地开了欢送会。这样一件事情,双方做得是那样的真诚。

又如在整改运动期间,历史系出了一对受到赞扬的"革命夫妻"。妻子站在革命立场"大公无私"地给丈夫贴了四张大字报,"提供了大量的材料",被人称"革命夫妻"。这样的消息,竟作为"革命行动"在校刊受到表扬。谁料随着运动的深入,四张大字报所提供的大量材料,又成为人们批判该"革命丈夫"的素材。

3月18日晚,中山大学全校师生在该校著名的"风雨操场"举行了"'双反'向又红又专大跃进"的誓师大会。

一场惊心动魄的政治运动正式登场。

从此,"红专问题"成为高悬在教育界头顶的一把利剑,不同时期的斗争都可简明地归入到对"红专"的理解上,利剑所指,阵垒分明。自然,始作俑者仍可追溯到毛泽东《做革命的促进派》一文,该文中有一段毫不含糊的话:"政治和业务是对立统一的,政治是主要的,是第一位的,一定要反对不问政治的倾向;但是,专搞政治,不懂技术,不懂业务,也不行……我们各行各业的干部都要努力精通技术和业务,使自己成为内行,又红又专。"[1] 这是"又红又专"一词最权威的解释。

3月20日,超过七万张的大字报突然如雪片似的遍布康乐园。即使这是原始的记录,后人也有理由怀疑这"七万张"的真实性。以当年中山大学全校员工师生共四千多人这个数字计算,在两天时间内平均每人要完成十数张大字报,如果这是真实的话,的确是一个奇迹。随后,学校团委号召全体同学"苦战一夜,突破五万(大字报)"。

今人已很难知道这十数万张(全国也许超过亿张)大字报写下了多少内容。文化大革命的疯狂,尚有一个原因,那就是每天都有

---

[1]《毛泽东选集》,第5卷,第471页。

1958年3月25日《中山大学周报》
刊登的"双反运动"状况

新的斗争对象出现,每天都能掀起新的一轮刺激。在1958年,历史尚未步入这种疯狂,但在这一年,它已开始从整体上摧毁中国学人在文化意义上的人性。当所有学人必须在大字报中交出自己的所谓"活思想",更要批判他人的"资产阶级思想"时,正直和良知还有什么位置呢?

于是,一些闻所未闻的"创造"出现了。校园各处都特设了"西瓜园"专栏,它的功用是"请同志们把西瓜抱出来",也即要交出活思想,交出个人内心的真实想法。中国有句俗语,"拣了芝麻丢了西瓜",意谓因小失大。"把西瓜抱出来",不知是否说交出"活思想"时不能避重就轻?

于是,一种对学人的人格与传统品格无情摧毁的做法出现了,那就是教师之间开始相互贴大字报,相互挖所谓消极落后甚至反动思想的根源,相互批判。没有很鲜明政治色彩的"中间派"毕竟占了绝大多数,他们并没有多少"根源"可挖,但为紧跟形势,他们不得不对自己上纲上线时也对别人作无限的上纲上线。也许很多人在最初的一刹那,充满了不安与惭愧,良心受到谴责,但随着神经的麻木,批判别人以表示自己很革命已变得是那样的心安理得。少数人甚至开辟了"凭批判换取功名"的新的人生道路。

这是一次人性的大展现,无数灵魂按照固有的本质,各自作了不同的凸现。十年前陈寅恪对"道德标准与社会风习之变迁"作过精辟的分析,但显然不能概括这场政治运动中那么多活生生、千姿百态的人生表现。因为除了"有贤不肖拙巧之分别"外,更多的灵魂痛苦表现为陷入屈辱、扭曲、真诚盲从与良知内疚各类矛盾漩涡中挣扎浮沉。命运的残酷则在于,本来很多灵魂无须经历这种痛苦,可以平平安安地走完一生,但不幸它们无法逃避时代。今天追寻这一切,对于人类的文明,不失为一种珍贵的教益,而对于那些灵魂来说,也许只是不幸!

3

据说,在灵魂的"拷问"中,最早登场的总是良知。有一位老人,最早现身于这历史的一幕。他就是刘节。

在岭南,资历最深的陈寅恪弟子要算刘节。他早就应该登场了。他作为一个触目的人物站在人生的舞台中央,应该从1958年的春天算起。刘节不一定可视作良知的化身,但由他首先现身,既符合历史的真实,为以后叙述陈寅恪的命运做好准备,也容易为展现一些灵魂的凸现打开一扇窗口。

刘节,浙江永嘉人,生于1901年。1926年清华学校国学研究院第二届学生,一个典型的传统知识分子。他的一生全都贡献于先秦古史、先秦诸子思想、史学史的教学与研究上。从他1928年在国学研究院毕业便被聘为南开大学讲师时算起,他先后担任过河南大学、燕京大学、浙江大学、金陵大学与中山大学等学校的教授[1]。一生清贫也一生清白,正是这一点,使他晚年屡次临近灭顶之灾的边缘而屡次侥幸逃生。比之于他的书斋生活,刘节的品性更能体现中国传统文化中士的气质:梗直,视德为做人为学之本;把追求学问与真理,看成是学人的第二生命。这些,都在1958年之际,得到了很生动也很可爱的整体显示。他在晚年长期遭受批判,既是性格使然,也是传统文化顽强生存的必然。

在这个春季,刘节成为第一个被瞄准的靶子,一个很醒目的靶子。早在1955年批判胡适派时,刘节就忍不住说了心头话;1957年"大鸣大放"时,憨直的刘节再作惊人之语:"过去帝王还有罪己诏,毛主席没有作自我检讨还不如封建帝王。"[2] 毛泽东作自我检

---

[1] 见《刘节生平档案》。
[2] 见前注及1958年中山大学"整改运动"材料。

青年时代的刘节

讨时刘节不可能听到，故此话有点冤枉了毛泽东。不过千万不要以为刘节对领袖有多少坏看法，其实在同一时期的不同场合，经历过两个朝代的刘节，对现实仍有发自内心的赞叹，对新时代有由衷的歌颂。可惜，人们不关心这些赞叹而紧紧瞄准了那些"惊人之语"。到了1958年夏天，神州遍地大跃进，人人"意气风发"掀起建设社会主义新高潮，老教授再次发出绝对不合时宜的"逆言"："什么大跃进人人意气风发，人人'一起发疯'倒是真。"其时大炼钢铁，大除"四害"，大放"卫星"等等正大行其道，这句话作为反对"大跃进"的典型而屡遭批判，更因其幽默而被人们私下里流传。在1958年的3月，历史系有相当部分的大字报，都是对着这位前系主任而来的。

这是一场典型的、针锋相对的较量。较量双方的力量严重不均衡，显得有点滑稽可笑，但也令人再三探寻——文化的品格到底有多大力量，能使一个人"顽固"地坚守着逆潮流的、已等同"过街老鼠"的精神世界？向刘节挑战的，是系里的大部分师生，接受挑战的只有刘节一人。当年的大字报，为我们保留了许多被忘掉的历史场面。据大字报云，在整个五十年代（到1958年为止），刘节常常在课堂上公开说，"考据学是求真之学，只要我们真的是求真，是可以殊途（指与马列主义）而同归的"。有时更直接说，"现在我还不能用马列主义来讲课，只是将材料编起来，不一定要用马列主义才能得到研究成绩，这是从批判胡适开始以来的一股歪风，是要不得的"云云[1]。

刘节遭到批判的另一番话，则为后人考察这位学人赖以生存的精神支柱提供了一个更直接的机会："历史家要有很强的自信力，一个历史家要坚定不移，不要因为一时的风浪而动摇不定。"[2] 这话今天很多人会说（即使不一定做得到），而在当年，这话不能说，但刘节说了，也按照所说的去做了。

挑战的一方，没有纠缠于刘节所钟情的考据学与历史家的"史德"，直截了当地指出刘节在历史学上所"贩卖"的是"资产阶级的唯心史观"。这是一针见血的批判策略。1956年已被评为二级教授的刘节，大半生对考据学、古文字及古器物等有精深的研究，其时早已成为广东卓有成就的知名历史学家。以中青年人为主的挑战一方，在历史专业上还不配与其对话，但将其纳入两条路线斗争的轨道作批判，力量则绰绰有余。一叶而知秋，五六十年代一批要求进步但一直受到批判的学人的遭遇大抵如此。伤透这批其实很热爱新中国的学人的心的原因就在这里：专业无法批判，便转去作思想批判。到了文化大革命，更以牛鬼蛇神待之。

3月底，中国古代史教研组的十五位同仁联名写了一张题为《刘节，请你批判唯心论》的大字报。4月4日的校刊转载了这一张语气开始不客气的大字报，文中有"历史上的唯心论者，满口仁义道德，实际坏事做尽"等语句[3]。批判，开始含有影射与攻击的成分。

---

[1] 均见《刘节生平档案》及中山大学《整改工作简报》第92期。
[2] 同上。
[3] 见该日中山大学校刊。

刘节从小深受传统文化浸淫,刻上了传统学人刚正不阿的深深印记,讲究治史者先需具备史德,批判者忽视了他的"自信力",孤军奋战的刘节没有低下头颅。刘节奋然反驳:"我的唯心论是特殊的,可以为社会主义服务……总有一天要同历史唯物论成为'水乳交融'的状态。"在中山大学,在运动的风头上公然承认自己是唯心主义并认为是正确的,刘节是唯一一人。放眼全国高等院校,相似的例子恐怕也不容易找出。

也太难为这位时年刚满五十七岁的教授。借用马列主义的名词尚未娴熟,以至闹出了"我的唯心论是特殊的,可以为社会主义服务"这样的笑话。但这个笑话,只是折射出现实的荒唐。事实上刘节所谓的"特殊的唯心论",其实是他所推崇的孔子思想中"天人合一"的理想境界。刘节认为这种境界是超阶级性的,是人类社会发展的一种不懈追求,其实质是一种理想的"人性"。

考察刘节的一生,他那"特殊唯心论"的史识成为他的世界观丝毫也不奇怪,而他在政治的强大压力下丝毫不改变原有的主张则在当时中国实属罕见:六十年代,刘节依然旗帜鲜明地发表《中国思想史上的"天人合一"问题》等引起轰动、也引起愤怒的论文,被认为"明确地提出了反对把马克思主义阶级斗争的理论运用于历史科学研究",从而遭到全国学术界的批判。

历史就是这样充满了矛盾。若从过程来看,刘节似乎是一个对马克思主义充满偏见的反马克思主义者,但读一读1963年刘节在北京中华书局一次会议上的发言,则可以触摸到这位学人真实的内心世界:

> 我是学孔子的,我从孔子得到了好处,我不能忘恩负义,马列主义好,但我用不上。孔子的学说我用得上。开会总要发言,发言就要讲真话。我写了篇《怎样研究历史才能为当前政治服务》,结果就开大会批判我,在大会上我没有

认错。很多人劝我退休,我相信党,所以我不怕。[1]

数十年过后,在这份讲话的字里行间,今人依然能感触到这位一生提倡"人性"的教授那颗充盈着"真善"的心灵。至少在刘节看来,热爱党相信党,与"用不上"马列主义并不矛盾。很多对共产党其实并无恶感的"资产阶级学者",在相当一段时间内也认为并不矛盾。悲剧也许正在于此。

批判在继续,并不断升温,但人们已对这位倔强的教授无可奈何了。身为历史系的人们似乎忽略了这么一个历史背景,三十年前刘节受业于清华国学研究院数位名师门下,陈寅恪是其导师之一。如果说刘节在学业上更多地得益于梁启超与王国维,在精神上与士人的气节上他主要得益于陈寅恪。陈寅恪应国学研究院学生刘节等人的请求在1929年为王国维纪念碑撰写碑文时,写下了"先生之著述或有时而不章;先生之学说或有时而可商。惟此独立之精神,自由之思想,历千万祀,与天壤而同久,共三光而永光"等句,每一个师从王国维与陈寅恪的学生,想来会倒背如流,永记终身。

这,也可视作刘节没有低下头颅的一个注脚吧!

还有一点值得点出:刘节,是近代温州知名的"傲骨学者"刘景晨的儿子。

4

在专制时代,有人因一句话而获终身监禁,也有人因直言、净谏而名垂青史。历朝的实录,这样的例子比比皆是。不免令人感慨有"时"而无"运",同属残缺的人生。"时运",实质是两个不相同的历史层面。

---

[1] 引自《刘节生平档案》。

1958年中山大学校报登载的批判刘节和梁方仲的报道

刘节没有被打成反革命分子或右派分子，实在是一个少有的例子。1958年这一场政治运动旨在从"全民性"的范围内彻底批臭资产阶级思想，净化政治空气，对个体生命的打击倒在其次，这就是刘节在这一年免坠"深渊"的"时也"。刘节没有在1957年的人生舞台成为主角，时间推迟了半年，这是一种不能预知的偶然，于刘节而言，便是一种"运也"。

所谓命运，大概便是如此。

后来，人们才知道刘节只是这个"政治宏图工程"中被调动的一只棋子。棋子被调动，或挑起烽烟的作用，或作引蛇出洞的牺牲，棋子的命运不重要，重要的是能最后直捣"黄龙"。

又一只棋子被推到了前台。刘节是唯心论者的典型，而他则是"只专不红"的典型。他就是历史系教授梁方仲。

五六十年代广东高校有两大典型，这两大典型都出在中山大学历史系。梁方仲与刘节有很多相似之处：同为清华毕业生，同为广东有成就的历史学家,同在批判的浪峰上饱受煎熬。只是到死他们也不一定明白,在1958年这场运动中他们只是一只棋子,他们最大的相似之处是,他们同是与陈寅恪关系最密切、情感最有共鸣的人。

生于1908年的梁方仲,1930年毕业于清华大学经济系,复考入研究生院,1933年毕业。1944年梁方仲赴美国考察,并于同年成为哈佛大学研究员,1948年担任中央研究院社会科学研究所所长。1949年初,梁方仲应陈序经之请南下受聘岭南大学,出任经济学系主任一职。梁方仲一生研究中国经济史,尤其以研究明代经济成名,其代表作有《一条鞭法》、《明代粮长制度》等。据说,四五十年代的吴晗,最相熟的朋友就是梁方仲,每每论史说文,甚敬佩梁氏的学识渊博。众所周知,曾深为胡适赞赏的吴晗,是知名的明史学者。

在1958年的4月,不到五十岁的梁方仲再次名扬广东学界,只是这次成了"只专不红"的典型。短短两个月间,这位著名的明史学者创下了数项中山大学历年政治运动的纪录:个人被贴大字报超过两千张;批判其"错误思想"的大小座谈会共开过二百五十多次;在一次全系停课三天专门召开的批判会上,共有六十多位师生先后作批判发言,占当时历史系全部人数的四分之一[1]。

只有亲身经历过那些历史风暴的人,才能深深理解"两千张大字报,二百多次批判座谈会"意味着什么!而这一切全都在数十天之间发生。

令人诧异的是,文质彬彬的梁方仲竟然不太费力地承受了这些。以生命的逻辑去判断,承受重压,要么屈从趋时以求存,要么刚直逆时遭摧折,而梁方仲以其生命轨迹展现了另一种(也许还有无数种)可能。

---

[1] 见1958年中山大学"整改运动"材料。

梁方仲

3月底,第一轮大字报批判梁方仲"只专不红"的三大表现:怕开会、怕听报告、怕参加政治活动。4月初,重炮开始齐发,"只专不红"的实质就是资产阶级的唯心主义,既害人又害己。5月,万炮齐轰"粉红论"。

梁方仲之所以在这一年被选作批判的典型,一大原因是他除了具有中国传统学人的特点外,还因为他有三年留学美国的经历,"学术人生"的味道甚浓。"学术价值永恒,政治只能解决一时的问题"这种观念,在他步入清华园时便刻下了深深的印痕。令人感兴趣的,还不是在层层大批判中梁方仲那软弱的申辩,诸如"老老实实做研究就是唯物主义"、"红专不一定对立,红专也不一定能两者兼得"等等,而是梁方仲最后真诚地接受了批判。这种接受,没有屈从与趋时。梁方仲不是浅陋者,他的真诚,是那个时代的感应。在成千上万与梁同时代的学人中,后人都可以发现这种真诚。尽管这种真诚最后被无情地嘲弄。

梁方仲的意义还在于,他的"史识"表现了一个真正学人的智慧。

在他被树为全校"粉红论"典型时,他曾解释"学术的价值比较有永久性,政治只能解决一时问题"这话的含义,举了一个很生动的例子:"联共(布)党史简明教材,出版至今不下读者千千万万,但出版不到二十年,便要重新改版。《资本论》第一卷读者不及前者多,但出版九十年,虽然也有数次修订,但基本原则却颠扑不破。"[1] 数十年前有此不凡的见识,今人读之亦当拍案叫绝。

对于本书的主人公陈寅恪来说,梁方仲最值得称道的一笔,是他从运动开始一直坚持"陈寅恪不能批判"。他是在那个狂热的年代依然能识辨陈寅恪学术价值的少数人之一。他与刘节成为公开替陈寅恪鸣冤的两个教授,而此时他们正自身难保。这位被指责为经常借陈寅恪的学术以"自夸,自重,自吹"的学人,到了运动的后期,已变成投石问路的工具,"批陈需先批倒梁"。到此,本书的叙述已走向历史的核心。

---

[1] 引自《梁方仲生平档案》。

第十章　哭泣的1958年

1

要很清晰、有条理地叙述这段历史似乎很困难。这是一段令人喘不过气来的岁月。

从"反右"运动到整改运动、"双反"运动、"红专"大辩论、"厚今薄古"运动、"双改"运动等等，每月都涌动着似乎永不疲倦的狂潮。这还是可以排列的一波连一波的浪头。至于诸如"引火烧身"，公开交心，抱出大西瓜，给老师送礼，插红旗拔白旗，搞臭个人主义，粉红论，大专小红论，红透专深，掀翻象牙之塔等等小运动，斗争手段更是层出不穷，使后人也费猜解。比如"粉红论"，若不明白"红透专深"的背景，便无法猜知原来是指那种"只要业务精深，政治上红一点就可以"的观点。又比如"给老师送礼"，字面很温馨，实质是指对老师的资产阶级思想作批判，提意见，贴大字报。

不过，当我们用批判资产阶级唯心主义，大树无产阶级唯物主义这条主线提领起来，纷繁的历史现象便顿时明晰。当我们能借用抽丝剥茧一词来形容这种走马灯般的场景时，历史的中心内容便展现在眼前。

在1958年的夏季，陈寅恪被推上了政治斗争的前沿。用一句当年内部使用的语言来形容,"'直捣黄龙'的战役打响了"[1]。

1958年3月10日,时任中央宣传部副部长、中央政治局委员的陈伯达,应郭沫若之邀,在国务院科学规划委员会第五次会议上作了《厚今薄古,边干边学》的报告。历史已证明,这报告并非陈伯达的即兴之作。三个月后郭沫若在一篇重要文章中证明了这一点。数十年后历史再次证明了陈伯达的报告对以后中国文化教育事业严重摧残所作出的"重大贡献"。

陈寅恪的命运与此报告息息相关,所有经历新旧两个时代的学人也与此报告息息相关,不妨将此报告全文照录:

厚今薄古,边干边学

中国现在充满了革命的气氛,全国都在大跃进。哲学社会科学界要不要跃进?怎样跃进?

(一)厚今薄古

现在哲学社会科学界最主要的缺点是言必称三代(夏、商、周),脱离革命的烦琐主义。有一批资产阶级知识分子想逃避社会主义现实生活,企图躲到"三代"的象牙塔中去,只喜欢讨论几千年前至少是一百年前的事,对几千年前的事津津有味,对现实问题不感兴趣。哲学、经济、历史等等都如此,这是资产阶级遗留下来的风气。

要同言必称"三代"的烦琐主义作风作斗争,不同它作斗争就会阻碍马克思主义的发展,就会阻碍我们的前进。总而言之,我们要厚今薄古。

(二)边干边学

中国资产阶级知识分子几十年来究竟有多大的贡献呢?

---

[1] 此语屡见于1958年中山大学历史系的汇报材料上。材料为中山大学档案馆藏。

他们积累了些资料，熟悉了些材料，据说就很有学问了，有多大的问题，有多大的贡献。积累资料如果接受马克思主义、无产阶级领导，那么他们的材料是有用的，否则有什么用呢？我们的老干部、小干部不要悲观，右派分子向我们挑战，我们就边干边学。右派分子说今不如昔，说过去的文章怎样好，出了多少论文集等等，讥笑我们的人实际上是没有什么学问的，你们说章伯钧、章乃器之流有什么学问，世界上的笑话多得很。

哲学社会科学可以跃进，应该跃进。而跃进的方法，就是"厚今薄古，边干边学"。[1]

第二天，《人民日报》以消息的形式摘引了报告的主要观点[2]。陈伯达对资产阶级知识分子嬉笑怒骂的内容自然没有披露。

陈伯达的报告传达的是最新的政治动向。统治中国学术界达二十年的"厚今薄古"的政治框框，第一次由陈伯达的报告建筑并作了理论上的初步阐述。

世界上的笑话的确多得很。

在极"左"年代被称为共产党一大秀才的陈伯达，在该报告中除了体现其一向极"左"的思想外，还体现了他对中国历史与文化学术的无知。前者，陈伯达已将"资产阶级知识分子"与"右派分子"混为一谈，这当然不是陈伯达表述不清楚；后者，陈伯达对"积累资料"的不屑，对"资产阶级知识分子"在文化继承上所作贡献的蔑视，都为随后声势浩大的"厚今薄古"运动定下了调子。

这是一篇给中国文化带来无法估量负面影响的报告。它岂止诱发了一场荒谬的运动，它还使新一代的知识分子在接受教育之初便

---

[1] 广东省档案馆馆藏档案。
[2] 见1958年3月11日《人民日报》。

对传统文化采取一种鄙视的心态。它所带来的直接影响是中国传统文化的研究，在当代许多领域已经面临断层之虞。

陈伯达的报告一传达，立即在全国学界有反响，"厚今薄古"一词开始流行。不过陈伯达并非毛泽东，"一言"未能"九鼎"。二十多天后，《人民日报》有目的地登发了一条关于复旦大学对"厚今薄古"辩论的专稿。该文提到，反对这一口号的人认为，中国历史悠久，文化遗产丰富，提出"厚今薄古"将导致文化遗产后继无人；而且现在的学生掌握古籍的不多，古文化知识不是太多而是太少；况且古今不存在着对抗的矛盾，"今"由"古"发展而来，如果薄古，就是忘本。[1]

历经漫长岁月的洗礼，这些见解在今天依然闪耀着真理的光芒。但在当时，这类见解很快遭到批判，不久销声匿迹。

4月28日，近代史权威范文澜在《人民日报》发表了一篇长达五千字的题为《历史研究必须厚今薄古》的文章。该文在当时进行得热火朝天的大辩论中具有明确方向、为运动定性的指导意义。文中的主要观点是：厚今薄古是中国史学的传统；厚古薄今是资产阶级的学风；厚今薄古与厚古薄今是两条路线的斗争[2]。范文澜的文章为"厚今薄古"运动提供了更具体的理论依据，这里不妨引用一节：

> 马克思主义史学工作者还必须分出一部分力量去占领古史的阵地。古史是资产阶级学者进行顽抗的据点，他们在古史上占了些点或片段，就在这些小角落里称王称霸，目空一切。其实，他们所占据的地盘，不过是若干个夜郎国而已。马克思主义史学工作者应该写出几部质量比较好的通史来，

---

[1] 1958年4月3日《人民日报》。
[2] 此三点分别是范文的小节标题。

从现代开始通到古代，从经济基础通到全部上层建筑，这样整个历史阵地，基本上都占领下来了。同时逐个占领夜郎国，使那些国王们失去依据，不得不接受改造。郭老曾用不多的功夫，研究甲骨文、金文，把这个阵地占领过来，不然的话，资产阶级搞这一部分的学者，不知道要表现多大的骄气。这个经验是值得学习的。我们只要花点功夫，任何一个学术部门都可以压倒他们。[1]

该文连同范文澜另一篇《破除迷信》[2]，郭沫若《关于厚今薄古问题》，以及3月11日《人民日报》关于陈伯达谈"厚今薄古，边干边学"的报道，成为全国学界必须阅读的指导文章。

6月11日，《人民日报》刊发郭沫若《关于厚今薄古问题》的通信，为这场运动提供了新的信息，也提供了新的动力。郭沫若开门见山地说，"厚今薄古"这四个字"并不是伯达个人意见"，"毛主席早就提出过要我们重视近百年史的研究。今年2月，在一次最高国务会议上，主席提出了一位朋友（指张奚若——引者注）批评共产党的十六个字'好大喜功，急功近利，轻视过去，迷信将来'，加以指正，说共产党正是这样，正是好社会主义之大，急社会主义之功，正是'轻视过去，迷信将来'。这'轻视过去，迷信将来'就是所谓'厚今薄古'"。

郭沫若道出的是这样的形势：其时毛泽东发起的"大跃进"运动已进入高潮，面对社会上一股不理解的阻力，从历史的角度张扬"厚今薄古"，批倒"厚古薄今"，实在是毛泽东时刻为现实服务的政治家"史识"。

郭沫若这封信最后一段文字似是一块碑，刻下了历史冲突的

---

[1] 见1958年4月28日《人民日报》。
[2] 载1958年第2期《红旗》杂志。

深深印记。所谓历史这条默然流动的长河,关键处总有闪光点,大概指的正是这种永远值得后人凭吊、触摸,追踪河流故道的碑石。引录这段文字,对以后的叙述很有好处。郭沫若写道:

> 资产阶级的史学家只偏重史料,我们对这样的人不求全责备,只要他有一技之长,我们可以采用他的长处,但不希望他自满,更不能把他作为不可企及的高峰。在实际上我们需要超过他。就如我们今天在钢铁生产等方面十五年内要超过英国一样,在史学研究方面,我们在不太长的时间内,就在资料占有上也要超过陈寅恪。这话我就当对陈寅恪的面也可以说。"当仁不让于师。"陈寅恪办得到的,我们掌握了马列主义的人为什么还办不到?我才不相信。一切权威,我们都必须努力超过他![1]

郭沫若还算客气,"当仁不让于师",至少还承认陈寅恪是"师"。

若以学人的智慧而言,也算饱学之士的郭沫若则热昏了头,为历史留下了诸如"在不太长的时间内,就在资料占有上也要超过陈寅恪"这样的笑话。以后一连串出现的"喜剧",便与郭沫若这句话有直接的关联。

若以冲突而言,本来远离漩涡中心的陈寅恪,突然被置于九百六十万平方公里范围内万众触目的焦点。焦点内热化的程度不亚于一座火焰山。

从陈伯达3月10日的报告,范文澜4月份的文章,到郭沫若6月份公开点出陈寅恪的名字,后人可以领略到一种设计与布局的从容。

---

[1] 收入黄淳浩编《郭沫若书信集》,下册,中国社会科学出版社1992年版。

2

"厚今薄古"口号一提出,数十万社会科学领域的知识分子遭受更猛烈的冲击,被骤然定位于风口浪尖的陈寅恪首当其冲。高校文科大学生以新一轮的狂热,再次尝到了"无法无天"大闹学堂的滋味。在中山大学校园发生的事情,不过是全国的一个缩影。只是因了一个陈寅恪,这些场景也具有了更深沉的意味。

早在郭沫若写下"陈寅恪办得到的,我们掌握了马列主义的人为什么还办不到"等语句之前,陈寅恪就已经身陷于一场注定要被"直捣黄龙"的战役之中。

4月7日,中山大学共贴出大字报二十万张。当时中大校刊等直录为"以雷霆万钧之势,冲击各个阴暗而污秽的心灵角落"。在这些大字报的洪峰中,历史系全国知名的四大教授刘节、梁方仲、岑仲勉、陈寅恪,前三人被辟出"大字报专栏",每人各被贴大字报数百张。梁方仲则超过千张。

4月13日,《人民日报》发表社论《搞臭资产阶级的个人主义》。文内有"双反运动以来,资产阶级个人主义思想受到了大字报烈火的燃烧,这是给资产阶级个人主义思想来了一顿'杀威棒'"等语。从此,"火烧"与"杀威棒"等已染上杀气的斗争名词大行其道,并被不断"创新"。

5月21日上午,历史系全体同学排着队伍,敲锣打鼓前往系办公室向众老师送礼——送去大字报。

在这段日子里,领导运动的人们一直被一个难题深深困扰着:如何"火烧"陈寅恪。陈寅恪的大名太炫目了。即使到了1958年的初夏,几乎无一教师不被贴大字报,但这个"堡垒"依然未受到太大的冲击。在1958年8月历史系写给中山大学党委会的一份汇报总结上,便有如下的句子:

> 问题在于对陈寅恪的迷信,很多师生认为他是顶峰而加以崇拜,作为自己的努力方向……另外还有一种思想,只要有真本事就行。环绕陈寅恪有各种荒诞传说:如说斯大林与英女王都拍电报问候他的健康,再如说他能背诵全本资治通鉴之类。影响所及,连高中未毕业的学生也乐于打听陈究竟懂的是哪几种外语,以能够跟他上课为荣。[1]

这是一份很珍贵的历史实录。在那个政治术语满天飞的年代,这份向校方汇报的总结,用词尚算留有三分客气,具有一定的可信性。它至少告诉我们,即使在"红专"大辩论如火如荼的四五月间,陈寅恪史学权威的地位还未动摇。领导运动的人们对此这样分析道:"陈寅恪成为系内外白专方向的代表,一面大白旗。系党总支认为必须着重扫除陈寅恪的影响,这一步不能做到则系师生自觉思想革命不能完成。"[2]

评述精辟之至。不批倒陈寅恪,资产阶级的旗帜便不算被推倒。箭在弦上,势所必然。

6月,攻破这个"堡垒"的机会终于来临。"厚今薄古"的强风终于越过千山万岭抵达南疆。也许它比起上海、北京等地的旋风略慢了半拍,但威力无疑更炽烈。陈寅恪被点名,"破除迷信"、"粉碎资产阶级伪科学"等新口号的出现,给运动带来了新的突破。时尚终于在这个已呈"苦热"的南国6月里,找到了足以摧毁陈寅恪学术"独立王国"根基的致命一击。当陈寅恪的学术被冠以"伪科学",对他的迷信应当破除时,人们便可以将这位史学大师的业绩肆意踩在脚下践踏与凌辱。

很荒唐的一幕终于出现。这是敏于斗争的人们期待已久的一

---

[1] 原件藏中山大学有关部门。
[2] 同上。

幕。也是数月后冯乃超等人亲自上门向陈寅恪道歉,气愤地称为"无知批有知"的一幕。

"六月飞雪",骤然降临的第一轮大字报点燃了第一把批判陈寅恪的烈火,来势之凶猛,用词色彩之浓烈,隐约可辨咬牙切齿之声。这是自1957年夏季"反右"以来调子最高的一轮大字报狂潮。最能代表这场批判实质的两句话流行一时。这两句话是"拳打老顽固,脚踢假权威";"烈火烧朽骨,神医割毒瘤"。[1] "拳打脚踢"尚不能泄恨,还要"烧朽骨""割毒瘤",直欲置其死地而后快。继刘节、梁方仲等人之后,陈寅恪成为最触目的"大字报专栏"的栏主。只不过前两人的被批判,令人感到有点像成竹在胸的猫儿在耍弄可怜的老鼠;而后者的遭遇,则似是一场蓄谋已久的围剿与袭击。

围剿不需要真理,只需要更加猛烈的火力与声势。尽管学校的主要负责人发现"批陈"的大字报已经"走调",赶紧提醒历史系对此问题要慎重,但闹剧已不可挽回。在声势最炽的那几天,唐筼数次在大字报专栏前逐张大字报细看,并一一作了抄录。有好几次唐筼回到家中向陈寅恪哭诉着不忍卒睹的批判场面。[2]

这是一出很荒诞的闹剧,它在文化史上展现的只是丑陋。三个月后中山大学不得不为此而安抚陈寅恪,冯乃超称此为"无知批有知"。但这一切抹不掉这一闹剧在文化史上所刻下的耻辱。

陈寅恪愤怒了。唐筼代表陈寅恪前往历史系表达了无比的激愤。这种表达是第一次,也是最后一次。哀莫大于心死。这个夏天,将陈寅恪心中尚残存的生命与现实相理解的一缕希望击得粉碎!——如果陈寅恪曾经有过这种希望的话。若然生命不是愤怒到极点,以陈寅恪和唐筼的为人处世风格,绝不会出示如下的句子表达"辱不能忍"的心情。因为出示的本身是将"生命之辱"

---

[1] 三年后,在落实知识分子政策声中,这两句话作为"陈寅恪受到粗暴对待"的典型材料被载入历史档案。
[2] 据中山大学一位老教师的回忆,谨尊其意,隐其名。

再次揭得鲜血淋漓。唐筼向历史系出示的是一些从大字报中抄录的句子。尽管历史很多时候对"闹剧"也束手无策，它来得快，消失得也快，比如，于今已无法重现给陈寅恪带来"生命之辱"的那些大字报的全貌，但"闹剧"还是留下了一些零星的痕迹供人去想象去再现曾经出现过的场面。今天所能找到的是唐筼出示的这么一段大字报的语句："这样的作法（指陈寅恪的资产阶级史学方法——引者注），和在一个僵尸身上穿上华丽的衣服……结果仍不改变其为死人一样。"[1] 语句被摘录得断断续续，但意思是清晰的。唐筼认为这是对陈寅恪的人身攻击，在数十年后的今天看来，今人仍然觉得这是对陈寅恪的人身攻击。

时年六十八岁的陈寅恪，年老多病，双目失明，深居简出，这些特点都令"僵尸"、"花岗岩脑袋"等等政治术语更加形象化。

文字可以杀人，信哉斯言！[2]

若用考据的方法细究，使陈寅恪受辱的这个"大字报句式"似有出处。当年郭沫若评价"王国维一生的学业结晶"时曾写下这样一段很出名的语句，郭氏云："（王国维）那遗书的外观虽然穿的是一件旧式的花衣补褂，然而所包含的却多是近代的科学内容。"[3] 当

---

[1] 见1958年中山大学"厚今薄古"运动材料，中山大学档案馆藏。
[2] "六月风暴"首开令陈寅恪衔恨不已的人身攻击。在1958、59年之际，"老顽固"、"老包袱"、"老不死"等影射陈寅恪的侮辱性语言，肆无忌惮地流行于批判场上。其中最为羞辱的一个字眼是"老"字，其含义等同《论语》所云"老而不死是为贼"之"老"。极具讽刺的是，晚年陈氏均被时贤尊称为"寅老"。无人能知陈寅恪因此而感受到多大的刻骨之痛，但茫茫天意仍留下了不灭的痕迹。在《柳如是别传》第四章的后部分，陈寅恪正兴致勃勃地论述"自负修史之才"的钱谦益其"半塘雪诗"的典故，竟忽于"虞山受老"（即钱谦益，字受之）四字下突兀地平添一注释："此归恒轩玄恭上其师之尊号，今从之，盖所以见即在当日，老而不死之老，已不胜其多矣。""虞山受老"是明末奇士归庄（玄恭）对老师钱谦益的尊称，此三十余字的注释十分突然，与在前的行文气氛格格不入。显而易见，"虞山受老"之"老"字，骤然刺激了陈氏，马上反及自身（"寅老"）——原本愉快地活在历史中，瞬间又被扯回痛苦的现实，古今刹那相通，由此喷发出"老而不死之老"的激愤。这一情节成为陈寅恪1958、59年间受尽精神凌辱的一个"心灵证据"。
[3] 均见《中国古代社会研究·自序》。

年已有"清算中国的社会"[1]大志的郭沫若,对被清算者如王国维的评价尚不失理性,1958年的极"左"批判者,对被清算者如陈寅恪的批判,则只剩下极尽刻薄与诅咒一法了。

这也是一段很耐人寻味的细节。陈寅恪没有为他的"伪科学"作什么辩解,却为他的人格表达了他的"生命愤怒"。当后人凝视着这沉重的一幕时,脑海中不免长久地回旋着"士可杀不可辱"的千古咏叹。只是在疯狂的政治已扭曲了一切的年代,陈寅恪夫妇欲讨回人性的尊严,只能为人性再添一阕悲歌!

3

"陈寅恪受辱"的消息很快反映到学校当局,学校再一次提醒历史系在"批陈"问题上要慎重,并指示在"批陈"之前,必须要先研究陈寅恪的著作[2]。这一内幕透露了很多的历史信息。其一,"批陈"是一种必然,即使比历史系站得更高的学校当局,所希望看到的也不过是一种"能以理服人"的局面;其二,"闹剧"马上被制止;其三,这一场"六月风暴"在当年已被否定。一年后,主持这场风暴的数位历史系负责人,为此付出了小小的代价,被迫在秋季开始的党内整风运动中作了几场深刻的检查。但亦仅此而已。

"六月风暴"的影响是巨大的。历史系在该年8月份的一份总结上,谈到这场大字报狂潮时不得不这样写道,"另一方面陈寅恪的社会影响大,眼盲仍多年坚持教学与研究,这引起一些人的同情,故必须讲究批判的方式方法"[3]。

后人当为这一段话而哭泣!它是时代对这位孤苦无助的文化老人的一种令人心酸的"施舍"与"开恩"。

---

[1] 见《中国古代社会研究·自序》。
[2] 见1958年中山大学"厚今薄古"运动材料。
[3] 同上。

即便受到一再提醒,历史系对陈寅恪的分析依然未变:"对陈寅恪的历史学必须批判,这是两条道路的斗争,不能放松……但鉴于陈寅恪解放后没有公开发表过反党言论,还有他在国内外资产阶级史学界的地位,决定不以他为直接批判对象,而通过批判他的徒子徒孙来达到扫除影响的目的。"[1]7月,历史系专门成立了研究陈寅恪史学思想与方法的小组,为在学术上批倒陈寅恪寻找最佳的突破口,将"先定性后找证据"的粗暴政治斗争手段引入到学术批判中。更大的风暴在秘密地酝酿。

7月7日,刘节在批判"厚古薄今"的会议上再作惊人的发言,他认为"科学是求真,无所谓厚今薄古"。"历史学的精义也是求真,人类历史之'真',并无古今截然对立之分,同为人类社会共同的宝贵财富。"[2]

一位多么可敬的历史学家,毕生信服的是真理。"岁寒然后知松柏之后凋。"信是此之谓也!

刘节成为自己撞上枪口的猎物。两天后,历史系举行了声势浩大、旨在"敲山震虎"的批判大会,集中批判陈寅恪的"徒子徒孙"刘节所散布的"科学是求真,无所谓厚今薄古"的资产阶级言论。当代中国在走了一大段弯路之后终于才承认"科学是求真"这一简朴的命题,为此所付出的代价却是浪费了二三十年的时间。而在距今三四十年前,一个普通的中国历史学家,却为维护这一浅白的真理正经受着一场残酷的精神折磨。

7月9日这一天,刘节显然被暗示只要他批判陈寅恪,将会很快过关。但相劝者轻视了"真理、师谊、人格"等等因素对一个传统优秀学人的影响力,或许他们从来就不曾知道这些东西比生命犹重的分量。刘节在批判会上作了一次不啻是一个炸雷的辩驳,他认

---

[1] 见1958年中山大学"厚今薄古"运动材料。
[2] 参阅1958年7月份《中山大学》(校刊)及"厚今薄古"运动材料。

为"批判（陈寅恪）有如大兴文字狱。清朝乾嘉时代的学者不敢讲现代，只搞考据，因为当时大兴文字狱，讲现代者要砍头，比现在还厉害……"[1]

刘节的反驳，使批判会变成声讨会。与会者愤怒地认为，刘节已站在敌对的立场上，完全与人民为敌……

已无需详细描述这场批判会的结局。

甚至在历史回眸的这一刻，也不太敢将目光过多地停留在这位明显具有"殉道"精神的教授那过分孤零的身影；历史无法不洒落为良知而殇的悲泪。敢于在批判台上将1958年的政治运动比喻为清代的文字狱，未知刘节可否称为神州学界第一人？至于公开为陈寅恪鸣不平，刘节是当之无愧的第一人！

据说，这位已负盛名，并已过知天命之年的教授，逢年过节到陈宅看望老师，不仅执弟子礼甚恭，而且正式行传统的叩头大礼，一丝不苟，旁若无人。

7月中，历史系再次召开批判资产阶级历史学的大会。会上对资产阶级的繁琐考证，"自发唯物主义论"、"历史多因素论"等观点作了数天的大批判。人人都明白，这是一场虽不点名，但实质是批判陈寅恪的批判会。

第二轮大字报高峰再度来临。对陈氏著作做过"研究"的青年教师及学生，对陈寅恪的史学思想及史学方法再作重炮轰击。这次没有点陈寅恪的名，但其意在"批陈"，已是司马昭之心。

在这些大字报中，中国历代学人经过无数实践与探索才总结出来的一些最基本的治史方法被扣上资产阶级繁琐考证等"罪名"而被无情地嘲笑与唾弃。对一套《资治通鉴》滚瓜烂熟，甚至部分段落能背诵的陈寅恪，被说成是"为史料而史料，为考据而考据，根

---

[1] 参阅1958年7月份《中山大学》（校刊）及"厚今薄古"运动材料。

本不指导学生对历史作阶级斗争的分析";甚至"是用考据代替马克思主义的辩证法,宣扬史料的广博和考证的精深是历史科学的最高境界"。

陈寅恪被描绘成非常可笑的"假权威"与"伪科学"。

据批判文章指称,陈寅恪在讲授"元白诗证史"一课时,从唐开元年间一直扯到清康熙的行宫制度,藉以证明"连昌宫词"所讲述故事的那个晚上,杨贵妃不是给玄宗伴宿,而是和寿王同寝一处。又说陈寅恪反复考证唐朝人是如何喜欢硕大的荷花,喜欢"芙蓉如面"的丰腴,证明杨贵妃是如何得宠于唐玄宗[1]。

很怪,在批臭"繁琐考证"的"厚今薄古"运动中,神州各地的学界都喜欢举资产阶级的学者如何不厌其烦地考证杨贵妃的种种故事作例子而加以批判。一时"杨贵妃"一词的使用频率,尤胜于当年一些流行一时的术语。这大概是取资产阶级学者热衷于宫闱秽史、情调低下作影衬之义吧。

还有文章称陈寅恪在讲授白居易《琵琶行》一诗时很无聊,其考证俨然一部"妓女春秋",因为陈寅恪在这首诗中考证出这个妓女有多少岁,在长安是属第几流妓女,甚至考证出白居易到底有没有上其船云云。

幸亏一份当年陈寅恪讲授"元白诗证史"的课堂笔记残页被保存至今,两相对比,后人得窥真相。以《琵琶行》为例,陈寅恪以"一、政治关系;二、经济关系"两方面论述这首诗所反映的唐代历史,议论甚为精辟。如陈寅恪着重指出该诗反映了唐朝的一种新的经济关系,安史之乱后,唐帝国得以维持,实赖东南财赋,盐税与茶税已成为政府收入的重要支柱。茶商是当时新兴商人,既非贵族,也非科举出身,彼等财力雄厚,然无礼教、门第及文化。故诗中茶商与琵琶女之结合,反映了这类新兴商人的某种社会地位,实

---

[1] 参阅 1958 年中山大学校刊及整改材料。

乃社会环境之使然……[1]

攻其一点,不及其余;欲加之罪,何患无词。这些手法在批判中大量运用,成为时尚。据说,1958年的许多批判者,都真诚地相信他们所要批臭的都是应该被扫进历史垃圾堆的"伪科学"。同是这一代人,在一年前甚至数月前却同样真诚地追求与崇拜着这些"伪科学"。

第二轮大字报与首轮相比,谩骂与攻击减少了,多了所谓的"学术味道"。但第一轮大字报折辱的是"生命之灵"——人格,第二轮大字报摧毁的则是一个教师的精神世界。在莘莘学子的笔下,陈寅恪成了一面应该被拔掉的大白旗,成为误人子弟的"伪科学"。六七月间"拔掉资产阶级白旗,树立无产阶级红旗"的运动,又使陈寅恪头上多了一顶"中山大学最大的一面白旗"的帽子。

7月下旬,陈寅恪上书中山大学校长[2],愤怒地表示:一、坚决不再开课;二、马上办理退休手续,搬出学校。这是一个软弱无助的知识分子所唯一能行使的了结自己命运的可怜权利。陈寅恪要退休且"搬出学校",内含一鲜为人知的"今典"。1955年冼玉清被迫退休,随后中山大学有关部门逼令冼玉清搬离学校,终身"以学校为家庭"的冼玉清经受着很大的精神刺激,此官司曾一直打到政协、统战部等单位,直到死,冼玉清依然带着此心病魂归九泉。

陈寅恪两点愤怒的抗议,震动了中山大学整个领导层。据后来历史系传出的话,说陈寅恪不再开课的原因,是陈寅恪自己说过,学生说其"误人子弟"一语伤透了他的心。此一说法,后来成为解释陈寅恪不再开课的原因,历史系被迫以此向学校解释,中山大学亦以此为理由层层向上解释。卓有声望、海内外皆注目的陈寅恪突然离开教坛,无人敢负起这个责任。"让陈寅恪重新开课",一直成

---

[1] 由高守真提供。
[2] 见1963年《陈寅恪材料》,广东省档案馆藏。

为1958年之后中山大学一个很头痛的问题。直到六十年代初，陶铸仍提起此事，中山大学压力之大可想而知。[1]

从1926年陈寅恪以导师身份进入清华学校国学研究院算起，到1958年7月为止，陈寅恪服务中国教育事业三十二年。当年，在"重新整理国故"的学界呼唤声中他开始为中国传统文化的挖掘与弘扬而献身，并以大半生的努力及贡献，刻下了传统文化在二十世纪的意义。许多曾听过陈寅恪授课的学人这样追忆，陈寅恪授课一如他做学问，几近"无一字无出处"，每一个观点都是他研治历史的独特的心得体会，大部分是他尚未公开发表的学术成果。不相欺，岂止是陈寅恪对莘莘学子的一种尊重，同时还是陈寅恪对为师者这一称号的无限赤诚。三十二年后，陈寅恪却黯然退出了讲坛。作为传统文化的一面旗帜，陈寅恪这一悲凉的退出，预示着传统文化的大难临头，已经为期不远了。

荒唐的是，历史系一直坚持说"我们是排他（陈寅恪）的课的"[2]。言下之意不言而喻。可哀的是，千方百计想令陈寅恪重新开课的人，其目的只是为了减轻压力。而陈寅恪拒绝开课，恐怕是他已感觉到他的学术与他的生命一样，已到了"只欠一死"的地步了。

若按陈寅恪晚年授课惯例，1955至1956学年他开设了"元白诗证史"一课，1957学年休息一年，则1958至1959学年应该是他又开设新课的学年。但他的教学生涯终于在这年永远停了下来。十一年前，陈寅恪重返清华校园，第三天便向历史系的雷海宗主任提出开"隋唐史"一课，向中文系提出开"元白诗证史"一课。清华大学体恤陈寅恪的身体，建议其先休息半年再说，陈寅恪一急，脱口而出，"我领国家的薪水，怎能不开课"[3]。当年的清华大学，

---

[1] 四年后（1962年11月），中大为陈寅恪填写了一张"高等学校中有真才实学的年老体弱不能担负教学工作的老师登记表"，上报教育部。据中山大学有关档案。
[2] 见1958年后历史系历年的有关汇报材料。
[3] 据王永兴回忆。

教授级的老师,一般每年要开两门课。"春蚕到死丝方尽",对于陈寅恪,丝犹未吐尽,心却已死了。

性格即命运。陈寅恪的命运也许不是哪些人便可造成的。但为了那份历史真实,历史还是记下了1958年陈寅恪三位"顶头上司"的名字:历史系主任杨荣国;副主任金应熙;历史系党总支书记王裕怀。

1

在1958年,又有一个人物登场了。这是一个不应被忽略的人物。在这一年,他带给陈寅恪的是一道永难痊愈的心灵伤痕;而他留给后世的,则是一种百感交织、甚难评说的人生。他在这个时候出现,并非是结构与叙述的布局需要,而是一种命运的安排。

他叫金应熙,一个公认才华横溢的学人。据说,陈寅恪曾感叹过,他最好的学生还是共产党(员)的学生。未知金应熙在陈寅恪的心中是否属于"最好"的其中一员?

金应熙,1919年生。他生于一个官僚的家庭,其父金章曾是老同盟会会员,二十年代初任过广州市长,后追随汪精卫堕落为汪伪政权的汉奸。正是这一点,使后半生一直雄心勃勃的金应熙未能尽展其抱负。从十五岁开始,金应熙先后在香港英皇书院、香港大学文史学系就读,一直到二十二岁。[1] 这段经历,令金应熙打下了坚实的外语基础,治学才华也首次得到展现。他因考试时常获第一名,被称为香港大学的"四大天王"之一。香港大学的这段经历,给金应熙终生的影响。因为1935年,学者兼作家许地山受聘香港大学文史学系主任,金应熙入学后成为许地山的高足。许地山对金应熙的厚爱,在当年的香港大学已成为谈资。金应熙尚未毕业,许

---

[1] 见《金应熙生平档案》。

地山已预留一笔款子，言明是保送金出国留学的专款。许地山的治学精神也给金应熙很深的影响。二十年后在一份交心检查报告中，人们才惊奇地知道，金应熙原来一直存有"将来香港解放后，自己最好可以回香港大学中文学院承继许地山的事业，读完他的全部遗书，在宗教史上有所建树，以报答师恩"[1]等思想。其时距许地山弃世已十八年。

也正是这段经历，令金应熙与陈寅恪开始结下了某种缘分。1940年，陈寅恪应许地山之邀兼任香港大学中文学院客座教授，金应熙第一次得识陈寅恪。后来有一说法流传，说金应熙是陈寅恪在香港大学的弟子，概源自于此。1941年年底，太平洋战争爆发，学校停课，金应熙大学毕业，陈寅恪随后也辗转回到内地。

许、陈两人影响了金应熙的一生是无疑的。很多与金应熙同期的港大学生，以后或从商从政，皆春风得意。而这位公认的才子却终生从事清贫的学术研究。从读书与治史的趣味而言，金应熙与陈寅恪有不少相似之处。金应熙同样有惊人的记忆力，也懂三四门外语，博览群书，学识渊博。五十年代的中山大学历史系，名家荟萃，但作为中青年教师的杰出代表，金氏可称得上是佼佼者。五十年代初的岭南大学曾有这样的传说，要做陈寅恪的学生必须要熟习《全唐文》与《全唐诗》，因为陈寅恪指导学生时所引用的材料，一般不会特别标明出处，若不通晓《全唐诗》与《全唐文》，便无法回答陈寅恪的提问。1958年曾有人问金应熙懂得多少首唐诗，金回答"大概两万多首"。闻者无人怀疑回答的真实性。确实也无需怀疑。这位后来被人称之为"金师"的学人，直到死后数年，有一条人生评价是众口一词的，那就是文史知识通古博今。

金应熙大概没有料到八年后能重续与陈寅恪的缘。大学毕业后在澳门等地度过了几年撰文投稿生涯后，金应熙于1945年来到广

---

[1] 金应熙：《我的检查》，载1958年中山大学"整改运动"材料。

州，先后在岭南大学附中、大学历史政治学系任教。到陈寅恪南下栖身于康乐园时，金应熙已是系里的一名讲师。昔日的师生，一朝为同事，亦师亦友，命运在这一瞬间闪现出这样的契机：陈寅恪不幸离开给他的学术与文化意识极大熏陶的北国京华，但在他所陌生的岭南，却得遇有可能承传他衣钵的堪造之材。可惜，契机的火花仅是一闪而过。

金应熙当然懂得1949年前后是人生的重大转折点，但理解却与陈截然不同。1950年春，他应召离开岭南大学调到中共广州市委宣传部任干事。金应熙与陈寅恪的第二次缘分结束。人生似乎已昭示：有第一次，便有第二次；既有第二，第三次的出现便不奇怪了。

当时陈序经校长极珍惜金应熙的才华。金应熙上课深入浅出，历来受学生的欢迎。陈序经为留住这么一位难得的人才，再次使用他的法宝：明令通知将金应熙提升为副教授并加工薪。但提职加薪仍未能留住这位对新时代充满希望的理想主义者。在金应熙的履历表上，添上了将近三年的一段"干事生涯"。在成千上万的党政机关工作人员中，多了一位微不足道的小干部；而在学界，则失去了一位很有潜质的学人。

这三年经历的意义还在于：其一，开了金应熙后半生反反复复从校园到社会，从学术到政治不断疲于奔命的先例。其二，从此金应熙失去了学人应有的"宁静致远"的治学心境，无论是于人于己，留下了终生的遗憾。

1952年底，金应熙重返康乐园。但已"今非昔比"。重返校园的金应熙，保留了副教授一职，不久任历史系副主任、系党总支委、副书记等职。从此，"学人的金应熙"与"党员干部的金应熙"处在难以自拔的矛盾漩涡之中，苦苦地浮沉，留下了一段心灵痛苦扭曲的轨迹。

五十年代前中期的宽松，还能使金应熙保持与陈寅恪的来往。在党内，虽无正式行文，但金应熙受中山大学党委的委派跟随陈寅恪习史，则是人人皆知的"秘密"。此时"学人的金应熙"在感情倾向上完全接近陈寅恪。鲜为人知的是，第一个能发《论再生缘》之"覆"的，正是金应熙。在五十年代中期，金应熙已多次在人前表示与《论再生缘》极有共鸣，并能背诵文中陈寅恪的诗句。1959年党内整风，金应熙因此事而受到猛烈的批判，金被迫承认看了《论再生缘》而产生了"俗累终牵"的心态。批判者将此上纲上线为"将党的事业"比喻为"俗累"。令人发笑的是，人们希望金应熙能从积极方面去理解《论再生缘》而不是从"颓废与空虚"方面去理解。

不知金应熙是否与陈寅恪共同探讨过《论再生缘》一文。也许，金应熙的共鸣会给陈寅恪带来一些被理解的安慰？这是今天所知的在五十年代公开表达对《论再生缘》有情感共鸣的唯一一个大陆史界学人。

而作为"党员干部的金应熙"，则要复杂得多。他在每一次政治运动中，几乎没有多少犹豫就能紧跟上形势。六十年代金应熙在交心检查中便这样剖析自己，"我有很严重的跟风意识"[1]。这也可以看作是历史对金应熙的剖析。于是，在无需辨别风向的1958年，金应熙做了一回平生甚少做的潮流领头人。

那年初夏，正在北京开会的金应熙，风闻北京大学历史系准备批判陈寅恪的著作，而且是来自"最高层"的旨意，便马上赶回广州连夜组织对陈寅恪的批判。一旦迈出了这一步，以后的步伐则不可收拾了。

陈寅恪至死都不一定知道这一戏剧性的行动，悲剧是以另一种形式出现的。

因为金应熙组织文章很有才华，每次运动"刀笔吏"一职都非他莫属。在这个夏天，金应熙再一次扮演"刀笔吏"这一角色。为了这个角色，金应熙将付出多年内心有愧、形象受损的代价。

---

[1]《在"五反"运动中的自我检查》，见《金应熙生平档案》。

这一年金应熙三十九岁，陈寅恪是六十八岁。

5

1958年10月，广东的理论刊物《理论与实践》登出了金应熙撰写的一篇接近一万字的论文：《批判陈寅恪先生的唯心主义和形而上学的史学方法》[1]。

1958年前后公开在报刊杂志上批判陈寅恪的理论文章中，只有两篇文章最有分量，金应熙这一篇无疑是其中之一。

金应熙太熟悉他的老师了，所批、所论、所证，皆有根有据，正所谓批到了点子上。在他与陈寅恪关系已恶化的数年后，金应熙仍然认为他的"批陈"文章是中肯的，并引证为是自己居功（指骄傲自满）的根源[2]。可见金应熙一直很满意这篇论文。

今天已没有必要重述金文中的观点。有必要剖析的倒是这篇文章有着不少待挖掘的东西。金应熙在谈到陈寅恪对历史与现实的感情倾向时，有意识地引用了陈寅恪的一些身世背景。"陈先生生长于封建大地主的所谓'书香世家'，又为名父之子，是在中国封建文化的传统中培养起来的。他的祖父曾赞成新政，陈先生以'元祐党家'（见他的挽王国维诗）之子，弱冠远赴异国求学，接受了一套资产阶级的史学方法"。

熟悉陈寅恪的金应熙却不理解，他这种挖根源式的批判，玷污的正是一种相互信任的人格。当年有幸与陈寅恪为同事、今日仍健在的少数老人，都不约而同谈过这样的细节：如果到陈宅去拜访，碰上陈寅恪心情好，他会愿意闲聊清末民初的掌故以及他的家族。只有少数陈寅恪认为可倾谈的人才有机会聆听陈寅恪这种"寒夜话

---

[1] 见1958年第10期《理论与实践》。
[2] 见《金应熙生平档案》。

明昌"(《王观堂先生挽词》)式的倾谈。这是一种信赖,也是一种友朋间的私谊。金应熙无疑分享过这种"信赖"与这种"私谊"所带来的欢愉。但在1958年,金应熙明显践踏了这种信赖与私谊,将其化作批判的利刃,给了陈寅恪最沉重的一击。

在1958年的众多批判文章中,这是唯一一篇从人生背景揭批陈寅恪的文章。在二十世纪的九十年代,陈寅恪的学术精神开始引起中国学界的注意;对陈寅恪的研究,令后人将目光投向陈寅恪所倚靠着的更广阔的社会背景与历史背景。而在三十多年前,金应熙已经捕捉到了这个独特的历史角度。令中国学人脸红的是,这个角度第一次却被用来证明陈寅恪的思想与学说是一种反动。

金应熙的确践踏了陈寅恪的信赖与私谊。在论证陈寅恪的感情还停留在封建时代时,金应熙连续引用了陈寅恪数首诗。其中有《王观堂先生挽词》以及那首七绝《文章》诗。金应熙称后者为"讽刺马克思主义"的一首小诗。这也是陈寅恪在1949年后其所谓有政治问题、对现实不满的诗第一次被公诸众,第一次被公开批判。

数十年后,历史的重重深幕似乎隐约被掀开了一角。据说,陈氏这首《文章》当年曾被北国友人"上达天听",故召至1958年那场指名道姓的批判。金应熙敢于公开称其"讽刺马克思主义",也许真的内有隐情?

以后所发生的事情有好几种流传的说法,但实质是相同的:金应熙与陈寅恪的缘分从此结束。

据说:在康乐园大字报的狂潮中,唐筼发现有金应熙很特别的大字报,便将它抄录下来,回家哭着念给陈寅恪听。陈寅恪听完后勃然大怒,说"永远不让金应熙进家门"。

而另一个说法则为:金应熙的论文登出来后,唐筼找来刊物一字一句念给陈寅恪听,之后,情节与前说相同。

从考据的角度,第二种说法也许更有说服力。晚年陈寅恪受到了来自身边学生的最大一次伤害。对于一生最重品行、操守的陈寅恪来说，没有什么伤害比此事带来更痛切的心灵创伤。1945年，陈寅恪在一篇文章中曾极为沉郁地写道："忆洪宪称帝之日，余适旅居旧都，其时颂美袁氏功德者，极丑怪之奇观。深感廉耻道尽，至为痛心。"[1]1952年，陈寅恪作《吕步舒》一诗，内有句云"不识董文因痛诋，时贤应笑步舒痴"。吕步舒为千古留下笑柄的是，他本为董仲舒的弟子，竟"不识"他痛诋的"董文"实乃其师所为。陈寅恪讽刺吕步舒，乃有感于其时北国学人已抛弃"旧学"，追逐新潮，自觉批判本师所授之业，实比两千年前的吕步舒更进一步。[2]令陈寅恪倍感可哀的是，不仅这些都不幸而言中并为亲身所经受，而且陈寅恪那些极富才华、曾深为他赏识的门人弟子，都先后成为他眼中的"时贤"。金应熙无疑是这些"时贤"中给他刺激最深、也是最后一个与之"决裂"的弟子。

　　下面的叙述，都是曾经出现过的历史场面：运动风头过后，前岭南大学校长陈序经带着前岭南大学副教授金应熙，上门晋谒前岭南大学教授陈寅恪。金应熙是来负荆请罪。金应熙甚至用了传统的方式——跪在老师面前请求宽恕，请求还做陈的学生[3]。此细节符合金应熙质感脾性的一面。在五十年代，金多次检讨自身的"小资产

---

[1]《读吴其昌撰梁启超传书后》。

[2] 陈氏拈出"吕步舒之典故"，其化古为今之用，尚有以下文字：在《柳如是别传》中，谈及钱牧斋的弟子顾云美为老师作"东涧遗老钱公别传"时，顾氏有意不书钱牧斋与权臣马士英的勾当，陈氏论曰"至云美不著瑶草（即马士英）疏荐本末，岂欲为其师讳，而避免吕步舒之嫌疑耶？鄙意云美宅心忠厚，固极可嘉，殊不知牧斋此次之起废，由于瑶草之推荐，实为牧斋一生前后打成两橛之关键所在"（第835页）。陈寅恪固然可惜云美隐去了牧斋进退出处的关键史料，但另一方面陈氏却潜意识流露出对顾氏没有"步吕步舒后尘"的赞赏。历史上斥责师门的著名例子多有，"吕步舒之典"其实算冷僻，陈寅恪于此一再慨乎言之，当还有今天犹未能知悉的史事在。

[3] 此事当年已为中山大学一些人所知，陈寅恪的亲属亦证实此事。金应熙终究是传统学人，在1949以前士人的观念中，侍师如侍父，金应熙是以传统的方式，向陈寅恪表达了他对师长的传统依归。晚年的"金（应熙）师"（从学者语），曾坦然向一后学言及此事，其神情平静。

阶级情调",谓"喜欢一个人独走,散心时常常想一个人坐着火车游荡,走几个站又下来散散心"[1]。但特殊的岭南大学之情,[2] 金应熙伤心之剖白,已不能挽回陈寅恪已经决绝的意志。陈寅恪只淡淡地说,"你走吧,免我误人子弟!"

在今日了解陈寅恪生平的学人心目中,金应熙无疑属于形象不算太光彩的人。但人生其实要复杂得多。

熟悉金应熙的人都认为,金其实是一个"大好人",无架子,心地很好。"金师"这个称呼,是后学们发自内心的尊称。金弃世后,怀念他"师恩"的后学有许多。金的甘为人梯与无私授业,使他获得了身后的荣誉。今日谈论这些,乃可从中发见中国传统文化中一直有维系着薪火相传的一缕"师道"脉香。堪可叹息的是,人生有异,命运不同,传承之绪,不知是以何种方式呈现。金应熙的"师爱"亦渊源有自。1941年许地山在香港突然病逝,青年金应熙写了《悼许地山师》一文。青涩学子,尚未成才,却以真情实感,记录了一个为师者予员生的终身记忆:"(许)先生在港大担任的课程,每周总在20小时以上。只要是对同学们的进修有帮助的功课,他总不惜减少自己休息必要的时间。你开口要跟他读哪一门功课,他从不推辞。为了学生,他不惜牺牲自己。这些工作,不知耗去了他多少时间和精神。"(引文为摘录)金应熙的晚年,几乎是他笔下许地山的翻版。此外,至今在一些了解他的知识分子中还流传着好几则令人笑掉大牙的"书生迂腐"旧闻。比如金应熙嗜书欲痴,有一回他到图书馆古籍资料室查资料,看书看到如痴若醉,管理员以为他早就走了,下班把他反锁在里面

---

[1] 引自1959年《金应熙小传》(未刊材料)。
[2] 当年岭南大学在省港澳很出名的一个口号是"岭南一家亲"——(岭大的前身是岭南学校,故一直简称为"岭南"),每一个"岭南人"俱以这句口号为荣。它其实是岭南大学独有的校园文化的灵魂,内中的归属感与荣誉感在整个南粤高等教育界"独此一家"。

他也不知晓。又如他平生一大嗜好是下象棋，现代省港棋坛活跃，名手辈出，五十年代广州文化公园多有夜棋对局，金应熙有空总有兴致赶到河北区广州城内观棋。有次看比赛太晚，错过了公共汽车的末班车，足足十余里的回校路程金应熙只能步行。谁知校门早关，拍叫不应，金应熙碍于面子不好翻墙进校园，只好在校门边坐等天亮。清晨门卫开门一看，大吃一惊，"哎呀，金教授是你呀！"金应熙苦笑一下顾自而去。

诸如此类，都可以为我们勾勒出一个学人很特别的几个侧影。据说他有两大特点一直让人称道，一是他对人对事很多时候都有求必应，故有"好人"之称；二是他学识渊博，令人心服。但正是这么一个人，却留下了这样一段沉重的历史。

金应熙的遭遇，其实已超越了与陈寅恪的恩恩怨怨而具有某种历史象征。

在五十年代的中山大学，在中青年教师之中没有谁比金应熙能更深刻地理解陈寅恪史学的精髓。五十年代初曾有人要金将当时正走红的翦伯赞与陈寅恪相比较，金回答说他更崇拜陈寅恪。此事后来被人用作检举材料。金应熙重新归队康乐园后，被学校内部安排为跟随陈寅恪治学。中山大学的眼光还算准确，若"学人的金应熙"能专心追随陈寅恪，历史也许将是另外一种样子。但这是根本不会有的"如果"。身为党员干部的金应熙，要跟随"资产阶级史学权威"研习历史，这是政治开的一个大玩笑。它毁灭的是可贵的人与可贵的灵魂。

1958年初春，学校一些人安排金应熙批判陈寅恪。最初金应熙表示，"陈寅恪的学问很大，我根本追赶不上，批不了"。但在组织原则高于一切的压力下，随着形势的发展，金应熙后来终于"转过弯来"，很用心地组织了一系列的批判并写了批判文章。最具讽刺意味的是，即便如此，1959年党内整风时，因听从安排公开亮出旗号批判陈寅恪的金应熙，反而被认为内心有倾向于陈寅恪的灰暗思想而遭到指责，并要检讨才能过关[1]。

　　在风急浪高的政治运动中，金应熙"两边都不讨好"。1958年之后金应熙是否真的没有再踏进陈宅大门今已无从考证了，但从此他与陈寅恪很少往来倒是真的。1960年中山大学成立哲学系，历史系主任杨荣国调到哲学系任主任，金应熙实际上已主持历史系工作。而专门研治中国古代思想史的杨荣国，十二年后在"批林批孔"运动中一跃而成为中国学界最耀眼的政治"新星"，呼风唤雨了好几年，讵料以悲剧告终。1962年，金应熙正式升为历史系主任，一年后被借调到北京"中俄关系史研究组"，参与了当时"中苏论战"中"九评苏共中央公开信"的资料收集工作，直到"文革"爆发。

　　这位很有天赋、曾受业陈氏门下的学人，就这样度过了他人生的黄金岁月。研习过梵文的金应熙，本对隋唐史很有兴趣，但历次政治运动一起，历史系需开设一些"社会主义史"、"中国革命史"的新课程，金应熙便放下中古史的研究，临时抱佛脚地做些准备又在这些领域走马观花地转一圈。在他精力最充沛、才华渐显的那些岁月，他的才华被销蚀在"救火"、写各类只领风骚数日的文章中。"不能拿出像样的著作"，早在五六十年代已成为他一直耿耿于怀的心病[2]。1979年，他调到广东省社会科学院，又一次面对一些新课题，写出了一批新的论文。身后，当金应熙以"工运史"专家、香港研究学者、东南亚研究学者等头衔为历史盖棺论定时，大部分熟悉他的人留下了另一种叹息声：可惜了这么一位人才……

　　1991年，金应熙在香港去世。他死于突发的心脏病。

　　一个书生就这样走了，他弃世于一个风雨飘摇的年代[3]。世局

---

[1] 见1959年中山大学整风材料。
[2] 见金氏《"五反"运动中的自我检查》。据熟悉金应熙的人回忆，金品位不俗，不轻许他人，也因此对己要求也苛，未达心中理想，总不下笔。
[3] 其时东欧正发生剧变，苏联即将解体，国内曾有"一场风波"。八十年代后期已长居香港的金应熙，以一个敏于时政的知识分子眼光，比起内地学者，感受更复杂。

与人的悲剧，最后总是要可怜的生命去承受。据说金或是死于精神与肉身的幻灭与放弃。1989年下半年后，金应熙超负荷地工作，他实际主持着新华社香港分社有关香港史的撰写，他甚至有意"自我放逐"躯体——此前已经知道心脏有问题。"放逐"的理由能说服自己——他很爱香港，能尽快为将要回归的香港写出一部好的"香港史"，是他此时最大的精神寄托[1]。他透支了身体。他死后，他最亲近的人才慢慢体味出，他一生都是一个悲情的理想主义者：从初识人世之苦后，他即存与现时秩序决裂的信仰，并为之奋斗了大半生[2]。最后的深刻感触却是理想突然消失……

从严格意义上说，金应熙是陈寅恪晚年最有可能光扬陈氏史学事业的一个人。阴差阳错的是，前者走上了被一些情绪过激的人称为"背叛师门"的路。而体现了传统学人可贵品格的陈门老一辈弟子刘节与蒋天枢，偏偏其治学的领域却与恩师有异：刘节晚年醉心于中国史学史；蒋天枢作为中文系的教授，则专长于楚辞研究。北国的一批学人，更因山长水远，连"鸡犬之声相闻"的环境也无法求得了。天欲绝陈耶？

陈、金两人的缘分，注定陈寅恪的结局当如此，历史则留下了一个摇摆不定的知识分子，在人生风雨路上一行行弯弯曲曲的脚印。

6

今天，人们有理由作如是问：如果1958年陈寅恪不是栖身于中山大学，而是在其他地方，陈寅恪的命运又当怎样？

---

[1] 很巧，为香港写史，也是许地山的一大宏愿。
[2] 金出身于富裕之家，却很早就以"背叛"的形式与这个阶级决裂。

在这年夏季,中国史学界见报率最高的一个名字也许是"陈寅恪"。让人难以置信的是,在马列主义唯物史观广泛宣传了九个年头之后,"资产阶级史学家"陈寅恪在学界依然具有不可动摇的权威声誉。这是"厚今薄古"运动中各类专题报道传出的信息。

全国各地院校的批判内容几乎如出一辙:历史系的老师如何崇拜陈寅恪,如何迷信史料,甚至连那句很流行的话——"只要读通一部《资治通鉴》,即使像陈寅恪眼睛失明了也一样可以做学问",各地的"资产阶级知识分子"说得几乎一字不差。一首当年的"打油诗",对史学界言必称陈寅恪等权威的现象,作了很有代表性的讽刺。诗云:

> 厚古又薄今,理论看得轻。
> 马恩列斯毛,从来不问津。
> 报刊和杂志,当做史料存。
> 五六十年后,一笔大资本。
> 研究古代史,言必称"二陈"。
> 史观寅恪老,史法援庵公。
> 至于近代史,首推梁任公。
> 理论有啥用,史料学问深。[1]

遍视茫茫神州大地,几无陈寅恪可以逍遥安身的桃源胜地。与陈寅恪相识的或不相识的,读过陈氏著作或没有读过的,都将批判的锋芒指向这位"资产阶级学术权威"。

在北京,陈寅恪一直怀念的北京大学历史系,[2] 在1958年出了

---

[1] 摘自《历史科学中两条道路的斗争》(续辑),第4页,人民出版社1959年版。
[2] 陈寅恪居北平时的史界故旧友朋,院系调整后大部分都在北京大学历史系工作。

一个"三年级二班研究小组",在当年第12期《历史研究》上发表了一篇分量甚重的"批陈"文章——《关于隋唐史研究中的一个理论问题——评陈寅恪先生的"种族—文化论"观点》。该文在全国影响甚大。同是北京大学历史系,借"厚今薄古"拉开批判陈寅恪帷幕的,是5月15日郭沫若答复该系师生的一封信。该信后来安了一个标题在《人民日报》上发表,它就是《关于厚今薄古问题》一文。

所有这些,都可以看成是郭沫若给北大历史系的信所引发的。

从某种意义上说,这是被称为"中国马克思主义史学开山祖之一"的郭沫若,向"资产阶级史学代表人物"陈寅恪发出的挑战。自然,更是时代向所有"资产阶级知识分子"发出的挑战。略带偶然的是,时代选中了幸运的郭沫若与不幸的陈寅恪。

有一个郭沫若的老朋友,却没有完全同意在这场挑战逐步走向大批判运动中一些强加给陈寅恪的"资产阶级帽子"。

他就是杜国庠。

杜国庠在1958年秋季气愤地表示,"批陈"是谩骂加打棍子。私下里杜国庠再次表示,陈寅恪有朴素的唯物思想[1]。这话出自一个老共产党员之口,其接受马克思主义学说的历史,可以追溯至本世纪初,比很多人早得多。

杜国庠,广东澄海人,1889年生。1907年东渡日本,开始长达十二年东洋求学,寻求救国之道的留学生涯。在这十二年中,杜国庠受日本社会主义者河上肇的影响,开始接受了马克思主义学说。

1919年,身为北京大学讲师的杜国庠,已经在京华数间高校开设"马克思主义政治经济学说"等课程。这是一位真诚信仰马克思主义的知识分子,尽管到1928年他才有机会正式加入中国共产

---

[1] 参阅《杜国庠学术思想研究》,第166页,广东人民出版社1989年版。另据李稚甫回忆。

党,但从1919年他自日本归国算起,他大部分时间都在从事马克思主义的宣传及危险的革命工作,一直被人误认为是一个共产党员。入党后的杜国庠,先后以文化人的身份在上海、重庆等地为党工作,与郭沫若、田汉、侯外庐等人结下了很深的友谊。

这也是一个本质是学人的革命者。在数十年的革命生涯中,杜国庠竟能治学与从事革命两不误,他对先秦诸子思想的研究,被认为在这一领域作出了"卓越与不凡的贡献"[1]。对于将要叙述的历史来说,杜国庠最可贵的,是他对中国传统文化的深刻理解,已融汇到他所追求的马克思主义中,在他身上真正体现了一种实事求是的精神。

1950年8月,在杜国庠的主持下,广东第一个社会科学学术团体"中国史学会广州分会"成立。该会不仅广东第一,在全国也是第一个创立的地方历史学会。在这个火红的8月,杜国庠初识陈寅恪。这是陈寅恪第一次接触的共产党高级干部。杜国庠时任中南军政委员会委员,中共广东省委委员兼广东省文教厅厅长。这也是陈寅恪第一次在共产党领导的学术机构里担任职务。在史学会中,陈寅恪与杜国庠、容庚、刘节、梁方仲、商承祚、李稚甫等担任委员[2]。在百废待兴的1950年,杜国庠能顺利地团结一批南中国的一流学者,已显示其"爱惜人才"的过人之处。

8月的一天下午,杜国庠在兼任史学会秘书、时任广东省立文理学院历史系教授李稚甫的引荐下,第一次登门拜访了陈寅恪。杜国庠在一个多小时的探访中没有与陈寅恪触及时事政治等问题,而是大谈魏晋佛教与士人清谈之风,两人谈得十分投契,各自给对方留下了很深的印象。杜、陈两人长达十年的交谊,便在这一刻定下了基调。在陈寅恪的晚年,杜国庠不是陈宅的常客,但陈寅恪仍将

---

[1] 参阅《杜国庠学术思想研究》。
[2] 见《广东学术通讯》,第313—314期,第36页。

杜氏归入知己的友朋一类。陈寅恪这种心迹，在杜国庠去世后仍作为陈寅恪的思想动态被记录下来。

杜国庠的高明在于，他第一次与陈寅恪见面，甚少以关怀的口吻说话，只是将他所看到的一切牢记在心中。回去后，杜国庠马上向广东省委汇报了陈寅恪的情况，并特别指出陈寅恪的生活较清贫，应当加以照顾[1]。这也是现在所能知道的、陈寅恪开始为广东省委了解的最早一次。杨树达在1951年10月7日的日记中有如此记载："陈朗秋书言，杜国庠在中山大学演讲，赞美陈寅恪、容庚。官吏尊重学人，固大佳事，然以容配陈，有辱寅恪矣。"[2] 杜国庠敬佩陈寅恪，是无疑的了。

这些，都可以看作是杜国庠在"摧枯拉朽"的1958年，公开为陈寅恪秉直执言的历史渊源。

一个坚定的马克思主义者与一个非马克思主义者在学术与人品上相互敬佩、相互宽容的交往，为后人留下了无穷的思索，诸如什么是马克思主义的精髓？学术流派间相互兼容与对真理的殊途同归的追求等等。而在"人性"魅力上也展现了很丰富的内容：杜国庠一生为人宽厚平和，反映到治学上，不苛求古人，是杜氏治史论学的一大特点。故在杜国庠生前，郭沫若已将"墨者杜老"这一尊称赠与杜国庠。重现这样的场面，总是激动人心的：比陈寅恪犹年长一岁的杜国庠，每次光临陈宅，带去的不仅仅是友朋的问候，还有学术切磋、相互交流的愉快。"博爱"，洒下的是一片真情。

君子之交淡如水。杜、陈两人见面的机会并不多。随着1953年起杜国庠任中共华南分局宣传部负责人、广东社会科学联合会主席等职务，两位老人见面的机会更少了。在1958年杜国庠气愤地

---

[1] 据李稚甫回忆。
[2] 《积微翁回忆录》，第331页。

表示"批判陈寅恪批得太过分"时,他已经无法阻止悲剧的发生。如果说这种气愤建立在他对陈寅恪的了解,建立在他对共产党知识分子政策的正确理解上的话,那么他认为陈寅恪的史学思想具有朴素的唯物成份,则来自他对陈寅恪学术成就的认识和肯定。杜国庠曾花了很大的精力研究魏晋南北朝的佛教与范缜的《神灭论》,有一年杜国庠探访陈寅恪谈起范缜与《神灭论》,没想到陈寅恪对《神灭论》的评价也很高,事后杜国庠称陈的观点"是合乎唯物主义的"。[1]

再往更深一层分析,陈寅恪的史学思想,尤擅从社会变迁、风俗流变、地理环境、种族文化、人文背景等诸方面考察某一特定的历史现象;而在史学方法上,重考据,重材料分析,于平常与细微处寻找历史的一般规律。今天,已可以看得很清楚了,陈寅恪史学遗产之丰盈,已远非"唯物"与"唯心"之争所能概括。而在当年,"有唯物成份"则是对陈寅恪史学贡献的一种曲折的表达。历史证明了杜国庠具有不凡的史识。

杜国庠是第一个称赞陈寅恪的共产党高级干部,也是第一个由衷承认陈寅恪史学价值的共产党人。在1958年,这样的人很罕见。

杜国庠死于1961年1月12日,终年七十二岁。一个不算高寿的年龄。杜国庠生前"官"至中国科学院中南分院副院长,广东省政协副主席,但鞭长莫及,陈寅恪在那些严冬的季节里未能直接感受到"墨者杜老"的关怀。1961年,距陈寅恪走向最终的结局尚有八年光阴,但在这一年,他却永远失去了一份虽非时常出现,但总留心角一缕温煦的阳光。

对杜国庠之死,陈寅恪留下了"感到很难过,他说杜老是他的

---

[1] 据李稚甫回忆。

知己,很了解他,别人不了解他"[1]这样的哀伤!

文化大革命一起,在广东澄海县的杜国庠坟墓被砸烂。可见,好人不仅不一定一生平安,连永别了世界也有可能灵魂难安!

很多时候,历史似乎都是如此?

7

到此,已可以带点总结性的目光,透视一下本书主人公的生命意义。

五十年代后期,是晚年陈寅恪对现实的看法以及生命个性的一次大展现。它给后人探索陈寅恪的思想、性格、内心世界及感情特征提供了一次重要的机会。

首先,陈寅恪对"自我生命"的理解,一直为浓厚的"苦难"阴影所笼罩。幼年的陈寅恪一降临这个世界,便感受着名宦之家的盛华,但这种"盛华"只为随后而来的苦难提供了刻骨锥心的鲜明影衬。十岁不到,陈寅恪便目睹了一代世家如梦般消逝,他不可能逃避没落世家子弟惯有的衰败之痛与兴亡之叹。若说这种痛叹在青年时代尚夹杂着"把栏杆拍遍,无人会,登临意"的冲天啸叫的激情,在晚年它则转化为一团浓得化不开的云雾,弥漫在陈寅恪余下的生命历程中。"老而无成"、"暮齿衰年"、"颓龄戏笔",甚至"垂死之人"等等这些陈寅恪晚年使用率相当高的词语,不应仅仅看成是陈寅恪的自嘲,实在是对命运无奈,自感虚掷大半生的一种永不甘心的苦吟。

苦难之于生命,可以超脱,可以消沉,可以向某种精神境界皈依,也可以不甘地挣扎。陈寅恪无疑选择了后者。挣扎加深了痛苦。因其身体条件,陈寅恪晚岁后感知现实世界的方式,主要

---

[1] 见1961年《陈寅恪近况》。

是以其固有的精神世界为出发点。所以，生命的苦难在陈寅恪的晚年已基本上等同于精神的苦难。这一点，在现代中国知名的知识分子中，若不能说是绝无仅有的一例，也可以说是很"独特的这一个"。于是，名利宠辱于其已有如天边浮云的陈寅恪，往往可以对不赞成甚至尖锐批评他的学术观点的人以沉默待之，但对他赖以生存的精神世界加以摧毁时便无法掩饰其生命的愤怒！五十年代有数次学术交锋鲜为今人知。中山大学另一位全国知名的教授岑仲勉，多次在课堂上提出不同意陈寅恪某些主张的史学观点，其辩驳程度，已近似于"学术挑战"，但陈寅恪对此一直保持沉默。[1]与陈寅恪共居一幢楼房的王起，不同意陈寅恪对《莺莺传》的一些解释，某日得允登门与陈寅恪切磋，四十年后王季思依然清晰地记得，陈寅恪听完他的说话之后没有表态。[2] 但批判运动一起，陈寅恪便无法保持沉默了。今天，已没有人会否认，"政治批判"是比身体折磨更甚的一种精神苦难。而这种苦难，从五十年代初起便如噩梦一般缠绕着这位史学大师。苦难带来的愤世之深，带来灵魂的痛苦号哭，因其来自一位文化巨匠而具有了时代悲剧的意义。

其次，陈寅恪作为一个有血有肉的人，一生清高、自傲、自负，有某种优势心理。这对他的晚年影响甚大。在五十五岁时陈寅恪曾写下这样的诗句："一生负气成今日，四海无人对夕阳。""负气"的陈寅恪甚至蔑视对劈头而来的政治大浪作策略性的回避，认为这是不与时俗苟合苟同。例如，有学生写大字报奉劝陈寅恪上课时多

---

[1] 此据中山大学历史系一些老教师的回忆。

[2] 据王起回忆。王氏在五六十年代已是一名活跃的知名教授，但晚年王教授（有家人陪侍）曾告之笔者，五六十年代王家有初生婴儿，有一段时间啼哭较多，王家曾为此惴惴不安，甚怕因此而影响到楼上的陈寅恪而被学校要求搬移。这一不经意的谈资，足以反映出晚年陈寅恪在当时无论是在官方或民间，都有着足够的"权威"，远非如一些同时代者在陈氏身后作"轻率谈论"（随意褒贬陈氏）那样。或者正是这一点权威，刺痛了口含天宪的极"左"掌权者，必欲摧之然后快。

运用马克思主义观点,陈寅恪不屑地说,"请你读一下我的《武曌与佛教》吧!"学生们大批资产阶级繁琐考证,消息传到陈寅恪那里,陈寅恪生气地说,"我的著作都含有自发的唯物因素"[1]。这种性格心理在1959年再一次有惊人的表现。面对劝其重新开课带研究生的"说客",陈寅恪负气地表示,"只要毛主席和周总理保证不再批判我才开课"[2]。此语表面看不乏书生气,实质是孤傲的性格一次痛快的发泄,在重压下的倔强的高扬。

自然,这种宁刚而折,本身已注定了令人垂泪的悲剧色彩。六十岁之前的陈寅恪,似乎已为六十岁后的自己描画了生命的本质——"贤者拙者,常感受苦痛,终于消灭而后已"。以陈寅恪的通识,不可能不知道时代潮流的伟力,但其依然掩饰不住愤怒、生气,可见性格对于生命的深刻影响。拙者的陈寅恪,既没入世也未出世,生命之美在此时呈现的并非是空灵、洒脱,而是一种沉重与坚执。

环视同遭批判的同时代学人,将令我们在比较中获得更开阔的历史眼界。有人面对批判作真诚的检讨;有人反戈一击;有人不得不违心表示要脱胎换骨;也有人历经批判,生命之火即将熄灭……形态各异,无不打上了生命本质与性格的烙印。

有些事还应该被提到:一些在早几年便努力改造"资产阶级世

---

[1] 此两例均引自1958年中山大学"厚今薄古"运动材料。陈氏自负,进至晚年益甚,尤其在1958年首次批判他"贻误青年"以及是"伪科学"后。此自负,实是对时流的回击。三十年代中陈氏已撰《武曌与佛教》、《李德裕贬死年月及归葬传说辨证》两文,向视为得意之作。五六十年代,陈氏断断续续为后一文作"附记",连引近世新发掘的唐代墓志及新解"李义山诗意",以证己说与史料吻合,叹息谓"此意每于二十年来讲授时言及之,但以奔走衰病,未暇著之楮墨,今特补录于此"。句中"二十年"之语当是总括其后半生的教学生涯,有"回也不改其'志'"之慨,充满了真理在手的自负。1964年6月,到这篇"附记"将要收笔之际,陈氏情思达至高点:"寅恪昔年于太平洋战后,由海道自香港至广州湾途中,曾次韵义山'万里风波'无题诗一首,虽辞意鄙陋,殊不足道,然以其足纪念当时个人身世之感,遂附录之于下。诗云:……读书久识人生苦,未得崩离早白头。"戛然而止,余韵无穷。

[2] 见中山大学1959年有关档案记录,中山大学档案馆藏。

界观"的知识分子,在1958年的政治运动中仍不能幸免,同遭扫荡……在陈寅恪能感知的范围内,比较突出者便有同事岑仲勉,这位老教授尽管在1958年之前屡次获得"先进工作者"一类的嘉奖,但在这场运动中仍受到严重的冲击! 1961年,岑仲勉病逝,终年七十六岁。

第十一章　劫后余绪

1

历史的发展有时要比对历史发展的叙述简明、快捷得多。历史的过程总是一气呵成。

到了1958年秋天，陈寅恪终于可以安静片刻。耳边鼓噪的声浪消失了，刺激血压的大字报也化为碎片，随秋风旋转飘落成尘土。

10月，中山大学进入"双改"运动的第二阶段，文科三大系历史系、中文系、外语系一同实践"教育必须与生产劳动相结合"的口号，六七百人拉大队奔赴东莞县篁村参加人民公社化运动去了。[1]这是自1949年之后在校学生第一次大规模走出课堂走向社会。历史系能走的师生都走了。

所谓"双改"，全称为"教育改革与科学研究改革"，目的是打倒"旧传统"与"伪科学"。在集此两者大成的历史领域，批判者又一次有了一显身手的机会。

批判者聪明地统计出，历史系"旧传统"的最大表现是，"中国古代与近代史的基础教育竟占一个学期的四分之三课时以上，最有意义的现代革命史只占四分之一不到的课时"。很快，前者被削

---

[1] 参阅同期中山大学校刊。

减百分之五十,后者则增加一倍以上。陈寅恪自行提早终止其教学生涯,实在是明智之举。

但若心灵有知,陈寅恪当为数十公里外的批判场景而悲泣。

篁村离广州约六七十公里,历史系二百多师生集中劳动集中学习,过着准军事化的封闭生活。人们这回终于可以尽情地将"批判的才能"发挥得淋漓尽致:在晒谷场或祠堂,师生们围成一大圆圈,场中放着一把椅子代表陈寅恪,学生们都被要求作批判发言[1]。八年后,同样的场景在中山大学第二次出现,略有区别的是,八年后椅子靠背上多了几条"反动学术权威陈寅恪"之类的纸条。椅子何辜,承受着无数的唾沫;陈寅恪何哀,千夫所指,直欲其"消亡而后已"。

没有多少口才的学生被提示拿着陈寅恪的上课讲义逐段逐句作批判。这是一大发明,以后此"批判法"照样搬到其他老教师身上。

这些,陈寅恪永远都不可能知道了。批判已超出了"生命之辱",开始隐现人类丑陋的一面——在发泄中获得某类畸形的快感。批判者对形势的估计是:"知识分子经过批判,已认输,但还不完全服输,在政治上还要打一场淮海战役!"[2]

12月,《理论与实践》刊物登载了历史系一位三年级同学写的批判陈寅恪的文章《"教授中的教授"种种》。该文基本沿袭金应熙的观点和思维方式,但谩骂与攻击有过之而无不及。例如,"把陈寅恪先生装扮成为不问政治的头面人物,然后好向那些易受迷惑的青年学生贩卖'为学术而学术'的狗皮膏药"。"所谓'唐亡于黄巢,而祸基于桂林';按照这种逻辑,凡是人民起义和革命斗争都是引起外患乃至灭国的'祸根子'。这种理论不正适合历代反动派'安内然后攘外'的罪恶政策吗?"及"通过这次对陈寅恪先生的批判,

---

[1] 据中山大学历史系老教师的回忆。
[2] 引自1958年中山大学"双改"运动材料。

1958年10月,中山大学历史系师生到东莞农村参加劳动并继续开展批判资产阶级思想运动。图为师生在田间开座谈会

又一次粉碎了那些资产阶级学者利用吹捧'权威'企图把政治与学术分割开来的鬼把戏"[1]。

1959年1月17日夜,中山大学历史系师生经历了一百天生产劳动、学习批判的洗礼,连夜从东莞乘船回广州,挟更为成熟的批判斗争手段,更自觉的"革命意识",重返校园。[2] 人未到校,康乐园已感受到整齐而又急促的脚步声所带来的震动。

---

[1] 见1958年第12期《理论与实践》。所谓"唐亡于黄巢,而祸基于桂林",乃《新唐书》中宋朝史臣述唐末南诏边乱引致唐代覆灭的论赞,陈寅恪在其名著《唐代政治史述论稿》的结尾处不仅引用此句,而且以慨叹作结,予人印象深刻,故招致如上的攻击。实际活用此句式研判历史,非始于陈氏。钱大昕《十驾斋养新录》卷七"南渡诸臣传不备"条,论《宋史》成书草率,史事多有不备,举宋理宗时的重臣郑清之的是非功过为例,有语云:"及(郑氏)端平(年间)入相,首议出师汴洛,妄启边衅,遂失三蜀,宋之亡,实肇于此。而本传略不一言。"钱氏一语,可谓发四百年未发之覆。

[2] 据1959年1月24日《中山大学》"历史系师生下放东莞凯旋"报道:"十八日凌晨,他们奏着凯歌,返回学校了",农民兄弟将休假日由十五日改至十七日,"在头天下午和当天清晨都赶到篁村来给他们送行"。

成熟，意味着从容不迫。

1959年历史系的宏图大计，在新春第一个月便作为"改革取得了胜利"的成果被确定下来：一、继续批判资产阶级教育思想和史学思想；二、一致认为中山大学历史系的发展方向应该是"近代与现代史的研究"[1]。

这个"成果"被确定得很有气派。

若在正常年代，这个"成果"不啻是一个原子弹。因为它意味着对中古史的研究在全国居一流水平的中大历史系，将自动断送这一个一流水平的地位。它更意味着陈寅恪、岑仲勉这些全国极负盛名的隋唐史专家将面临被遣散的命运。

但这是一个不正常的年代。没有人对此"成果"表示异议。陈寅恪、岑仲勉等人已被列入准备处理的十一个人之中[2]。今天，已可以说这是一个阴谋，因为它还未来得及实施便被认为"做法是极端错误的"。但历史仍为这个未遂的阴谋不寒而栗。无法想象，陈寅恪等人突然被劝离中山大学，送到博物馆等机构（原计划如此）安置时，中国史学界会面临何等的尴尬！

陈寅恪并不知晓他差点被处理掉。很多普通的生命永远都不知道曾无数次被幕后操纵着命运，到死也不知。所有人都知道这是悲剧，但所有人都不能幸免。

成熟，还意味着学生也能当先生，资产阶级的阵地应当被重新占领过来。全国高校刮起了重新编写教学大纲、重新编写教学讲义之风。重新编写意味着对传统的历史讲授法加以彻底的否定，也意味着历史必须为现实服务。六十年代以后，中国现代史中众多事件被阴谋家随心所欲地篡改，甚至数千年前的历史也因要为阴谋家的政治服务而被肆意地阉割，不知道是不是从五十年代后期史学界可

---

[1] 参阅1959年同期中山大学校刊及该年中山大学有关总结材料。
[2] 据广东省委统战部1961年关于"中大历史系整风运动中检查知识分子政策综合材料（第一期）"。

以随心所欲地重新编写历史教材中获得灵感的？岁月流逝，篡改历史的阴谋家最终一个个逐渐露出了原形，而史学界重新编写历史教材则为后人留下了大量的笑柄。

笑话一，开始人们尚有理智，师生齐动手，一般订了半年到一年的计划。但没有几天，认为太保守，将编写时间缩短一半。再过几天，"形势喜人，形势逼人"，认为新计划同属保守，再将时间缩短。最后，只用了几十天时间便编出了所谓新教材，并作为成果献礼。在最狂热时，中山大学一个系可以用一个月不到的时间，完成"科研项目"三百九十九项。[1]

笑话二，热情最高，干劲最大的往往是低年级的同学。他们告诉老师喜欢学哪些历史，应该学哪些历史，参与其事的老师便只好根据这些"革命要求"着重编写哪段革命历史。幼稚的求学者反而拥有某种知识传授的决定权，这在近、现代世界教育史上恐怕也是绝无仅有的事。而学生队伍这一股力量，第一次在政治运动中成为起支配作用与决定作用的一方。反客为主，是其政治地位变化最通俗的形容。

最大的笑话还是下面的事情。因为要在不太长的时间内，在资料的占有上超过陈寅恪，故全国高等教育界兴起了每人多读一本书的活动。它来自这样的理论依据：如果陈寅恪之类的人掌握了八十本书的资料的话，那么一百个人每人都掌握一本书的资料，合起来，就可以超过陈寅恪了。一道很简单的小学生算式，解决了一道很大的政治难题。只是今人思之，也不免叹息政治的狂热会产生多么可笑的愚昧与无知。

革命，这一充满了激情的专有名词，在这个风雷激荡的年头，又一次承载着无数人对它的向往与虔诚！

---

[1] 参阅 1959 年中山大学校刊及同年《全国高校教育形势材料》。

2

1959年1月，北京召开了意义重大的全国教育工作会议。

满怀砸碎旧世界的激情，革命者在1959年新春即将来临的前夕，再次尽兴地"指点江山"，为未来描绘着更美好的图画。在这个会议上，"革命"被作了最深刻与最生动的解释。历史的底蕴都在这里找到了独特的答案。

1月20日，中央宣传部长陆定一在发言中指出，"搞革命必须坚决，也可能在革命过程中暂时降低教学质量，但是革命还是要坚决搞的……有些学校半年未上课了，这也不算是坏事，这叫做革命嘛！"[1]

同日，中央宣传部副部长周扬作报告。不乏文采的周扬，其言辞显然要生色得多，不妨摘录其中一段：

> "百花齐放，百家争鸣"的主要阵地是在高等学校。去年在党委的领导下，以年青教师和学生为主力军，展开全面的学术批判，成绩很大。北大、师大、人大出了不少书，搞了三本文学史，非常令人兴奋。前几年出了一个李希凡，主席很高兴，去年出了许多个李希凡，而且比李还要高明。一个李希凡，批判了俞平伯。现在许多个李希凡，批判许多个俞平伯，年轻人起来，使人看出希望，这是好事情，使人高兴。……当前有一个特点，就是受批判的人不作声，当然前面有一段风雨，这些人低头是必要的，但是他们不作声就很难使学术批判深入下去。他们不作声，到底心服未？有些人是口服心服，多数则是口服心不服或者不全服。应当看到这一点，看不到这

---

[1] 录自"全国教育工作会议1月20日在召集人会议上康生、定一、周扬同志的讲话"，广东省档案馆馆藏档案。

一点就会麻痹,造成错觉,以为他们认输了,他们不成了,我们已完全胜利了,这是不对的,实际上他们还有东西未放,而我们也有东西未批。过去一段我们实际上是用人海战术的办法,百以当一,一个读一本书,一百人就一百本,这就赛过一个读过八十本的人。但从一个人来说,到底一个人只是读了一本。过去这个办法是必要的,以后是否还这样?他们不作声,我们就不好提高。现在的关键问题,在于造成一种空气使他们敢于讲话。……[1]

"年轻人起来,使人看出希望",这不仅是中共中央主席毛泽东的一贯主张,而且也可以看作是他在五十年代末对中国教育界形势的一种独特的把握。素来自称有"猴气"的毛泽东,直到晚年仍醉心于"猴"的无法无天,将此移于青年人的身上,则是"造反有理"了。

若要细微地区分五十年代后期每一年的特点,1959年的教育界,无疑是一个很特殊的"学生之年"。

在北京的会议上作了生动发言的周扬,两个月后在中山大学碰到了一个似乎比他更为幽默、更倔强的对手。以至他数年后仍耿耿于怀对手的"怪"。"猴气"受到了责问。

1959年的3月,周扬怀着很愉快的心境,携夫人及秘书等随行人员开始了南下的行程。

此时,并不知道差点被处理掉的陈寅恪,辛勤著述之余,继续寄闲情于听曲看戏之中。周、陈两人很快会见面,但在见面之前,两人都各自有一些并非是闲事的事情要去做。历史的过程不能跳跃,有些场景尤其如是。

尚没有资料证明周扬在 1959 年春季南游广东是受了最高领袖

---

[1] 录自"全国教育工作会议 1 月 20 日在召集人会议上康生、定一、周扬同志的讲话"。

的"旨意",但周扬此行政治目的大于休养和旅游览胜目的却是可以肯定的。春节过后不久,周扬一行便抵达当时仍属广东省管辖的海南岛,第一站是海口。有一件小事当时没有人在意:周扬专门嘱咐当地陪同者为他借来《琼州府志》;在十数本《府志》中周扬只挑了一本有记载海瑞事迹的。周扬在海南共逗留了六天,这六天时间周扬一直带着这本《府志》。与陪同者话别时周扬留下了这么一句话,"海南了不起,出了个海瑞"。[1]

后来被一些人称为"文艺沙皇"的周扬,其实也是个有学问与艺术修养的人。比起三年后郭沫若赴海南看《崖州志》偏重于考古与史料,此时的周扬明显带有一定的政治目的向历史寻找灵感。三十多年后,当年与周扬同游海南的陪同者之一张光年这样回忆:"我们还受到领头的周扬同志十分缺乏游兴的影响。从这一点说,周扬是个怪人,他的游览自然风光的兴趣,被他那阅读与工作的贪欲'异化'掉了。记得那天我们一行人刚到榆林招待所,下午到鹿回头该村,他就说明天要回去(回海口,返广州)。"[2] 陪同者当然难以探知周扬最深藏的心事:他到海南实地了解海瑞生平的目的达到了。

回到广州后的周扬,在从化温泉与当时广东省文教战线的负责人王匡、吴南生、华嘉等人作过几次长谈。当时的聆听者自然不可能领会周扬一些谈话的深意。能懂得周扬谈话的"机锋",则要到数月后。周扬如是说:"海瑞也是广东人,你们为什么不给海瑞写个好戏?海瑞比包公还好,为人刚正不阿,斗争性很强,我们现在就是需要有海瑞这样的人,敢于批评,敢于斗争。海瑞精神,就很有教育意义……现在就是要写海瑞戏,要搞些历史剧。"[3]

这是1959年3月的事情。比起流行的说法——毛泽东在

---

[1] 见《周扬1959年在海南岛事》,原文藏广东省档案馆。
[2] 《海南日记》,载1988年第14期《新观察》。
[3] "周扬谈话",原件藏广东省档案馆。

1959年4月上旬主持中共八届七中全会，第一次提出了"海瑞精神"——还要早了一些。看起来，"海瑞"这个形象在毛泽东心头上已酝酿了相当长的一段时间。以后的事情，历史是这样记载的：1959年4月2日至5日，毛泽东在上海举行的八届七中全会上提倡学习"海瑞精神"。6月16日，历史学家吴晗写出第一篇颂扬海瑞的文章《海瑞骂皇帝》，发表在该日的《人民日报》上。9月17日，吴晗第二篇文章《论海瑞》发表。1960年，吴晗完成京剧《海瑞罢官》的剧本创作，不久被搬上京剧舞台[1]。至此，吴晗命运已定。

3月25日，已回到广州的周扬与广州文化学术界开了一个座谈会，作了题为《社会主义文化建设问题》的报告。这个报告对广东学界以后继续批判资产阶级思想运动影响甚大，特摘录如下：

> 在学术方面，去年高等学校在一系列运动的基础上，展开了一个批判资产阶级学术思想的运动。对这个运动，我看应当作充分的估价。学生们敢于批判先生，表现了很大勇气。这是件大事情，成就很大。所谓成就很大，倒不在于批判的每个具体成果，而在于方向。这是马克思主义的方向。他们反对"厚古薄今"，都应该给予很高的评价。……我在"北大"曾向同学们讲：第一，你们要感谢先生，即使他教给你资产阶级思想的学说，你也应感谢；因为有了这些你才能批判；第二，先生有资产阶级思想，你们应该批判；第三，批判后还要向先生学习。学生们要准备接受先生的反批判，要准备向先生再学习。我们的任务不仅是反对资产阶级学术思想，我们还要掌握全部的科学和知识。而且掌握的知识越多，批判资产阶级学术思想

---

[1] 参阅夏鼐等著《吴晗的学术生涯》，浙江人民出版社1984年版。

才能越彻底，才能使被批判者口服心服……[1]

很有趣，有资格聆听周扬报告的都是一些有一定地位的知识分子，但周扬的报告大部分内容说的是学生。

既要向先生学习，又提倡批判先生，周扬报告的多义性，将使不同的人获得不同的感受。这已难以分辨究竟是时代的困惑，还是周扬的说话有艺术技巧了。

当周扬乘兴前去敲响陈宅的门时，他作报告与演讲时的潇洒与说话的艺术技巧，甚少有地受到了有力的挑战。紧接着，我们将看到这位著名人士的另一侧面。

3月某日，周扬兴冲冲地登上了东南区一号二楼那道楼梯。

周扬显然是以一个学人的心情去探访这位名声如雷贯耳的"老先生"的。他甚至连随行秘书也没有带，自己就跑到了中山大学。周扬当年的秘书露菲回忆，周扬当时只向秘书说了他的去向与目的，"是想看看陈寅恪的藏书"。据说周扬有一习惯，闲暇时每到一个地方，总喜欢一个人出去转，不需要人陪同。[2]

周扬料想不到，从一开始他就是个不受欢迎的人。据陈序经回忆，他曾将周扬要来拜访的事告诉陈寅恪，谁料陈寅恪坚决不想见周，陈序经很为难，再三相劝下陈寅恪总算答应下来。[3]这一前奏，为陈、周两人见面的结局定下了调子。

照理，周扬与陈寅恪并无什么渊源，他为何有兴趣去见一个他并不熟悉的人？三年后，康生南下广州，同样提出了要见陈寅恪的愿望。两相联系，可证陈寅恪的名字一直有很大的吸引力。只想"去看藏书"的周扬，自然不会看到什么珍稀的古本。陈寅恪半生流离

---

[1] 广东省档案馆藏档案。
[2] 据露菲回忆（1993年9月22日）。
[3]《陈序经谈高校工作和知识分子等问题》。

失所，重要的图书损失惨重，栖身中山大学后所使用的书籍，大部分都是在岭南才购置的普通版本。以书生的身份拜见前贤，历史没有为陈、周两人的会面保留下多少精彩的镜头，倒是尚存一些学人气质的周扬，三年后在一个讲话中稍稍回忆了这次会面的场景，后人才有机会知道一点这次会面的内幕。

周扬这样回忆："我与陈寅恪谈过话，历史家，有点怪，国民党把他当国宝，曾用飞机接他走。记忆力惊人，书熟悉得不得了，随便讲哪知道哪地方。英法梵文都好，清末四公子之后。一九五九年去拜访他，他问，周先生，新华社你管不管，我说有点关系。他说一九五八年几月几日，新华社广播了新闻，大学生教学比老师还好，只隔了半年，为什么又说学生向老师学习，何前后矛盾如此。我被突然袭击了一下，我说新事物要实验，总要实验几次，革命，社会主义也是个实验。买双鞋，要实验那么几次。他不大满意，说实验是可以，但是尺寸不要差得太远，但差一点是可能的……"[1]

这是周扬对历史追述的一面之词。但已经保留了很多足以令人心动的东西。"我被突然袭击了一下"，一向惯于阐发时代精神的周扬，处于很被动的位置。他的底气不算很足的解释不能使陈寅恪满意。"解释"，意味着恳求获得谅解。从周扬开始，以后政府大员每次去探视陈寅恪，几乎每一次都要做一回"解释"的工作。这个"解释"，既有针对时事与形势，同时也涉及陈寅恪自身一直未能解决的困难。在以后，我们将继续看到这一点。

可以这样说，1959年周扬的解释，开了共产党与陈寅恪这种新的特殊关系的先例。

不过，历史的另一面似乎比周扬所说的要严重得多。据陈序经回忆，"（陈、周）两人见面后争论起来，争僵了。陈的火气很大，

---

[1]《陈寅恪先生编年事辑》，第156页。

周部长不应再向其解释"。[1]

据这一天陪同周扬登楼的王匡回忆,"陈寅恪的态度是挑战式的,他说我们'言而无信'"。[2] 王匡,五六十年代负责广东省委宣传、文教等部门及中南局宣传部的领导工作,曾亲自上门为陈寅恪送去广东省委赠给陈的药物等物品。言而无信者,当指"学生教学比老师还好"及"学生需向老师学习"这种矛盾的说法。"挑战式的"这四字,逼真地描画出陈寅恪在这一天的特别形象。

陈寅恪不愧为学术大师,其独特的气质显然征服了周扬。回到广东省委"小岛"招待所下榻处后,周扬仍掩饰不住兴奋,向秘书叙述见到陈寅恪的情景,盛赞双目失明的老人学识渊博,能清晰地记得哪些史料在哪些典籍上。[3]

陈寅恪对周扬的影响,显然还不止于此。在从化温泉招待所,周扬对着广东文化界的领导人曾兴致勃勃地谈到了陈寅恪。即使在事过境迁的今天看来,依然让人为人性的复杂感叹不已。

周扬这样说:

> 大学文科学生集体编写教科书,这种热情是好的,但是,把老教授丢在一边,学生还没有懂。无论什么时候,我们都要向老教授学。就是要打倒,也要把他的一套学问学了,才能打倒。我们就是要赶快把老教授的知识全部接受过来。广东不是有个陈寅恪,他肚子里就是一部历史书,我们就要把这一历史书学过来。他也是读了一辈子书才有这样一部活历史的。[4]

---

[1] 见《陈序经谈高校工作和知识分子等问题》。
[2] 据王匡回忆(1995年8月15日)。
[3] 据露菲回忆。
[4] 见"周扬谈话"。

这段话是当时参与了这种朋友式的谈话的人,在六年后"文革"即将爆发前的追述。时间相隔不算长,其可信性当无疑。

"无论什么时候,我们都要向老教授学";"陈寅恪也是读了一辈子书才有这样一部活历史的"。这些话出自不久前仍公开热情赞扬"敢于批判先生"的学生,并认为对批判运动要"作充分的估计"的周扬之口,历史也当感到惊讶。台前的周扬,与台下的周扬,既相似,也不很相似。

二年后,周扬在广州面对着一群广东学界的知名知识分子再发宏论,云"梁启超的著作,解放后我们还未出版过,应该挑选出版。近代人物的著作,全国都要研究,需要注解、标点、说明。康有为、梁启超、朱执信的著作,应该出版,要作整理。对活着的人的著作也应该出版,如陈寅恪、陈垣的著作,只要有学术价值的,政治上不反动,不管观点如何,可以出,印数可以少一点。书出版了,就可以研究批判。过去的学术批判实际上不是学术批判。学术批判永远是要的"[1]。

"书出版了,就可以研究批判。"台前的周扬,又一次显示了其对文艺、教育等领域握有生杀大权的气度。只是周扬明显忽略了一点,陈垣已于1959年加入中国共产党,再将其列入资产阶级知识分子一类,十分不恰当。

3

同在这个春天,踌躇满志的周扬差点被陈寅恪拒于门外,而另一群人则接到了陈寅恪发出的盛情邀请。

在人生的驿途上,每一个人都有自己理解的春天。

---

[1] 见"周扬1962年1月8日在广东省社联各学会、社会科学研究所负责人座谈会上的讲话",广东省档案馆藏。

3月15日，同样感受着春风吹拂的陈寅恪，得偿心愿，与六位心仪已久的京剧名伶欢聚。已经消失了的广州京剧团，因为有了与陈寅恪的这一段交往，因为它在将近十年的时间里给陈寅恪送去一个分外陶醉的精神世界，将被后代的研究者不断注意到。

广州京剧团成立于1953年，前身是解放军第四十七军政治部长江京剧团。这一年从朝鲜战场回国的京剧团，7月便转业归广州市文化局领导。[1] 在粤方言最流行的岭南，京剧似乎没有生存的土壤，但那时广东南下干部多，驻军部队多，比起本地的粤剧，广州京剧团便有了自己的天地：长年为部队演出，逢年过节为党政机关演出。

长江京剧团的创始人是傅祥麟等人。真正令剧团名声大震，红遍南天的，还是在1953年后新吸收了新谷莺、孙艳琴等名伶。剧团如虎添翼，在其不算太长的历史中创下了很火红的业绩。

五十年代中，剧团幸运地碰到了一批品位相当高的票友，他们是一群中山大学的教授，其中有董每戡、陈寅恪、郑曾同、詹安泰、端木正、江静波等人。从此，剧团开始了与中山大学长达十数年的密切交往。京剧团每年到康乐园演出、联欢，有时剧团在市区演出，学校也组织师生前往观看。陈寅恪晚年最"奢侈"的享受，就是乘学校的小车进城看戏。

有了这段渊源，才有1959年这个醉人的春日。

3月15日下午，广州京剧团的六位艺员傅祥麟、李文秀、新谷莺、孙艳琴、胡芝风、何英华，一齐上门看望陈寅恪。端木正的夫人姜凝被邀作陪同。审美的距离一下子穿越了舞台拉至面前，莺声软语近如咫尺，使人恍若梦中。在那一刻，陈寅恪想必有无限多的人生感慨——被批判的痛苦，学术遭践踏的创伤，全都抛在云霄九天外，只剩下一种极快意的精神享受。这种享受于这位老人太稀罕了。

---

[1] 参阅《广州京剧团团史》，广州市文化局档案。

1959年陈寅恪夫妇与来访的六位广州京剧团艺员合影。
左一为孙艳琴,左二为新谷莺,左五为傅祥麟。前排左一为陪同者姜凝

六位艺员,除了团长傅祥麟是个男演员外,其余五位全是女性。三个女性一个墟,五个女演员一下子让东南区一号二楼充盈着从来没有过的那么多的快乐。欢笑声长久地回荡在这座当时已有近五十年历史的别墅的每一角落,也长久地回荡在陈寅恪的心坎上。

演员们围坐在陈寅恪的身边,每人说上几句,让陈寅恪去猜,老人居然能一一说中说话者在戏中饰演的是哪一个角色。[1]陈寅恪掩饰不住心头的兴奋,得意地作了"顽皮的卖弄",在谈论京剧一些传统戏的史实时,让演员们去他的书架上翻书,指出在哪一本书哪一页上有答案。结果引来的是一阵更大的惊叹声与欢笑声。

历史当永远注视着这个下午。那一刻,陈寅恪享受到的欢乐,

---

[1] 据孙艳琴回忆(1994年4月11日)。

也许比他在某些悲惨的岁月里感受到的欢乐总和还要多。在随后记其事的诗篇中，陈寅恪写下了这样的句子："留取他时作谈助，莫将清兴等闲看。"

这一年，中山大学众教授心目中的明星非常年轻。新谷莺，三十六岁。孙艳琴，尚待字闺中，陈寅恪事后在一句诗中记其事，谓"人间红袖尚无家（谓座客之一）"。此座客即指孙艳琴。而胡芝风，尚是一娉婷少女。她们给陈寅恪带去的，是青春与活力。

欢聚正式开始。名伶们清唱了自己最拿手的一段唱腔，陈寅恪的二女儿陈小彭也代表父母清唱了一段。总恨欢乐时光太短，高潮已经到来。在唐筼的精心安排下，陈寅恪设晚宴款待了佳客。

两年前因新谷莺等未能与剧团其他名伶一同到校联欢，故陈寅恪留下了"杜公披雾花仍隔，戴子听鹂酒待倾"的叹息。两年后的这个傍晚，陈寅恪终能一酬心愿，置酒相酬。其意浓浓，其情融融。陈寅恪在事后所写的三首七律中便有如许的句子："关心曲艺休嫌晚，置酒园林尽足夸"；以及"三月莺花酒尽欢"。"酒尽欢"这样的句式，在陈寅恪晚年的诗作中可算极少使用的一例。

三年后陈寅恪在中山大学再次欣赏新谷莺等人的演唱，忆起1957年名伶及教授票友联欢后自己抒发的三首绝句，于是再作三首七绝，其中一首起句便是"戴子黄柑酒可倾"。从"酒待倾"到"酒尽欢"，最后"酒可倾"，此情结隐隐约约延续了五年，维系了五年。

比较可惜的是，这顿饭吃得不算太从容。演员们当晚要在市区内文化公园演出，她们要赶回去化妆。

曲终人散，繁华转眼消逝。学校的汽车载着六位艺员走了。

粉墨生涯，舞台大天地，对于六位艺员来说，这顿饭很普通，她们时常能面对美酒佳肴；这次见面也很平常，她们时常能见上有地位的官员。许多年过后，她们也许把这位盲眼的老人忘记了，但这次欢聚于陈寅恪则是一次历久难忘的人生享受。没有多久，陈寅恪便写下了《春尽病起宴广州京剧团,并听新谷莺演望江亭,所演与张君秋微不同也》三首七律,以记其事。诗中有"三月莺花"等语,其内含"新谷莺"之意太明显了。早在1957年,陈寅恪公开示人的一副春联便云:"万竹竞鸣除旧岁,百花齐放听新莺。"当年中大历史系的人便为此联的下联作过注解,"新莺即指新谷莺"。[1]1957年1月,夏承焘在《广州别寅恪翁》一诗中有句云"黄莺曲里春声好"。后来的注释者认为,"黄莺曲,寅恪最爱听一黄姓演员唱粤调"。[2]汪者在这里有可能搞错了,五十年代擅唱粤调的粤剧名旦中没有人姓黄;此外陈寅恪最喜爱的还是京剧。"黄莺"之"莺"指新谷莺应是最合理的解释。1957年4月,陈寅恪在"戴子听鹂酒待倾"句下自注云:"新谷莺、华兰苹两团员未来。"同年,陈寅恪在一首题为《用前题意再赋一首,年来除从事著述外稍以小说词曲遣日,故诗语及之》的七律中吟道:"故纸金楼销白日,新莺玉茗送黄昏。"

在陈寅恪晚年情感世界的抒发中,又一次浮现了一个欢快的意象;在陈寅恪晚年的诗文中,又一次平添了几许欢乐的变调。

新谷莺到底有何魅力?

当年不少人以为新谷莺与陈寅恪是老乡——江西人,这不确。这个问题,在1959年3月15日的那个晚宴上陈寅恪已经"考证"过了。新谷莺不是陈寅恪的老乡,但她很长时间倒是在江西等地演出过。

新谷莺,上海人,原名傅谷英。与众多戏行的艺人一样,新谷莺只是她的艺名。在陈寅恪喜欢交往的人当中,新谷莺怕是一个例外,她没有显赫的世家背景,只是一个很贫穷的梨园家庭的女儿,一家人以演戏为生。穷人的孩子早当家,新谷莺十一岁拜师学艺,

---

[1] 见1957年"陈寅恪情况"等汇报材料,广东省档案馆藏。
[2] 《天风阁诗集》,第118页。

十五岁便登台演出挣钱糊口。在三十岁之前她比一般的梨园女弟子多了一份传奇经历，就是到各地跑码头、闯江湖。南昌、赣州、武汉、杭州、宁波、苏州、上海等名城都留下了她的足迹。将她培养成一名艺术相当成熟的名旦，还是上海这个繁华的大都会。她曾长期驻扎在上海大舞台、上海共舞台、黄金大戏院及天蟾戏院等能一夜之间捧红人，也能一朝落得身败名裂的"风口"上摔打，终于站稳了脚跟，有了名声[1]。

中国传统戏曲蕴含着许多难以解释的谜。这位文化程度只有小学二年级的名伶，在舞台上却充满了艺术灵气，渊博的戏曲专家从中可以领略到艺术美那种特有的精妙，平民百姓则感到"喝彩"的满足。在这种艺术面前，语言的形容不能道尽其中的奥妙。尤其是新谷莺的唱。新谷莺曾师从南派青衣名伶冯子和，所以新谷莺固能应工各式旦角行当，但她在青衣行当中唱功与做功是最出色的，也是很具魅力的。

1955年，已经三十二岁的新谷莺处在一个戏曲演员最成熟、最有体验的年龄，也是处在一个最能为知音所激赏并产生认同的黄金岁月。这些体现在舞台上，便是一种无形的、也是无处不存在的文化。特别指出这一点很重要。二八年华的名角带给观众的也许是令人心跳的"惊艳"的魅力，而三十岁的名伶让人感受的却是品味。新谷莺正是带着这种成熟，出现在中山大学的一群票友面前。

十年间，陈寅恪因新谷莺等京剧名伶引起诗兴而赋咏的诗篇不下十首。除了陈寅恪挚爱的夫人唐筼，一个人在七八年间连续成为陈寅恪诗篇中的主要"诉情对象"，新谷莺是唯一一人。

除了前文已列举的一些"陈诗"外，按照蒋天枢的《陈寅恪先生编年事辑》所留下的线索，可以肯定，陈寅恪因新谷莺有感所发的诗章远远不止前文已引述的那部分。如在1957年，陈寅恪

---

[1] 见《新谷莺生平档案》。

尚写有《听新谷莺演秦香莲京剧》、《丁酉小雪后六日，晓莹以微病未能偕往市区听新谷莺演王宝钏，意有不乐，赋此慰之》等诗。1958年亦写有《戊戌中秋夕，首创初愈，入城重听新谷莺望江亭》。1960年有《庚子春日，听广州京剧团演新排西厢记悲剧，新谷莺饰莺莺、孙艳琴饰红娘，戏作一律。寅恪昔年尝撰读莺莺传论文，故诗语及之》等篇章。可惜这些诗篇已佚，今已不知向何处寻。

就目前所知，陈寅恪最后一次咏新谷莺等名伶事，是在1962年的春季，诗题为《一九六二年三月二十九夕，广州京剧团新谷莺诸君来中山大学清唱，追感六年前旧事，仍赋七绝三首以纪之》。四个月后陈寅恪不幸跌断右腿，再没有机会亲临现场聆听莺声妙韵。

关于1959年3月15日这一天，还有几件事可补充，以助资谈。

六位京剧艺员对唐筼夫人的干练留下了很深的印象。据说只要陈寅恪有所示意，唐筼便能领会，配合非常默契[1]。

其次，六位艺人中有一位当时年龄只有二十一岁的名叫胡芝风的少女。当时她是一名在广州京剧团学艺的新人。胡芝风投身戏班前曾是清华大学的学生。二十年后，当年的少女已成为神州著名的京剧演员，其代表作《李慧娘》饮誉一时。

最后，陈寅恪"脾气很犟"这一点同样令艺员们难忘。

4

要将陈寅恪晚年对中国戏曲的这份情结，对心仪名伶的赞赏，浓缩在这数千字的叙述中，显得有点局促。诚如文化是一种源流，陈寅恪晚年寄闲情于声弦曲韵，同样是一种很舒缓的生命过程。点滴感受的日积月累，对传统文化的再认识，人进入老年而产生的怀

---

[1] 据孙艳琴回忆。

恋等等，每一次的喝彩声都应该折射出历史与文化之源。

在这里，我们看到了长耀百年、在近现代优秀知识分子身上都能发现的一种中国文化情结。正因为历史为后人提供了陈寅恪这么一个例子，使对这种情结的探求具有了特殊的意义。

正如曾被讥为"全盘西化急先锋"的陈序经，终身都使用中国毛笔而不太喜欢使用舶来品自来水笔一样，[1] 十数年漫游海外的陈寅恪，终年中国传统服饰打扮。在这里，"中国毛笔"与"传统服式"正是一种文化心理的外化。也正如年青的陈序经主张"全盘西化"时必定有一个参照物，中岁之前陈寅恪向视弹词小说、传统曲文为"鄙陋者"，也应当有一个参照物。应当令文化研究者注意的是，他们此时期的参照物，文化的成份有多少？直观感觉的比例又有多大？困难的是文化意识不可能作一种定量的分析。有一点比较相同的是，这些文化探索的先知者，在他们睁眼看世界的那一刻，支撑着他们能居高临下俯视世界的偏偏是他们难以抛弃的本土文化的底气。"漫游列国"的陈寅恪，说到底也只是一种"游"；"求学列国"的陈寅恪，也只是一种"学"。游子终究要归家；"学"，终究要有所附丽，这不仅是生存的终极意义，还可以看成是一种文化血缘的牵连。更何况，陈寅恪与陈序经都割断不了他们的父辈所给予他们的终身影响。

中国戏曲对陈寅恪的影响，可以上溯至本世纪前期。在1957年的一首绝句中陈寅恪写道，"贞元朝士曾陪座，一梦华胥四十秋"。陈寅恪在这两句诗后自注云："四十余年前在沪陪李瑞清丈观谭鑫培君演连营寨，后数年在京又陪樊增祥丈观谭君演空城计。"但早年陈寅恪留影于歌台舞榭，倒不是在中国戏曲的戏园子里，而是在欧洲的歌剧场内。据陈寅恪中晚岁后向人回忆，早年在欧洲求学时，甚喜欢西洋歌剧，只要有机会，都会前去欣赏。五十五岁失明后，

---

[1] 据陈序经女儿陈穗仙回忆（1993年9月3日）。

在广播中听曲开始成为陈寅恪人生的一大娱乐消遣。于是，这样的场景变得分外有意味。据王永兴回忆，四十年代后期，张君秋出了一张《望江亭》的新唱片，唱腔有些改动，陈寅恪闻说后即嘱王永兴进城购买。到了晚年，陈寅恪更闻歌而心事转悠悠，一梦四十秋，隐伏的文化之链终于清晰地显现，戏曲之于老年的陈寅恪，便具有了"文化象征"的意味。"金楼玉茗了生涯（年来颇喜小说戏曲……）"，"关心曲艺休嫌晚"，既是陈寅恪晚年真实的内心感触，也是中国文化情结在这位老人身上一次独特的、最具象的体现。

此情结所产生的一种别样的眷恋，已成为暮年快乐之所倚，其深情入怀，构成了陈寅恪晚年情感世界中向不太为人注意，但不可忽视的一个组成部分。

1959年8月15日至18日，广西桂剧艺术团在广州东乐戏院公演《桃花扇》等剧，陈寅恪进城看戏，归来后先后赋诗三首。为一出戏而先后赋诗三首，意犹未尽之意明矣。与以往"听曲感怀"诗有很大的不同，这三首诗诗风回复"苦寒"的意境，历史与人生，身世与命运的泣叹极浓。有两个诗外的"典故"显得很重要：一为唐筼的祖父唐景崧晚年闲居桂林时寄情于广西桂剧，不仅组织"桂林春班"，还亲自动手对一些旧戏进行改编，演成新声，"对桂剧的发展和改革起了积极的作用"[1]。二是在1959年陈寅恪与校方有数次严重的冲突，两个月前，陈寅恪曾向校方写过一封内有语云"走或死皆不甘心"的"抗议信"。兹将这三首诗依次引录如下：

《听演桂剧改编〈桃花扇〉，
剧中香君沈江而死与孔氏原本异，亦与京剧改本不同也》
兴亡遗事又重陈，北里南朝恨未申。

---

[1] 见《清代人物传稿》下编第二卷，"唐景崧"条，辽宁人民出版社1985年版。

> 桂苑旧传天上曲，桃花新写扇头春。
> 是非谁定千秋史，哀乐终伤百岁身。
> 铁锁长江东注水，年年流泪送香尘。

《观桂剧〈桃花扇〉，剧中以香君沈江死为结局，感赋二绝》
  其一
> 桃花一曲九回肠，忍听悲歌是故乡。
> 烟柳楼台无觅处，不知曾照几斜阳。

  其二
> 殉国坚贞出酒家，玉颜同尽更堪嗟。
> 可怜浊世佳公子，不及辛夷况李花。

因《桃花扇》一剧而起的这三首诗，题旨全因剧中"香君沈江而死"触发了作者的情怀，感怨之情，哀婉之伤，"年年流泪送香尘"，可视作诗人泣血之心声。这样，陈寅恪看戏听曲不过是他的文化情结与历史之叹的一种承载，一种宣泄的形式，都在这三首"听曲感怀"诗中得到了很典型的证明。"看戏听曲"本为了消遣与娱乐，却引出如许沉重的人生感慨，陈寅恪活得很苦，也很累！

六十岁以后的陈寅恪，将他的生命苦吟，全都倾诉于陈端生、柳如是、李香君这三位不幸但也不凡的女性身上，从而使陈寅恪晚年的诗文多了一份凄婉、清丽。这些都使人相信，陈寅恪的生命中当有一种浪漫与感伤的气质在！

两年后，陈寅恪与失去音问数十年的朋友刘啸秋通信时，曾附录了三首诗，其中一首便是观《桃花扇》有感而作的七律。陈寅恪给刘啸秋的信中写道，"兹录小诗三首，即希教正，且可见弟之近状也"。[1] 这首陈寅恪自感能反映"弟之近状也"的七律，其中有"是

---

[1] 该信由中山大学陈寅恪纪念室提供。

非谁定千秋史,哀乐终伤百岁身"句,其所蕴藉的哀伤不单单指李香君,已是无疑的了。

1962年跌断腿后,陈寅恪再不能亲临剧场感受戏曲那种只有在舞台上才特有的魅力——那种魅力正是传统戏曲生生不息的根本所在,而只能通过收音机、电唱机收听戏曲唱段。从此,在陈寅恪的余生中已不易发现传统戏曲触发其激情的痕迹。当然,在陈寅恪跌断腿后,死神已开始在他的四周徘徊。

从陈寅恪1956年前后"颇喜小说戏曲"算起,到1962年时为止,前后六七年光阴,中国戏曲给了这位老人多少的情感寄托?多少的灵魂抚慰?还有多少的活着享受?这六七年也正是陈寅恪经受着惊涛骇浪、狂风暴雨的折磨与吹打!如同欢愉之于晚年陈寅恪总是悄然而来、终究黯然而去一样,传统戏曲最终未能伴着老人走完人生的最后一程。这情景犹如一列不能改变目的地的列车,身后不断撇下一个又一个可能出现的中转站,寂寞而坚忍地奔向远方的归宿!

在陈寅恪这段生命历程上,当刻下中山大学一群票友的名字,他们既是他的大学同仁,也是热心联结梨园与校园情谊的牵线人。有了他们,东南区一号楼对面的大草坪,留下了好几幅名伶与陈寅恪联欢、清唱的历史场面。陈寅恪也许不能算是严格意义的票友,他不唱,他只是听,只是深深地感受——关于历史的、人生的,还有名伶那令人"一曲九回肠"的歌喉。

到此,曲虽未终,可有些人的命运不能不提前作交待。

深为陈寅恪激赏的名伶新谷莺,六十年代继续走红。文化大革命爆发后,神州大兴样板戏,其时的新谷莺已年近五十岁。她已不能再饰演年轻貌美的李铁梅、小常宝之类的角色,只能应工老旦一类的行当。但其嗓音的魅力仍宝刀未老。据说,每当她所饰演的配角一开口唱几句散曲,掌声便起,很有点喧宾夺主的效果。不知是天意还是生不逢时,名头响彻南天的新谷莺,从艺大半生竟没有留下一句半句的唱腔资料。等到八十年代各类影音公司应运而生时，新谷莺已老了，昔日极火红的名伶已失去了"经济效益的价值"。更主要的是，京剧在南粤这块土地上已被视为"难以再负担与养起"的古老艺术。

没有留下唱腔资料的新谷莺，五六十年代那响彻康乐园的金嗓子，已成不可追寻的绝响。随风而逝，只徒惹后人追怀遐想，似乎是中国戏曲的魅力，也似乎是传统的某种命运。在八十年代，广州京剧团一位最出色的乐师去世，他曾为新谷莺伴奏数十年。自此，新谷莺再没有登台演唱。曾有一后学问，"老师因何不复唱？"半晌，满头白发的老人才说，"唱，还有什么意思？"

1986年，广州京剧团解散，一个时代就这样结束。那句"风流总被雨打风吹去"的唱腔，永远不再复闻。

第十二章　草间偷生

1

在 1959 年与 1960 年之际，还隐伏着许多事件。

在这一年，"大跃进"带来的共产风、浮夸风、高指标、瞎指挥等等恶果开始出现，经济严重衰退的局面已露迹象。毛泽东在这一年花了大部分时间研究农业政策。毛泽东开始想纠"左"。但中国这列正奔驰呼啸的列车，如何能随人所愿地紧急刹车？

在康乐园，围绕着陈寅恪曾发生过多幕悲欢剧。六十九岁与七十岁之间，相隔虽一年，人生划出的却是很鲜明、很触目的界线。

1959 年春节刚过，广东各地的副食品供应突然紧张。六十年代初中国进入全面经济困难时期，广东不算最困难的省份，但广东是很早感受困难滋味的地区之一。

4 月 5 日前，中山大学的员工学生饭堂还是让人放开肚皮吃，谁料全校放了四天春假之后，4 月 9 日人们一上班开课，即发现每人每月的粮食定量已减为二十八斤。这个变化太大了。这件事刺激之深，三十多年后，原中山大学膳食科老科长仍记忆犹新。

六十九岁的陈寅恪开始进入享受特殊照顾的时期。在数年的特殊照顾时期里，命运的小船一波三折，随着迈入七十岁的年龄，生命的悲凉感愈加浓郁。

继每人每月的粮食定量减为二十八斤后，不久，每人每日的肉量也限为每日五分钱（半两），食油每人每月半斤。

在"大跃进"最火红的1958年下半年，广东省委书记陶铸曾豪情满怀地号召全省农村实现"三餐吃干饭"。到了1959年5月，陶铸只好怀着内疚的心情在汕头地区公开向全省农民作检讨。浮夸虚报使比较注重调查研究的陶铸也上当。"三餐吃干饭"，数月间就多吃了将近二十亿斤粮食[1]。温饱本未实现，家底原来就不丰厚，1959年广东各地还遭受了自然灾害，饥饿的威胁像一场噩梦骤然降临在人们的面前。

在这段时期，陈寅恪的生活相当清苦。中山大学几经讨论研究，决定对陈寅恪实行特殊照顾。一场风波就这样产生了。

奉命上门与陈寅恪商量如何补助食品供应的膳食科长敲响了陈宅的门。据说中山大学后勤部门的人一向都害怕与这位大教授打交道，说是"教授脾气怪"。膳食科长没料到陈寅恪听明来意后很高兴，科长告诉陈教授，学校准备每日供应他四两肉类，唐篔每日二两。若到此为止，这份关怀也许会久久地慰藉着一颗凄苦的心灵。可惜科长最后说，"六两肉就是十二个人的分量"。陈寅恪一听，脸色突变，认为科长说话有问题，两人不欢而散。[2] 事后陈寅恪对陈序经表示，每日六两肉的照顾他不需要。陈序经马上向学校反映，校党委专门为此事开了讨论会。在讨论会上，许多人认为膳食科长没有错，有一干部甚至拍桌子气愤地说，"陈寅恪有什么了不起，他能生产一亿斤粮食出来给他什么都可以"。矛盾的焦点就在这里，人们无法理解，对一个资产阶级学术权威，为何要有这样的特殊照顾！

质朴的人们似乎没有错，一个什么也不能生产的"包袱"，最

---

[1] 参阅1959年广东省有关农业形势材料（广东省档案馆藏）。
[2] 据中山大学前膳食科长回忆（1993年10月25日）。

好的命运应该是处理出去而不是特殊照顾。在那个文化遭践踏的年代，人们有这样的气愤丝毫也不奇怪。无论出于什么原因，当年的知情者已不愿详谈那场据说是很激烈的讨论会。

此事的另一层意义还在于，从不接受嗟来之食的陈寅恪，以他敏感的心灵防备着现实带给他的伤害。以后一些来自真诚关怀的照顾，在他的眼中也蒙上了政治功利的色彩。

那场讨论会陈寅恪永远不会知道，中山大学也没有放弃对陈寅恪特殊照顾的政策，但经济形势越来越恶劣，特殊照顾亦变得徒有虚名。所有照顾的细节已无从考究了。这是一段现代中国市场供应最混乱的时期，每人每月的食物配给分量已到了一月数变的程度。

在这段史称"三年经济困难时期"的岁月里，在那些最紧张的日子中，香港、澳门等地以平均每日新开张七八间邮件包裹投寄站的速度，大做海外华人从香港等地寄食品回内地接济亲友的生意。[1]多少商家因此而发了一笔大财。这是经济困难时期广东省特有的奇观。1961年7月，陈寅恪也收到了一张寄自香港的食品邮件包裹单，寄件人署名"陈汗亮"，陈寅恪对该名字没有印象。因来件写着"广州市岭南大学教授陈寅恪收"等字样，历史系派人查阅了原岭南大学文学院历届毕业生名单，也找不到出处。陈寅恪让唐筼将包裹单交给历史系中古史教研组党支部书记，表明拒收这一来历不明的食品。该包裹内有火腿、猪油、面饼、眉豆等食物近二十公斤。[2]在以后数次政治运动的"暗查摸底"中，这件事作为陈寅恪热爱祖国、拒不接受资本主义社会来历不明礼品的例子多次被点出。其实不用提高到这样的境界，陈寅恪不接受嗟来之食，当是性格中必然的事。

---

[1] 见1960年广东省印发的有关"港澳动态"材料。
[2] 参阅1961年《陈寅恪近况》，原件广东省档案馆藏。

2

甚有讽刺意味的是，这一边中山大学已将陈寅恪列为照顾对象，那一边批判者并未放松对陈寅恪的批判。

在上半年，一场"知识分子是否革命对象"的讨论正在历史系紧张地进行。将知识分子列入革命对象之列，其极"左"的做法，比起当时的社会思潮有过之而无不及。这一步超前于形势，故此"极左"意识已接近疯狂的人们也不敢大张旗鼓地宣传这场讨论。

荒诞与滑稽，总在历史进程的某些节骨眼上起决定作用，常常令观史者留下哭笑不得的慨叹。不用说，讨论的结果自然得出了"知识分了实质上是革命对象"的结论。在1959年的康乐园，这样一个"崭新"的结论诞生了。它与北方同样得出如此结论的清华大学物理系的部分师生成"遥相呼应之势"[1]！在五十年代末，所有中共领导人关于知识分子问题的公开谈话，尚未有"知识分子是革命对象"这一提法。1959年整个国家机器正集中精力处理开始出现的经济困难局面，这个极"左"的杰作一出笼便逃脱不了它应有的命运，热衷于政治的人们很快发现，政治给他们开了一个代价不轻的玩笑。

但这场讨论的意义是深远的。它至少确立了这样的意识：老教师是教育革命的"包袱、废料"，年青教师对其应"取而代之"。一些当年落实知识分子政策的"情况汇编"记载着，即使遭到批评，极"左"的人们仍耐心地寻找着将老教师"卸包袱"的机会。1960年提倡"节约劳动力"，中山大学历史系中古史教研组再次提出将该组包括陈寅恪、岑仲勉等人在内的六位老教师"全部处理出去"的方案[2]。读着这样的记载，令人一直不能释怀的是，小人物在政

---

[1] 参阅1958年《清华大学物理教研组对待教师宁"左"勿"右"》一文。
[2] 见《中大历史系整风运动中检查知识分子政策综合材料》（第1、2期），1961年4月，广东省档案馆藏。

1959年陈寅恪夫妇及两个女儿在广州"凌烟阁"留影。右一为姜凝。时姜的丈夫端木正被划为"右派",正在高明县接受劳动改造。陈寅恪夫妇特意约上姜凝,与陈氏一家合影一帧,陈寅恪嘱姜凝一定要将照片寄与端木老师,意在"让他不要挂心"(据姜凝回忆)

治上的发明创造,有时也让人叹为观止。

正义终于艰难地现了一下身影。

1959年9月,中山大学开展党内整风运动,极"左"的人们终于自1958年以来第一次受到了严厉的批评。历史系的负责人在9月下旬的整风扩大会议上被迫作了检讨。昔日的批判者终尝到了被猛烈批判的滋味。[1]

历史系的极"左"做法,在整风运动之初便直接受到广东省委整风办公室的点名批评,认为是"对党的知识分子政策掌握不稳,对知识分子采用简单压下去的办法"。"陈寅恪遭批判"的例子是历史系被点名批评的导火线。在历史系负责人的检讨中,被迫承认

---

[1] 见中山大学1959年"整风运动"材料,中山大学档案馆藏。以后史料出处如相同,不再标出。

"批陈"是违反了党对知识分子的政策,是"拒不执行党委的决定"。检讨者同时坦白承认,"我自己很差,其实马列经典著作我一本也没有看过"。

历史留下的就是这样触目惊心的文字。没有看过一本马列经典著作的人,却在局部范围内领导了一系列打着马列旗号、视马列片言只语为紧箍咒的政治运动。相形之下,四十多年前已在欧洲看过马克思《资本论》原版著作的陈寅恪,显得很可怜。当然,这同样是中国历史的可怜。

无知者很多时候不必等到吞吃历史恶果的那一天,而在当时就要付出代价。1959年历史系遭点名,两年后知识分子关系再度出现缓和,历史系又被广东省委统战部门点名批评。这一次是"旧账新账"一齐算,五十年代极"左"的做法遭到了否定。也多亏当年这种"新账旧账"一齐算,它为后人保留了一些历史的原貌。

但毕竟这只是一场党内整顿工作作风运动。事毕,负责者依然负其责,对资产阶级思想继续批判斗争的教育革命方向丝毫没有改变。在未来,展现历史的笔调继续沉重,千篇一律的"批判斗争故事"将显得单调,使人乏味。——但没有办法,历史原本就是如此。

3

奇寒的1960年来到了。

当代中国人永记心头的"三年经济困难时期"进入了最严峻的关头。也许信奉"精神可以战胜物质",1960年1月,神州直卷一切的政治运动是全国亿万人投入学习毛泽东思想的热潮。1月12日,中共中央决定使用"学习马克思列宁主义,学习毛泽东著作"的提法。[1] "毛著"、"毛选"等等专有名词,正是在这个连接着国家经

---

[1] 见《毛泽东大辞典·附录》,第190页,中国国际广播出版社1992年版。

济危机的跨越两个年头的残冬,开始成为中国大地最神圣、也最流行的词语。今天看这段历史,人们当然还能发现很多的历史枝蔓。1960年的严寒,还象征着中国与"老大哥"苏联的交恶,还意味着中国知识分子的头上突然增多了一顶一不小心就有可能被戴上的"修正主义"的帽子。

"战鼓震天,万马奔腾"[1],藉学习毛泽东著作和批判修正主义的东风,中山大学历史系重燃狠批资产阶级思想的烈火。但被批判者却明显老了!仅隔两年,人们已听不到陈寅恪那凝聚着生命痛苦的勃然大怒,也听不到刘节、梁方仲等人有力的辩驳。生命也许只度过不长的两年时间,陈寅恪们的心理年龄却已衰老了很多很多。1960年,刘节不过是五十九岁,梁方仲不过是五十二岁,陈寅恪是七十岁,他们都有了对于一代学者来说很悲凉的日暮途穷之感。

缺少挑战对手的战斗是可以为所欲为的。没有抗争也没有不服,绝大部分教师主动向求学者兼批判者交出自己的授课讲义,主动向他们交待讲义中有哪些是资产阶级的学术观点,哪部分引用了资产阶级学者的话等等。甚至有些教师还向同学们介绍了自己的思想的来龙去脉,介绍了自己1949年之前发表了哪些资产阶级学术论文,以提供同学们批判时作参考(又叫"提供炮弹")[2]。

现代中国的政治运动有一个显著的共同点,那就是每一场运动都有一些新发明。1960年这场批判资产阶级学术思想运动,也有一项新创造,其名曰"教学检查"与"教学搜索"——搜索资产阶级学术思想。

与两年前相比,"资产阶级知识分子"已根本驯服,噤若寒蝉。五七、五八年的抗争已经不复见。随着授业者主动提供炮弹让批判者更好地批判自己,中国学人最后一丝自尊与独立的品格已荡然无

---

[1] 引自1960年5月份中山大学校刊。
[2] 见1961年4月29日中山大学校刊。

存。虽然"臭老九"一词要到文化大革命时才出现，但知识分子毫无地位，知识分子品性中的懦弱、夹起尾巴做人等等弱点，在这一年已见雏形。可怜的学人们似乎不应受指责，但总有些东西要受指责的。困难的是，直到今天，似乎也不易将批判的利刃明确地指向哪一方。等待一个公正的历史批判，人类也许要耗费很长很长的时间。

耻辱再一次出现。搜索"中国史学史"一课的小组，拿着刘节的讲义竟无从下手。中山大学的校刊在当时即留下了这样的记录：已是高年级的历史系同学，"古文基础较差，过去又没有学过这门课程（指'中国史学史'），打开讲义一看，都是古文字，看了半天，仍不知所云"[1]。刘节不合作，其他学人却可以合作。在"集体力量支持下"，在众人分工苦攻下，"不但彻底摧毁了那部唯心主义体系的'史学史体系'，而且，大家动手，在'五一'节前写出一部崭新的'中国史学史'，向群英会献礼"[2]。

这是当时的实录，没有加工的成份！

读"史"至此，不禁令人潸然泪下！

刘节很侥幸，没有被点名，但历史系每个人都知道，被彻底摧毁的那部"史学史"，是刘节中年后苦心经营之作。所有资产阶级知识分子在这场"搜索"运动中都没有被点名，并非是极"左"的人们心慈手软，而是毛泽东在《清华大学物理教研组对待教师宁"左"勿"右"》一文中作了如下的批语："争取一切可能争取的教授、讲师、助教、研究人员，为无产阶级的教育事业和文化科学事业服务。"[3] 毛泽东的批语写于1958年12月27日，到1959年陆续传达到各地。但此批语显得针对性不明，未能遏抑各地高等院校普遍存在的已成汹涌之势的"宁左勿右"思潮。

---

[1] 见1961年4月29日中山大学校刊。
[2] 见前注。
[3] 广东省档案馆馆藏档案。

没有被点名的学人甚至比1958年还要胆颤心惊,"教学搜索、检查"的结果,中山大学历史系在各个课程的讲义中共搜出问题三千三百多条。这些问题一言概括之,就是"以帝王将相为纲,忽视了人民群众在历史上巨大的作用"。三千三百多条问题被揭露,历史系庆祝对资产阶级思想的批判取得了"又一场胜利"。一年后,在广东省委统战部对中山大学历史系极"左"做法的批评中,为人们揭示了"又一场胜利"的丑陋真相。在1960年上半年的"教学搜索"中,历史系采用了"大搜查,打麻雀,一网打尽"的方法,公开批判说老教师的讲义"连大粪都不如","放在厕所也发臭"[1]。如许字眼,再抄一遍,亦觉有辱笔端。这岂止是生命之辱,文化之辱!掩卷泣啼,宁不悲恸!

幸亏陈寅恪在这个"教坛变作祭坛"的舞台上早已抽身离去。他已经无力抗争,也无力维护。生理的衰老在他迈入七十大关之后加快了侵蚀他机体的速度。他面临着的是反复的病痛、饥饿与清贫的逼迫,以及精神上的萧杀与窒息。"草间有命几时休"[2],无论是何种意义上的生存,已成为60年代初陈寅恪最迫切的人生问题。

4

即使在清一色的严寒世界里,生命的生存依然是多彩的。在叙述到这段历史时,不能不加插一段题外话,不能不把目光投射到距东南区一号不远的一幢楼房里,投射到一个同样是赫赫有名的名叫梁宗岱的教授身上。他展现的是另外一种生命的状态。与陈寅恪沉重的命运相比,梁宗岱的诗人气质显得很质感与易遭摧折,留下了

---

[1] 1961年《中大历史系贯彻知识分子政策问题的一些材料整理》(第2期)。
[2] 见《春尽病起宴广州京剧团并听新谷莺演望江亭所演与张君秋微不同也》诗。

永远令人伤感的话题——关于诗的毁灭,诗人精神世界的枯干。

有如茫茫夜空中很明亮的一颗星,梁宗岱曾在三十年代的中国学界与诗坛,成为一个"横空出世"的才子。但五六十年代后,才子的才气逐渐消失,才子的英名逐渐被淡忘。梁宗岱也许甘于寂寞,但历史不应忘记曾有这么一个人,曾有这么一些忧伤的故事。

梁宗岱,广东新会人,1903年生。在他1955年9月进入中山大学之前的五十年人生中,他将一个诗人所应有的传奇人生演绎到了极致。十五岁时梁宗岱便开始展现其罕有的天才。这一年他第一次离开乡村进入大城求学,就读于当时广州的名校培正中学。该中学当时用英语上课。从对英语字母ABC也认不全,到最后夺得该校英文比赛第一名,梁宗岱只花了一年多一点的时间。在这段时间,梁宗岱同时获得"南国少年诗人"的称号。[1]

在这一点上,梁宗岱显然比别人将生命延长了好几倍。在他二十一岁那年,他已带着对生命的不满足,远涉重洋去寻找新的生命了。在那些诞生浪漫与狂想"诗神"的国度里,梁宗岱的生命畅快达到了诗人的最高境界。在六七年间,梁宗岱先后在瑞士、法国、德国等欧洲国家漫游或求学,写下了他一生中最灿烂的一页,也是二十世纪中国诗人在欧洲展现才华最动人的一页。

这位任性任情的才子在法国时显然也令法兰西人折服。巴黎的文艺沙龙向梁宗岱敞开了大门,严苛的评论家将毫不吝啬的赞美与欣赏都倾泻在这位瘦削的中国青年人身上。因为梁宗岱对诗歌中的生命感悟以及对法语运用的娴熟,使人误以为法国文坛又出现了一颗新星。

在这里已没有必要详细叙述三十岁不到的梁宗岱,如何与文豪罗曼·罗兰、法国象征派大诗人保罗·梵乐希等人结下了情感很深的异域之缘和忘年之交,也没有必要细说梁宗岱前半生的学术成就。

---

[1] 参阅甘少苏:《宗岱和我》,重庆出版社1991年版。

值得一说的是，在1955年9月，时年已五十二岁的梁宗岱，在历经十余年曲折与坎坷的苦难之后终于重返高等院校的讲坛，为五十年代中国知识分子的众生相再添一景。

五十二岁的梁宗岱来得正是时候。他没有碰上"批胡适派"与"肃反"，他碰上了1956年知识分子的大好春天，他很快被评为二级教授，并讲入中山大学学术委员会。该委员会汇集了中山大学一批知名教授。但也可以说梁宗岱来得不是时候，两年后他成为外语系火烧的一面"大白旗"。

梁宗岱在1958年之际成为一面"大白旗"，实在是气质的必然。这与陈寅恪被批判是一种文化价值取向的必然相比，似乎没有太沉重的东西，但于人生而言，它所揭示的同样是"残酷的摧毁"，以及摧毁所带来的残酷。

1958年的初春，梁宗岱已成为校园众矢之的的人物。他的"天才教育论"遭到了猛烈的批判。在随后的交心书中，这位崇尚"天才"的教授不得不作深刻的检讨，"所谓天才教育主义，我认为大学教育专为培植专门人才。十个学生中只要培养出一两个优秀学生便尽了教学的职责了。其他学不上，那是因为他们根本不该入大学"。[1] 据说，这种"天才论"梁宗岱几乎时时挂在嘴边。应该承认，一个才高八斗的人，他当然有资格俯视芸芸众生，发出一些"狂言"。

诗人的翅膀终于折毁于狂风暴雨之下。梁宗岱在课堂上津津乐道歌德、拜伦的轶闻轶事，被揭批为经常在课堂上当众讲黄色下流的故事和当众侮辱女同学；梁宗岱醉心于法国象征派的诗作，每次讲课都沉浸在一种对诗与文学的狂想中，被斥为散布资产阶级的腐朽思想、唯美主义和形式主义。与此形成对比的是，大部分的学生无法欣赏这位曾被保罗·梵乐希称之为"操着一口很清晰的法国语"

---

[1] 见1958年6月份《中山大学整改工作简报》。

的教授那标准的法语发音。以至梁宗岱因"毕业班的学生连一些英国著名的大作家的名字都不懂"[1]而发出的感伤,也被看成颓废没落的思想加以批判。

诗人沉默了。人生在这一年出现了惊人的相似。1943年时任复旦大学外文系主任的梁宗岱,在广西百色宣告与一个粤剧女伶甘少苏结婚,引起了当时主要集中于四川、广西等地的全国学界的哗然。世俗社会无法理解一个堂堂的知名教授会与一个女演员结合。更令人惊奇的是,这位才华横溢的教授,从此竟抛弃了学界,抛弃了他生命价值所在的事业,归隐于广西,开始其商贾生涯和对中草药的研究。[2]十五年后,虽没有辞去教职的梁宗岱,心灵再一次回归"自然"。梁宗岱特意在他的住宅前辟出一块园地养鸡种菜种中草药,最兴旺时饲养的鸡、鹅、鸭竟达七八十只之多。取得经验后,梁宗岱又开始养猪。在当年一些"知识分子情况与动态"的材料上,留下了时人对梁宗岱此举的不解、震惊和愤怒,斥之为"对抗运动"的一个新花招。[3]但已无心在教坛"放毒"的梁宗岱依然我行我素。自此,一个懂数门外语的教授实际上已慢慢隐去,而一个在中草药研究中获得快感的人,开始以"济世行医"的面目出现。

在五六十年代之际,梁宗岱第二次抛弃了他生命价值所在的事业。他的一生,其学术成就与文学贡献,主要在前半生奠定;在后半生,他的才华,他的精力,尽消磨在"我的制药经历(梁宗岱语)"之中。"诗的生命与高贵",消失得很平淡,很难令人置信,但也消失得很真实!

即便如此,在强大的压力下,诗人天生的"高贵气质"仍如巨石下不屈的草丛,不时顽强地表现其生命力。直到六十年代前期,

---

[1] 见1958年6月份《中山大学整改工作简报》。
[2] 参阅甘少苏:《宗岱和我》。
[3] 参阅《梁宗岱小传》(未刊档案材料)。

1960年陈寅恪在
住宅前草坪留影

梁宗岱的口头禅仍是"老子天下第一"。当年的批判文章记载着梁宗岱七十多个"老子天下第一"的内容,诸如喝酒第一、体育第一、种菜第一、气力第一、制药第一……

在后人看来,这位学人数出此类第一时,那是一种笑中带泪的幽默。因为,他的"天才"原不是为喝酒制药种菜等事而生就的。只有在下列数说"老子天下第一"时,诗人的才气才有如虹光一般夺目:梁宗岱在课堂上多次说,"莎士比亚研究全国我第一,法国现代诗的翻译全国我第一,教学我第一,学问我第一,《浮士德》的翻译我第一……"[1]

---

[1] 见《中山大学整改工作简报》。

五十二岁之后的梁宗岱据说只服两个人：一是中山大学副校长陈序经，一是历史系教授陈寅恪。

六十三岁以后的梁宗岱，在"文革"时惨遭肉体折磨，多次被打得死去活来。早年，诗人感受着步入诗的天堂的快乐，灵感若喷泉。晚年，诗人经受着地狱般的苦难折磨，但诗人再也写不出愤怒的篇章了。

第十三章　今宵相逢

1

1960年3月，广东已到了万紫千红，鸟语花香的春暖季节。比起北国万里冰封犹待消融的春寒，岭南的3月节候犹胜天上人间。

中国的最高领袖此刻在这块土地上避过了大半个冬季的西伯利亚寒流，陈寅恪虽然数次在重要关头口口声声"请毛公给一允许证明书"、"请毛主席保证"，但陈寅恪其实与毛泽东无缘。毛泽东自1949年后共南巡广州八次，这八次集中在1954至1961年之间，这段时间也正是陈寅恪晚年与现实发生比较多联系的时期。但毛泽东与陈寅恪一次面也没有见过。而在中国历史学界，五六十年代一批显赫的名流学者，都在不同场合先后受到毛泽东的接见。以陈寅恪的性格，以及他双目失明的情况，无论是陈寅恪前往晋谒还是毛泽东前来拜访，都是根本不可能的假设。

毛泽东立国后八次巡察南粤大地[1]，参观过不少农村、工厂以及名胜，甚至观赏过南粤不少文艺团体的晚会演出，偏偏没有一次光临校园。在本世纪，广东的中山大学以其悠久的历史一直是中国重要的高等院校之一，曾吸引过不同时期的众多政要前来参观。但

---

[1] 参阅1993年中共广州市委宣传部等主办的大型历史展览《毛泽东在广州》的史实。

每次南下广州都住在与中山大学仅一河之隔,甚至隔江眺望可隐约看见绿树葱葱康乐园的"小岛"招待所的毛泽东,并没有对这个以园林般优美而著称的校园投下特别关注的一瞥。

毛泽东1960年的南巡很特别。这位此时威望已接近顶峰的领袖,在1月7日至17日,在上海主持了中央政治局会议,制订了该年大炼钢铁的高指标——年产1840万吨。带着依然充满了浪漫色彩的豪气,毛泽东的专列继续南下,27日抵达广州,一住便是四十多天。[1]

在这一个多月的时间里,毛泽东大部分时间都在"小岛"审编他的选集第四卷。其时全国大兴学毛泽东著作之风,开始出现的经济困难被解释为只是局部的失误,很快会得到纠正。

3月,毛泽东身边的一群"文胆"终于汇聚"小岛",参加毛选第四卷文稿通读会。有两个重要的人物在陈寅恪的晚年开始现身了。他们就是声名显赫的康生与胡乔木。两年后已没有"伴君"重任在身而南下广州、所以显得很轻松悠闲的康生与胡乔木,都先后动了过江探访那片校园里那一个神秘的史学大师的念头。毛泽东身边的两个政治秀才都对陈寅恪产生了兴趣,追寻历史的痕迹到此,不禁令人遐想不已。

不过,眼下的故事还未发展到那一步。

1961年二三月间,毛泽东最后一次南下广州。与一年前相比,豪气的毛泽东不得不冷静地面对这样的现实:国民经济出现了自立国以来最困难的严重局面。在广州,毛泽东主持了史称"广州会议"的中央工作会议,开始对"大跃进"进行反思。毛泽东再次号召全党干部"一切从实际出发,不调查就没有发言权",力图纠正严重的经济困难局面。

就在这时,一个"新"史学权威踏上了这块土地。这回他可

---

[1] 见《中国共产党历史大事记》"1960年"条及《毛泽东在广州》。

以身心放松地重游这个于他并不陌生的地方。他还将见一见另一个"旧"史学权威。问候毕竟是一种关怀,他的到访,带来了1961年的陈寅恪的第一个故事。他就是郭沫若[1]。

郭沫若是带着疲惫到广东的。时年已六十九岁的郭沫若,不久前刚结束了一次万里的旅程。1960年12月下旬,郭沫若率友好代表团应邀飞赴古巴参加古巴革命胜利二周年纪念活动,前后达十八天。归国途中,郭沫若又顺道访问了缅甸三天。据郭沫若的秘书王廷芳回忆,[2]1961年早春郭沫若南方之行,是周恩来特许其出去"好好休息一下"的,因为郭沫若太累了。郭沫若于1961年2月8日离开北京前往他南行的第一站广东。从未到过海南岛的郭沫若首先去了这个宝岛。在冯白驹的安排和陪同下,郭沫若在海南游览参观了二十多天,写下了不少诗歌。

于今人来说,最感兴趣的不是这些,而是新旧两个史学权威的会面。

郭沫若大约在3月上旬到达广州。正是在这段时间,郭沫若走进了美丽的康乐园。康乐园有郭沫若的挚友冯乃超,康乐园还有令人不能忽视的陈寅恪。据王廷芳回忆,郭沫若每次到广州,只要有时间,都会去探望冯乃超。在这一天,郭沫若探访完冯乃超之后又来到了陈寅恪的跟前。

八年前,郭沫若以学界领导人的身份邀陈寅恪进京一同共事,陈寅恪拒绝了。拒绝得令人不很舒服但也无话可说。三年前,郭沫若公开宣布要在不太长的时间内在资料的占有上超过陈寅恪。单从上面的事实看,陈寅恪可以"不问秦汉"地治史论学,但郭沫若却

---

[1] 自本书首揭郭沫若与陈寅恪晚年若干交往史迹,十数年来关于郭、陈的关系,议论纷纭。近年亦有以尚未刊布的"私家日记"为材料立论者。凡此种种,犹不足以改变本书述"郭、陈交往"的宗旨,故今仍保留原貌,以存著述之初衷。

[2] 笔者曾于1993年9月20日拜访王先生。

不可能不屑陈寅恪的存在。在当时无数中国人的眼中，郭沫若、范文澜等人是中国史学界的权威。在五六十年代毛泽东及中央领导人一些涉及到历史领域的谈话或报告中，不时可见郭、范等人的名字。无论客观存在也好，还是人为造成也好，现实对史学界"新"与"旧"的划分，都使被尊为"新史学"权威的郭沫若，与被称为"旧史学"权威的陈寅恪，形成一种无形相对峙的态势。这种态势曾借"天不怕，地不怕"的学生之口一语道破。在1958年那篇《"教授中的教授"种种》的文章中，作者这样写道：

  陈寅恪先生从不言及当今政治，有人提到总要被拦回。于是某些人则对此赞羡不已，说什么陈先生治学所以稳如泰山，就是"摆脱了政治"，故有"千百年而不倒"、"历久而不灭"的著作贡献于世。甚至宣称：在历史学方面，陈寅恪先生才是攀登高峰的楷模，郭沫若院长亦恐难与之相比。真是荒谬之极，无以复加。

故此，这种态势不是出现在现实——陈寅恪早就作为资产阶级学者已被批倒批臭，而是出现在心理上。

郭沫若带着他的一个秘书，登上了那座许多名人都曾到访过的楼房。

郭沫若是有备而来。

其时郭沫若正将满腔的热情倾洒到《再生缘》及陈端生的身上，创作的激情正在胸间酝酿。也许是英雄所见略同，非常巧合，郭沫若在五六十年代之际新拓展的几个史学观点，都与陈寅恪有着某种"只可意会，难以言传"的牵连。评论《再生缘》一事的过程前文已详述，在此不再重复。1959年2月，郭沫若借创作历史剧《蔡文姬》提出了重新全面评价曹操历史功绩的观点，此为该年全国学界热衷于替曹操翻案之滥觞。1960年郭沫若又写《武则天》一剧，再次引起新的一轮"翻案文章"。1962年2月,郭沫若在海南岛校点《崖州志》时,突然对唐代名相李德裕被贬海南事发生兴趣,花了相当精力去研究。在此时给秘书的一封信中郭氏这样写道:"近来对于李德裕感到兴趣,关于他的研究,除《中国六大政治家》外,史学界有人注意否?有无值得注意的研究成果?希望帮忙查一下。"[1]而对于陈寅恪来说,对曹操、武则天、李德裕历史地位的评价及某些方面史实的考证,已分别于三年前、二十五年前和二十六年前就阐发了已被证明经得起时间考验的真知灼见。不妨在此将前二者分别摘录如下。关于曹操,陈寅恪在1956年发表的一篇论文中写道:

> 夫曹孟德者,旷世之枭杰也。其在汉末,欲取刘氏之皇位而代之,则必先摧破其劲敌士大夫阶级精神上之堡垒,即汉代传统之儒家思想,然后可以成功。读史者于曹孟德之使诈使贪,唯议其私人之过失,而不知此实有转移数百年世局之作用,非仅一时一事之关系也。今迻录孟德求才三令,而略论释之于下……孟德三令,大旨以为有德者未必有才,有才者或负不仁不孝贪诈之污名,则是明白宣示士大夫自来所遵奉之金科玉律,已完全破产也。由此推之,则东汉士大夫儒家体用一致及周孔道德之堡垒无从坚守,而其所以安身立命者,亦全失其根据矣。故孟德三令,非仅一时求才之旨意,实标明其政策所在,而为一政治社会道德思想上之大变革。顾亭林论此,虽极骇叹(日知录壹叁正始条),然尚未尽孟德当时之隐秘。……[2]

关于武则天,陈寅恪在1935年撰写的《武曌与佛教》一文中

---

[1] 1980年第1辑《文献》,第56页。
[2] 见《书世说新语文学类钟会撰四本论始毕条后》,载《中山大学学报》1956年第3期。

便有如下评价：

> 武曌在中国历史上诚为最奇特之人物，宜都内人之语非夸词，皆事实也。自来论武曌者虽颇多，其实少所发明。兹篇依据旧史及近出佚籍，参校推证，设一假定之说，或于此国史上奇特人物之认识，亦一助也……武曌以女身而为帝王，开中国政治上未有之创局。如欲证明其特殊地位之合理，决不能于儒家经典求之。此武曌革唐为周，所以不得不假托佛教符谶之故也。[1]

"读史者……然尚未尽孟德当时之隐秘"与"自来论武曌者虽颇多，其实少所发明"等语，既是陈寅恪的自负，也是陈寅恪自感对这两个千年来已成定论的历史人物能发"历史未发之覆"。这次郭沫若来访之后，中山大学探听到了陈寅恪的口风，陈寅恪曾这样说，"郭沫若为曹操、武则天翻案，其论点和自己接近"[2]。陈寅恪感慨郭沫若翻案文章的观点"和自己接近"，当有百感在心头。

有了这样的前因，则郭沫若这次与陈寅恪见面便出现了一些意想不到的场面。

据目睹了这个场面的郭沫若秘书王廷芳及当时中山大学秘书刘瀚飞分别回忆，郭沫若与陈寅恪见面时的寒暄是热烈的和亲切的。郭沫若果然才气横溢，他在询问陈寅恪"今年高寿几何"的寒暄中，当即吟了一副对子给陈寅恪[3]。这个对子《郭沫若全集》不见收，想来它属"游戏之作"。但这个对子真实地记录了郭沫若那一刻的心境，以及一向存于心头的一些想法，游戏之作不游戏，且录如下：

---

[1] 见《金明馆丛稿二编》，第137、第147页。
[2] 见1961年《陈寅恪近况》，广东省档案馆藏。
[3] 据郭沫若另一位秘书王戎笙1993年9月21日在电话中向笔者述及，他隐约记得郭氏曾告诉过他，这对子好像是郭、陈两人一人写半联的。

> 壬水庚金龙虎斗，
> 郭聋陈瞽马牛风。

这副对子后来经冯乃超之口传出，成为两位文史大师友谊的一则轶事，在中山大学一些人的口中流传，对子得以保留下来。

郭沫若不愧是高才。若从字面解，他将陈寅恪及自己的生辰、生肖之属和对应的干支五行中的"金木水火土"都镶嵌在对子中：陈寅恪1890年（旧历庚寅年）生，属虎，按天干地支的五行归属，庚为金，故联中有"庚金"一词。同理，郭沫若1892年（旧历壬辰年）生，属龙，壬为水，故"壬水"与"庚金"互为对文。更为巧合的是，郭沫若听力甚弱，陈寅恪晚年目盲，郭沫若才有"郭聋陈瞽"之谓。郭沫若有这样巧妙的构思，其渊源似可追溯到1929年。在该年，郭沫若写了一篇刻意出新的《释支干》，详论"支干"及"十二生肖"的渊源。

令这副"游戏之作"甚有无穷韵味的是对子中相对的两组词——"龙虎斗"与"马牛风"。"龙虎斗"虽只是一种比喻（陈寅恪不可能也不会与"龙"斗），词意却奥妙。以1949年后郭沫若与陈寅恪"你来我往"的恩恩怨怨，"龙虎斗"虽无其事，但实已见其影。

"马牛风"是对子的点睛之笔，令人可作无穷的联想。郭沫若的意思是否有作为"马克思主义史学代表"的他，与作为"资产阶级史学代表"的陈寅恪，本无所谓"龙虎斗"，实在是风马牛两不相及？还是郭沫若把两人的恩恩怨怨都归为学术争鸣，于个人的私谊并无关联？若此对子的下半联为陈寅恪所吟，则对子依然不失其只可意会的悠长韵味。

可以有多种解释，也可以有多种体味，但"趣旨"也许只有一个。

郭沫若处于"解释、求得谅解"的位置是无疑的了。尽管这种"解释"是在泛着欢笑的寒暄中进行，尽管这种"解释"是在郭沫若运用很巧妙的对子营造了一种很好的气氛下进行。

据说,陈寅恪听了对子之后没有什么评价[1]。陈寅恪对所谓的"龙虎斗"也只能如此。

在这一天,郭沫若、陈寅恪还谈到了《论再生缘》(两个月后郭沫若第一篇评论《再生缘》的文章刊出),谈到了"钱柳因缘"。在那一刻,郭沫若感动了。是因为陈寅恪坚忍辛勤的著述,还是因为陈寅恪那艰苦的学术人生?郭沫若告诉陈寅恪,中国科学院图书馆藏有"钱柳"的有关史料,他可以回京后将这些材料影印寄来中山大学[2]。最后,郭沫若问陈寅恪有何需要与要求。陈寅恪提了两点建议与要求:一、建议郭沫若组织力量整理出版宋人所编的古籍《文苑英华》。二、陈寅恪诉说他写"钱柳因缘"一稿没有稿纸,希望能得到解决[3]。

郭沫若慨然应允。

这是郭、陈相见最见亮色的一笔。

郭沫若从陈宅出来后,便吩咐冯乃超着手为陈寅恪解决稿纸。当时是经济困难时期,连买卫生纸也要凭票供应,冯乃超于是通知中山大学印刷厂专门为陈寅恪印了一批特别格式的稿纸。

在很特别的1961年,两个阵线分明的史学大师相见,以郭沫若深受感动而结束。那一刻,已昭示出陈寅恪的学术价值将会超越现实、超越时代。

据当年在郭沫若身边工作的王廷芳、王戎笙回忆,六十年代前期郭沫若曾不只一次拜访过陈寅恪,因当时没有记录,故具体的行程、谈话要点等已不复记忆。所以郭、陈两人在六十年代的交往当

---

[1] 关于这次郭、陈会面,有另外一种说法,云"陈对郭甚客气,很少说话"。据周连宽回忆。
[2] 1961年《陈寅恪近况》。
[3] 参阅中山大学陈寅恪纪念室所记有关陈氏生平。另据胡守为回忆,这两点他曾从冯乃超处闻说。

还有尚未发掘的史实[1]。

以后的事情,则很有喜剧性。

这次见面,给了郭沫若甚深的印象。回到北京后,郭沫若向留在北京的秘书兴奋地谈到了与陈寅恪的这次见面,说是见面很融洽与相谈甚欢[2]。回到北京后的郭沫若,记挂着陈寅恪关于"没有稿纸"的诉说,很快寄来一些稿纸。但陈寅恪所需要的显然是一种特别格式的稿纸,故中山大学将这件事记录为"郭(沫若)回京后曾寄过一些稿纸来,但数量、质量还不合陈(寅恪)的要求"。

回到北京后的郭沫若没有食言,从中国科学院图书馆为陈寅恪寄来了有关"钱柳"材料的影印件。陈寅恪听读材料后认为对修改原稿有帮助。查阅《柳如是别传》中卷,有一史料出处陈寅恪这样写道,"今北京中国科学院藏柳如是湖上草并尺牍钞本后附载"。不知此材料是否与郭沫若有关[3]。

郭沫若的过访,令北京学界再次瞩目这位传统史学大师。5月上旬,中华书局总经理金灿然南下广州参加中南地区讨论《中国通史》一稿,在穗期间金灿然曾专程拜访了陈寅恪,提出请陈寅恪将《论再生缘》一稿修改后交中华书局出版刊行。"陈也有此意,但目前尚未着手修改。"[4] 今日已无从知晓金灿然要陈寅恪修改的是该稿的哪些部分。

6月下旬,《光明日报》记者向中山大学提出采访陈寅恪的要求,希望陈寅恪能谈谈治学态度和方法。其时《光明日报》已登出郭沫

---

[1] 近有论者以传说中的"郭沫若日记",透露出1961年郭沫若分别在3月13日、11月15日两次拜访陈寅恪的部分信息,并据此而立论(见谢保成先生有关郭、陈二人"龙虎斗与马牛风"的论述)。然所说的"郭沫若日记",终究未刊布,单独检出个别"日记"的部分内容,遽难以视作坚实的历史材料。现姑备此说,以俟来日。

[2] 据王戎笙回忆。

[3] 见该书第361页。

[4] 见1961年《陈寅恪近况》。

若数篇评论《再生缘》的文章。陈寅恪"以天热不适为辞"拒绝了采访，但拿出了五首七绝，说"如果认为需要，可在报上刊登"[1]。陈寅恪要求拿出的这五首诗，写于七年前，总题目为《甲午春，朱叟自杭州寄示观新排〈长生殿〉传奇诗，因亦赋答绝句五首。近戏撰〈论再生缘〉一文，故诗语牵连及之也》。五首七绝如下：

其一
洪死杨生共一辰，美人才士各伤神。
白头听曲东华史，（叟自号"东华旧史"。）唱到兴亡便掩巾。

其二
沦落多时忽值钱，霓裳新谱圣湖边。
文章声价关天意，搔首呼天欲问天。（用再生缘语。）

其三
艳魄诗魂若可招，曲江波接浙江潮。
玉环已远端生近，瞑写南词破寂寥。

其四
一抹红墙隔死生，丽年悲恨总难平。
我今负得盲翁鼓，说尽人间未了情。

其五
丰干饶舌笑从君，不似遵朱颂圣文。
愿比麻姑长指爪，傥能搔着杜司勋。

　　　　　　陈寅恪录旧作，一九六一年六月三十日

　　《光明日报》当然不会刊出陈寅恪这五首七绝。中山大学解释为陈寅恪"后来没有交出（五首七绝）"。这是一个留下破绽的说法，若陈寅恪"没有交出"，则广东省委有关文件档案不会完整地录下

---

[1] 见 1961 年《陈寅恪近况》。

这五首七绝。陈寅恪愿意刊登这五首在当时即被有关方面认为"情绪有点不对头"的旧作,当有心声寄寓。其中"沦落多时忽值钱"句,既暗合《论再生缘》一稿在1961年前后沸沸扬扬的命运,也暗合六十年代初自身忽又受到礼遇的遭际,"古典"与"今典"的切合天衣无缝[1]。而"不似遵朱颂圣文",其嘲讽意味一如1958年已遭批判的那首《文章》诗。陈寅恪虽录"旧作",然实表最真切的现实心态。陈寅恪的诗作在陈寅恪自己的眼中总有"蚤为今日谶"的痕迹,亦添一例证。

毕竟是"马牛风",欠缺的正是一种心灵与气质的呼应。因郭沫若到访而溅起的数朵浪花终于无声地消歇。

毕竟是烙下了不可能磨平的"龙虎斗"遗痕,十年后郭沫若在其新出版的《李白与杜甫》一书中,开篇章节即毫不留情地多次批驳陈寅恪关于李白身世的学术观点,反复使用了诸如"陈氏不加深考,以讹传讹","他的疏忽和武断,真是惊人"等句式[2]。此时陈寅恪含冤去世已有两年。已死的陈寅恪,藉着在七十年代初十分走红的《李白与杜甫》一书再为世所注目,只不过是以"含混、疏忽、武断"之类的形象出现。

在陈寅恪这方面,据黄萱回忆,事后陈寅恪曾与她谈到与郭沫若见面时的一些情景,并对郭沫若的著述作了这样的评价:"他最好的著作是《青铜时代》。"

2

严寒要比想象的漫长得多。

即使最富想象力的毛泽东,也对"大跃进"带来的严重灾难始

---

[1] 陈氏"沦落多时忽值钱"之句有所本。在《再生缘》弹词中,陈端生有句云:"暋年戏笔殊堪笑,反胜那,沦落文章不值钱"(见第十七卷第六十五回)。

[2] 见《李白与杜甫》,第6—10页,人民文学出版社1971年版。

料不及。当代正迈向丰衣足食的人们也许对这段"三年经济困难时期"的历史的理解，已变得很模糊，还是让我们去掀动那已发黄的历史卷宗吧！

就在毛泽东忧心如焚地主持1961年3月的"广州会议"时，广州市民的生活状况大致如下：每人每月只配给二两食油，每人每年的"布票"只有二尺一寸；至于肉类，基本上没有供应了，半年后陶铸对广东的知识分子致歉，说很多人"三年不曾吃过猪肉"；粮食定量已跌至每人每月平均二十斤左右，且百分之三十要搭配其他杂粮。而"火水（煤油）"每人每月限量一两。[1]

对于今天很多人来说，有些名词需要解释，"布票"，是指限量购买布匹的凭证。1960年广州人每人尚可凭证购布十八尺，到了1961年初，一年便只能购布二尺一寸。

广州如此，全国其他地方也相差无几。

毛泽东不得不调整思路，不得不给发热的脑袋降一降温。在"广州会议"上毛泽东向与会者印发了他三十多年前所写的《关于调查工作》（又称《反对本本主义》）一文，倡导调查研究与实事求是之风。甚得毛泽东看重的广东省委书记陶铸，对毛泽东的思路转变心领神会，在各省的主要负责人当中，陶铸是第一个将调查研究与实事求是的工作作风马上贯彻下去的人。从而在他的晚年生涯中留下了几件很有意义的大事。

早在1961年2月，面对当时极萧条的文化学术界，陶铸指示广东省委对广东的知识分子情况进行摸底，并开始对一些省直单位、重点院校进行整改试点。9月，一向惯于雷厉风行的陶铸以一轮重炮在岭南引发了一场"地震"。半年后，还是在这块土地上，周恩来、陈毅等人再作数场震撼一时的关于知识分子问题的演讲。在整个六十年代的知识分子命运史中，这是唯一激动人心的一章。

---

[1] 参阅1961年广东省委统战部《动态》第184—200期。

陈寅恪的命运，随时代风云而起伏。

1961年，是很值得用浓彩厚墨去抒写的一年。

陈寅恪始终在陶铸关注的目光之内。忠实执行广东省委指示的中山大学，在力所能及的情况下对陈寅恪的生活做了重点的照顾。于是吴宓在1961年南下探视陈寅恪的日记描述中，留下了"鸡鱼等肴馔甚丰"、"肴馔丰美"等描写。吴宓这样记载，明显有感于陈寅恪的生活还算过得去。这类每月几斤油、几斤米、几斤肉的照顾，看似平常，但在六十年代初，它意味着雪中送炭，甚至挽救生命于危难。

以陶铸为首的部分共产党人，对陈寅恪的照顾做到了尽心尽力的程度，但并不能改变陈寅恪潜意识之中那种与现实相抵触的心理，也抹不掉陈寅恪心头那种遗世独立的悲凉意识。所以，自有"特殊照顾"始，愤愤不平者有之，怒骂者有之，不满与不解者有之。依照常理，享受着绝大多数人都享受不到的特别照顾，陈寅恪的思想还如此"顽固"，陈寅恪有负共产党矣。

有些事情许多不平者不会知道。"特殊照顾"其实对于陈寅恪来说并不是第一回，他"享受"惯这类特殊照顾。三十年代陈寅恪已成为知名的学者时，他便开始享受一些别人不能享受的待遇与照顾。唐筼曾亲口对当时中山大学人事处处长曾桂友追述，1945年陈寅恪赴英国医治失明的双目时，所有的费用英国方面都没有向陈寅恪收取[1]。原清华大学法学研究生端木正回忆，陈寅恪在清华园时，梅校长曾特批陈寅恪一人可以享受四个人分量的过冬用的燃料。诸如此类的故事还有很多。陈寅恪享受的特殊照顾，是与他的学术成就和对国家的贡献成正比的。

历史在这里沉思的是，一别十数年不见面的挚友吴宓，在

---

[1] 据曾桂友回忆（1993年8月11日）。

1961年不远千里带着一种深切的关怀重会陈寅恪时,陈寅恪获得了极大的满足,情感如飞瀑流泻。有关当局十余年对陈寅恪的照顾犹抵不上一介书生的意气相投,相怜相勉,快慰生平。这已明白宣示,中国历代的优秀知识分子,他们所追求的是精神上的理解和尊重,他们要求现实的,也是对他们的精神世界的认同与珍视。历代优秀知识分子用命运写下一个又一个悲剧,原因就在于历来现实极少对此认同和珍视。在极"左"的年代,要求现实珍视陈寅恪的精神世界,无异于缘木求鱼。既如此,即便有物质上的"特殊照顾",并不能弥补这些优秀分子心灵的某种遗恨与痛苦。

五六十年代,中山大学一直引为憾事的一件事,就是可惜在党员教师中没有一个人能像黄萱那样跟着陈寅恪,为陈寅恪所认可。于今看来,这件憾事的根本原因,已不言自喻了。

痛失精神的家园,即使食有鱼,出有车,这些优秀的学人依然感到生命的孤寂。

3

1961年的夏天,吴宓来了。两个孤寂的老人,在历经人世的沧桑与劫难之后,带着一份心灵的破碎,带着一份精神世界的固执,终于作了暮年最后一次的见面。他们始终不渝挚爱着的传统文化开始"分崩离析",他们的个体生命数年后将进入最后一轮大折磨;生与死,实质上已没有什么分别。如果说生命总是每时每刻都在寻找着感受的话,那么,这次会面让两个孤凄者再一次感受到人类诚挚情感的高尚,友朋生死不渝相知的高洁,还有宁为玉碎砥砺的凛然。这些,都因仿佛是"世纪末"式的相见,重重地涂上了很悲壮的色彩。

人生得一知己,足矣;生命有这一种感受,无愧矣。

应该感谢吴宓，他用笔忠实地记录了这一次见面。胡适大半生提倡每一个人最好都去作生命的自述与回忆，吴宓用日记记述了他的生命历程。吴宓的交游，吴宓对中国文化的贡献，都使他的日记具有历史的意义。1958年"厚今薄古"运动中，吴宓曾有"汉字文言断不可废，经史旧籍必须诵读"等主张[1]。"断不可废"，当时代再续欲断还裂的传统文化之链时，吴宓与陈寅恪已化为烟尘消散在飘渺的天地之间。

但抹不去的是历史的足迹。

1961年8月，吴宓决定出门远游重会生死之交。十二年前吴宓从武汉入蜀，已带有逃世避俗的意味，十二年后吴宓出川，天下早换了人间，但吴宓仍是十二年前的吴宓。

解读历史时不能不令人作这样的思索：吴宓为何选择了在1961年远游？答案也许有许多，不过总隐现这样的宿命影子：吴宓南下访友的十个月后，陈寅恪摔折了股骨，从此只能以床为倚靠，衰残之累，苦不堪言。

陈寅恪盼望着这次见面。吴宓尚未动身，早在一个月前，在广州、重庆、武汉三地的邮路，已频频地传达着信息，两颗心早已紧紧地相连。7月30日吴宓作函告知陈寅恪准备赴粤探访事。8月4日，陈寅恪即复信告之赴粤需注意之事项。即使以今天重庆至广州的信函寄达周期来计算，可知当年陈寅恪是一收到吴宓的信函便马上回复作答的。陈寅恪急切之心情可见一斑！

这封信是目前所知1949年后陈寅恪往来信件中字数最多的一封[2]。陈寅恪晚年双目失明，往来函件俱由唐筼代笔，该信也体现了女性特有的细腻、不厌其烦的特点，详尽地说明吴宓抵粤后应当选择怎样的路线到中山大学，甚至连车资几何、饮食住宿等琐事也

---

[1] 以后所引《吴宓日记》，均录自《吴宓与陈寅恪》一书。
[2] 此信最早刊于香港《明报》月刊1987年4月号。

——交待清楚。

值得注意的是陈寅恪的复函特别标出"冼玉清教授已往游峨眉",以及"弟及内子近来身体皆多病,照顾亦虚有其名,营养不足"等句。作为晚年的一个异性知己,冼玉清的故事仍将继续,冼玉清的命运仍将给予陈寅恪深刻的刺激。"照顾亦虚有其名",与其说陈寅恪尚怨营养不足,倒不如说陈寅恪诉说着精神世界的痛苦。

四天后陈寅恪再向武汉大学刘永济教授发一信,请其提醒吴宓从武汉出发南下广州时勿忘拍电报告知车次等情况。信中再次提到已安排好吴宓的饮食住宿。[1] 两封信都没有太多的问候,但点滴深情尽在细腻安排的叙述之中。

带着一份殷切的期待,在千里之外挚友的遥视下,吴宓在1961年8月23日晨,在山城的一个码头下船往下游的武汉而去[2]。他此行的第一站是武汉大学,他将首先看望至友刘永济。

在中山大学这边,翘首以待的陈寅恪早已做好了充分的准备。中山大学闻知吴宓即将来访,亦提供了很多帮助和方便,使吴宓来访的那几天,陈寅恪无论设宴款待还是饮食住宿安排,都布置得很得体与妥帖。中山大学的这份情谊,显然给了吴宓很好的印象,十年后他便有打动了无数后人的"生死相问"的惊人之举,——在最疯狂的岁月里敢于向中山大学发信询问陈寅恪夫妇的生死状况。

重逢的时刻来临了。

8月30日深夜,吴宓乘火车抵达广州广九站,陈寅恪派出了身边所能派出的亲属前往车站迎接。其中有二女儿小彭及女婿林启汉、三女儿美延。中山大学的小车载着四人直驶南郊康乐园,直抵校园东南区一号楼前。

在这个漆黑的夜晚,在这个岭南地区正遭受着水灾的时节,吴

---

[1]《吴宓与陈寅恪》,第141页。
[2]《吴宓与陈寅恪》,第142页。

宓终于迈上了那道也许萦绕梦中十余年的台阶，走到了梦中常现身的挚友——陈寅恪的面前。

吴宓在日记中这样记述，"寅恪兄犹坐待宓来（此时已过夜半，十二时矣）相见"。

吴宓在风雨如晦的深宵重逢陈寅恪，给这次"最后的见面"投下了谁也不察觉的浓浓的阴影。

很奇怪，在吴宓重逢陈寅恪的前后五天时间里，广州城一直阴天并下着大雨。从8月下旬开始，广州市一直遭受台风及暴雨的连续吹袭。直到9月4日吴宓离开广州的那天，依然下着大雨。心灵偏于忧伤与长于感受的吴宓，在这种雨天的季节，一直为一种悲凉所笼罩。

在这里，"天意"的味道是极浓郁的。岭南八九月间的天气，正是酷暑盛行，似1961年八九月间台风、暴雨为害长达十余天的情况并不常见。这场连绵不绝的风雨，使感伤的心灵多添了一份忧郁。

这种忧郁，令这场期待已久的重逢，少了相见后的喜悦，而多了尽情倾诉的沉重。在这一刻，陈寅恪的生命突然找到了一个支撑点，一种患难知己深可信赖的承托，十二年无人倾诉的痛苦终于如江海般狂泻。在当晚，——不，应该是8月31日凌晨，吴宓在抵达广州后所记的第一篇日记中详细地记录了陈寅恪这种"狂泻"式的倾谈。这种情绪流泻的迫不及待，这种如深压于地底的火山爆发，在吴宓已偏向于感伤的笔触下仍能感受到那种动人心弦的灼热。引一节吴宓大可深究的日记，看看能否重现当年的那一幕！

寅恪兄说明宁居中山大学较康乐便适（生活、图书），政府于是特致尊礼，毫不系于苏联学者之请问也！此后政府虽再三敦请，寅恪兄决计不离中山大学而入京：以义命自持，

坚卧不动，不见来访之宾客，尤坚决不见任何外国人士，不
谈政治，不评时事政策，不臧否人物……决不从时俗为转移。
（着重号为引者所加）

吴宓连用九个"不"字，铿锵有慷慨之声。吴宓是实录，可以想见 8 月 30 日深宵的陈寅恪，在这一刻，生命的沸腾是到了何种的地步。

吴宓曾自述，其记日记"体例一取简赅，以期能不中断……故惟示纲目，而不细叙"。仅列简赅纲目的吴宓，第一次会面便有如许详尽的记录，则那一个深宵的倾谈，还有永不可追寻的丰富内容，自是无疑。

8 月 30 日夜，陈寅恪给历史永远留下的是这样一尊塑像：一人独坐客厅中，急待吴宓的到来，此时他的胸中已翻滚着无数的巨浪，情感之闸，千钧一发。可惜已无法看到当陈寅恪啼听着小汽车在寂静的夜里滑行停在楼前，吴宓等人下车关门时他在那一瞬间的表情与冲动！

想来那形象是能令人流泪的。

8 月 31 日。

上午，吴宓与陈寅恪继续倾谈，内容显然是昨宵的继续。在这一天的日记中，吴宓有陈寅恪"尤以病盲，得免与一切周旋，安居自守，乐其所乐，不降志，不辱身，堪诚为人所难及"等语的记载。中山大学某些人一直有的猜测，在吴宓的日记中得到证实。在历次政治运动中，均有人提出"陈寅恪以年老多病为借口，逃避政治运动"[1]，认为不应让陈寅恪逍遥运动之外。正因为能以病盲为由避免一切周旋，坚不降志的陈寅恪，终能在极"左"旋风横扫大地的十

---

[1] 参阅五六十年代中山大学各类"运动"汇报材料。

余年间保持了一块罕见的小小的"清静之地",得以不太受干扰完成其晚年两部重要的著作。饮水思源,十余年来力保陈寅恪的陈序经,功劳大焉!

相见苦短,十二年各人的生命悲欢都要在几天的时间内浓缩地重现,生命在高速地旋转。陈寅恪赠与吴宓一本《论再生缘》。其时郭沫若已连续在《光明日报》公开发表了多篇评论《再生缘》的文章。捧着挚友七年前的大作,吴宓用了一个中午的时间将其读毕,下午又前往陈宅与陈寅恪再度倾谈。显然,时年已七十一岁的陈寅恪,与时年已六十七岁的吴宓,两人同处于高度的亢奋之中。

这一天,陈寅恪还赠与吴宓一首七律。这首题为《辛丑七月,雨僧老友自重庆来广州,承询近况,赋此答之》的诗,实际是六十年代初陈寅恪对生存状态的自述,全诗如下:

　　五羊重见九回肠,虽住罗浮别有乡。
　　留命任教加白眼,著书唯剩颂红妆。(近八年来草论再生缘及钱柳因缘释证等文凡数十万言。)
　　钟君点鬼行将及,汤子抛人转更忙。
　　为口东坡还自笑,老来事业未荒唐。

其中"留命任教加白眼,著书唯剩颂红妆"两句尤为可圈可点。"加白眼"三字,极传神与甚真实地表达了其时陈寅恪身处的环境。"教育革命"的浪潮对此权威既不能肆意无忌地扫荡又不能无礼待之,正所谓"用"之无味,弃之不敢,无可奈何,只能以"白眼"相待。此三字点题,世态炎凉毕现。

很难明白,足不出户的陈寅恪,为何对自己在中山大学历史系的"位置"有如此精确的了解?

这一夜,广州下起了滂沱大雨,在夜来风雨声中,已感疲倦的吴宓,怀着某种莫名的伤感进入了梦乡。

在当天的日记中吴宓作如是描述，"终夜大雨，风猛雨急，宓感孤寂，又忧水灾，有'极天檐瀑沸肠肝'（李思纯一九二三年诗句）之情景"。此种意绪，与十七年前吴宓困于四川成都，感受着抗战胜利前夕时局更加动荡糜烂的心境何其相似："晚预警，途人驰奔……旋闻紧急警报，宓与诸生立柏树荫中，望黯淡之新月，远闻投弹爆炸之声……"

对于一些人来说，生命的本色并不因岁月风霜的侵蚀而有所改变。感伤的吴宓与不屈的陈寅恪，对此作了最好的阐释。

9月1日。吴宓抵达广州的第三天。

陈寅恪继续与吴宓倾谈。在这一天，陈寅恪着重对挚友谈了著述"钱柳因缘"一稿的构想与真实意图。陈寅恪向吴宓和盘托出他耗费七年光阴著述这段因缘的详细想法以及欲阐发的"历史之覆"。吴宓在这一天的日记中这样叙述：

> ……细述其对柳如是研究之大纲，柳心爱陈子龙，即其嫁牧翁，亦终始不离其民族气节之立场：赞助光复之活动，不仅其才之高、学之博，足以压倒时辈也，又及卞玉京、陈圆圆等与柳之关系，侯朝宗之应试，以父在，不得已而敷衍耳。总之，寅恪之研究"红妆"之身世与著作，盖藉此以察出当时政治（夷夏）、道德（气节）之真实情况，盖有深素存焉，绝非清闲、风流之行事……

吴宓这段记叙太重要了，它成为洞察陈寅恪研究这段历史的目的的一条最有价值的材料。

陈寅恪虽然远在1954年便开始撰写《钱柳因缘诗释证稿》一书，但第一次透露这位史学大师研究明末清初这段历史信息的，是三年后《光明日报》的专访报道，也即前文已述的《访陈寅恪教授》一文。在文中记者这样写道，"目前，他还要研究柳如是的事迹……"

第一次正式向中国史学界介绍陈寅恪晚年著述"钱柳因缘"动态的，是 1959 年第 7 期的《历史研究》杂志。对很多人来说这是新闻，其实这已是"旧闻"，陈寅恪笺释"钱柳因缘"已整整五个年头。很可笑的是，陈寅恪的研究被纳入中山大学迎接建国十周年、实现史学跃进的报喜消息中。1959 年，陈寅恪的著述才过半，远未到完成之日。

五十年代这类报道为时人留下了不少悬念：陈寅恪为何出人意料地研究柳如是？陈寅恪将怎样处理这段历史？今天，依然有不少人对陈寅恪晚年费时十年，穷全部精力去研究"钱柳因缘"不能理解。

1961 年 10 月，中山大学校刊第一次报道了陈寅恪著述《钱柳因缘诗释证稿》一书的情况，"已经写了四十多万字，全书接近完成，他还准备修改《再生缘弹词考》一书"。寥寥数语，语焉不详。同月 26 日，《羊城晚报》在第一版"中山大学教授积极著书立说"的报道中，有"陈寅恪教授的《钱柳姻缘释证》已经写了四十多万字，全书接近完成"等语，亦属语焉不详。1962 年 1 月，中山大学校刊第二次也是在六十年代最后一次报道了陈寅恪的著述情况，语云"陈寅恪教授将继续完成《钱柳姻缘诗释证》最后一章，预计上半年全书完稿，将近六十万字"，最终还是语焉不详。

到了 1980 年，上海古籍出版社出版了这部最后定名为《柳如是别传》的著作，缠绕在中国史界学人心头的疑问才第一次得到了初步的解答。但有关《柳如是别传》的学术争鸣却在发展。解读这部恢弘的巨著，已成为探讨陈寅恪文化思想与历史意识的重要一环。

也许后人对《柳如是别传》还将有新的解读法，但吴宓"寅恪之研究'红妆'之身世与著作，盖藉此以察出当时政治（夷夏）、道德（气节）之真实情况，盖有深索存焉……"的理解，是直录当时陈寅恪的著述心态。有些人终生相对，也无话可说；有些人只见一面，便觉有一生的话要说。陈、吴两人，正属后一种人。中山大学曾慨叹没有一个内定为"又红又专"的教师能像黄萱那样跟随陈寅恪，非是不能也，实在是面对着这样一个独特的精神世界，许多人"无语可说"。用"意气相投"等语，也不足以形容陈、吴这种心灵相知的人生境界。

这天傍晚，中山大学以陈寅恪夫妇的名义设宴款待西南师范学院教授吴宓，陪宴者的名单由陈寅恪夫妇拟定。历史又一次给了后人一个机会，了解陈寅恪在六十年代前期心目中的知己友朋。在陈寅恪拟定的陪宴者名单中，我们看到了很熟悉的冼玉清、刘节夫妇、梁方仲夫妇、梁宗岱夫妇的名字。这些人除冼玉清外，既是吴宓在清华园时的学生或同事，更是陈寅恪的相知。渊源总是无法割断的，此言不差。

吴宓心灵的伤感，总能为历史场面作某种最有代表性的定格。在是日宴会的记叙中，吴宓写道，"小彭搀扶盲目之寅恪兄至，如昔之 Antigone"。吴学昭注释为："Antigone 即安提戈涅，希腊神话中俄狄浦斯之女，陪同目盲之父从底比斯开始流放，直至其父在雅典附近死去。"[1]

9月3日，吴宓访粤的最后一天。这也是略带明快气氛的一天。人生的沉重，在这一天似乎已远离而去，生命在感受着甚为难得的温暖。吴宓两顿正餐都在陈宅用膳，唐筼尽其所能铺排了美酒佳肴款待吴宓。

正是在这欢乐的时分，陈寅恪赠与吴宓四首新写的七绝。诗的悲凉与这种气氛有很鲜明的对照，日后两人的命运在诗中已有了某种预示。

陈寅恪的历史感觉在他的生命历程上总留下伏笔，后人在追寻他的人生烙印时总能看到这些伏笔的顽强展示。伏笔所带有预言式

---

[1]《吴宓与陈寅恪》，第145页。

的历史意味,生命便成了一次可以预知的、不可逃避的旅程。在这四首总题目为《赠吴雨僧》的绝句中,第一首最具这种"历史感觉"。诗如下:

> 问疾宁辞蜀道难,相逢握手泪汍澜。
> 暮年一晤非容易,应作生离死别看。

这是一首很直白的诗。陈寅恪的诗素以既擅用古典,又含今典见长,知音者吴宓也曾有"非读其自注或与密谈,焉能知其含意"之叹。而这首很浅白的诗,它最折人肝肠的是诗作中直见一种浓烈的"痛感"。这种痛感因命运不幸而言中更具感染力。

吴宓没有想到这是他最后一次与挚友相聚。陈寅恪料到了。这首实际已点破了"题"的七绝,并没有触发吴宓更多的伤感。甚至唐筼在赠与吴宓的两首七绝中还有"神仙眷属须珍重,天上人间总未差"等句,[1] 其美好的祝愿与愉悦的心境跃然纸上。因为唐筼甚赞成吴宓下一站赴北京,祝愿吴宓与前妻陈心一复合。

吴宓要走了,又将向北远行。

据吴宓是日日记所叙,分离的一夜似很平静,晚宴完毕,八点吴宓便回到招待所收拾行装。4日早晨六点,陈序经与刘节亲自到招待所送行,七点吴宓已登车离去。

有些生离死别,只把悲凉留给后人,留给历史。陈寅恪与吴宓的"生离死别"便属于这一种。十个月后陈寅恪跌断了股骨,二十六个月之后吴宓才得知此事,他决定再一次南下探视挚友。甚至他已有"为寅恪兄编述一生之行谊、感情及著作,写订年谱、诗集等"打算。这是1964年的事情。但此年已不比彼年。对于一个年已七十、日渐感到"资产阶级知识分子"这顶帽子像一个紧箍咒

---

[1]《陈寅恪诗集》,第173页。

在头顶不断盘旋的老人来说,远行已是一件很困难的事情了。吴宓筹划了三次,三次访粤计划皆不能实现。而1964年的陈寅恪,也没有像三年前那样热切盼望挚友的南来:生命已像残灯枯油,陈寅恪已开始有意识地谈论着后事。

"暮年一晤非容易,应作生离死别看",真的一语成谶。

在陈寅恪的晚年,1961年八九月间的前后五天时间,也许还不算太特别的日子。尽管这种挚友的重逢,数日几乎要浓缩十余年知心话的情形在陈寅恪的晚年甚为少见,尽管这几天的深情"泛滥",于晚年常感痛苦的陈寅恪是一次极好的精神享受。甚至被辗轧得支离破碎的情感,藉着吴宓的到来获得了一次极大的抚慰,但它毕竟只有五天时间——一百多个小时。五天过去,陈寅恪还将面对着数千个长夜。命运的恐惧,就在于它对一些生命,不把其体内犹存的一丝半缕生气与希望都扼杀殆尽,绝不罢手。陈寅恪还将经历这种逐点逐点被扼杀的过程。

这五天,于这个悲情的人物只是很特别的一瞬。

但于历史而言,这五天则是很见光彩的一页。七十一岁的陈寅恪,还能坚定地表达他所一直坚守的"不降志、不辱身"的思想信念。就生命意志而言,此刻的陈寅恪,与十年前、二十年前,甚至三十岁前的陈寅恪没有什么区别。正是这种精神,令陈寅恪在暮年依然能完成近百万字的长篇巨制。在七十一岁这一年,这一个独特的生命,再次展示了生命意志于一生的意义。

第十四章　中国学人的悲歌

1

如果吴宓不是8月底访粤，而是10月底或者还要稍后一点访粤，吴宓与陈寅恪重逢的五天，将会是怎样的情景？

吴宓南下探视挚友来得早了一点，他没有看到很感人的一段日子。

为了这段岁月的来临，广东省委书记陶铸足足准备了半年。从1961年2月份开始对广东知识分子情况进行摸底，到9月份，陶铸终于掀起了他精心布置的第一场"知识分子问题"的风暴。

1961年9月28日，陶铸邀请广东一批高级知识分子参加广东省委召开的座谈会。应邀赴会的有在广东的中国科学院学部委员，有高级知识分子中的全国人大代表、全国政协委员以及广东省各民主党派的知名人士。陈寅恪也在受邀之列，但他没有参加这次盛会[1]。

这是一次被广东知识分子称之为"久旱逢甘露"的座谈会。9月28日广东省委召开的这个"高级知识分子座谈会"，在六十年代

---

[1] 见"陶书记'参加高级知识分子座谈会'邀请名单"，未刊档案材料。

初的中国是空前的,但没有绝后——半年后周恩来、陈毅等人在广州参加了"科学技术十年规划会议"以及"全国话剧、歌剧创作座谈会",并先后在会上作了报告。这两个会议被称为六十年代关于知识分子问题的一个里程碑。

在9月28日的座谈会上,陶铸作了一次感情充沛、马上引起争议的演讲。摘录该演讲中有关知识分子问题的内容,今人读之,数十年前的情景恍如昨天刚过。陶铸云:

> 十二年的时间不算短,知识分子可以说已同我们结成患难之交。几年来物质条件比较困难,没有猪肉吃,大家还是积极工作,没有躺倒不干。酒肉之交不算好朋友,患难之交才算,"疾风知劲草","岁寒以后知松柏之后凋"。现在的问题是团结高级知识分子不够,对他们信任不够。……现在我们是要把团结提高到新的水平,一是尊重,二是关心。所谓高级知识分子,就是比一般人多读了一点书。中国有句古话,"士为知己者死,女为悦己者容",是有些道理的。……今后对于思想认识问题,只能采取关心、倾谈、切磋、诚恳帮助的办法,要把思想问题与政治问题严格区分开来,今后不能采用大搞群众运动的办法来解决思想问题。……对于过去批判搞错的,应该平反、道歉、老老实实认错。"等价交换",在什么场合戴的帽子,就在什么场合脱帽子,不留尾巴。凡是三年来斗争批判错了的,我代表中南局和广东省委向你们道歉、认错。如果连这一点也做不到,那能谈得上新的团结。……同时,我还建议:今后一般不要用资产阶级知识分子这个名词,因为这个帽子很伤害人。其次,凡属思想认识问题,一律不准再搞思想批判斗争会。第三,不准用"白专道路"的帽子。……"红透专深"这个提法陈毅同志不大同意,我也有同感。什么叫红透?红透就是优秀的马克思主义

者。共产党员是不是就红透了？我就是没有红透的，我还不敢有这个要求，为什么要这样要求专家呢？[1]

陶铸说得铿锵有力，回肠荡气。广东科学馆的会场内回荡着"我代表中南局和广东省委向你们道歉、认错"的声音。不少人当场流下了眼泪。

1958年以来高校的各类政治运动，在陶铸的讲话中基本上被否定。

十二天后，陶铸在其亲自筹划召开的"中南区高级知识分子座谈会"上再次发挥：

> 我们不能老是讲人家是资产阶级知识分子，我看要到此为止了。现在他们是国家的知识分子，民族的知识分子，社会主义建设的知识分子。因此，我建议今后在中南地区一般地不要用"资产阶级知识分子"这个名词了，那个名词伤感情。……陶渊明"不为五斗米折腰"，你们（指在场的高级知识分子）现在只有二十四斤米（不到五斗米）还是跟着我们搞，所为何来！现在，我们的物质条件很差，精神上也对人不那么尊重，人家还有什么想头呢！[2]

这就是历史上所谓的对知识分子"脱帽加冕"——脱去"资产阶级知识分子"的帽子，戴上社会主义知识分子的"桂冠"。

半年后，中共中央领导人周恩来、陈毅等人肯定了陶铸这一做法，并在全国性会议上再次强调要脱去"资产阶级知识分子"的帽子。"脱帽加冕"开始具有历史性的意义。

---

[1] 见《陶铸在省市高等知识分子座谈会上的讲话》，原件藏广东省档案馆。
[2] 见《陶铸在中南地区高级知识分子座谈会上的报告》，原件藏广东省档案馆。

曾任职于东北野战军的陶铸，具有打大战役的气魄。短短三个月时间，先后在广东召开了五次大型的"高级知识分子座谈会"，先后有两千多人直接参加了会议。如同打一场战争，陶铸的构想是要"层层发动，人人传达"。10月10日，陶铸以中共中南局第一书记的身份，在广州及从化温泉主持了一次"中南地区高级知识分子座谈会"。湖南、湖北、河南、广西及广东五省区的"高知"代表共一百零二人汇集广州然后移师于从化温泉，倾听了数场"尚不敢相信、尚未回过神来"的报告。

在六十年代"经济困难"与"批判资产阶级思想"这两张大网罩得知识分子快要窒息的时候，陶铸刻意要营造一个春天。

2

令人最关心的是，在寒暖流来回劲吹下的知识分子，他们是一种怎样的反映？

数千名三十多年前已有高级职称的知识分子，今天仍在世的已很少了，但时人还是把当年这一批精英的心态详细地记录下来。这恐怕是六十年代最真实、最无任何修饰的一次记录。营造春天的决策者需要知道知识分子真实的内心想法。

在广州，9月28日陶铸讲话的精神广为传达后，"许多与会者痛哭流涕"[1]，比喻为久旱逢甘露，当场"表示今后对党要鞠躬尽瘁"。各高等院校"一片振奋"，"众教授表示是枯木逢春"，"历史上从未有一个政府这样照顾知识分子"。甚至有人表示，"朝闻道，夕死可矣"。

多么可敬的一群中国人！也是多么可爱的一群中国文化脊梁。

---

[1] 见1961年《高级知识分子座谈会简报》及《陶铸同志讲话传达后高校知识分子的反映》等材料。

当"痛哭流涕"等词出现在严谨的档案记录之中，后人完全可以想象在那些传达报告的会场上，群情是怎样的激奋！令后世者也当流泪的是，这一群实质上已等同"枯木"、"废料"，快将被"处理掉"的学人，竟马上表示对国家对党要鞠躬尽瘁，更有不少人当场反省自己的不足，"知识分子也要检查自身的不足，要更好地改造自己，才能不辜负党对我们的期望"。"党给足了知识分子面子，我们也该想想自己是否称得上是国家的知识分子！"[1]

历史有多么的相似！这样的场面太熟悉了。几乎在每一个朝代，在每一部皇皇的历史书中，都回荡着饱受委屈的忠良，仰对朗朗乾坤发出的"恨不能肝脑涂地，以报国报君恩深于万一"的痛呼。也许，因了这种数千年不绝如缕的痛呼，古老的中华民族，得以生生不息，——无论历史在它的身躯上刻下了多少的风霜，留下了多少的创伤！

一种更通俗的说法开始传颂："听了陶书记的报告，比吃十斤猪肉还有用。"在那个困难的年代，每人一年也摊不上一斤猪肉。

十五年后，文化大革命结束，当代中国开始进入最大规模的平反"冤假错案"的时代。为此，亿万中国人花去了数年甚至更长的时间。平反，意味着一个时代的结束，在1961年底的广东，那一场平反浪潮（之所以不称"运动"，那是因为这个字眼太令人惊悸了），不知可否算"风景这边独好"的一景？

广东省委指示，必须大张旗鼓地把整个知识分子工作带动起来，将座谈会精神传达开去，对党外人士的问题，要逐条加以研究处理，做到件件落实，有交代；对知识分子要搞好政治平反和安排两个环节，批判错和处理错的，要平反和恢复名誉。

即使在今天来看，六十年代有此措举，仍不失为大手笔。

---

[1] 见1961年《高级知识分子座谈会简报》及《陶铸同志讲话传达后高校知识分子的反映》等材料。

有很多高级知识分子在各类座谈会上都提到了陈寅恪受批判的事，但有相同经历的人太多，陈寅恪未成为中心焦点。

陶铸既要知识分子听报告，也要知识分子有猪肉吃。10月上旬，陶铸对广东省委文教领导小组作出了让广东两千名高级知识分子铭记终身的指示。兹将该"指示"摘引如下：

1. 确定一个两千人的名单，包括高校副教授及相当于副教授的科研人员、工程技术人员、医疗卫生人员、作家、画家、音乐家、书法家、雕刻家、演员、国家级裁判、专业运动员及名匠巧手等，从六一年十一月份起，每人每月补助食油一斤，每户补助粮食十斤（后省委指示再增加食油一斤）。

2. 在上述名单基础上，再选出百把两百人名单，对这些人实行保健制度，其诊病、用药、住院与厅局级干部同等待遇。对于如陈寅恪、姜立夫等一流著名学者，他们生活上的特殊需要和困难，全部由省委负责解决。

3. 在第二项名单内的高级知识分子，休假期间居住风景区招待所，按四分之一收费。

4. 由明年开始，每年分给一定数量的外汇归文教领导小组掌握，以便解决学术界必须进口的治病用药和研究资料等问题。

5. 明年一月恢复出版一个学术刊物，作为学术界开展争鸣的园地，广东人民出版社出版一些本省学者的学术著作，以便更好地体现百花齐放、百家争鸣的方针。[1]

陈寅恪作为"一流著名学者"被重点点出。这意味着在广东两千名高级知识分子中，陈寅恪是首屈一指的佼佼者。这个评价在今

---

[1] 原件藏广东省档案馆。

天看来仍是准确的。

　　细研这份三十多年前的落实知识分子政策的有关指示，令人有无限感触。为知识分子出书出学术著作在当年已成为共产党对知识分子关怀的一个体现，何曾想"出书难"至今仍困扰着中国成千上万的知识分子。当年出书难也许还有极"左"的因素，今天出书难则是知识与文化的贬值，学人面临的是另一种苦困。数十年间，中国的知识分子一直就是这样在种种苦困中痛苦地生存着。

　　从1962年开始，广东多了几个休养风景区，著名的便有西樵山风景区、罗浮山风景区、肇庆鼎湖风景区及新会圭峰山风景区等。这些风景区的建设，得益于陶铸关于让知识分子有休养场所的指示。

3

　　东南区一号楼前的草坪绿得油亮。

　　没有参加任何座谈会、也没有痛哭流涕的陈寅恪，在岭南这个金黄色的秋季笑得很舒心。

　　10月14日，中山大学一位叫梁彬的老校工，替陈寅恪买回了广东省委文教领导小组特别批准供应给陈寅恪的副食品。这一天距该小组向广东省委汇报陶铸关于特别照顾陈寅恪等人的指示只相隔三天。[1] 广东省委的决定在高速地贯彻与执行。

　　10月16日，梁彬与学校总务处的一名秘书将三十斤面粉、十斤面条、四斤花生油、四斤水果和二斤白糖亲自送到陈宅。陈寅恪夫妇高兴地接待了"彬叔"等人。这天距吴宓离开广州刚好四十二天。

　　老校工对陈寅恪说，从昨天（15日）开始，政府每日专程从华南农学院为陈寅恪教授供应鲜奶三支，并询问"三支够不够"。陈寅恪高兴地回答够了。陈寅恪说，他的身体"较适合吃牛奶、面

---

[1] 该汇报藏广东省档案馆。

包，面包因为发酵过，所以很松软"。[1]

这天秋阳很灿烂，陈寅恪的心境也很灿烂。

令人迷惑不解的是，像这样与陈寅恪"拉近距离"的绝好机会，学校却连一个科长级的干部也没有随同前去"慰问"。

从此，梁彬与陈家来往渐多。他每天都要进城到位于广大路的广东省教育局去取华南农学院送来的鲜奶，早去早回，然后分头派送。开始，只有陈寅恪、姜立夫、许崇清、陈序经、冯乃超等人可以享受这种特殊供应。后来经济形势渐好，中山大学一批二级教授都能享受这种供应，但只有陈寅恪一人能享受每日三支鲜奶。

梁彬成为陈家的常客。现年已七十多岁的梁彬仍清晰地记得，有时他去陈宅送鲜奶，若碰到陈寅恪在客厅，陈便主动呼他"彬叔"，招呼他上楼坐。有好几次唐篔想到广州城内见海外客人，陈寅恪找来梁彬，说，那就让彬叔陪你去吧！所以深为陈寅恪信任的梁彬，好几次陪唐篔去过当时广州最负盛名的宾馆"华侨大厦"[2]。梁彬办事勤快，忠心耿耿，抗战时已服务于中山大学，数朝元老，本色朴素，这也许是陈寅恪愿意其参与一些家事的原因吧。世人谓"陈寅恪不好接触脾气大"，梁彬与陈寅恪的交往，提供的是另一种例证。

梁彬回忆，他为陈宅送东西直到"文革"开始时才结束。

从 1961 年 11 月份开始，广州粮食局特别为陈寅恪提供面粉、面条及食油的配额；广州第一商业局为陈寅恪提供穿与用的物品配额；广州第二商业局为陈寅恪提供副食品的配额。在高级知识分子中，陈寅恪享受到无人能比拟的特殊照顾。

只是在那些困难的年月，享受特殊照顾的还有一批人，还分成很多的等级，与这些人相比，不知高级知识分子中的"魁首"陈寅

---

[1] 见中山大学《统战动态》1961 年 10 月 21 日刊文。
[2] 梁彬太太也常为校园一些家庭服务，人称"彬嫂"。陈寅恪乐于请梁彬陪唐篔到广州，估计是考虑到彬嫂也可胜任此托。

恪，可算第几等级？

至今尚未发现有任何人向陈寅恪如陶铸所说的那样——"对于过去批判错的，应该平反、道歉，老老实实认错"。想来这是非常尴尬的事。当年"批陈"，除了贴大字报，大部分时候是暗中批，也没有对陈寅恪实施过什么错误的处理。平反与道歉，便无从说起。

但这些都已无关紧要了。

1962年2月4日，正是旧历辛丑年除夕，陈寅恪有《辛丑除夕作》诗，有句云：

> 病魔穷鬼相依惯，一笑无须设饯筵。

诗句不失诙谐幽默。十五天后，也即旧历正月十五元宵节，陈寅恪作《壬寅元夕作，用东坡二月三日点灯会客韵》诗，有句云：

> 江河点缀承平意，对淡巴菰作上元。

七天后，也即1962年2月26日，陈寅恪作《壬寅元夕后七日，二客过谈因有所感，遂再次东坡前韵》诗，有句云：

> 南国有情花处处，东风无恙月年年。

4月3日，陈寅恪欣赏过广州京剧团新谷莺等人的演出后再一次赋诗，有句云：

> 今宵春与人同暖，倍觉承平意味长。

在短短数月间，在陈寅恪的诗句中比较集中出现了"点缀承平意"，"春与人同暖"等比较平和的句子，在陈寅恪的"诗篇纪年"

的诗歌创作历程上甚为少见。

1962年2月14日，中国科学院副院长竺可桢前往中山大学探望陈寅恪。竺、陈两人相谈甚欢。竺可桢在当天的日记中这样追述：

> 寅恪他住原住的宿舍二楼，精神甚佳而健谈，虽目盲而谈笑风生。吴副院长与彼乃二十五年前联大老同事，与其夫人亦相稔。……谈到英国，云人只知英国博物馆的敦煌莫高窟的汉简，而不知奥里斯坦（Aurelosteim）初发现莫高窟时，•取了许多西藏文的稿件，对于唐和吐蕃史料尤可宝贵。其初存于印度政府机关（Indian office），现不知在何处，曾函科学院图书馆，但迄无回信。我允回京后为之一查。[1]（着重号为引者所加）

"精神甚佳而健谈，虽目盲而谈笑风生。"这是同时代人对1962年初陈寅恪的精神面貌最传神的一次描述。至此，在1961年底开始的特殊照顾，犹如雪中送炭，暮年人生恍似夕阳西沉时天际突然掠过一片耀眼的彩霞！

那一份心头之暖，在顷刻间亦令陈寅恪干枯的双眼泛起一片湿润。如果此刻他的心头涌起对这个世界、对苦难人生的点点宽容及释怀，那么在他的余生中这份暖意则是最后一次涌现了。

这是一段后来被中山大学称之为"陈寅恪心情较为舒畅的时期"。

若说提到陈寅恪的晚年不可能不说到陶铸的话，则这位共产党的省委书记，1961年之后以他的权力，改变了陈寅恪晚年的部分命运。但陶铸无法改变陈寅恪命运的"苦寒"色彩。

---

[1]《竺可桢日记》，第4册，第590页。竺可桢与陈寅恪，早年同在复旦公学求学，是"同桌读书的人"（唐筼语）。

4

这是一节很值得探讨的历史。

陶铸为何在1961年在中南地区引发了一场关于知识分子问题的振荡？与陈寅恪并无历史渊源的陶铸为何一再对陈寅恪"优礼相待"？

从时代背景看，经济衰退进入最困难时期的1961年，已到了非调整各种社会关系不可的关头。继3月份的"广州会议"之后，5月21日，毛泽东又在北京主持了二十天的中共中央工作会议。该会议讨论了多个议题，其中便有一向不太为后人所留意的一项：对几年来受批判处分的党员和干部，进行实事求是的甄别平反，规定以后在不脱产干部和群众中，不再开展反右反"左"的斗争，也不许戴政治帽子。[1]

7月19日，中共中央发出了《关于自然科学工作中若干政策问题的批示报告》，特别指出，"做好知识分子工作，很关紧要"，对待知识，对待知识分子问题上的片面认识和简单粗暴的作风必须纠正。对几年来批判错了的人，要进行甄别平反[2]。

9月15日，中共中央颁布《教育部直属高等学校暂行工作条例（草案）》（又称《高教六十条》）。其中有数项指出，必须"正确执行党的知识分子政策，团结一切可以团结的知识分子；正确执行百花齐放，百家争鸣的方针，不断提高学术水平"等等。[3]

这些，都可以看作是陶铸在九十月间调整中南地区知识分子关系的理论依据。

但陶铸公开倡导向知识分子赔礼道歉，公开建议"今后一般不要用'资产阶级知识分子'这个名词"，这一步毕竟在当时超前了

---

[1]《中国共产党历史大事记》，第250页。
[2] 广东省档案馆馆藏档案。
[3] 见前注。

许多。当时陶铸最高的职务是中南局第一书记,他的倡导与建议在全国并未产生大的影响,但将六十年代前期最早为知识分子"脱帽加冕"的功劳归于这位湖南人,大致是不错的。

这位 1908 年生于湖南祁阳县一个穷乡僻壤的共产党人,一生其实与学术并无太多的牵连。他十三岁辍学当商行学徒,十八岁成为广州黄埔军校第五期入伍生,一年后便投身武装革命运动。从此奔走呼号,逐步成为一个坚定的马克思主义者。

在陶铸后半生的经历中,第一次让我们看到这位职业革命者对文化与知识的贡献,是 1949 年初陶铸在北平奉命组建南下工作团,准备随南下解放大军将文化人才撒遍大江南北。不到一个月时间,陶铸在北国便组织起一支主要来自平津大专院校过万名知识青年的南下工作团。这件事给陶铸印象太深了,十四年后他对中山大学领导人再次提起这件事,说明管理学校与学生,主要是靠深入到学生中去,帮助他们解决实际问题。这件事的成功,表明这位大刀阔斧式的人物以后在知识界将有一番作为。据说,陶铸在 1949 年为了招到"兵马",曾多次在北京"全聚德"饭店宴请当时京华的一些知名教授,请他们动员学生参加南下工作团。

这是陶铸与学界精英打交道的第一例。

1951 年,四十三岁的陶铸来到广东,出任中共中央华南分局第四书记。随后,开始了他主政广东十余年的历史。

五六十年代的广东,有一批在全国也是知名度甚高的高级知识分子和文艺人士。粤剧名伶红线女及马师曾,1955 年从香港回到广州,第二年即率广东粤剧团晋京演出,毛泽东等人前往观看。以后毛泽东数次南下广州都观看红线女的演出。同年 5 月 14 日,周恩来亲笔为红线女所在的剧团题了词。1958 年 4 月 30 日,毛泽东在广州的珠江游泳完毕,即在游船上宴请了红线女。[1] 陶铸在"文革"

---

[1] 见《毛泽东在广州》。

前对红线女、马师曾的关心照顾,为广东文化界人士所共知。

此外,在广东的全国知名专家还有向以"稻种之父"著称的中国农业科学院院长丁颖;在五十年代为消灭血吸虫作出过重大贡献、曾先后三次受到毛泽东接见的寄生虫学权威陈心陶;中国近代植物分类学的奠基人之一陈焕镛等人。

当然,还有史学大师陈寅恪。

这些,都是广东之宝,也是中国之宝。

独当一面的地方官,任谁都不会忽视这些"国宝"(陶铸语)的存在。但仅仅是这些,尚不足以解释独特的历史现象。

与这些学人接触,陶铸体会到"知识就是力量"的真谛。"大跃进"时,各地拼命"放卫星",热得也可以的陶铸希望水稻种植权威丁颖支持广东"放卫星"。耿直的科学家坚持说那是不可能的事,陶铸恼了,公开在会议上批判丁颖"右倾"。谁想很快真相大白,"卫星"放到广东全省当年年产量达一千亿斤粮食这样的程度。实际上连同其他杂粮算在一起,这一年广东粮食产量勉强只有三百亿斤。结果1959年广东出现"大粮荒",陶铸公开作检讨。在这点上陶铸倒有气量,公开承认没有听丁颖的话。[1]

对陶铸关于"知识分子"概念产生影响的,也许还有这么一个略具传奇色彩的人,他就是当时的华南工学院院长、一级教授罗明燏。罗明燏,广东番禺人。这位曾赴英国、美国进修和考察过航空工业的知识分子,在那个大兴基础建设的年代,成为陶铸身边一位常常能医治"奇难杂症"的高手。比如五十年代台湾国民党的飞机常从广东汕头一带飞进大陆,广东沿海急需修建新机场。当时主持其事的苏联专家设计的方案耗时且工程费用高,不能适应当时的形势。某日陶铸驱车亲自将罗明燏从广州接到施工现场,不知底里的罗明燏身上仅带了一把计算尺。经过现场勘察,罗明燏提出了一个

---

[1] 参阅1959年广东农业形势有关档案材料,广东省档案馆藏。

快捷省时省工的大胆方案,当场进行论证与试验,两相对比,结果采用了罗氏的方案。最后,工程完工交付使用,不但节约了一笔巨大的工程费用,而且节省了时间。此事在广东学界传为佳话。

若从中国知识分子这一角度去看,则这一群知识分子的典型代表,在他们的身上体现了很鲜明的爱国意识和高洁品格。

陈心陶,三十年代初即获美国哈佛大学病理学博士学位,四十年代后期再赴美国从事蠕虫免疫研究。1949年10月应陈序经之邀,从美国返回岭南大学任教。此举一直被共产党称赞为最可贵的爱国行动。

陈焕镛,哈佛大学研究生毕业,二十年代主持中山大学农林植物研究所,三十年代先后在世界植物学会一些机构中担任重要的职务,并被一些外国植物学会聘为名誉会员。1949年从香港回到广州。陈焕镛一生发现植物新种百余种,1955年当选为中国科学院生物学部委员。

罗明燏,二十岁刚出头便为"南天王"陈济棠、林云陔等人看中,大加培养,先后主持广东一些大型的建设项目及兵工厂的投建,若要暴富,"陈济棠时代"已有机会。但直到走完坎坷的一生,这位学人仍两袖清风。四十年代中,罗明燏曾率团赴北美考察美国与加拿大的航空工程,1947年便回到祖国,出任中山大学教授。

姜立夫,中央研究院首任数学研究所所长,1949年从台湾辗转归返大陆,真诚地拥护新的社会。

陈寅恪,1949年前后谢绝一切关于移居海外的劝说,安于栖身康乐园,潜心著述,毅力惊人。

…………

这是些有多么相似的人生。他们的"恋土情结",他们对中国文化情感的一致,已揭示了这么一点:比起封建时代的学人,现代学人的文化人生所呈现的历史意蕴要丰富得多。在大一统时代所缺乏的开放与比较的对照下,现代学人们最终仍归依本土文化,这可以说他们续写了中国传统文化新的一章,新添了前所未有的内容。

只有对他们有感性的理解,具体的接触,陶铸才有可能发出"知识分子可以说已同我们结成患难之交"这样的感叹。

在以后,陶铸还将继续照顾"国宝"陈寅恪。

但以后每一次照顾出现的前夕,都是陈寅恪又多遭受新一重灾难打击之时。故特殊照顾很动人,但苦涩的味道也很浓。

5

尚有尘封的一段史实还未述及。

陶铸"脱帽加冕"的做法,并没有获得"一边倒"的喝彩声。几乎是在知识分子痛哭流涕的同时,来自高等院校的一些党员干部的怀疑声与不满声,开始反馈到广东省委。最大的怀疑是,"不提'资产阶级知识分子'","是否牺牲了原则去调动他们的积极性!"更多的直观感受是"他们又翘尾巴了,又讲怎样对待我们的学术地位等等,什么狗屁都放出来"[1]。这些话都是摘自历史档案的实录。

这些认为陶铸"过高估计了知识分子的进步"的人,其实绝大部分本身就是知识分子,甚至不少人还是在民国年间的旧制大学毕业的。若按"出身、经历"来划分,他们同属"资产阶级知识分子",在1958年还属被批判的那一类人。困难的是,对这种现象已不能简单地从个性与品格方面去探究,甚至这些成为"党员"、成为"干部"的人,在其他人眼中骨子里依然是一个"可以改造好的知识分子"。相反,一些真正以政治工作为职业的干部,尚在细琢陶铸讲话的精神,尚在辨别政治风向,尚未贸然表态。而这些知识分子出身的人,却早已声言陶铸是"过高估计"了。

很悲惨的是,六年后这里面其中的一些人,最终戴上了造反者

---

[1] 见1961年《高校党员干部对陶铸同志报告的怀疑》等材料。

强加在他们头上的一顶"钻进党内的资产阶级异己分子"的帽子，饱遭折磨而死。1961年这些人就曾这样提出，"'资产阶级知识分子'这提法应该是一顶帽子，平时就装在我们的衣袋里，需要时就给他们戴上"[1]。谁料他们这种提议到头来反为自己身受！

揭示有些历史事实，犹如在挖刚愈合的伤疤。愿这样的历史永远尘封！

---

[1] 见1961年《高校党员干部对陶铸同志报告的怀疑》等材料。

第十五章　一段昙花一现的日子

1

这是一段昙花一现的日子。

在那个极"左"思潮越来越严重的年代，那些不乏清醒头脑的共产党人，他们感觉到了比暂时的经济困难还要值得忧虑的危机，他们产生了很深的忧患意识。待到这种意识化作整个民族最强烈的呼声时，已是二十多年以后的事情了。正是"山中方七日，世上已千年"。

其实，在1961—1962年之际，这些清醒的共产党人，他们对知识分子的认识，还仅停留在"认可"上，认可其为革命阵营中的一分子。这样说，似乎有点苛求前人。因为在那个年代，有这样的认同，已是多么的难能可贵。

昙花一现的日子其实也跌宕有致。

从1961年9月陶铸要为知识分子"赔礼道歉"开始，中山大学东南区一号二楼成为一个热点。不过并不是所有有幸登此楼的人都能尽兴而归。

1962年1月24日，上海青年京剧团赴香港演出载誉归返广州。这在内地与香港甚少文化交流的当年是一件很轰动的事。京剧团在港三十六天，连演三十九场，创下共有六万六千人次观看的纪录[1]。最高潮的演出是 1 月 15 日晚。当晚香港电台现场直播,成千上万的香港人站立在街头,聆听着广播电台传出的妙曲。

香港人当然值得为了这个晚上在寒风中站立。这晚登台的是俞振飞与言慧珠,他们以名剧《凤还巢》亮相。

回到广州的剧团,休息数天后,挟在香港一炮打响的余威,在东乐戏院连续四晚为广州市民献演这次赴港演出的拿手剧目,并特意在广州军区礼堂专门为军政人员及知名人士演了专场。

陈寅恪本应可以现场感受俞振飞与言慧珠的万种风情,但这一切都轻轻地滑过去了,陈寅恪留下了终身的遗憾。

广东省委确实为陈寅恪安排了观赏的戏票。不过当戏票送递陈寅恪手中时,演出日期已过。陈寅恪勃然大怒。刚好广东省一位副省长兴冲冲登楼前来拜访,陈寅恪把愤怒都倾泻在这位副省长的身上,"你这个副省长到底管事不管事?"副省长是一位民主党派人士,故陈寅恪有此怒问。副省长无法解释,只好扫兴而归。他实在运气不佳。

陈寅恪看不上戏而发怒的消息惊动了各方,查问下去,才知临近春节,各类信函未能很快送达,故此戏票拖延了数天才转交到陈寅恪手中。

享受欢愉,于这位老人来说本已显得很稀罕,连已来到眼前的机会也突然绕道远去,今日思之,亦当长叹不已。

陈寅恪晚年爱发脾气是无需讳言的。但陈寅恪在这件事情上大动肝火,则有一些令人感兴趣的花絮。

当年轰动一时的上海青年京剧团,基本上是由俞、言两人负责的上海戏曲学校培养的第一批毕业生组成。其中的佼佼者,十年后随着"革命样板戏"而红遍全中国,如现代京剧《龙江颂》江水英的扮演者李炳淑,《杜鹃山》柯湘的扮演者杨春霞,《智取威虎山》

---

[1] 见 1962 年 1 月 25 日《羊城晚报》。

小常宝的扮演者齐淑芳等,正是在这个剧团初露头角。至于团内华文漪、蔡正仁等人,日后被誉为昆曲新一代的优秀演员。这些名角,都在那一年远征香港和广州。一个剧团汇聚如此多充满了勃勃生机的新秀,排演了如此多的传统剧目,这在六十年代初十分引人注目。

在该团,群星拱月般簇拥出的两颗最耀眼的明星,当推俞振飞与言慧珠。俞、言的魅力不仅来自两人非凡的艺术才华,还来自两人很传奇的姻缘。昆曲大师俞振飞与言慧珠不久前刚结合,故剧团赴港演出时,香港传媒是以"年龄加在一起刚好一百岁的新婚夫妇"为题给予报道。所以,这两位艺术大家在舞台上合演《凤还巢》,具有超出了舞台艺术外的人生韵致。艺术名家的结合,其意义并非一般的两个个体生命的结合。被公认为梅派(兰芳)艺术优秀传人的言慧珠,与昆曲艺术杰出的代表者俞振飞,在舞台上这种珠联璧合的合作,堪称一种绝唱。

对于一个即使很狂热的票友来说,一生中也许亦不会有太多这样的机会聆听这种"绝唱"。陈寅恪在晚年只有这么一次机会,却失去了!

陶铸知道陈寅恪没有看上戏,也很焦急。他原想请剧团专门再演一场,让陈寅恪能"看"上戏,但剧团的道具布景已经装车先运回上海,戏已无法再演。

这件事惊动了那么多人,仍让陈寅恪留下了遗憾,命运的不可抗拒,让人悚然。

牵动了陈寅恪喜怒哀乐的俞振飞,是与他的新婚夫人言慧珠在广州度过1962年春节的。不知道这位艺术大师是否听说过广州有这么一位老人,有这么一件事?

故事的精彩还在后头。

春节过后,陶铸陪同其时正在广州养病的胡乔木登楼拜访陈寅恪。陈寅恪犹谈起未能一睹俞振飞的风神深以为憾,胡乔木也认为如能再请俞振飞演一次是件很好的事。为了一场戏,为了两个名伶,在陈、胡两人高层次的对话中再次触及,可见这件事令陈寅恪一直耿耿于怀。因为胡乔木前来,远不是为了附庸风雅一番。这是一次很有"政治意味"的见面。

历史的一出"重头戏"开始了。

2

胡乔木是来广东过冬休养的。他已病了很长时间。

1949年之后的广东,意外地成为中国另一种意义上的"政治中心",每年有相当部分的政要离开寒冷的北国,南下广东避寒过冬。广东有著名的从化温泉休养区,广东更有著名的铁腕人物陶铸。中国最好的温泉也许不在广东,中国最怡人的四季节候也许不为广东独有,但广东在1949年之后成为国家领导人很喜欢前往的南方一个省。陶铸为广东这种特殊地位的确立,起了最重要的作用。

在1962年的早春,人们在广东不但可以看到胡乔木,还能看到周扬、郭沫若、康生、聂荣臻、邓颖超、薄一波等人,还能听到周恩来、陈毅振奋人心的发言。

1962年的广东早春,非常热闹。

正是在这样的时节,经毛泽东特批优闲养病已有年余的胡乔木,兴致勃勃地前往康乐园,一会三十年前已闻大名的陈寅恪。陶铸的陪同,令胡乔木此行显得很不一般。

胡乔木,江苏盐城人,1912年生。1930年考入清华大学历史系,其时已接受了革命思想。清华大学历史系众多一流的历史学名家并没有使这位很有读书天分的学生安心于书桌上,终于尚未毕业胡乔木便离开了清华园,从此专心于革命斗争。

在1962年2月26日这天,这位毛泽东的秘书是以学生见老师的心态走到陈寅恪的跟前。这种心态，不知是否与胡乔木已离开权力中心的"俗务"，在山水怡情养性的处境有关。这位时为中共中央委员、中共中央书记处候补书记的"大秀才"，出人意料地惋惜当年没有机会去上陈寅恪为高年级开的课。五年后陈寅恪在"文革"中被迫写下"交代材料"，其中就有胡乔木回忆清华园的记叙。

这种心态令胡乔木从一开始就取恭敬之势与陈寅恪谈话。陈寅恪当然不会知道，离开了清华园的胡乔木，在革命事业中如鱼得水，先后在上海等地领导革命的文化运动。1937年胡抵达延安，数年后任毛泽东的政治秘书，位重一时。数十年后人们终于知道，当年毛泽东多篇著名的雄文，作为秘书的胡乔木也参与了写作。如果胡乔木也算是"我的学生"的话，则陈寅恪"最好的学生还是共产党的学生"这话也多添了一个例证。

胡乔木的这种心态也令陈寅恪从一开始就表现了"师道"的从容。陈寅恪频频发问了，胡乔木尽量委婉地解释。在那个特殊的年代，有些细节只能刻在人们的心中而不能被记录下来。在陶铸向陈寅恪介绍国家这几年经济形势时陈寅恪突然发问："为何出现了那么多的失误？为何弄到经济如此困难？"胡乔木笑着回答陈寅恪，就好比在一个客厅里将沙发、枱椅不断地搬来搬去，目的是想寻找更好的位置，所以就免不了产生搬来搬去的失误，就好比是经历了一场地震一样。[1]

好一个新鲜的比喻。

比起三年前周扬关于"鞋子与试验尺寸"的比喻，胡乔木这个比喻很有艺术性。陈寅恪听完后只说了句"你这个比喻很聪明"。聪明的老师与聪明的学生的这段对话，今天重读一遍亦觉

---

[1] 此细节由当年在场陪同的中山大学领导人事后说出，因其生动特别，故与闻者记忆犹新。此细节由数位中山大学老教师提供。

妙不可言。

当然，较之对话中的"机锋"还透露出更重要的东西，足不出户的陈寅恪对现实有很深的洞察，他晚年对现实的关心实际上超出了人们的想象。他对政治动态入木三分的辨析，带有他浓烈的治史风格——能发别人"未发之覆"，在洞悉古今中寄现实之感。

"梦里不知身是客"，此语道尽了历代人们在人生长河中跋涉的困惑与局限。但徜徉在这条长河上，陈寅恪"梦里仍知身是客"。并非是出于对政治的偏见，陈寅恪从未对当时流行的革命运动表示过赞同，他的发问，可以视作一个历史学家对正在前进的"历史"作出极清醒的发问。

在这个早春二月，陈寅恪为我们留下了与"痛哭流涕"一组群像截然不同的一个孤独的形象。

胡乔木的"恭敬"做对了。谈话到了这个份上，这位名义上的学生，其"敬"已含有一种认同的味道。当陈寅恪再次发问他的著作已送交出版社却为何迟迟不能出版时，胡乔木以八个字回答陈寅恪的八字发问：陈曰"盖棺有期，出版无日"；胡答"出版有期，盖棺尚远"。[1]

在六十年代前期，陈寅恪为了他的著述出版，显然作过多种努力。据竺可桢在日记中记载，陈寅恪为出版事甚至拜托过这位科学家代其向出版社查询。《竺可桢日记》"一九六六年三月二十日"条中有这样一段文字，"至中山大学寅恪处，他卧在床上，由他太太招待，但寅恪仍健谈，我坐在床上与他谈一刻钟，关于两年前所托问中华书局印刷（即出版著述——引者）事，均与以交待。"[2] 人生的无奈，尽在"与以交待"四字中流泻出！竺可桢又能"交待"些什么呢？望眼欲穿，长恨绵绵，生命终在"出版无日"

---

[1] 见《陈寅恪先生编年事辑》，第 160 页。
[2] 《竺可桢日记》，第 5 册，第 29 页。

中结束[1]。

　　胡乔木以巧词"出版有期"对陈寅恪的牢骚"盖棺有期"，显示出学生的聪明之处。在1962年2月作出如此许愿的胡乔木，说出"出版有期"大概不能算是一种敷衍——此点后文详述。但历史最终还是站在陈寅恪一边。十八年后，也即陈寅恪辞世十一年后，陈寅恪生前盼望的"出版有期"才姗姗来迟，二百多万字的著述终于付梓，他却不能看见了。"棺盖"早已合上且已朽化为尘埃！

　　这是陈寅恪与中央高级干部谈及政治与现实话题最多的一次，也是谈得尚算顺畅的一次。胡乔木对陈寅恪有了切身的感受与认识，并有所理解。这一点对陈寅恪身后由大陆作出的"政治评价"起了重要的作用。

　　胡乔木探访陈寅恪的"成功"，也在学界有反响。两个月后，陈序经在北京开会期间说出了三年前周扬拜访陈寅恪的一段内幕。陈序经是有感而发的。

　　不知1962年的胡乔木，是否吸取了周扬的教训。大半生以授

---

[1] 近年，前中华书局上海编辑所和中华书局从1958年起至1962年与陈寅恪就出版新书而协商的一些来往信件以及档案被发掘，高克勤、徐庆全、徐俊诸先生分别据此有所论述。陈寅恪晚年对出版著作的态度，由此更加清晰。总览这些新材料，陈寅恪实际对出版著述有很深的防范意识，乃至戒备。在某些岁月，陈甚至有推搪意。故此，数年间陈氏致出版机构的信函虽有多封，但事情的倾向更像是出版社"一头热"。陈寅恪最后答允将书稿交付上海编辑所出版，除了有五十年代上海方面曾顺利为他出版了《元白诗笺证稿》这一因素外，很明显，还与他在上海有两个清华弟子陈守实、蒋天枢从旁沟通有关。上海的两个学生如何为师出书费心，当还有未发之覆。很可惜，结局最后依然如陈寅恪所预见的那样：1963年3月，陈寅恪终于向上海编辑所交出《金明馆丛稿初编》，陈氏交稿前固然充满了"不愿意接受出版者之修改或补充意见"的自傲；在未取得书稿前，出版社也回应以"有关印制注意事项，并请（先生）开示数条，无不遵办"，表现得甚为恭敬（引文见高克勤氏《陈寅恪先生致中华书局上海编辑所书信辑注》，载《中华文史论丛》2008年第2期）；但刻意防范的陈寅恪终仍受辱，他的书稿随后在出版社的两审中，仍被贯以"方法是非辩证的偏于形而上的方法"（见金性尧《金明馆丛稿初编复审报告》，载2008年8月15日《东方早报》）。这类评价，是陈氏在1949年后深以为恨的。延至1966年2月，上海编辑所才将出版报告上报上海市出版局，但此刻已是"文革"爆发的前夕。由1963至1966这三年间，陈寅恪是如何盼望等待，出版社又是如何应对陈氏，其内情至今仍阙如。

业为荣的陈寅恪，对执弟子礼甚恭的后学，总有中国传统为师者的那一份慈爱，尽管他在晚年爱发脾气。

这次探访，显然使当面答允陈寅恪"出版有期"的胡乔木，多了一份心事。事隔不久，陈毅在1962年3月6日"全国话剧、歌剧创作座谈会"上作报告，为后人留下了这样一段史实。陈毅在报告中有一处这样说道：

> 昨天（指3月5日——引者）我去拜访胡乔木同志，他问我："我养病一年多，不晓得为什么作品一定要审查？是不是最近中央决定要审查作品？"我说："没有哇。并没有说作品要审查，也没有说作品要审查才演出。"他说："为什么有这样的事？"我说："我也莫名其妙，不晓得是哪个搞的。始作俑者，其无后乎？"他说："我们写政治文章也没有一定要审查。总是大家商量好了，就写嘛。写好大家传阅一下，打个圈就算了。你如果不同意，加一段或者加几点意见，交给原作者，原作者他可以采纳，不采纳，还是照样发表。"我说是呀，你们写的政治论文，送到我那儿，我有时改几段，有时几个字，或者提点意见，第二天一发表，我看有时候是吸收了我一些意见，有时候也没有吸收。吸收了我固然高兴，没有吸收也并不以为得罪我。因为作者有他的民主权利嘛！怎么能随便糟蹋呢？作者不是你的马弁，你又不是军阀，可以对人唤之即来，挥之便去，因此胡乔木跟我说最好是不要搞什么审查。[1]

虽然尚无更直接的证据证明3月5日这天胡乔木向陈毅发出"为

---

[1] 见1962年3月6日陈毅《在全国话剧、歌剧创作座谈会上的报告》。

什么作品一定要审查"的疑问,其根源来自陈寅恪"出版无期"一事,但也无法抹去七天前胡乔木曾探访过陈寅恪这样的背景。更深一层,陈寅恪一向对作品要"审查、送检"深恶痛绝,极为反感。这些也是中央宣传部副部长胡乔木对"作品审查"有那么多的疑问与不满的一个不可忽略的因素。

1962年胡乔木的这次探访,还直接引发了陈寅恪身后的一件大事。二十年后,胡乔木亲自过问广东省委宣传部门组织的一场论战[1]。

陈寅恪去世后,最早研治陈寅恪生平事略与学术成就的,是台湾与香港的一批老人,他们或是陈寅恪的好友,或是陈门的弟子。八十年代初,海外数位隔代学人异军突起,他们在探讨陈寅恪的思想倾向、政治取舍上提出了新的见解。其中海外学者余英时以《陈寅恪的学术精神和晚年心境》等文提出了一个很具政治色彩的观点,认为陈寅恪晚年"决不曾对中共存在任何更进一层的幻想,尤其不会'靠拢'、'认同'",甚至认为陈寅恪对当初自己"没有投奔台湾而悔恨终生"[2]。

论战由此而起。

在胡乔木的指示下,广东省委有关方面开始布置写论战文章。此重任落在六十年代毕业于中山大学中文系的一位写手身上,反驳文章先后在1984、1985年的香港《明报月刊》登出[3]。

值得关心的还不是这场论战,而是胡乔木觉得有必要反驳余英时观点的心态。陈寅恪不是一个家喻户晓、具备新闻效应的热门人物,理解陈寅恪的学术精神,远非是平民百姓乐意议论的话题。故此余英时的文章其实没有太多的宣传效应。促使胡乔木布置"反驳",除了有政治斗争的需要外,有一因素也许起着相当重要的作

---

[1] 据王匡回忆。王在七十年代末至八十年代前期曾任新华社香港分社社长一职。
[2] 参阅余英时《陈寅恪的学术精神和晚年心境》等文。
[3] 署名"冯衣北"。

用,那就是二十余年前,胡乔木与陈寅恪有过这么一次谈话。陈寅恪留给这位中央大员的印象,显然有别于余英时所说的那样[1]。

数十年时间已经过去,历史的风雨也渐消散,现在可以这样说,"政治"这个范畴,已难以涵盖陈寅恪的文化意蕴,也无法盛得下陈寅恪的人文世界。当政治上的恩恩怨怨被大浪淘尽时,在中国文化这连绵不尽的山脉上,陈寅恪将永远拥有自己的一座山峰!

在陈寅恪这方面,因胡乔木与陶铸的过访,陈寅恪写下了《壬寅元夕后七日,二客过谈,因有所感,遂再次东坡前韵》这样一首诗。全诗如下:

> 不用杨枝伴乐天,幸余梅影晚犹妍。
> 文章岂入龚开录,身世翻同范蠡船。
> 南国有情花处处,东风无恙月年年。
> 名山金匮非吾事,留得诗篇自纪年。

诗的旨意当在"名山金匮非吾事,留得诗篇自纪年"两句无疑。七十二岁的陈寅恪对著作出版刊行使之藏于"名山金匮"已不抱什么希望了,聊以"留得诗篇自纪年"自慰。

此诗尚属平和,与这段岁月陈寅恪的心境吻合。

3

胡乔木很幸运,但另一个人却很不幸运。

毛泽东身边的另一位"秀才"——康生,终于出现在本书所述历史的视野里。于是,同在这春暖花开的时节,发生了另一个很像

---

[1] 王匡犹深情回忆,胡乔木很博学,对知识分子很体贴、关怀,当年陶铸已甚佩服胡。

小说情节那样一波三折的真实故事。

有缘或无缘，往往一见分晓。

行藏不喜张扬的康生，悄然走上了南郊那条通向中山大学的道路。兴冲冲而来的康生来得实在太突然了，当他赶到学校提出要见陈寅恪时，校长办公室一与陈宅电话联系，才知陈寅恪病了，正在卧床休息。办公室人员试图说服陈家的人动员陈寅恪接待一下，但没有成功[1]。陈寅恪是真的病了还是以此为藉口不愿见康生？素性多疑的康生显然只想到了后者，他很快便用报复手段出了这一口被拒之门外的"闷气"。

一向以"马列主义理论家"自居的康生，本与史学界无甚关系，为何甘愿"屈尊"求见陈氏一面？康生去世后其真面目始为世人窥得一二，答案也趋明朗：康生一生喜爱金石书画，其品位与收藏也可称之为"家"。1959年周扬尚且愿意跑去看陈寅恪的藏书，此时的康生以同好的心境拜访陈寅恪，想来那一刻康生欲见陈寅恪的心情也充满了某种真挚与期待。

也许还有其他原因。可惜，他与陈寅恪无缘。

被人礼貌地拒之门外，1949年之后的康生，不知碰上过几例？

康生显然不甘于此行一无所获。他改向学校提出要见中文系教授容庚。于是学校急忙派人通知容庚。尽管容庚也算是中国学界有相当成就的古文字学者与考古学专家，但康生还是不客气地在中山大学最高规格的"黑石屋"别墅接见了容庚。

容庚，字希白，广东东莞人，1894年生。容庚生于书宦世家，曾祖父是前清翰林，祖父是前清进士，其父是前清拔贡。容庚兄弟从小就随四舅治《说文》，数十年后，容庚与容肇祖皆成为卓有见

---

[1] 在陈寅恪晚年，绝大部分来访者需先征得陈同意方能登楼。据当年中大一位负责干部回忆，陈寅恪还先后拒绝过数位北国要人过访的请求。

树的古文字专家。

1922年，二十八岁的容庚第一次踏足古都北平，初识令他终身受用的恩师罗振玉。曾慧眼提携王国维的罗振玉，为容庚呈献的著述《金文编》所打动，特意向北京大学推荐。从未迈入过大学门槛的容庚，被破格录取为北京大学研究所的研究生。[1] 古都的人文荟萃，厚重的文化氛围，为容庚的学业打下了很深的基础，他一生的学术贡献，主要在旅居北平时期完成。三十年代，容庚已成为中国考古学界的知名学者。1941年，容庚以八年之功力编撰而成的《商周彝器通考》一书出版。正是这部为考古界推崇的书，二十年后令他与康生得以见面。

1946年，容庚南返广州就任岭南大学中文系教授，从此后半生留在康乐园。这位古文字专家，在五六十年代最出名的是他那倔强与耿直的脾性，人称"硬骨头"，名满广东学界。康生并不知晓这些。随后发生的事情有点出人意料。

召容庚前来的康生，开始还保持着"首长"的派头，但倾谈之间不觉进入了文人骚客的角色。康生问起容庚收藏的名帖，容氏如数家珍。猛然康生打断容庚的说话，说其中一个书帖是赝品。容庚不以为然，云我所藏的皆是历年挑选的精品，怎会是赝品。康生坚持说那是假的，容庚开始不高兴。据陪同的学校秘书刘瀚飞回忆，"康、容两人开始吵了起来。"[2]

这似乎是令人难以置信的场面。

除了政治与权术，康生最大的嗜好是鉴赏与收藏。到了文化大革命，他的这种欲望膨胀到疯狂的地步，在他所插手的一系列揪斗与抄家行动中，最深藏不露的一个目的便是对那些垂涎三尺的古物巧取豪夺。

---

[1] 见《容庚生平档案》。
[2] 1993年9月1日刘瀚飞向笔者所述。

而对于容庚来说,在他三十一岁那年被聘为故宫博物院古物鉴定委员会委员时,便以"好辩"而出名。三十年后,中山大学中文系树容庚为"白专典型",容氏再一次以"好辩"扬名。据说,这位时年已近七十的老人倔强得可爱,晚年以骑自行车为乐,每发现前方有人骑得比他快,必倾力追赶超越方心息,直到八十岁时仍如此。

以鉴赏会友,争吵也似乎见几分真性情。据目睹这场争辩的刘瀚飞回忆,对容庚的倔强似乎没有什么办法的康生只好说,解放后我在北京看见过这个帖,所以你这个是假的。容庚毫不客气地回答,你是解放后才看见,而我这个解放前就已经收藏,你所见的那个才是假的。

两个都不肯承认自己的鉴赏有问题的收藏家,只好选择了一同到容宅一辨真伪的办法。这就是在六十年代广东学界亦算有影响的"康生驱车访容庚"的真相。

康生对容庚的宽容,甚至"吵了起来"后反而对容庚生了敬意,不知是不是在遭到陈寅恪拒绝后顿生一种渴望得到补偿和平衡的心理?被拒绝的羞怒与邀请得到回报的快乐,这两种截然相反的感受,康生在这个2月某日的下午同时都品尝到了。

以后的情节很普通。到了容宅的康生大开眼界。容庚一生收藏甚丰,1956年容庚曾将一百五十多件珍稀的古铜器捐献给广州博物馆。在六十年代,容庚收藏的古字画已达一千多幅,以明清时期的作品居多,稀世之珍屡见。同时,容庚也收藏古籍,有万册之巨。[1] 情难自禁的康生,不觉说出了自己收藏历史中最为得意的一件大事:五十年代初"土改运动"收缴剥削阶级的"浮财",他"鉴赏"过很多古董精品。[2] 最后,康生慷慨地问容庚需要什么帮助。容庚诉

---

[1] 参阅张维持:《著名考古学家容庚》,载《广州文史资料》第38辑。
[2] 据刘瀚飞回忆(1993年7月31日)。

说了欲重新修订《商周彝器通考》一书的愿望,但碰到了到外地搜集资料很不方便且又缺经费的困难。康生马上答应帮助容庚解决这些困难并作了两个提议:一是由他亲笔开具介绍信给容庚到外地搜集资料,二是建议《商周彝器通考》一书修订计划可列入文化部的科研项目[1]。三十多天后(即 1962 年 4 月 1 日),容庚拿着康生的亲笔介绍信,与张维持、曾宪通、马国权三名助手踏上了北上的路程[2]。康生的大名果然厉害,容庚等人一路畅通无阻,所到之处热情接待,有求必应。容庚与助手们行程万里,费时三月,终于完成了容庚晚年最重要的一次考察。

总算不虚此行的康生,失之东隅,收之桑榆,他得到了不少的收获,但怨恨也从此播落在心间。终有一日,他须将这"恨"尽情地发泄。日暮时分,康生才驱车赶回广州城。

对康生探访陈寅恪遭拒一事,学校也很重视。事后再三查访,证实陈寅恪那天的确在养病。但这种证实已没有意义了。在陈寅恪拒绝那一刻,真病与假病对于康生的感受来说都是一样的!

陈寅恪为此事付出的是抱恨终身的代价。

大概在胡乔木作了"出版有日"的许诺一年后,陈寅恪的《论再生缘》果然已在人民文学出版社的出版计划之内[3]。当时该社专门编辑旧体诗词的人不多,所以出版社负责人特意请了当时在《文艺报》工作的黄秋耘担任该书稿的责任编辑,因为黄秋耘的旧体诗词修养不错。黄秋耘在 1935 年就读于清华大学中文系,后转读社会学系,曾多次旁听过陈寅恪的课。在编辑《论再生缘》期间,出版社曾告诉陈寅恪由黄秋耘任责任编辑,据说陈寅恪表示同意,但

---

[1] 据曾宪通回忆,及参阅 1962 年《容庚北上考察汇报》,中山大学档案馆藏。

[2] 为"送上我为容庚教授赴各地考察访问所写的几封介绍信"(康生语),康生曾特意致函中山大学党委。

[3] 据黄秋耘回忆(1994 年 1 月 28 日)。

没有发表其他意见。

一切似乎很顺利,序言由郭沫若负责的事也确定下来。《论再生缘》的命运一下子似乎明亮了许多。但一个表面上看与这件事毫无联系的人插手了。他就是康生。康生出席了人民文学出版社的一次会议。在这个会议上,这位理论家只列举了两条理由,便宣告了《论再生缘》的另一种命运。康生认为,首先《再生缘》这部弹词小说有些地方写到了"征东",陈寅恪称赞《再生缘》,会影响我国与朝鲜的关系。其次,《论再生缘》中陈寅恪那几首旧体诗词情调很不健康,这是作者不满现实、反对共产党反对社会主义的表现。康生最后亮出了他的结论:禁止出版《论再生缘》。

但同是这样一个理论家,对另一位资产阶级"白专典型"却不乏关怀。1962年3月12日,康生在给冯乃超等人的信中这样说,"你们对容庚、商承祚二位教授的学术工作安排很好,对他们的学术研究工作是有益的。我们在工作中确很需要注意发挥这批老专家的作用,给以必要的研究条件,要求他们在学术工作方面作出成果,并带出一批徒弟来。"[1] 没有人知道1962年的那个春天,这位资深的"理论家"曾有过兴致勃勃出发,最终悻悻而归的经历。

两条理由如山般重,即使只举其中之一,已足以判《论再生缘》的死刑。康生读过《论再生缘》是无疑的了。世谓权谋者总从"无中生有"中生事,其实,此中的佼佼者倒不一定如此行事。康生的两条理由有更深的政治因素。据今天能够找到的一份证据确凿的历史材料显示,在1963年4月中下旬,中央宣传部召开过一次出版座谈会,三个月后,在7月13日,中宣部形成一个"改进出版工作问题"的报告,上报中央。该报告对1963年以来的出版形势,有如下判断:"当前国际上现代修正主义思想的泛滥,国内阶级斗争的长期存在和新的资产阶级分子的产生,给我们提出了一个严重

---

[1] 原信藏中山大学档案馆。

的问题，就是怎样在我国防止修正主义思想的滋长和资本主义的复辟。而解决这个问题的关键，就是要在思想战线上坚持不懈地进行'兴无灭资'的斗争，教育全党和全体人民，教育我们的后代，提高共产主义觉悟……"[1] 为此，中宣部向中央提出了对五大"具体问题"的建议，其中列为第一位的问题是"关于政治书籍的出版和控制问题"，内有一段指向性明确的话："在我国古籍和近代人的著作中，凡是以描写征服邻邦的历史事件为主要内容的，如《再生缘》、《薛仁贵东征》等书籍，不得重印公开发行。"[2] 在这类具有"国策"性质的报告中，专门点名一二图籍应禁止，这绝不寻常，个中必有今尚不知的内情[3]。7月31日，最高当局以文件的形式向全国"批转"了这份报告，正文外尚附带一个附件——《关于一些政治书籍的出版权限和控制办法的规定（草案）》，该件作出十项规定，将前举"在我国古籍或近代人的著作中，凡是以描写征服邻国的历史事件为主要内容（如《再生缘》、《薛仁贵东征》等）的书籍，一律不得重印公开发行"列为第八项规定。[4] 时中国大陆最大的外交难题，是与在北方的苏联有着意识形态方面的纷争，已超过千年的历史陈迹"东征"，无论怎样看，表面上与此都毫无牵涉。摘录一段康生在1963年11月6日在"中宣部、大区宣传部、《红旗》杂志、《人民日报》、高级党校负责人会议"上的讲话，将能让人们对这个时期的政治气候了解一二。康生在这天的会议上说到，"朝鲜对苏联编写的《世界通史》的批评文章，可先让历史学界议论一番，暴露一下大国沙文主义。盲目的大国沙文主义包括我在内有不少人都有。盖平县就是为了纪念平了盖苏文而命名的。盖苏文是朝鲜的民族英雄，唐朝

---

[1] 见1963年7月13日中央宣传部《关于出版工作座谈会情况和改进出版工作问题的报告》。
[2] 见前注。
[3] 在今天看来，将古籍列作"如临大敌"的政治书籍，这很难让人理解。可见在极不正常的年代，所有"当局者"都已失去客观的判断力。
[4] 引文见1963年7月31日《中央批转中央宣传部关于出版座谈会情况和改进出版工作问题的报告·附件》。该项规定基本照搬中宣部报告的建议，只是个别文字有调整。

同他打仗，没有一次不败在他手下……可我们却把薛仁贵（唐朝征东主将——引者）当英雄。……北大历史系没有一个马克思主义者，他们对朝鲜发表的东西不满意"[1]。

仅有不同意见就可以将全国一流的历史系说成是"没有一个马克思主义者"——（其实北京大学历史系就有数名以研治马列主义历史学出名的教授），理论家一手遮天。

而在四天前，也即11月2日，周扬在中国科学院哲学社会科学部学部委员会第四次扩大会议期间所作的一次讲话，似是专为康生的说话作了特定历史时期的注释。周扬说，"学术与政治配合问题，是个根本问题"，"现在政治斗争很尖锐，需要政治先行，然后学术跟上"。"如世界史写得好，对反修斗争就是很大的配合"，"学术不配合政治要犯错误"[2]。

这是六十年代前期学术界的政治气氛。《论再生缘》本来与其没有什么关联，但康生极"顺理成章"地将两者连结在一起。康生"这口气"出得很舒畅。

今天，年已花甲的黄秋耘仍清晰地记得被康生指为"反对社会主义"的旧体诗是哪几首。它们是《蒙自南湖作》、《乙酉冬夜卧病英伦医院，听人读熊式一君著英文小说名"天桥"者，中述光绪戊戌李提摩太上书事。忆壬寅春随先兄师曾等东游日本，遇李教士于上海。教士作华语曰："君等世家子弟，能东游，甚善。"故诗中及之，非敢以乌衣故事自况也》、《丙戌春以治目疾无效，将离伦敦返国，暂居江宁，感赋》，及《癸巳秋夜，听读清乾隆时钱唐才女陈端生所著再生缘第壹柒卷第陆伍回中"惟是此书知者久，浙江一省遍相传。鬓年戏笔殊堪笑，反胜那，沦落文章不值钱"之语及陈文述西泠闺咏第壹伍卷绘影阁咏家□□诗"从古才人易沦谪，悔教夫

---

[1] 广东省档案馆馆藏档案。
[2] 见前注。

婿觅封侯"之句感赋二律》等五首。兹按顺序录如下：

其一
景物居然似旧京，荷花海子忆升平。
桥头鬟影还明灭，楼外笙歌杂醉醒。
南渡自应思往事，北归端恐待来生。
黄河难塞黄金尽，日暮人间几万程。

其二
沈沈夜漏绝尘哗，听读佉卢百感加。
故国华胥犹记梦，旧时王谢早无家。
文章瀛海娱衰病，消息神州竞鼓笳。
万里乾坤迷去住，词人终古泣天涯。

其三
金粉南朝是旧游，徐妃半面足风流。
苍天已死三千岁，青骨成神二十秋。
去国欲枯双目泪，浮家虚说五湖舟。
英伦灯火高楼夜，伤别伤春更白头。

其四
地变天荒总未知，独听凤纸写相思。
高楼秋夜灯前泪，异代春闺梦里词。
绝世才华偏命薄，戍边离恨更归迟。
文章我自甘沦落，不觅封侯但觅诗。

其五
一卷悲吟墨尚新，当时恩怨久成尘。
上清自昔伤沦谪，下里何人喻苦辛。
彤管声名终寂寂，青丘金鼓又振振。（再生缘叙朝鲜战事。）
论诗我亦弹词体，（寅恪昔年撰王观堂先生挽词，述清代光绪以来事，论者比之于七字唱也。）怅望千秋泪湿巾。

这五首七律,次第附于《论再生缘》的结尾段落,陈寅恪的诗心,即"以寓自伤之意"。所以在诗与诗之间陈寅恪情不能自已地附言抒发云"自是求医万里,乞食多门。务观赵庄之语,竟'蚤为今日谶'矣",及"又所至感者,则衰病流离,撰文授学,身虽同于赵庄负鼓之盲翁,事则等于广州弹弦之瞽女……偶听读《再生缘》,深感陈端生之身世,因草此文……后之览者倘亦有感于斯欤?"[1]

所谓"蚤为今日谶",这五首律诗前三首分别作于1938年与1945年,多年后,"南渡自应思往事,北归端恐待来生"和"词人终古泣天涯"等语竟不幸成为陈寅恪晚年人生的写照。睿智如陈寅恪,也不免生出淡淡的伤感。康生斥其为反对1949年以后才掌权的共产党,若非无知,便掩饰不了"欲加之罪"的嫌疑了。

同读这几首"陈诗",郭沫若尚有这样间接的评语:"我没有想出:那样渊博的、在我们看来是雅人深致的老诗人却那样欣赏弹词……"[2]

康生一锤定音。

莫非上苍早已安排好缘分的前因后果?不然,在1962年的那个春日,陈寅恪会否强撑病体,启门迎客?

1964年12月21日,陈寅恪作《论再生缘校补记后序》,内有句云:"噫!所南心史,固非吴井之藏。孙盛阳秋,同是辽东之本。点佛弟之额粉,久已先干。裹王娘之脚条,长则更臭。知我罪我,请俟来世。"[3]其中"知我罪我,请俟来世"两句为点睛之笔。也足以概括《论再生缘》成稿后所经历的风风雨雨。陈寅恪再次言中身后事。

此事还有一个不应遗漏的尾声。

---

[1]《寒柳堂集》,第76、77页。
[2]《郭沫若古典文学论文集》,第929页。
[3]《寒柳堂集》,第96页。

《论再生缘》的出版胎死腹中，黄秋耘空付了一番心血。出版社知道责任编辑的辛劳，发下六十元编辑费。后来历经文化大革命的磨难，黄秋耘写下了风行一时的散文《雾失楼台》、《丁香花下》等名篇。

4

现在，可以回过头来重拾一个不应该被遗落的话题——1962年3月的广州。

1962年的二三月，一群知识分子出身的共产党高级干部，云集在这座充满了盎然春色的历史名城，共同探讨着令他们的心头有着丝缕牵连的一个话题：知识分子问题。

如果不是巧合的话，在中华人民共和国四十多年的历史上，人们可以找到这样一条约隐约现的伏线：每当国运面临重大的转折关头，关于科学技术与知识分子的话题，总会成为一个高高抛起的浪峰。浪峰，意味着后面即是浪谷。所以，知识有用与无用，文化无价与贬值，在风风雨雨的四十年，无论以何种形式出现，总困扰着这个古老的国度。

不过，在这个潮湿润泽的季节，一群知识分子出身的领导者，在这个远离北京的地方，相当认真地希望以一种新的思路，为经济已跌至最低谷的国家增添一种新的前进动力。这群人中有周恩来、薄一波、康生、陈毅、周扬、聂荣臻、邓颖超、胡乔木、郭沫若及陶铸等人。虔诚地坐在这群人面前，聆听着其中的权威者震撼人心的发言的，是一批堪称一流的科学家，以及文艺界的知名人士。

于是，在现代中国知识分子的命运史上，便出现了1962年二三月间涉及知识分子问题的两个"广州会议"。这是很值得注意的一段历史。

1962年春节刚过，2月16日，主持国防科研建设的国务院副总理聂荣臻，在广州召集了全国的科学家，开了一个"科学技术十年规划会议"。八个月前，即1961年6月30日，聂荣臻向中共中央提交了一份后人很少提及的报告——《关于当前自然科学工作中若干政策问题的请示报告》。这份报告第一次触及了自"红专运动"以来在知识界出现的"左"的错误倾向。正因为有此报告，才有7月19日中共中央发出的《关于自然科学工作中若干政策问题的批示报告》一文，文中特别强调"做好知识分子工作，很关紧要"[1]。聂荣臻的报告，是1961年要调整知识分子政策的先声。2月16日开幕的"科学技术十年规划会议"，连同3月2日召开的由文化部、中国戏剧家协会等单位主办的"全国话剧、歌剧创作座谈会"，构成了周恩来、陈毅等人为知识分子"脱帽加冕"的两大组成部分。

1962年3月2日下午，周恩来向科学家们作了题为《关于知识分子问题的报告》的讲话。六年前，周恩来已作过相同题目的报告。六年前，知识分子尚未失去"宝"的光环，尚能得到"为了完成国家工业化和国民经济的技术改造的艰巨任务，每一项工作，愈来愈多地依靠科学、文化和技术，也就是愈来愈多地依靠高级知识分子的积极参加"的评价[2]。而六年后，知识分子的际遇却大不如前。周恩来在3月2日报告中所说的——"十二年来，我国大多数知识分子已有了根本的转变和极大的进步"，"你们是人民的科学家"，"就一般范畴说，把知识分子放在劳动者之中"[3]等话语，六年前已经表述过并为中共中央政治局所通过。六年后周恩来重说一遍，它意味着勇气与胆量，也意味着中华民族经历了一轮劫难之后对知识分子的认识又重新回到了原来的起点上。但历史已没有再给这个民

---

[1] 两个文件均藏广东省档案馆。
[2] 见《中共中央关于知识分子问题的指示草案》。
[3] 见1962年3月2日"周总理关于知识分子问题的报告"，广东省档案馆馆藏档案。此文收入《周恩来选集》下卷，人民出版社1984年版，题目为《论知识分子问题》。

族如六年前那样绝好的机会。简单地看，损失的是六年的时间，但摧折的是整整一代人的灵魂。这六年时间，日本、西德等国已开始出现从"贫弱"到打下新的基础的转折。香港、台湾等地，经济也开始步出困境。六年的光阴，世界格局已今非昔比。

3月5日和6日，国务院副总理陈毅连续两天分别在科学会议及创作会议上作了两场报告。尤其是3月6日的报告，涉及到六十年代初中国社会各个领域的一系列尖锐的问题，陈毅道来趣妙横生，形象浅白。陈毅以他的豪放、坦诚和勇于直言，为1962年触及知识分子问题的"广州会议"，写上最令人动容的一章。不妨引录其中的一段：

> 如果对立的形势现在不改变，那我们共产党就很蠢了；人家住房、吃饭、穿衣什么都给包下来，包下来又整人家，得罪人家，不很蠢吗？反动统治阶级，还高明一点。科学家、知识分子的吃饭问题他不管。工作他不管，什么都不管。他也不一定强迫人家搞思想改造，他跟科学家、知识分子和平共处。而我们有些同志的搞法打击面太大，得罪的人太多，伤了人家的心。使得有些人说："我们跟共产党走了十二年，共产党总是不相信我们，还是把我们当成外人看待。"这样下去怎么行呢？这个问题必须要解决。经过反复的考虑，昨天我对科学家的讲话时，讲得很尖锐。周总理前天动身回北京的时候，我把我讲话的大体意思跟他讲了一下，他赞成我这个讲话。他说：你们是人民的科学家，社会主义的科学家，无产阶级的科学家，是革命的知识分子，应该取消资产阶级知识分子的帽子。今天，我跟你们行"脱帽礼"（笑声）。十二年的改造，十二年的考验，尤其是这几年严重的自然灾害带来的考验——孔夫子三月不知肉味，有些人是两三年不知肉味，还是不抱怨，还是愿意跟着我们走，还是对共产党

不丧失信心，这至少可以看出一个人的心。十年八年还不能考验一个人，十年八年十二年还不能鉴别一个人，共产党也太没有眼光了！其实，一九四九年解放的时候，有些人不到台湾，不跑香港，就是不错的。[1]

这就是周恩来、陈毅等人为知识分子"脱帽加冕"最形象的表述。陈毅为知识分子行"脱帽礼"这个举动，正是发生在春潮涨岭南的1962年。

这位一向深为知识分子爱戴的革命者，激情饱满，真情发自内心，其知心话赢得了全场一阵又一阵热烈的掌声。在今天，人们仍然会为陈毅有豪气说出这样的话而惊叹——

> 科学家、知识分子是很难得的。我们现在需要扶助这些科学家，使他们消了这口气，使他们出一口气，松一口气。肯定地给他们一个正确的估计。这里面也牵涉到我们自己的问题，如果说十二年的改造，一点成绩没有，他们全部还是资产阶级知识分子，这也不能交代。这等于说我们共产党十二年来的领导是不行的，等于自己宣布自己破产——共产党你有什么本事呀？[2]

据当年的会议记录，陈毅的报告共引来二十多次的热烈鼓掌与笑声。

据参加会议的中国科学院副院长竺可桢3月6日的日记记载："陈副总理昨天讲演极为坦白透彻，动人甚深，所以反应也热烈。"[3]

陈毅是个军人，本质却是一个诗人。有些人死了，但在人们的

---

[1] 见陈毅1962年3月6日"在全国话剧、歌剧创作座谈会上的报告"。
[2] 见前注。
[3]《竺可桢日记》，第4册，第598页。

心头却化作一块永远值得怀念的碑。陈毅是这样的人。

还是在这个3月，在会议期间陈毅与薄一波等人参观中山大学，与学校师生见了面。陈毅那令人熟悉的形象一出现，众师生便团团将他围住。陈毅没有再登上东南区一号二楼的楼梯。他不知道，六年前那个下午的拜访，令那位老人长久地忆起，到了1963年，仍向好友提及。如果这位元帅知道这些，也许他会以他爽朗的笑声再为那座孤清的楼房添些温暖？！

北京如何评价1962年3月的"广州会议"？让我们引述一段话作结语吧！"当时党中央对思想政治上的'左'倾观点没有作出彻底清理。周恩来、陈毅在广州会议上关于知识分子问题的讲话，在党中央内部有少数人不同意甚至明确反对，在周恩来要求毛泽东对这个问题表示态度时，毛泽东亦不表态。这种情形无疑大大缩小了周恩来、陈毅同志广州讲话以及在此前后制定的一系列文化工作条例的积极作用……"[1]

尽管如此，广州的知识分子还是受到了很大的鼓舞。数十年后周恩来、陈毅等人的报告仍为一些学人津津乐道。对知识分子的某些宽松，使岭南的学人在1958—1959年的大批判后获得了一个珍贵的喘息机会。六十年代前、中期，广东文化界能够先后产生饮誉全国的粤剧《山乡风云》、话剧《南海长城》以及一批优秀的文学作品等精神产品，显然与1962年的"广州会议"有着某种联系。这段时期，正是现代广东文化获得比较大发展的时期。

5

这段时期也是陈寅恪晚年甚为重要的时期。

---

[1]《当代中国意识形态风云录》，第208页。

在三四个月的时间内，胡乔木、康生、陶铸等等一批官员先后拜访或求见陈寅恪，这位史学大师再被蒙上了一层"神秘"的色彩。

以陈寅恪向与共产党没有什么历史渊源，其学说也不能为时尚所"活用"的背景，能吸引一批身份各异、地位显赫的要员怀着一份好奇、敬意前往拜访，这实在不能不说是现代中国学界的一个奇迹。

唐筼曾有一次对中山大学党委一位女干部谈知心话，说"共产党懂得陈先生的价值"[1]。这话不差，但仍可深究。于时尚而言，陈寅恪的史学价值，其实抵不上一个"马列主义史学的新兵"。从政治角度看来，陈寅恪的人生价值，也许在他一贯声言的"独立之精神，自由之思想"里。这一点一直使他在变幻的现实政治中能保存着独立不群的品格。若从性格魅力而言，陈寅恪不以"政治学习和宗奉马列"为然的主张，也许在一些共产党人的眼中具有异样的魅力。因为甚少人有胆量这样说，也甚少有人这样说了能生存下来。在那个年代，在学界司空见惯的是上至学科巨匠、著作等身的功成名就者，下至初涉学海的新人，都真诚地发出同一个声音，表达同一种情感。

毕竟中国只有一个陈寅恪。故此现实听到了他发出的第二种声音，——关于一个知识分子的人生传奇，关于一个知识分子独特的人格与品格。……

可惜，已为一些人懂得其价值的陈寅恪，已无缘享受与之相应的人生写意。

---

[1] 据曾桂友回忆。

第十六章　暮年"膑足"

1

1962年7月上旬的一日。

陈寅恪洗漱时突然滑倒在家中的浴盆里，不幸摔伤。校医闻讯赶来，校方负责人也赶来，陈宅笼罩着一片极为紧张与不安的气氛。暮年的陈寅恪被迫经受突如其来的又一场重大变故。这一年，陈寅恪七十二岁。这一年旧历为壬寅年，属虎，是陈寅恪的本命年。

7月5日，陈寅恪被抬上汽车，送往中山医学院第二附属医院。从此他只能被人抬着进出已住了十年的家[1]。

在医院，诊断结果很快出来：是右腿股骨颈折断。这种创伤，对一个七十二岁的老人无疑是一场严重的灾难。

五个月前，沐浴在关怀中的陈寅恪曾以通达的心情写下《辛丑除夕（并序）》一诗，序言有"辛丑除夕立春，壬寅元旦日食，又日月合璧，五星联珠"及"寅恪生于光绪庚寅，推命家最忌本运年"

---

[1] 陈寅恪1963年1月有《旧历壬寅六月十日入居病院疗足疾，至今日适为半岁，而足疾未愈。拟将还家度岁，感赋一律》诗，旧历壬寅六月十日即1962年7月11日。1999年，笔者寻得陈寅恪1962年7月至1963年1月在中山医学院第二附属医院"疗足疾"的病案卡一纸，上面记载陈氏入院日期是1962年7月5日，与陈氏所述相差有六天。2013年春，承梁方仲之子梁承邺先生提供梁方仲1962年7月6日"台历记事"一则，云"7月6日看陈寅老，跌伤于二院"。由是知中山二院所记陈寅恪于7月5日入院为准。

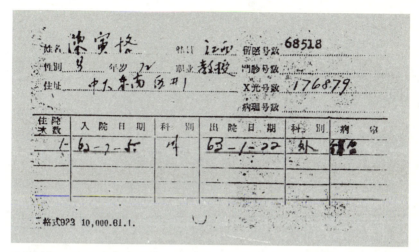

陈寅恪留医时的病案卡记录

等语。诗中更有句幽默云:"虎岁傥能逃佛劫,羊城犹自梦尧年。"若按古印度历算1962年是大灾之年,"以为世界末日将至",[1] 所以陈寅恪有"虎岁逃佛劫"之望。但五个月后陈寅恪欲哭泪已枯,虎岁终难逃一劫。

7月,距3月份结束的"广州会议"刚好相隔四个月;距陶铸向岭南的知识分子"赔礼道歉"不到一年。广东省委十分重视陈寅恪的伤势。陈寅恪入住中山二院高级病房的第三天,陶铸带着一大篮刚上市的新鲜荔枝前来探访。此时陈寅恪正昏睡不醒,陶铸只好放下礼物悄然而退。[2] 中山医学院第二附属医院一度是前岭南大学医学院的附属医院,又称博济医院,它给陈寅恪提供了最好的医疗服务。中山医学院的一群教授与名医,十年前也是陈寅恪在岭南大学的同事,他们都一齐汇集在这座坐落在珠江边的医院,汇集在陈寅恪的病床前。陈寅恪虽然跌断的是右腿股骨,但身体的每一个部位都受到各科医生的会诊。陶铸甚至要求各科医生都要将自己的诊

---

[1] 见该诗序。
[2] 据容苑梅回忆(1993年8月6日)。

断及治疗方案写成报告,从中研究最好的医治方法。

但谋事在人,成事在天。

受到各科名医治疗的陈寅恪,还是无法摆脱晚年膑足的沉重打击。

会诊的结果不容乐观。据说最佳的医疗方案就是开刀动手术接驳或镶上铜钉。但麻醉医生提出了疑问,七十二岁的老人如果接受全身麻醉,本身已有心脏病的陈寅恪是否承受得起?后来又提出局部麻醉的可能性,终因陈寅恪的体质不太好再被否定。最后,不得不放弃了最佳的手术疗法,而采用了保守的物理功能治疗:希望通过药物的服食与外敷,使伤口自己愈合。

会诊,既使病情更加清楚,也使众名医无人承担重大的医疗责任。故二十年后蒋天枢有此一叹,说他闻悉老师跌断腿后,曾致函陈寅恪要介绍一个中医跌打圣手为陈医治。蒋天枢认为,若陈寅恪听其劝说,也许陈的右腿可以治好。

1962年7月21日,广东省委文教部正式行文批准第二附属医院提出的用"物理功能治疗方案"[1]。此后,十数年间一直流传陈寅恪的治疗方案由周恩来亲自定夺,至今尚未发现确凿的历史依据,姑且录此一说。

结果,这个保守的功能疗法,让陈寅恪在医院住了前后达七个月的时间。也让陈寅恪暮年膑足成为事实!

当时,中山医学院的院长是柯麟。在五十年代,柯麟除任中山医学院院长外,尚兼任澳门镜湖医院院长一职。所以柯麟能不时往返省、港、澳三地。陈寅恪入住医院期间,柯麟多次前往探视,并从澳门等地为陈寅恪捎带些牛油和美国"金山橙"等食物。

陈寅恪享受到即使是省级干部也不一定有的待遇,——这是常人的看法。对于这位老人来说,这种享受实际上没有什么意义。

---

[1] 原件藏广东省档案馆。

暮年膑足，将陈寅恪的悲剧人生推至深渊。谈论陈寅恪的文化意象，不能忽略陈寅恪的悲剧人生。惟其生命历程的多灾多难，与中国传统文化、中国学人的人文精神在现代饱遭磨劫达到了惊人的同步，陈寅恪的文化意象更具一种典型性。历史总会寻找某种代表人物，陈寅恪不幸被选中，身世苦难与文化苦难奇异地聚于一身，令人惊讶于苍天选择之准确。总教人时常想起黑格尔的一句名言：凡是存在的都是合理的。

先夺其目，再夺其足，命运带给一个自负、自傲与清高的生命，是一种怎样的凌辱！[1]

享受与礼遇，不能冲淡活着的困苦！

2

只有来自生命的感受，才唤起生气的涟漪。

两位纯朴温柔的女性，在这苦难的岁月里，走进了陈寅恪的内心世界，点燃了心角的一根小蜡烛。

她们就是中山大学保健室的护士容苑梅与卢冠群。这是一段从未被触及的历史。这也是两位从未引起人们注意的善良女性。她们奉学校的命令数年护理陈寅恪，最后陈寅恪将她们看成是知心的朋友。不曾有人留意这些"小人物"会给陈寅恪带来一个很温暖的世界。美好，不应被淹没。[2]

容苑梅，广东新会人，1933年生，在1960年才调入中山大学保健室，来到陈寅恪身边时已经二十九岁。她有一手过得硬的护理技术，调入中山大学前是省一级医院的护士，五十年代初毕业于广

---

[1] 暮年陈寅恪曾对身边人这样说："一个人没有眼睛等于没有了百分之五十的生命，没有了腿，等于连另外的百分之五十也少了一半。"护士朱佩贞这样回忆："他十分悲观。"以上均据朱佩贞1996年11月2日回忆（朱氏生平详后）。

[2] 本节所述史实，均据容苑梅、卢冠群回忆。

东有名的光华医学院的护士学校。后来容苑梅知道，陈寅恪当初所以同意从未与其接触过的她当特别护理护士，是因为陈寅恪了解清楚她毕业于正规的护校，知道卢冠群毕业于英国人主办的"循道护士学校"。容苑梅后来还知道，陈寅恪极其注重相交者的身世背景与历史渊源。

有了这一点，这个"快乐的世界"便有了一个坚实的基础。

容苑梅出身于一个世代书香之家。其祖父是清末举人。容举人高中后没有走仕途，而是安贫乐道，在乡梓设帐授业，以书为趣。这种意识影响之深，在其下两代的后人中得到承传。容苑梅的父亲早年毕业于北京大学，先后担任过广州知行中学、第二中学等学校的校长。到了第三代，容氏的儿子就读于清华大学，毕业后也"为人师表"。而容氏的女儿，则读上了护士学校。

这似乎是一个家族很平淡的一段历史的叙述，但它却是一种家风与学风代代相传的一个缩影。当二十九岁的容苑梅出现在陈寅恪的面前时，容苑梅带给陈寅恪的，不仅仅是娴熟的护理，还有一种天然的投契，一份心灵的感应。陈寅恪无疑感觉到了那种掩饰不住的文化相传之韵。比起其他医务人员，陈寅恪比较喜欢这位能谈点诗，能倾诉些往事的"容姑娘"。

一个很有书卷气，善解人意的护士所带来的愉快，是相当动人的。

于是，有了那么一段快乐的日子。

病中的陈寅恪意外地摆脱了"俗累"，灵魂极自由地在这一方一尘不染的宁静世界里漫游，享受着追忆所带来的快慰。在病中的日子里，陈寅恪多次向身边护理他的"听众"，谈到了清末皇宫轶事，谈到了他早年在欧洲游学所耳闻目睹的趣事，还谈到了他的家庭与清代一些重臣世家来往相交的旧事。

这种追忆因述者的兴致勃勃与听者的乐于聆听而成为一件令人很愉快的事。于整天看惯生死，对苦痛已近麻木的医护人员显得很枯燥的旧闻，经陈寅恪道来，也变得极有趣。这是陈寅恪在晚年对清末历史与自己身世的一次极为重要的回忆。它因谈话时的心灵自由与并非严谨地"述史"的闲话方式而使得这种回忆很风趣和有血有肉。也许历史的神韵尽在这娓娓道来的追忆之中……

三十六年前，年长陈寅恪十三岁的王国维，在寒冷的清华园之夜，与陈寅恪对一盏孤灯追思清季旧事，给陈寅恪留下了极深刻的印象。三十六年后，陈寅恪在冷清的病房对着虔诚的"听众"尽情地倾诉埋藏在心中数十年的历史慨叹。若以心灵的自然状态及时间的随意性而言，陈寅恪在住院中向护理人员谈及的"清季旧事"，应是他晚年涉及这个领域最生动、最有趣，也许还是最传神的一次回忆。

据抗战时期当过陈寅恪学生的石泉追述，陈寅恪熟习晚清历史，但自感"不能做这方面的研究。认真做，就要动感情。那样，看问题就不客观了，所以我不能做"[1]。但这份情愫始终未能化解。1965年，陈寅恪在完成《钱柳因缘诗释证稿》之后，倾最后一力撰《寒柳堂记梦》一稿，此稿陈寅恪虽云是"自撰年谱"，但仍可将其作晚清史述来阅读。只是这部《寒柳堂记梦》有陈寅恪严谨的史述体例，记叙有所侧重，史料的披露也许未及陈寅恪胸中所蕴藏的一半。若从传神而言，它或者还比不上陈寅恪闲谈的晚清轶闻来得生动。

命运在陈寅恪七十二岁这一年选择了一两位忠于职守的护士聆听陈寅恪对生平往事的回忆。于陈寅恪而言，他可以不加掩饰、尽情尽性地回味，而不必担心被他认为"不放心"的人窥探出心声；于中国文化而言，也许是一种不幸，这份"真情实感"没有保留下来，——它应该被保留下来，它不仅内含珍贵的史料，它还是这位文化巨匠的一份心迹。数十年来，陈寅恪所谓"对清朝的怀恋"，一直是同时代的人和相当部分的后世人轻率地作出陈寅恪是"遗老

---

[1]《纪念陈寅恪教授国际学术讨论会文集》，第57页；另据石泉回忆（1994年9月2日）。

遗少"结论的证据之一。

其实,生命的感受要复杂得多。

在病中的日子,陈寅恪甚为少见地表现了他幽默、妙趣横生的一面。某日,容苑梅刚接班,陈寅恪就忍不住对容姑娘说了件趣事。陈寅恪说,他刚向上一班的护士询问过"容姑娘生得是什么模样"。那护士回答"容姑娘长得一般"。陈寅恪开心地笑着说,容姑娘,我所以不向陈太太打听,是因为我知道太太不会在丈夫面前称赞其他女性长得怎么样的。说完,老少两人一齐大笑了起来。

陈寅恪有血有肉的生命形态,要比他留给历史的投影亲切得多。据当年曾与陈寅恪有过密切接触的一些朋友回忆,文化大师其实"乐观开朗,很重感情,富有幽默感,并时有妙语如珠"。[1]此一侧面显然与他长年忧愤的形象迥然有异。这两者似乎很难统一,其实并不矛盾,心灵最见本质的一扇窗户只为知己者而开,故能直接感受"大智大趣,乐观开朗的陈寅恪"的人并不多,尤其是在陈氏的晚年。

回忆,仍是陈寅恪渴望与人共享快乐的重要形式。今天,容苑梅仍对三十多年前的一些往事记忆犹深。陈寅恪曾谈起他在巴黎第一次去看法国名著《茶花女》一书中的女主角原型的坟墓,谈起"茶花女"的真实身世及流传故事,也谈起巴黎绮丽的风光,一时教人恍如置身于欧洲名都。半年后陈寅恪出院回到家里,在护士们平时为他诵读的书籍中,专门点出《茶花女》一书为他诵读,并在1963年写下了今已佚失的两首关于《茶花女》的诗篇:《听读王慎之译巴黎〈茶花女〉遗事》,《癸卯春,病中闻有人观巴黎〈茶花女〉连环图画,因忆予年二十三旅居巴黎曾访茶花女墓,戏赋一诗,今遗忘大半,遂补成之。光绪中,林纾(原名群玉)仿唐人小说体译小仲马巴黎〈茶花女〉遗事,其文凄丽为世所重。后有玉情瑶怨馆

---

[1] 据黄萱回忆,五十年代陈寅恪曾戏成一联以自嘲。联云"得过且过日子,半通不通秀才"。

本镌刻甚精,盖出茶陵谭氏兄弟也》。可惜,人们已无缘一睹陈寅恪在诗中所寄寓的情怀。陈寅恪无法释怀萦绕于心四五十年的《茶花女》之思,以及晚年耗费心血考证比"茶花女"要早两百年、两者有某些相似之处的明末名妓柳如是的生平事迹,就生命气质而言,这种情思恐非偶然。

在陈寅恪的回忆中,到中山大学工作才两年时间的容苑梅,第一次听到了当时觉得有趣的陈寅恪的"三不"条件:一不学马列主义,二不参与行政事务,三不参加政治学习。命运很厚爱这位纯朴的女性,她是在宁静的心境中倾听着这位奇特的老人平静的叙述。她没有感觉到"三不"后面那份沉重,她甚至不知道里面曾藏隐着的严峻冲突。但拥有宁静已足够了。令人遐想的是这么一幅历史场景:静悄悄的病房,只有风轻轻吹动着窗纱,睡眠后醒来的老人,静听着窗外轻拂的风声,护士轻盈走动的沙沙声,悠长的思绪终于化为一串串追忆,融在这个幽静的世界里。……生命在这一刻,尽褪苦涩,人生变成一种传奇,风里有永远说不完的故事!

这是残酷的命运给予陈寅恪一个意外的"恩赐"。陈寅恪曾如是说。[1]

老人感动了。他对容苑梅说,有她做他的"特护",是不公平的命运对他的意外眷顾,他应当珍惜和感到欣慰。

许多人一直想尽办法欲拥有陈寅恪的那一份信任,却让一个很普通与平凡的人轻而易举地获得了;拒绝重新开课以免"误人子弟"的陈寅恪,却可以兴致勃勃地向与文史专业毫无联系的"听众"详尽地解释宋词人陆游和李清照的词章诗篇,并对陆游与唐琬的爱情悲剧作过精辟的分析。只因为这里面有一种在那个年代罕见的真切的人性关怀,有一种已人格化的文化相传之性灵。

---

[1] 据容苑梅回忆。

当然，还有不可解释的一份人生之缘。

这还是一种能托生死的信任。在住院的七个月时间里，陈寅恪曾数次郑重地向容苑梅等护士表示，"如我生命终结之时你们还在我身边护理，你们一定要制止医生们抢救我，不要延长我的生命，不要延长我的痛苦"。这段话，可看成是陈寅恪的一个生死观。

也许在住进医院的一刹那，陈寅恪已听到了死神逼近的脚步声。

3

陈寅恪出院后，容苑梅、卢冠群成为专职护理陈寅恪的护士。有一段时间，刚怀上孩子的容苑梅出现怀孕反应，保健室想换人顶替，去征求陈寅恪的意见，陈寅恪没有同意，他表示容姑娘不仅护理做得好，而且很理解他。结果容苑梅硬是坚持了几个月，后来她生了一个女儿，陈寅恪闻讯非常高兴，让人送去一只鸡以示庆贺。在六十年代，一只鸡就是一份很重的厚礼。

平淡的日子缓缓流逝，情谊点点滴滴地在延续，一如一节舒缓的溪流，潺潺而去。生活，现出了意外的恬适。老人巨大的人格力量感染着这位书香世家的后裔。容苑梅开始以陈寅恪的快乐为快乐，以陈寅恪的忧愁为忧愁。她甚至一拿起报纸便会不由自主先挑陈寅恪爱听的国际新闻、文史讯息、天气预报等栏目看起来，以备闲时念给老人听。一发现这方面有重大的新闻，她便会高兴得跳起来。她知道这些消息也许会让老人过上一个愉快的日子，甚至还能引出老人很长的一番感叹。

出院回到家中不久，陈寅恪的藏书便对护士们开放，陈寅恪时常鼓励身边护理人员去爬他的书架，看中哪一本书就拿去看，"不过不要拿那么多，看完一本再拿一本"。有一回，陈寅恪指定容苑梅拿张恨水的《啼笑姻缘》去看。隔天陈寅恪问容看到第几章，得到回答后陈寅恪很熟悉地说出了书中的情节发展和人物,令容苑梅很惊讶!

这份礼遇,在陈寅恪的晚年,没有多少人能够获得。

四年的时间很短。四年的时间也很长。陈寅恪在付出了膑足的巨大代价后,命运额外地带给他一份别致的理解与关怀,带给他相对平淡宁静的一千五百个日日夜夜。他终于可以不用再听刺耳的批判声,在身心饱受创伤的同时尚能获得在贤妻爱女亲情之外的一份人间真情的慰藉。

到1966年七八月份,文化大革命燃起熊熊烈火时止,容苑梅、卢冠群等人在陈寅恪身边做特别护理达四年之久。

4

1963年1月22日,躺在中山二院病床上近二百天的陈寅恪,终于被抬回中山大学的家中。

陈寅恪出院了。

1月25日是旧历癸卯年正月初一,陈寅恪出院,显然是老人想回家过年,跌断的股骨已不能自动长合,药石无灵,从此,陈寅恪只能长卧于床上,要站立时需在护理人士搀扶下单腿站立数分钟。

陈寅恪出院后的一个多月时间内,中山大学按照广东省委的指示暂时为陈寅恪配备了两名护士并送上三百元补助费。三年后,文化大革命的风声才抵岭南,便有大字报揭露陈寅恪挥霍了人民的血汗钱,逼得陈寅恪让唐篔送回这三年前收下的三百元给学校。

对生活已完全不能自理的陈寅恪,只配备两名护士显然无法应付一天二十四小时的护理。3月18日,中山大学向询问陈寅恪情况的广东省委递交了一份报告,报告详尽地开列了每个月护理和照顾陈寅恪生活所需开支的费用和物品,请求广东省委拨出专款。下面是这份报告的节录:

陈寅恪住院半年,身体获得最后一次全面护养。出院前,院方对他的健康做过综合诊断:"右股骨颈内股骨折不连接——好转";"高血压——无变化";"消化障碍——好转";"陈旧性视网膜剥离——无变化"。但已成事实的"膑足"是陈氏暮年悲剧的开始。图为院方病案卡上列出的诊断结果

1. 考虑到附单所列药物和副食品不少是进口,请省委每月拨些专款作为购买食品和支付护士工资费用。

2. 每月所需副食品亦请省委批转有关部门按月供应。

陈教授每月所需副食品和费用(附单)

鸡:四只,估价三十二元,约一星期送一只。

鸡蛋:五斤,十元,每天二只。

水果:十五斤,十二元,每十天送一次。

鱼:十斤,二十元。

蘑菇:十五斤,十五元。

黄油:一斤,二十元。

护士:三人,一百五十三元。

合计:二百六十二元。

另:

进口老人牌麦片　　　1 罐
进口可可粉　　　　　1 罐
陈教授需用药物（进口）
（下略）[1]

　　从这份清单看，当时计划供应给陈寅恪的鸡、鱼、鸡蛋等副食品每月超过三十斤，这个分量，即使以今天的标准来衡量，也算过得去，更何况是在经济元气尚在恢复的 1963 年！广东省委主要负责人的确是厚待陈寅恪，这是历史事实。

　　很快，广东省委拨出专款批准了中山大学的申请报告。从此，三个护士一天二十四小时轮换着在陈宅值班，护理和照顾陈寅恪的生活。这就是流传极广的"三个半护士照顾陈寅恪"的由来。所谓"半个"，是指中山大学保健室要随时能安排出护士去陈宅顶班——必须保证二十四小时都有人在陈寅恪身边护理。[2] 一个大学教授能享有这般照顾，在六十年代的中国恐怕数不出第二例！

　　每月特别供应给陈寅恪的副食品，也许随着经济形势的起伏有所增减，但"三个半护士"的照顾保持到"文革"爆发时为止。

　　将这种"破天荒"照顾的功劳，归于陶铸的名下并不算过分。这位说一不二的铁腕领导者，几年前到中山大学视察，得知陈寅恪爱听京戏，闲时以收音机为伴，曾明确指示中山大学要为陈寅恪弄一部好的收音机。学校便让工会解决，学校工会于是借了一台收音机给陈。谁知该收音机时好时坏，陶铸知道后很生气，说"学校不送我送"。1962 年 4 月初，陶铸参观中国出口商品交易会，在展览厅看中一台牡丹牌落地式收音、电唱两用机，指示有关人员买下该机送给陈寅恪。4 月 14 日，广东省委办公厅托中山大学转交一短

---

[1] 原件藏广东省档案馆。
[2] 后来，陈家发现"三个护士"还碰到一个每周要有休息日的问题，遂自出资另聘一个"半工"护士朱佩贞，每个星期顶三次班，让"三个护士"可以轮换着有一个休息日。

笺给陈寅恪,笺云:"陈寅恪同志:遵照陶铸同志和省委指示,送上牡丹牌收音、电唱两用机壹部及唱片三十二张,供您使用,请收纳。"[1] 在同一天,中山大学派出两名人员到交易会运回这台两用机。

至此,为方便陈寅恪散步而专门铺设一条白色水泥路,为陈寅恪能欣赏戏曲送上较好的两用机,为护理陈寅恪派出"三个半护士",这三件很典型的事,构成了陶铸在十数年间对陈寅恪的"优礼"。其中反响最大的便是"三个半护士"的照顾。

5

但悲剧就在于,时代并不因个人命运的阴晴圆缺或悲欢离合而改变其大趋势。

受着"优礼"的陈寅恪,还是摘不去"资产阶级知识分子"的帽子。1958年陈寅恪在政治排队中被列为"中右";1960年第二次政治排队陈寅恪再被列为"中右";1963年第三次政治排队,陈寅恪第三次被列为"中右"。[2] 这些,陈寅恪不可能洞悉其内情,但他总能感觉得出"中右"所特有的处境。正因这种感觉只能意会,所以这种伤害是在心灵深处滴着血而无法投诉的。

1959年,中国与印度因边界争端关系开始恶化。当时印度政坛强人尼赫鲁在决定使用武力之前专门组织了一个包括历史学家、外交家,甚至研究古神话和佛教的权威学者在内的写作班子,以信函的形式,从历史与地理沿革的角度向中国政府提出了领土要求。在中央政府派人征询陈寅恪对此问题的意见时,陈寅恪明确表示,四十多年前由英国人划定的"麦克马洪线"已使中国领土主权遭到了损害,中国已吃了大亏;现在印度方面的"领土要求"很不合理。

---

[1] 原信藏广东省档案馆。
[2] 参阅这三年广东省委统战部知识分子政治排队登记表。

陈寅恪并向中央政府提供了有关清朝官员的日记、奏议等史料的线索。陈寅恪的态度,用句当年的"政治立场"评语来表达,就是"拥护国家的对外政策,有强烈的爱国意识"。[1]而在1960年,中山大学历史系仍将他列为"中右",便显得对陈寅恪存有很大的偏见。1963年广东省委重点在陈寅恪身上体现落实知识分子政策,历史系的策划者仍将其归入"敌我矛盾"边缘那一类"危险"的人物,述史至此,不禁生出"夫复何言"之叹。

有些历史的声音,永远震撼着人的心灵。在1962年3月6日那个传达范围并不太广的报告中,陈毅便有如此一段饱含感情的说话,"我看,没有哪个科学家还会跟我们对立,他们的积极性不会不提高的。这样科学队伍才真正可以用。如果对立的形势现在不改变,那我们共产党就很蠢了;人家住房、吃饭、穿衣什么都给包下来,包下来又整人家,得罪人家,不很蠢吗?"[2]

这话曾被引用过,现在还值得引用。话,说得很朴实,不见华彩,也没有经典的味道,但却道出了最浅白的道理。待到大部分人都承认这个道理时,整整一代知识分子队伍已七零八落了。

陈寅恪享受着中国学人视为骄傲的"礼遇",但陈寅恪还在不断承受着精神上的被歧视与被"整"的痛苦,"时代"有时的确很愚蠢!

很多人无法理解陈寅恪凭什么要享受诸如"住房、吃饭、穿衣"的照顾,群情虽未汹涌,但相差也不太远。当时,在中山大学最典型的说法是,"我们都没有饭吃,为什么要这样优待他?"

1963年7月24日,中山大学党委副书记马肖云借向陶铸汇报学校工作的机会,反映了这种"群情",认为对陈寅恪的照顾太过分了,三个半护士的照顾太特殊。没想到陶铸听后勃然大怒。一份

---

[1] 也许此事在当时属高度机密,其详情竟不易寻觅。现据一些零星的档案记录写出此事的轮廓。
[2] "在全国话剧、歌剧创作座谈会上的报告"。

"膑足"后的陈寅恪只能在护士、护工的搀扶下单腿站立

当年的谈话纪要忠实地记录了陶铸发怒的原话:

> 你们学校有人讲,省三级干部会上有人讲,远在"新会会议"亦有人不满。陈先生,七十四岁,腿断了,眼瞎了,还在一天天著书,他自己失去了独立生活的能力,像个不能独立活动的婴儿一样,难道不需要人照顾吗?他虽然是资产阶级学者,但是他爱国,蒋介石用飞机接他他不去。(陶铸指马副书记)你若像陈寅老这个样子,眼睛看不见,腿又断了,又在著书立说,又有这样的水平,亦一定给你三个护士。[1]

这也是一段在广东学界流传很广的话。7月24日,距陈寅恪

---

[1] 原件藏中山大学档案馆和广东省档案馆。

出院刚好六个月零三天。陶铸的话带来了不少信息。广东省不少高级干部显然也不理解为什么要这样优待陈寅恪。陶铸自有其令人不得不服的权威。据说，能令不满者无话可说的除了陶铸的脾气，还有陶铸在不同场合说的同一句话，"如果你像陈寅恪这个样子，又在著书立说，又有这样的水平，亦一定给你三个护士。"听完此话，无人再敢发议论。陶铸一言暂息风波。

据当年负责广东省文教战线的领导干部王匡回忆，"陶铸不止一次讲过'千金市骨'这个典故"。[1]

对于中山大学党委会的成员来说，7月24日陶铸的训示是难以忘怀的。在这一天，陶铸还谈到了与党外人士合作问题，谈到政治思想教育问题，谈到六十年代初在广东高校出现的"逃港（香港）风"问题，并向这些专抓政治思想教育的人们发出这样的提问："中山大学有这样好的环境和条件，香港的大学哪有这样的条件？我们天天讲马列，他们还往香港跑。……毛主席在井冈山时开始只有两三千人，'打倒资本家，天天吃南瓜'，国民党那边生活好，为什么不开小差？现在是中大党委脱离群众，没有很好起模范作用，如果能使大家觉得在中大很有味道，他还跑干什么？""党外人士是帮助无产阶级做事情。刘备是三顾茅庐请诸葛亮。"[2] 当哲学系主任、党委成员杨荣国汇报历史系刘节在学术上"发表反动论调全国少有"时，陶铸说，"不要紧，他讲他的，你们也写文章"。

其时，刘节正遭受自1958年以来最严重的批判冲击。《人民日报》、《历史研究》、《光明日报》、《文史哲》、《江汉学报》、《文汇报》及《学术研究》等全国有影响的理论刊物与报纸，分别刊文批判其"资产阶级人性论和历史唯心论"。五个月后，中山大学第六届科学讨论会文科全会基本上变成"批刘"的专题批判会。在1961年广

---

[1] 见《笔祭陶铸》中《芳华时节忆春风》一文，人民出版社1990年版。
[2] 原件藏中山大学档案馆和广东省档案馆。

东省委直接照顾陈寅恪,中山大学没有再批判陈寅恪之后,刘节无形中代替了恩师"顽固坚守资产阶级立场"的头号位置,一时变成众矢之的。学生没有老师那样的名气,批判者毫无顾忌,毫不客气,上纲上线,极尽批判之"才华"。

目前尚不知7月24日这天陶铸有否到过东南区一号二楼。无论如何,这一天于陈寅恪是很有意义的:曾对优待陈寅恪不满的中山大学一些人,以后不敢再在公开场合发泄不满;被陶铸批评的学校党委,从此更加认真落实照顾陈寅恪的政策。"文革"期间,马副书记两年前为调顺陈寅恪的饮食胃口,专程托人从山东空运些烟台苹果给陈寅恪的事,成为该书记的一大罪状遭批斗。还是这位副书记,被陶铸指为"你若像陈寅恪这个样子……亦一定给你三个护士"之后,每听到有人反对照顾陈寅恪,便说"就是要顶住,这是陶铸讲过的,对陈寅恪就是要待遇优厚"[1]。

陈寅恪的"膑足",换来了四年平静的生活!

---

[1] 参阅"文革"期间《中大战报》。

第十七章　今生所剩无几日

1

但陈寅恪老了。

从心理年龄到生理年龄都明显衰老了。

历经磨难，这位倔强的、在长年忧患叹息中从未向命运低头、具有强烈生命意志的人，在1963年这一年，似乎已到了崩溃的边缘。在这一年，陈寅恪数次向家人表达了这样的遗嘱：他死后要把他的骨灰撒到珠江黄埔港外，不要让人们利用他来开追悼会。[1]

陈寅恪在交待后事。

如此谈及生死事，陈寅恪已经预感将不久于人世。

贯穿着陈寅恪坎坷的一生的，是一种顽强的生命意志。正是这种意志，无数次令陈寅恪傲视忧患与苦难，每遭一重摧折，高贵的头颅仍傲然昂立。从这个意义上说，陈寅恪的文化精神与生命意志是密不可分。前者因后者闪耀着感人的人格力量而变得格外可亲可感。但在"膑足"后的这一年，血肉之躯所能承受的打击，几到了极限，死亡开始投下大片的阴影。

1961年夏天，陈寅恪最小的女儿陈美延在复旦大学化学系毕

---

[1] 见1963、1964年《陈寅恪近况》档案材料。

业，按陈寅恪夫妇的意愿，小女毕业后最好留在上海地区工作，因为他们想效朱师辙事，余生在杭州定居并最后归葬于陈三立墓旁。但中山大学出于照顾陈寅恪的考虑，将陈美延从上海调回广州中山医学院工作，不久又转调到中山大学化学系，回到陈寅恪的身边。仅仅是两年的时间，从欲效朱师辙事到嘱咐将骨灰撒向珠江口，生与死的安排发生了多么大的变化。

老了的陈寅恪，对生命感到了万般的无奈。正是在1963年，陈寅恪在他的诗篇中表达了对生与死的切痛感触。在浓浓的感伤中，这一年的诗篇与早几年的诗作有了"同中有异"的差别。比如"自信此生无几日，未知今夕是何年"；"今生所剩真无几，后世相知或有缘"，以及"云海光销雪满颠，重逢胼足倍凄然"等等句子，比较集中在这一年。劫难催人老，死亡的意识已不可抗拒地降临了。

最鲜明反映陈寅恪这种心境的，是两首题为《十年以来继续草钱柳因缘诗释证，至癸卯冬粗告完毕。偶忆项莲生鸿祚云"不为无益之事，何以遣有涯之生"。伤哉此语，实为寅恪言之也。感赋二律》的七律。两诗如下：

其一

　　横海楼船破浪秋，南风一夕抵瓜洲。
　　石城故垒英雄尽，铁锁长江日夜流。
　　惜别渔舟迷去住，封侯闺梦负绸缪。
　　八篇和杜哀吟在，此恨绵绵死未休。

其二

　　世局终销病榻魂，谲台文在未须言。
　　高家门馆恩谁报，陆氏庄园业不存。
　　遗嘱只余传惨恨，著书今与洗烦冤。
　　明清痛史新兼旧，好事何人共讨论。

诗中"此恨绵绵死未休","世局终销病榻魂","遗嘱只余传惨恨"等句,实为陈寅恪此刻泣血规啼之心境。这是"伤哉生命"之叹。与其说诗句具有浓郁的政治影射意味,实不如说诗中伤情伤逝之叹远甚于诗中也许还隐伏着的其他意蕴。盲目与膑足所带给七十三岁的陈寅恪的影响,远不是一个健康的人所能想象的。

能洞见1963年陈寅恪"伤哉生命"心境的诗作,于今尚知的还有这么两句:"非生非死又一秋,不夷不惠更堪羞。"[1] 仅仅是"非生非死又一秋"一句,已足以点题了。

陈寅恪的确老了。

陈寅恪一向消化功能不好,每餐只能吃很少的食物。1961年吴宓南下探访之时,曾在日记中记叙了陈寅恪当时的饮食情况,有"筼嫂请宓与淑家宴,鸡鱼等肴馔甚丰,寅恪兄惟食淡煮之挂面";"在陈宅晚饭,肴馔丰美……寅恪兄一切不吃,卒进果酱面包(甚少)……"等描述。在晚年,陈寅恪需依靠闲时散步帮助肠胃消化,所以十余年间散步成了陈寅恪必须进行的一项运动。膑足后,散步的乐趣失去了,身体机能加快了衰老。

不屈的陈寅恪,终于老了。不仅仅老在年龄上,还老在心灵上、精神上……

于是,出现了一些很凄然的场面。

在1963年,陈寅恪估计自己最多只有三年的寿命,而自己的书籍出版无期,在向家人嘱咐了后事之后,仍无法摆脱心中的悲伤,时常与唐筼谈起一生中不幸的遭遇与坎坷的命运,夫妻两人相对哭泣,伤痛不已,情景凄凉。[2]

1963年3月中旬,"民进"中央副主席杨东莼南下广州,专程到中山大学探访了陈寅恪。陈寅恪对杨东莼谈及自身命运时,

---

[1] 引录自1982年第3期《晋阳学刊》所刊《陈寅恪传略》一文。
[2] 1963年《陈寅恪近况》。

用了三句话来概括,"左丘失明,孙子膑足,日暮西山"。其悲凉感极深地震撼了杨东莼,杨随后向广东省委统战部反映了陈寅恪的情况。[1]

1963 年秋,《钱柳因缘诗释证稿》初稿基本完成,按陈寅恪的心愿,他一直存有整理《大唐西域记》的计划,但这个计划已不可能实施了。陈寅恪曾感伤地说,"现在我也有玄奘翻译大宝积经时之感,觉得精疲力竭,精力已尽了"[2]。

1963 年,国内外形势日渐紧张,"备战备荒"等口号盛行一时,广州也开始了备战备荒大疏散。陶铸曾亲临东南区一号二楼看望陈寅恪,劝陈也疏散到从化温泉区。陈寅恪以身体有病暂不宜起行为由回复了陶铸。陶铸自然想不到,已估计了死亡日期的陈寅恪,又怎会疏散到"吃住皆一流"的从化温泉招待所!这里面还有一段内情。1962 年台湾国民党有"反攻大陆"的战争叫嚣,台湾海峡两岸形势似是一触即发,大陆这边便有"备战备荒"运动,一时家喻户晓,人人备战。陈寅恪却自有见解。他认为以国民党的兵力不可能反攻大陆,他怀疑是政府为转移人民对困难时期的注意力才号召备战[3]。历史档案记载了陈寅恪的这种怀疑。

但精疲力竭的陈寅恪,对现实风云所带来的恩恩怨怨依然看得很重,以至出现了一些令中山大学很尴尬的场面。这段时期陈寅恪对校方绝大部分来访者一概不见,毫不通融。1964 年春节,学校与历史系组织人员上陈宅拜年,遭陈寅恪拒绝,结果弄得极难堪。陈氏在其后所写的一首诗中有这样两句记其事:"闭户高眠辞贺客,任他嗤笑任他嗔。"据说这年的春节只有刘节一人私下里硬着头皮闯进门去,在陈寅恪大发脾气声中照样行叩跪大礼。

风,已摇曳着那根渐暗的生命残烛,它还将最后迸发出一次火

---

[1] 见广东省委统战部第 284 期《动态》。
[2] 1963 年《陈寅恪材料》(未刊档案)。
[3] 见 1963 年《陈寅恪材料》。

花，燃亮这位文化大师留给后人的那份珍贵无比的遗产。

对历史与现实具有惊人"通识"的陈寅恪，对自己的命运却有一点未能"参透"。他估计生命将于三年内完结，他没有料到最终比他预计的延长了一倍。他更没有料到这延长了的三年，生竟不如死。

哀哉陈寅恪！

2

陈寅恪终于要对自己的学术人生作一次全面的和严谨的回顾。这种回顾因生命快将结束的紧迫感，与经历了三个朝代的变迁而益显其价值的学术理想与学术精神的弘扬，而变得分外重要。陈寅恪紧迫地修订自己已发表的论文与著作，编辑自己的专集，尽管他对在有生之年能出版这些著述已不抱希望。

这就是生命中最后一次耀眼的火花。

据黄萱回忆，陈寅恪著述最伤神的，是写出初稿后的修改。有时今天写得很顺畅，隔天可能便要作大篇幅的增删。反复修正，构成了陈寅恪晚年著述的一个特点。陈寅恪的长篇著述多以"稿"名之，便与陈寅恪觉得还可以再修订有关。若以字数计，陈寅恪一生的著述不算太多，只有二三百万字。但学界评为绝大部分都有创见。

"吟安一个字，捻断数茎须。"这也是陈寅恪著述人生甚为贴切的形容。

这种回顾，倾注了浓烈的晚年人生品味。陈寅恪将一直希望能刊行的自编论文集总称为《金明馆丛稿》。在1963年，一直密切注视着陈寅恪动态的中山大学，已知道了陈寅恪"金明馆"的含义。其一，陈寅恪非常欣赏柳如是所写的《金明池·咏寒柳》；其二，陈寅恪晚年全部精力都花在明末清初的历史上，而清朝入关前称后金。所以，陈寅恪将自己的居所称之为"金明馆"[1]。

在陈寅恪的生前与身后，许多人都不理解陈寅恪为何如此倾情于明末清初这段他第一次涉足的历史。从"金明馆"的含义，可知柳如是已承载了陈寅恪晚年无比感伤的历史情感与生命品味。陈寅恪钟爱这个性格奇异、人格闪耀着光芒的历史人物。在长达八十万言的《柳如是别传》中，陈寅恪多次以甚为赞许的笔调反复解释或提到柳如是的这首"金明池"。陈寅恪曾断言："河东君学问嬗变，身世变迁之痕迹，即可于金明词一阕，约略窥见。"[2]借用陈寅恪的话，"金明池"亦可窥见陈寅恪"孤怀遗恨"之情感。兹将该词引录如下：

> 有恨寒潮，无情残照，正是萧萧南浦。更吹起，霜条孤影，还记得，旧时飞絮。况晚来，烟浪迷离，见行客，特地瘦腰如舞。总一种凄凉，十分憔悴，尚有《燕台》佳句。
> 春日酿成秋日雨，念畴昔风流，暗伤如许。纵饶有，绕堤画舸，冷落尽，水云犹故。忆从前，一点东风，几隔着重帘，眉儿愁苦。待约个梅魂，黄昏月淡，与伊深怜低语。

此词陈寅恪最为赞赏的是"春日酿成秋日雨，念畴昔风流，暗伤如许"诸句。这几句实为柳如是自伤美人迟暮，韶华已逝，回首来路有无限沧桑意的悲吟。陈寅恪这样笺释："（柳如是）昔年与几社胜流交好之时，陈宋李诸人为己身所作春闺风雨之艳词，遂成今日飘零秋柳之预兆。故'暗伤如许'也。必作如是解释，然后语意方有着落，不致空泛。且'念畴昔风流'，与上阕末句'尚有燕台佳句'之语，前后思想通贯。'酿成'者，事理所必致之意。实悲

---

[1] 见1963年《陈寅恪材料》。
[2] 《柳如是别传》，第339页。

剧中主人翁结局之原则。"[1] 以此观照陈寅恪，晚年后他一直无法排遣心头缠绕不散的"昔年……之时，遂成今日……之预兆"的宿命之叹，则柳如是的"春日酿成秋日雨"，当与陈寅恪"蚤为今日讖"的寄身世之感有异曲同工之妙。处处不经意地流露浓烈的伤身世之情，陈寅恪在《柳如是别传》中寄寓着一个感奋莫名、忍痛不已的内心世界。后来中山大学还知道，陈寅恪除了将自己的居所称为"金明馆"外，还以"寒柳堂"名之。"咏寒柳"，是柳如是这首"金明池"的题旨，"寒柳"亦代指柳如是。陈寅恪生前编定的论文集中，便有一专集名为《寒柳堂集》。情深如许，留下了刀刻一般的情感烙印。

这种回顾，也因陈寅恪对旧著严谨的增删改订，体现了陈寅恪至死不变的"独立自由"的学术精神。北京大学历史系教授周一良晚年曾撰文回忆，陈寅恪在三十年代所撰《魏书司马叡传江东民族条释证及推论》一文中，曾富有感情地回忆起与周一良进行学术探讨的情景。三十年后陈寅恪将该文收入《金明馆丛稿初编》后，将这一段回忆删去[2]。周一良自忖是陈寅恪"目我为'曲学阿世'，未免遗憾，因而不愿存此痕迹"[3]。在1949年之后，周无疑是属于真诚地改造"旧我"世界观那一类知识分子，并随数十年的政治风云浮沉起伏。暮年自感"垂垂老矣，脑力体力都已远远不逮"的周一良，醒悟出三十年前陈寅恪的苦心，"定稿在江东民族释证文中删去此节，我认为不只是对我个人的表态，而是更有深意存焉"[4]。1953年，陈寅恪已有"所有周一良也好，王永兴也好，从我之说即是我的学生，否则即不是"的说法。所谓"有深意存焉"，便是陈寅恪一向所坚持的"气节与精神"。距1963年十数年后，这位陈寅恪很有才华和学术成就的弟子，因有一段在文化大革命中被调入"两校大批

---

[1]《柳如是别传》，第340页。
[2] 据黄萱回忆，至今她仍记得这一细节，当时不明白陈先生为何要删去这一段。
[3] 周一良:《我的〈我的前半生〉》，载《中国史研究动态》1990年第11期。
[4] 同上。

判组（笔名'梁效'）"工作的经历，曾受到很严厉的政治审查。其时陈寅恪谢世已十年。品味这些也许只能称为"闲话"的人生细节，蓦然回首陈寅恪、周一良等形形色色的学人所走过的不同道路，总使人怆然生百感滋味[1]！

老了的陈寅恪，其深邃的思想和充满智慧的历史目光仍闪现着异彩。在这个意义上说，思想与智慧，永远不会老。

黄萱、周连宽、胡守为等人为陈寅恪编定论文集做了不少工作。数名护理人员亦有功焉。陈寅恪晚间休息时偶尔闪现的思想火花，值班护士便马上记录下来。到了第二天，陈寅恪便会对助手一一吩咐交待，要补充哪些资料，要作哪些改动。陈寅恪股骨跌断后，除了住院期间黄萱是定期到病房工作外，出院后，陈寅恪的工作习惯如前，黄萱依然每天前来协助著述。1963年，陈寅恪在编定《金明馆丛稿》专集后，曾作"自序"，内云："此旧稿不拘作成年月先后，亦不论其内容性质，但随手便利，略加补正，写成清本，即付梓人，以免再度散失，殊不足言著述也。"[2] 大有深意的是"以免再度散失，殊不足言著述也"这两句。此两句表达了陈寅恪希望他的"丛稿"能传于后人的心声。陈寅恪曾多次对其女儿表示，伪假的东西不会长久，真实的东西永远真实。他在预感生命结束前的增删修订，是渴望能留下一份真实的历史。在这种真实面前，所谓的"著述"当

---

[1] 近有议论认为，陈寅恪关于早年与周一良共商学术的回忆被删，"非陈先生所为"，乃是在"文革"结束后周一良受审查的背景下，"蒋天枢先生决定删去此节"云。此论未为中的。晚年陈寅恪对他认为已丧失了独立精神的学界中人深为不满，周一良暮年时认定老师"删去此节，我认为不只是对我个人的表态"，实是深得陈氏思想之三昧。周氏是五六十年代已被改造好了的知识分子的标兵。1956年，周加入中国共产党，随后被任命为北京大学历史系副主任。1958年6月，郭沫若以答北大历史系师生一封信的形式，首次公开将陈寅恪归为"资产阶级的史学家"代表。半年后，北大历史系"三年级二班"在《历史研究》杂志发表"批陈"文章《关于隋唐史研究中的一个理论问题——评陈寅恪先生的"种族——文化论"观点》。仅此，就可知陈寅恪是如何"不只是对一个人的表态"的背景。蒋天枢整理校勘陈氏文集，只是忠实地遵行了老师的遗意。

由此可知，所谓知人论世，诚不易也。

[2] 见《金明馆丛稿初编·自序》，上海古籍出版社1980年版。

然"殊不足言"。

若陈寅恪对著述的"增删修订"仅到此为止,也许陈寅恪名山事业的命运将是另一种样子。历史尚有鲜为世人所知、一波数折的一面。

就在这段时期,按照陈寅恪的意思,黄萱与唐筼开始进行枯燥的誊清与复写工作。两三年间,黄萱对《柳如是别传》等陈寅恪未刊稿至少作了两稿以上的誊清与复写;唐筼则主要对陈寅恪的诗篇作了多稿以上的复写。深有远虑的陈寅恪甚至有意识也让他的女儿抄下他的一些诗作。至文化大革命抄家之前,陈寅恪的重要诗文至少有两套以上的"稿子"。为免著述"再度散失",陈寅恪费尽了心机。这种几套稿子的做法,使陈寅恪身后遗下的这份文化财富,历经多重磨难后基本上得以保留下来。果然,"文革"期间陈宅屡遭抄家,手稿与书稿荡然无存。"文革"结束后,陈寅恪的亲属开始艰难地收集被抄走的陈寅恪遗稿。陈寅恪生前"几套稿子"的安排终于在十数年后见效。尽管收集工作十分不如人意,但陈寅恪被抄去的未刊诗文遗稿,毕竟大部分是"一式数份",到1980年出版社根据陈氏亲属追回的大部分遗稿而出版的《陈寅恪文集》,已大体上再现了陈寅恪一生著述的原貌。在未来,陈寅恪的亲属也许还要花不少的力气才能寻回一部分尚不知所踪的陈寅恪遗稿,尤其是唐筼亲笔书录的多册陈寅恪诗稿,但九泉下的陈寅恪最可欣慰的,是他的著述按照他的设想基本上保存下来了。

其实,陈寅恪对身后"以免著述再度散失"的安排,在他的生前已作了隐晦甚深的暗示。在《元白诗笺证稿·附校补记》中,陈寅恪有这样一段论述:

抑更有可论者,唐代文人自珍惜其作品,不令其遗佚,莫甚于白乐天。白香山集陆壹苏州南禅院白氏文集记略云:

"有文集七帙,合六十七卷,凡三千四百八十七首。"其集家藏之外,别录三本,一本置于东都圣善寺钵塔院律库中,一本置于庐山东林寺经藏中,一本置于苏州南禅院千佛堂内……[1]

千年前杰出的古人给了陈寅恪一个最妙的灵感。略有遗憾的是,白居易珍惜自己的著作,可以随心所欲地将其"别录三本"分藏于三个不同的地方;而陈寅恪只能无奈地将他的著述同藏于一室,终躲不过被"一网打尽"的厄运!

但陈寅恪毕竟用智慧安排了晚年最大的一件心事。

3

时序1964年,旧历岁在甲辰。

这是陈寅恪自感只有三年寿命的第二年。阳春三月,出现了一场陈寅恪渴望已久的会面。数十年的老朋友,北京大学早负盛名的历史系教授向达(觉明),风尘仆仆南下广州专程拜访陈寅恪来了。这是一次陈寅恪期待已久的会面。

在1963年3月杨东莼看望陈寅恪时,陈寅恪就向杨表达了很想写写唐代玄奘去印度取经的历史,并说很想与向达共同研究这段历史。陈寅恪甚至说到没有机会与向达合作研究是一个遗憾。[2]

向达固然是国内一流的大学者,但无论资历与年龄都可以说是向达长辈的陈寅恪竟说出"是一个遗憾",杨东莼感到了这话的分量。后来杨氏拜会陈序经时,向陈序经提议可否请向达到广东讲学,以一了陈寅恪的心愿。

---

[1]《元白诗笺证稿》,第354页,上海古籍出版社1978年版。
[2] 第284期《动态》。

事后陈序经有否向向达发出邀请今已不得而知。但估计即使发出邀请，1963年的向达也不易成行。六年前，向达是"有代表性"的大右派，后虽摘帽，但"最是文人不自由"。1960年前后已摘掉"右派"帽子的向达不甘"无所事事"，向北京大学历史系提出要编一套《中外交通史籍丛刊》的计划，让他的余生有所寄托。

还是在六十年前，向达以他过去的代表作《唐代长安与西域文明》为书名，将他过去三十年间论述唐代中西文化交流史的有关论文编成专集出版。二十多年前，《唐代长安与西域文明》一文已奠定了向达在二十世纪学界研究中西文化交流领域里的权威地位，二十多年后，向达的《唐代长安与西域文明》的专集出版，也引发了陈寅恪在晚年一直渴望能实现的一桩心事。

向达，字觉明，湖南溆浦人。以地域划分，那个僻壤向被称为"湘西"。以民族划分，向达属土家族。有了这一层历史，中年已功成名就的向达，自然成为湘西土家族很出色的儿子。也因为这一层历史，向达在五十年代中卷入到这块土地上曾发生过的一场风波，这些都成为向达被打成"右派"的一个沉重的砝码。即使在他的族亲中早已出了一位鼎鼎大名的共产党先烈向警予，也不能改变那残酷的命运。

出生于1900年的向达，二十三岁时毕业于东南大学，老师是知名学者柳诒徵。阅史者若多一份耐心，对一些历史枝节细加辨析，则会看到二十世纪那一代的学人，在气类与学业的渊源上总有千丝万缕的联系。柳诒徵一向对张之洞甚为推崇，曾作过一首《张文襄祠》的诗，有句云"南皮草屋自荒凉，丞相祠堂壮武昌。岂独雄风被江汉，直将儒术殿炎黄"。1933年，时年四十三岁的陈寅恪，曾写下一段广为人知的"自述"，即"思想囿于咸丰同治之世，议论近乎曾湘乡张南皮之间"。

毕业后的向达，先后在上海商务印书馆编译所、北平图书馆等处工作[1],打下了很好的英语基础,并得以博览中外古籍,开始构建他一生的学术大厦。1935年,是向达人生有重大转折的一年。这一年他赴英国牛津大学编中文书目兼作研究。次年,他又专门研究大英博物馆所收藏的中国敦煌的卷子及太平天国的文书,此举奠定了他日后在敦煌学的地位。1937年,向达渡海来到法国巴黎国家图书馆研究明清之际天主教的文献。一年后,向达回到了正遭受外侮凌辱的祖国。1939年,向达出任西南联大历史系教授。[2]

向达走着一条与二十世纪上半叶一批知识分子精英所走过的相似道路:走出国门寻求真知,异域文化不仅不能冲淡他们对传统文化的依恋,相反使他们在情感上有更深一层皈依。向达无疑是其中的杰出者。

1942年至1944年,向达对敦煌学作出了很大的贡献,他先后参加了中央研究院及教育部等单位组织的西北史地考察团,两次对敦煌进行考古。这是中国学界第一次组织如此规模的考察团对敦煌作研究。向达在团中是负责人之一。这两次考察,向达事后向中国文化献出了《西征小记》、《敦煌艺术概论》等研究成果[3]。而《论敦煌千佛洞的管理研究以及其他连带的几个问题》一文在1943年12月的重庆报纸上发表后,引起了反响,傅斯年对向达及此文有如此评语:"今日史学界之权威,其研究中外交通,遍观各国所藏敦煌遗物,尤称独步。"

1946年,向达任北京大学历史系教授。1949年,他接替毛子水教授兼任北京大学图书馆馆长一职。这位耿直的教授已走向了历史学家最美好的年华。

但悲剧已露征兆。

1949年,一份"政治思想情况"之类的材料已在政治上对这

---

[1] 见《向达生平档案》。
[2] 见《向达生平档案》。
[3] 参阅林家平、宁强、罗华庆:《中国敦煌学史》,北京语言学院出版社1992年版。

位大教授作了如许的评价:"富有正义感;自高自大,有学术独立超然的思想;有士大夫的坚贞,无士大夫的冷静;解放后对党极其拥护,但对民主人士非常不满,骂他们卑鄙。"[1] 正是这些不乏棱角的性格特点,注定了他的悲剧。无独有偶,"对民主人士非常不满,骂他们卑鄙",五十年代前期的陈寅恪,同有这一类言论。有理由相信,在这两位1949年之后分隔天南地北的学人之间,当有一段互通书函、互诉心声及互为砥砺的心灵交往。

1950年,向达公开表示,"我们现在要监督执政党,使它做得好,不让他坏"。对五十年代前期的一系列政治运动,向达开始表示不理解,"旧鞋子脱下了,新鞋子穿不上。"1957年"大鸣大放"时,向达在有关方面召开的座谈会上奋然发言,对当时史学界的学风、开展运动的做法提出了批评。此事连同他以前说过的"片面强调斗争与改造,使很多科学家心绪不安!算算账,解放后死了多少科学家"一类的话,以及他被卷入了老家一些少数民族问题,被认为是"搞民族分裂主义和破坏民族团结",在1958年2月,向达被划为资产阶级右派分子,时年五十八岁。[2] 这正是一个历史学家将结出最丰硕成果的年龄。

这种人生骤然发生的顿挫,摧毁的是一个人精神世界的支柱。昔日胸间常溢豪情的向达已不复存在。数十年后,向达之子向燕生仍对当年其父遭此打击后仿佛变了另外一个人这一点记忆犹新。

成为右派分子的向达,几乎失去了以往意味着荣誉的一切。他的全国政协委员、北京市人大代表、科学院学部委员、北京大学图书馆馆长等职务被解除,他的一级教授职称,也被降为二级。[3]

于一个历史学家而言,这些也许只是身外之物。生命所依,是在历史的长河中寻觅过去与未来的观照。从这点上说,更大的与无

---

[1] 引自《向达生平档案》。
[2] 均见前注。
[3] 均见前注。

形的悲剧还在等待着这位不幸的历史学家。

五十年代末，向达拟定一个《中外交通史籍丛刊》的计划，准备整理出版这方面的古籍四十二种。其中就有唐代的名著《大唐西域记》。该书是唐代高僧玄奘赴印度取经回到长安后写成的关于中南亚等地区史地情况的著作。此书成书后千年以来国内都没有比较完善的点校本与注释本。二十世纪中国与世界对外交往的剧增，使现代学者们终于将目光投向这本千多年前已有影响的皇皇巨著。雄心勃勃的向达，将整理研究此书视作晚年的一件大事。这是一个历史学家美妙的梦。远在十年前，向达在北京大学讲授隋唐史时，便已着重讲授唐朝玄奘取经给唐代带来深刻影响的历史。这种积淀，耗去的是一个历史学家半生的心血。

可以这样说，向达是1949年以后最早着手准备整理《大唐西域记》的极少数中国学人之一。

在遥远的南方，陈寅恪也牵挂着这么一位学人，这么一本书。但他不会知道，他欣赏的向觉明正面临着重重的困难。向达也不会知道，等待他的竟是"长使英雄泪满襟"的结局。

向达成为右派分子后，实际上无形中已被剥夺了出版与发表作品的权利，他的研究与教学也受到了极大的限制。向达感觉到了，但他没有预见到那不可更改的命运。其间，在向达一门心思整理《大唐西域记》时，出版社曾提出过上海章巽等人一同参与整理及北京大学历史系以集体名义共同整理等两个动议，但最终不了了之。这些，都没有动摇这位历史学家的意志。

1962年7月，中共中央宣传部正式发出《关于已摘帽子的右派分子写的稿件发表问题的通知》[1]，明确了摘帽"右派"的著述"原则上可以发表和出版"。孤寂的向达有如枯木逢春，精神为之一振。正是在这一年，向达向中华书局提出了一个整理《大唐西域记》的

---

[1] 广东省档案馆藏档案。

庞大计划，设想分别出版影印本、简注本、详注本三种本子，并决心以余生的精力独自完成这个计划。[1] 这一年向达六十二岁。在向达死后的十数年之后，中华书局汇集了十多位中南亚史地及宗教方面的专家，耗费数年时间，终于完成了《大唐西域记校注》一书。现在看来，六十二岁的向达提出独自完成这个庞大的计划，想来他也许自觉早已胸有成竹。在此时向达的身上，回荡着"士为知己者死"的激情。这"知己者"，是"摘帽"后的向达，感到他终于又可以为人民、为历史服务了，他终于又可以向社会贡献他作为一个历史学家所应付出的努力。这激情驱使着他超负荷地付出了生命的精血。

但向达错了。

两年后的这个春天，六十四岁的向达终于出现在闻名已久的康乐园。各方人士显然将陈寅恪欲与向达会晤的信息传递给这位教授。但1963年向达的确太忙，有一段时间他甚至要移居于北京广济寺内的中国佛教协会，以便专心从事《大唐西域记》版本的校勘工作。[2]

向达是自费到广州的。这是一件至今提起仍令人心酸不已的事。一个卓有成就的教授，从事这么一件极有意义的事，竟要自费才能成行。[3] 据说，向达所在的工作单位并不同意向达这次南行。

但以往所受的委屈已变得无足轻重了，向教授将能见到他一向尊敬的师友陈寅恪。

陈寅恪大半生与京华学人有很深的渊源，向达是其中之一。岁月的消逝已使后人难以细考这种渊源，但尚有痕迹可供凭吊。五十

---

[1] 参阅谢方：《二十六年间——记〈大唐西域记校注〉的出版兼怀向达先生》，见中华书局1986年第2期《书品》。
[2] 见谢方：《二十六年间》。
[3] 据向燕生、谢方等人回忆（1993年9月18、22日）。

年代初陈寅恪对傅斯年之死有诗怀念，这一讯息是汪篯在向达处获得的。傅斯年当年尽忠蒋介石，所以有关此事一直讳莫如深，但从四十年代傅斯年极为赏识向达这一点看，陈寅恪有诗给向达以表某种心迹，想来也是情理之中的事。1954年，向达出任中国科学院历史研究二所副所长，据说此职是陈寅恪推荐，并说了大致如下的话，"唐朝中西交通是中古史的一大特点，向达对此素有研究"。[1]1959年底，向达的"右派"帽子被摘除，据说陈寅恪听闻后曾致书祝贺。这些传说，看来已难以一一落实考证，不过它为今人理解这两位学人在1964年的会面提供了一些必不可少的历史联想。

1964年3月15日下午，向达终于抵达广州。时声誉达至其一生最高点的教育家陈序经，率中大历史系的梁方仲、钟一均、胡守为前往车站迎接。陈序经与梁方仲为向达民国年间的老同事与老朋友——（陈、向同为"西南联大"教授，梁、向同有任事于中央研究院之谊），钟一均则曾是"西南联大"学生，另外钟氏与胡守为此时兼任历史系党政干部，这样，接车的四人将"向达南下"所包含的私谊、公事（可理解为中大历史系出面所邀）等诸种因素都体现了。3月16日上午10时，向达在梁方仲陪同下前往东南区一号二楼拜谒陈寅恪，[2]由此拉开了这一段酝酿一年，牵动着南北统战上层人物的陈寅恪暮年重会向达的"悲情故事"。向达与分别了十数年的陈寅恪相见了。相见的场面已成为一个谜。历尽辛酸的陈寅恪，会与悲欢尝遍的向达谈些什么？膑足后的陈寅恪，常与夫人相对而泣，在这一天，陈寅恪会为"应作生离死别看"的老朋友会面流泪么？无人能回答。向达在中山大学探访的后期，胡

---

[1] 据向燕生回忆。
[2] 向达抵穗日期与次日行程，均据梁方仲"台历记事"所录，由梁承邺先生提供。向达在穗期间与梁方仲多有来往，并曾转录陈寅恪赠诗与梁，以同好待之（详后），材料确然，故梁氏之记可采信。

守为向陈寅恪提出想旁听陈寅恪与向达的谈话,陈寅恪答允。在那个下午,胡守为听到的是向达与陈寅恪谈及《大唐西域记》的一些问题。[1]

已被打入另册的向达,私下里仍受到那些"从旧社会过来"的学人的尊敬。旧雨相逢,只因忌讳,从未被说及。可见,所谓"学术",无论在任何时候,在任何人的深心处都有其不倒的标准。3月20日,陈序经另又陪同向达往见陈寅恪。

陈寅恪的名气毕竟比向达大。所以多年以来学界一直将1964年陈、向两人的会面说成是向达专程南下向陈寅恪请教。但实际上两位一流学者的聚首内容要广泛得多。向达无疑谈到了他研究的艰辛,谈到了诸如没有助手帮助整理与抄写资料,以及查阅资料极不方便的种种困难。六十年代一个摘帽"右派"所能经历的艰苦,向达都谈到了。于是,在陈寅恪赠向达的诗中有这样引人注目的两句,"吾有丰干饶舌悔,羡君辛苦缀遗文"。陈寅恪表达了甚为钦佩向达的心情,并没有内藏太深奥典故的一句诗,内含的情感却是多么的深厚!

现在所知,向达晋谒陈寅恪时他的庞大计划中的第一部分——出版影印本的编辑工作已初步完成,成书期日可待。故此,向达此行有向陈寅恪征求意见、请教一些疑难问题的意味。当年中华书局一位主要负责与向达联系的年轻编辑谢方,在三十年后回忆,向达广州之行,主要是就《大唐西域记》中一些涉及梵文的问题请教陈寅恪,因为懂四门外语的向达对书中的一些梵文也拿不准。[2]

中山大学毕竟远离京华,向达的到来,在历史系引起了震动。3月24日,历史系安排向达专门作了一场报告。在毛泽东已多次强调"以阶级斗争为纲","中国有可能出修正主义"的1964年,

---

[1] 据胡守为回忆。
[2] 据谢方回忆。

中山大学历史系仍以热情的笔调记录下向达这场报告的主要内容，可证向达在当年受到的欢迎。

在这场题为《敦煌学六十年》的报告中，向达谈了五大内容：一、敦煌的历史与地理；二、敦煌石室藏书及其他遗存的发现；三、石室藏书及其他遗存有助于中古历史的研究；四、三种古代宗教经籍的发现与西域语文的发现；五、敦煌学研究的将来。[1]

据说，向达一向讷于言，"口才不好"，属讲课效果比较差那一类。但向达在中山大学所作的这场学术报告，却有如润物的春风。二十年后，中山大学历史系出了一位研究敦煌学卓有建树的学者姜伯勤。那年，三十不到的姜伯勤，以青年教师的身份聆听了这场报告。

向达在广州至少待了十七天以上。直到4月2日，向达还第二次接受了历史系的邀请，参加了一次座谈会。在这十数天时间里，向达多次上门与陈寅恪"密谈"，内情无人知晓。在这十数天时间里，被错划为右派分子而遭连降数级的端木正，曾陪着向达游览了广州出名的佛教胜地光孝寺与六榕寺。光孝寺建于东汉末年三国时期。千多年来不少海外高僧曾到此传教译经。公元676年，禅宗六祖慧能到寺与僧人论风幡后削发受戒，故该寺至今仍存"六祖殿"等古迹。向达在广州的游览，仍是围绕着"辛苦缀遗文"。

带着一份情谊与收获，带着陈寅恪的期望，向达要起程北归了。历经世事变迁，向达再次获得陈寅恪的信任。在向达来访期间，陈寅恪写下《甲辰春分日赠向觉明》三绝句。这份信赖，自五十年代后期，京华的学人已甚少有人获得。纵览陈寅恪晚年题赠的诗作，除了少数有世交之好的亲朋戚友外，便只剩下几个引为知音的挚友了，如冼玉清、吴雨僧、蒋天枢、向达等。兹录此"三绝句"如下：

---

[1] 1964年第2期《中山大学学报》（社科版）。

第十七章 今生所剩无几日

> 奉贈
> 覺明兄即求 哂政
>
> 慈恩頂骨已三分 西竺遙聞造塔墳 吾有豐干饒舌悔 羞君羋苦
> 紹道文
> 梵語還原久費工 金神寶枕夢難通 轉憐當日空奢望 竟與拈花一笑同
> 握手重逢康嶺南 失明臏足我何堪 僅餘八十身猶健 公乘他年好共參
>
> 寅恪 甲辰春今日
>
> 一九六四年三月廿六日向達錄呈
> 方仲仁兄

向达不太清楚围绕着"陈诗"曾发生过那么多的故事，收到陈寅恪的赠诗后，向达再转录与友人梁方仲。图为向达转录的手迹

其一

慈恩顶骨已三分,西竺遥闻造塔坟。
吾有丰干饶舌悔,羡君辛苦缀遗文。

其二

梵语还原久费工,金神宝枕梦难通。
转怜当日空奢望,竟与拈花一笑同。

其三

握手重逢庾岭南,失明膑足我何堪。
倘能八十身犹健,公案他年好共参。[1]

据向燕生回忆,其父曾述诗篇是唐筼亲笔所录并亲自送去中山大学招待所交给向达的。

向达岂止获得陈寅恪的信赖,向达还获得陈寅恪甚高的评价。"三绝句"最可注意的,是每首诗的第三、第四句,直见陈寅恪的无限感触。如"吾有丰干饶舌悔"与"转怜当日空奢望",陈寅恪表达的是"老而无成"的伤叹以及未能实现理想宿愿的痛悔。"竟与拈花一笑同",陈寅恪借禅宗"以心传心"之典,感叹向达与自己在学术上的心心相印。至于"倘能八十身犹健,公案他年好共参"句,更殷切期望向达宏大的计划能实现,自己在有生之年还能与之切磋交流。向达的勤奋与乐观,感染着陈寅恪。向达不是陈门弟子,但在陈寅恪面前仍属晚辈。一个份属晚辈的学人能获得陈寅恪如此由衷的羡慕与钦佩,在陈寅恪的晚年,这是唯一的一例。

向达南下对七十四岁的陈寅恪有何意义?

这是自 1949 年以来陈寅恪第二次有比较充裕的时间与北国史学界旧识有密切的接触。第一次是 1953 年,汪籛南下劝师北返,

---

[1] "三绝句"中之"其一"收《陈寅恪诗集》,其余两首引自刘启林主编之《当代中国社会科学名家》,第 201、202 页,社会科学文献出版社 1989 年版。

一住十数天。十一年前,陈寅恪尚有充沛的精力对他看不惯的人与事大发雷霆;十一年前,陈寅恪晚年的名山事业才刚刚开始。十一年后,盲目的陈寅恪再添"膑足",生命已到了精疲力竭的地步。在这个意义上说,这十一年是陈寅恪晚年最见悲欢、于历史而言最为沉甸甸的岁月。十一年前,陈寅恪极不满北国学人亦步亦趋的"气节变易",汪篯成了他吐出怒气的承受者。十一年后,他终于在向达身上寻回某种很熟悉的气息。此刻,向达不再代表他自己,而是代表了饱受风霜的那一类北国知识分子。陈寅恪与北国相当部分的学人再度获得沟通,但他们都同样地老了。

1964年这一年来访的京华学人还有周培源、周一良等,皆是短暂的过访,据说都相见甚欢。

相距十一年,陈寅恪先后两次与北京学人有较长时间的会面接触,人生都投下了截然不同的鲜明特点。

许是巧合,汪篯与向达这两位有幸在陈寅恪晚年与陈作过长谈的学人,同弃世于文化大革命的第一轮风暴——1966年。

1964年的向达,没有料到自己只余两年多一点的生命。

告别陈寅恪三个月后,向达向中华书局交出了他编辑的影印本及他撰写的书稿"序文",其勤奋研治可见一斑。涌动着贡献余生激情的向达怎会料到,时代已不需要他的贡献。他写的"序文"没有通过终审,影印本也被认为"暂时不出版为好"。中华书局的一份业务档案,记录了当年书局对向达所撰"序文"的评语:"从向的序文看,赵城藏本和福州藏本似乎都没有太大的价值,要不要印,需要研究。向的序文有些说话可以研究。又如称伯希和、羽田亨为'教授',称玄奘为'法师'等等。此外向的序文还谈到苏联科学院拍摄敦煌卷子的事,批评了苏联,这段话,涉及国家关系,是否要写上,怎么写,也须郑重。"[1]

---

[1] 转引《二十六年间》。

向达的"不合时宜",是相当明显的了。这情景总使人不由想起十二年前中国科学院出版部门对陈寅恪为杨树达的著作所写序言而作的"语意迂腐"的评语。

1964年10月,书局正式通知向达,影印本不能出版。空有一腔热血,向达只能静等死亡的到来。

1966年6月,"文革"爆发,被列为"牛鬼蛇神"的向达受到残酷的批斗,有时一天被斗数次。随后向达被下放劳动改造。向达一向肾脏不好,劳动期间肾病发作,红卫兵斥其"装病抗拒改造",拒绝送其到医院救治。拖延数天,眼看要出人命,才勉强同意送院抢救,但已回天乏术。1966年11月24日,著名历史学家向达死于尿毒症,终年六十六岁。

1978年,中华书局招集了十数位专家学者,在借鉴与参考了向达等人已有的成果基础上,重新对《大唐西域记》作了整理。五年后,终于出版了一部六十三万字的《大唐西域记校注》。对该书进行定稿审阅的,是陈寅恪在东方语言领域里一个非常出色的学生季羡林。历史又一次再现了陈寅恪的身影。莫非这就是世人常说的"不熄的精魂"?——不熄的文化精魂!

4

距向达北返的一个多月之后,陈寅恪晚年最知心的弟子蒋天枢,在事隔十一年后第二次南下广州探视陈寅恪。陈寅恪托付后事出现了最为凝重的一幕。

1964年5月29日,蒋天枢乘火车抵达广州。唐筼亲自领着二女儿陈小彭驱车前往火车站迎接蒋天枢。唐筼以"师母"的身份到车站接弟子,此细节绝不可看轻。

十五年后,忠厚的蒋天枢在撰写《陈寅恪先生编年事辑》一书时，对1964年这一次师生相见所述甚为简单，且有些地方欲言又止，留下了隐衷。事实上五六月间蒋天枢在恩师病榻旁"面聆教诲"，是陈寅恪向蒋天枢作了一生事业的"生命之托"。陈寅恪将晚年编定的著作整理出版全权授予蒋天枢。这是一段令人很感伤的高谊。1949年后，十五年间，陈寅恪只与蒋天枢见过两次面，但却毫不犹豫地向这位长于古典文学研究的弟子托付了他一生最为看重的事业——编辑出版他留给这个世界的著述。在这十五年间，陈寅恪目睹或亲身经历了众多昔日师友亲朋一夜之间反目为仇、出卖良知等等情事，他敢于将名山事业托付晚年只有两面之缘的蒋天枢，可知他对蒋氏信赖之深，相知之深。

若以与陈寅恪接触的渊源而言，比蒋天枢更深的陈门弟子大有人在；若以治史才华而言，比蒋天枢更深刻地理解陈寅恪学术精髓的陈门弟子也不在少数，但陈寅恪只认定蒋天枢，可见1964年的陈寅恪，环视前前后后，已找不出第二个可以安心"托命之人"。一代宗师，昔日桃李满天下，讵料一朝"众叛亲离"，历史当为谁而哀？！

以后的事情证明了陈寅恪目光如炬。蒋天枢果然不负恩师所托，十五年后基本按照陈寅恪生前所编定的著作专集原貌，辛勤校订编辑，并顶住一些压力整理出版了一套《陈寅恪文集》。陈寅恪晚年以其"人生的通识"，对世事与人事有精确的分析与预见。他将"生命之托"付与蒋天枢，无疑是其晚年最完美的一次预见。

十年未见，一切还是那样的熟悉；故人重逢，仿如不久前才分别。这种感觉不仅来自心灵，还来自陈、蒋两人在精神上一直保持着密切的沟通。在漫长的十年时间里，蒋天枢为恩师献出了许多许多！他曾先后到过钱谦益与柳如是当年主要的活动地点苏州吴江、嘉兴等地查访，为陈寅恪找到了不少有关"钱柳因缘"的材料。蒋天枢于陈寅恪晚年的意义，不仅是他给了陈寅恪一份浓浓的师生之情，而且他还使陈寅恪在坚守"独立之精神"的士人气节上，无限欣慰地感到"吾道不孤"!

在1964年师生相见的一些场景里,有些画面如刀刻般永难磨灭。某日蒋天枢如约上门,刚好唐筼不在,没有人招呼蒋天枢,陈寅恪也不在意,就这样蒋天枢一直毕恭毕敬地站在陈寅恪的床边听着陈寅恪谈话。听了很久,也站了很久,蒋天枢一直没有坐下。"程门立雪",说的是古代贤人事;病床前恭立聆诲,蒋天枢的"尊师",使刚好在另一间房间工作的黄萱极为感动[1]。

这是一种丝毫不需修饰的真情流露。

在这个夏季,陈寅恪与唐筼将半生的"秘密"都付与了蒋天枢。陈寅恪同意蒋天枢录下了他十数年间所写下的近百首诗篇。这些诗,是陈寅恪最真实的内心世界。十五年间,围绕着陈寅恪的诗,曾掀起了无数的风浪。十一年前,与陈寅恪谈崩了的汪篯,虽极想了解陈寅恪诗作近况,以窥探陈寅恪的心迹,但一直不敢开口向老师询问。十数年来,中山大学也一直很想窥知陈寅恪诗作的具体情况。[2]1958年的批判文章首开根据陈寅恪诗作去分析陈寅恪的思想感情后,陈寅恪对其诗作更绝不轻易示于人前。

据陈美延回忆,陈寅恪晚年诗作的整理人与抄录者,仅为唐筼一人。若唐筼身体不适时,两个女儿间或帮忙。整理与抄录的过程如下:陈宅厅中挂有黑板,平常由唐筼做整理工作。因唐筼熟悉丈夫,一般陈吟出诗句,唐筼就能记下。若碰上艰深的句子,陈寅恪就亲手在黑板上写出,由整理者将诗句抄录下来,写完一句抹掉一句,然后再写下一句。外人当无法探知陈寅恪诗作的内容。有一次,由陈的女儿整理,事毕,女儿忘记擦黑板,结果恰好历史系一助手撞上门来。当陈寅恪知道黑板上还留有诗句时很生气,再次叮嘱家

---

[1] 据黄萱回忆(1994年2月27日)。

[2] 另据原中山大学中文系负责人回忆,五六十年代中大党委只要一获知陈寅恪新写了诗篇(有时甚至仅知一二句子),都会马上开会研究"陈诗"。回忆者五十年代后期已是中文系党务骨干兼副教授,自述此时已多参与校方会议,故可采信。

人注意。[1]

　　1964 年的蒋天枢，也许还不太了解这些背景，他录下陈寅恪诗作的一本小册子，回到上海后竟然发现遗失了。除了陈寅恪的亲属外，蒋天枢是最早窥见陈寅恪晚年诗作基本风貌的第一人。

　　令此次师生相见添加了历史意义的一件事，是陈寅恪特意为这次相见写下了《赠蒋秉南序》一文。在这篇文章中，陈寅恪简洁地回顾了自己的一生。文中一再阐述的文化观，以及连同它写于 1964 年的背景，后人可以将这篇不足千字的短文，理解为陈寅恪在生命结束之前向这个世界所作的一次自述。兹将此文全文照录：

　　　　清光绪之季年，寅恪家居白下，一日偶检架上旧书，见有易堂九子集，取而读之，不甚喜其文，唯深羡其事。以为魏丘诸子值明清嬗蜕之际，犹能兄弟戚友保聚一地，相与从容讲文论学于乾撼坤岌之际，不谓为天下之至乐大幸，不可也。当读是集时，朝野尚称苟安，寅恪独怀辛有索靖之忧，果未及十稔，神州沸腾，寰宇纷扰。寅恪亦以求学之故，奔走东西洋数万里，终无所成。凡历数十年，遭逢世界大战者二，内战更不胜计。其后失明膑足，栖身岭表，已奄奄垂死，将就木矣。默念平生固未尝侮食自矜，曲学阿世，似可告慰友朋。至若追踪昔贤，幽居疏属之南，汾水之曲，守先哲之遗范，托末契于后生者，则有如方丈蓬莱，渺不可即，徒寄之梦寐，存乎遐想而已。呜呼！此岂寅恪少时所自待及异日他人所望于寅恪者哉？虽然，欧阳永叔少学韩昌黎之文，晚

---

[1] 以上史实经由陈美延数次追忆而完备（1993 年 10 月 21 日、1994 年 7 月 31 日以及 2010 年 5 月 18 日）。

撰五代史记，作义儿冯道诸传，贬斥势利，尊崇气节，遂一匡五代之浇漓，返之淳正。故天水一朝之文化，竟为我民族遗留之瑰宝。孰谓空文于治道学术无裨益耶？蒋子秉南远来问疾，聊师古人朋友赠言之意，草此奉贻，庶可共相策勉云尔。甲辰夏五七十五叟陈寅恪书于广州金明馆。[1]

文题贯以《赠蒋秉南序》，以友朋名字作标题，为陈寅恪晚年撰文仅见[2]。

自叹"终无所成"的陈寅恪，以"奄奄垂死"之心态，却慷慨写下"贬斥势利，尊崇气节，遂一匡五代之浇漓，返之淳正。故天水一朝之文化，竟为我民族遗留之瑰宝。孰谓空文于治道学术无裨益耶"等掷地有声的文字，陈寅恪是为后人写此文。作者数十年寄寓身世之感、现实之慨、兴亡之叹，都浓缩在此文之中。1945年，陈寅恪有《读吴其昌撰梁启超传书后》一文，内有语云：

任公先生高文博学，近世所罕见。然论者每惜其与中国五十年腐恶之政治不能绝缘，以为先生之不幸。是说也，余窃疑之。尝读元明旧史，见刘藏春姚逃虚皆以世外闲身而与人家国事。况先生少为儒家之学，本董生国身通一之旨，慕伊尹天民先觉之任，其不能与当时腐恶之政治绝缘，势不得

---

[1]《寒柳堂集》，第162页。
[2] 钱大昕谓："赠行以文，古之道也。今世士大夫多不讲，盖意在简便，或中有顾忌，恶闻谠言。"康熙二年，八十二岁的钱谦益为来访的"遗民宿老"方尔止作赠序，云"古之人莫重于离别，行者曰何以赠我？居者曰何以处我？"钱氏少负英才，却半世蹉跎，老年饮恨，故其暮年书序之作，文词直抒胸臆，元气淋漓，一生抱负昭然。陈寅恪晚年身处奇变之世，严守"出处"，其愤世嫉俗，与三百年前的古人"庶几近之"。在人生的垂暮时候，陈寅恪与前贤有某类"气息"相通之处，大抵可借钱谦益在《杜弢武全集序》中的一段话概括之："余与弢武交四十年矣，于其请序，不忍以老病辞。又自惟沧海余生，旧尘史局，今得藉手斯文，以阐扬国家人文化成之盛，岂非旧史之事守乎？柳子曰'思报国恩，独惟文章'。君子亦可以悲其志也夫！"

不然。忆洪宪称帝之日,余适旅居旧都,其时颂美袁氏功德者,极丑怪之奇观。深感廉耻道尽,至为痛心。至如国体之为君主抑或民主,则尚为其次者。迨先生"异哉所谓国体问题者"一文出,摧陷廓清,如拨云雾而睹青天。然则先生不能与近世政治绝缘者,实有不获已之故。此则中国之不幸,非独先生之不幸也。又何病焉?[1]

陈寅恪表面是在论述梁启超,实质宣泄其缠绕一生的"独立之精神,自由之思想"的"学人精神"。悠悠十九年长,世局变迁,沧海桑田,但"深感廉耻道尽,至为痛心。至如国体之为君主抑或民主,则尚为其次者"与"默念平生固未尝侮食自矜,曲学阿世,似可告慰友朋",这两者的脉络是相同的。尤其是"未尝侮食自矜,曲学阿世",足以概括陈寅恪一生的品格。此品格也是现代中国学人历经社会嬗蜕、世纪风云而被很多人丢弃了的。

更往深一层,易堂诸子在世变之际犹能从容讲文论学,陈氏叹为天下之至乐大幸。然"当读是集时,朝野尚称苟安,寅恪独怀辛有索靖之忧,果未及十稔,神州沸腾,寰宇纷扰",此短短数语,盖可见陈氏侪辈处身于近代大变局下一生的出处,大可咀嚼再三。1918年,王国维作《雪堂校刊群书叙录序》,激赏罗振玉关乎"学术存亡"的刊书之功,内对"世局与人"作如许描述:"若夫生无妄之世,小雅尽废之后,而以学术之存亡为己责,搜集之,考订之,流通之,举天下之物不足以易其尚,极天下之至艰而卒有以达其志,此于古之刊书者未之前闻,始于吾雪堂先生见之";"至于奇节独行与宏济之略,往往出于衰乱之世,则以一代兴亡与万世人纪之所系,天固不惜生一二人者以维之也。学术亦然。"1927年,陈寅恪作《王观堂先生挽词并序》,对当时世局也作如下表述:"近

---

[1]《寒柳堂集》,第148页。

数十年来，自道光之季，迄乎今日，社会经济之制度，以外族之侵迫，致剧疾之变迁；纲纪之说，无所凭依，不待外来学说之掊击，而已销沉沦丧于不知觉之间；虽有人焉，强聒而力持，亦终归于不可救疗之局。盖今日之赤县神州，值数千年未有之巨劫奇变；劫尽变穷，则此文化精神所凝聚之人，安得不与之共命而同尽，此观堂先生所以不得不死，遂为天下后世所极哀而深惜者也。"两者的气息何其相似。王国维终死于自感乱极而无望之世；陈寅恪眼中的"巨劫奇变"，随着人生的漫漫长行，所含之义，已超越了"清末民初"这一历史阶段，蓦然回首，历经百年世变，人生又似重归于起始。

因有了蒋天枢这样的弟子，陈寅恪所以倾心相诉。有一些事不可不说。1958年搞"大跃进"，人人唱赞歌。在某次会议上轮到蒋天枢发言，蒋只说了"你们说的都是吹牛皮的话"这么一句便拂袖而去，结果弄到中文系众老师要保他蒋天枢才能过了此险关。文化大革命期间"无知"整"有知"，高等院校盛行考教授，不少老教授通不过"考试"，被评为"不合格"。蒋天枢却故意交白卷，临走还扔下一句话，"路线决定一切。但路线不是我等人能制定的。"此话令极"左"的人哭笑不得但也无法辩驳。以上这些，都是传说，但从不"曲学阿世"的蒋天枢，其耿介与清高，在复旦大学也是出了名的。

十二天后，蒋天枢肩负着陈寅恪的重托启程返沪。陈寅恪作了总题为《甲辰四月赠蒋秉南教授》三首七绝。明白了蒋天枢1964年南下广州的原因，则对陈寅恪这三首诗便会有更深切的理解。兹录其中两首如下：

其二
草间偷活欲何为，圣籍神皋寄所思。
拟就罪言盈百万，藏山付托不须辞。

其三

俗学阿时似楚咻，可怜无力障东流。
河汾洛社同邱貉，此恨绵绵死未休。

1964年的陈寅恪，极心酸地称晚年的著述为"罪言"，再次发出了"此恨绵绵死未休"的痛泣。尤值得注意的是，七十四岁的陈寅恪，已离开教坛六年，仍对"俗学阿时似楚咻"（"楚咻"典故见《孟子·滕文公下》）的现实表达其深恶痛绝的心情。陈寅恪的愤世嫉俗，绝非仅仅关系着个人命运的浮沉得以证明。

5

已托付后事的陈寅恪开始对身边的一些事作最后的"了结"。1964年春，中山大学对校内的一批助教作业务考核鉴定。4月29日，陈寅恪欣然同意为黄萱作了今天看来似是"最终结论"的一份鉴定。该鉴定语意感人，评价甚高，极真实地反映了陈寅恪与黄萱十数年情深意厚的合作关系。该鉴定全文如下：

关于黄萱先生的工作鉴定意见

一、工作态度极好，帮助我工作将近十二年之久，勤力无间始终不懈，最为难得。

二、学术程度甚高，因我所要查要听之资料全是中国古文古书，极少有句逗，即偶有之亦多错误。黄萱先生随意念读，毫不费力。又如中国词曲长短句亦能随意诵读，协合韵律，凡此数点聊举为例证，其他可以推见。斯皆不易求之于一般助教中也。

三、黄先生又能代我独立自找材料，并能贡献意见修改我的著作缺点，及文字不妥之处，此点尤为难得。

关于 黄萱先生的工作鉴定之意见

(一) 工作态度极好，帮助我工作将近十二年之久，勤力无间始终不懈。🈶难得

(二) 学术程度甚高。因我所要查要听之资料，全是中国古文古书极专有之这，即偶有之亦多与错误。黄萱先生随意念诵，毫不费力，又如中国词曲长短句亦能随意诵读，协合韵律。凡此数点聊举为例，其他可以推见。斯皆不易求之於一般助教中也。

(三) 黄先生又能代我独立自找材料，贡献意见，修改我的著作缺点，及文字不妥之处。此点尤为难得。

总而言之，我之尚能补正旧稿，撰著新文，均由黄先生之助力。若非她帮助我便为完全废人，一事无成矣。

上列三条字字真实，决非虚语。希望现在组织并同时或后来读我著作者，深加注意是幸。

陈寅恪 64.4.29

1964年陈寅恪写下的给黄萱的工作鉴定（唐筼代笔）

总而言之，我之尚能补正旧稿，撰著新文，均由黄先生之助力。若非她帮助我便为完全废人，一事无成矣。

上列三条字字真实，决非虚语。

希望现在组织并同时或后来读我著作者，深加注意是幸。

陈寅恪　64.4.29

"若非她帮助我便为完全废人，一事无成"，感受至深，涌自心深处，陈寅恪这番话发自肺腑！而最后一句"希望现在组织并同时或后来读我著作者，深加注意是幸"，其含意着重在"后来读我著作者"数字上当无疑。因为"现在组织"也好、"同时者"也好，都没有太多机会阅读陈寅恪晚年的著作。陈寅恪是在昭示"后来读

我著作者"。[1]

这份鉴定,是陈寅恪对其与黄萱十数年辛劳合作的最后总结,也是陈寅恪对这位甘于平凡的女性一份赤诚的回报。君子之交淡如水,这也是陈寅恪最好的回报。

这一年黄萱五十四岁。

但陈寅恪的评价并没有给勤恳的黄萱带来更好的命运。九年后,六十三岁的黄萱退休,职称仍是助教。从1952年算起,黄萱服务高等教育事业二十一年,像这样的"老"助教,在中国当年的高等院校不知还有几人?

两个月后,因感《钱柳因缘诗释证稿》完成,陈寅恪撰有《稿竟说偈》,这《稿竟说偈》四字一句,风格却明显异于陈寅恪一向的诗风。套用"偈"中的句子,正所谓"怒骂嬉笑","忽庄忽谐",它为我们探寻1964年陈寅恪的内心世界留下了重要的依据。二十六年后,陈寅恪的两个女儿编辑出版《陈寅恪诗集》,为后人提供了两个版本的《稿竟说偈》,使后人更真切地倾听陈寅恪的一呼一吸成为可能。

其一

刺刺不休,沾沾自喜。忽庄忽谐,亦文亦史。述事言情,悯生悲死。繁琐冗长,见笑君子。失明膑足,尚未聋哑。得成此书,乃天所假。卧榻沉思,然脂瞑写。痛哭古人,留赠来者。(见《柳如是别传》书后)

其二

奇女气销,三百载下。孰发幽光,陈最良也。嗟陈教授,

---

[1] 据黄萱回忆。

越教越哑。丽香群闹,皋比决舍。无事转忙,然脂瞑写。成册万言,如瓶水泻。怒骂嬉笑,亦俚亦雅。非旧非新,童牛角马。刻意伤春,贮泪盈把。痛哭古人,留赠来者。

两个《稿竟说偈》,词语虽稍有变化,实质却一样,借"亦俚亦雅"一抒通古抚今之慨。"嗟陈教授,越教越哑",浑然天成借喻《牡丹亭》故事,古典今典合二为一,想来是陈寅恪再三吟咏之句。两个《稿竟说偈》,皆为陈寅恪所喜,而"其二"则有不足为外人道的今典故事。至于"刻意伤春"、"贮泪盈把"、"痛哭古人"等句,"偈"中已写出了一个哭泣的陈寅恪,读之宁不教人感泣!

耗十年心血,陈寅恪终可凄然地对这段生命历程作一个"了结"。生命之火的沉销,已是指日可待。尽管视生死皆茫茫的陈寅恪很想"亦俚亦雅"、"忽庄忽谐",但已与生命铸为一体的悲剧意识,最后还是把"嬉笑"赶得无影无踪,止不住热泪长洒。

1964年6月,陈寅恪为二十九年前所写的《李德裕贬死年月及归葬传说辨证》一文补写"附记"。文末有如此一段句子,"寅恪昔年于太平洋战后,由海道自香港至广州湾途中,曾次韵义山万里风波无题诗一首,虽辞意鄙陋,殊不足道,然以其足资纪念当日个人身世之感,遂附录之于下。诗云:万国兵戈一叶舟,故邱归死不夷犹。袖中缩手嗟空老,纸上刳肝或少留。此日中原真一发,当时遗恨已千秋。读书久识人生苦,未得崩离早白头"。

1964年12月,陈寅恪为《论再生缘·校补记》作序。三年前《再生缘》话题成为学界热点,但陈寅恪都没有写什么,说什么。三年后陈寅恪终于要写要说了。因为生命已无多了。序云:

论再生缘一文乃颓龄戏笔,疏误可笑。然传播中外,议论纷纭,因而发见新材料,有为前所未知者,自应补正。兹辑为一编,附载简末,亦可别行。至于原文,悉仍其旧,不复改易,盖以存著作之初旨也。噫!所南心史,固非吴井之藏。孙盛阳秋,同是辽东之本。点佛弟之额粉,久已先干。裹王娘之脚条,长则更臭。知我罪我,请俟来世。[1]

这篇不足二百字的短文,是陈寅恪特意留与后人解读自己著述的一个重要提示,也是陈寅恪对自己著作的历史价值认识的一个心声![2]

在1964年,在陈寅恪的遣词用语中,"来世"、"来者"、"后来者"等字眼出现的次数突然增多。

---

[1]《寒柳堂集》,第96页。
[2] 甚可注意的是,"校补记"另隐藏着独有的"机锋"。自1961年郭沫若以独此一家之势,轮番刊布论文,占尽风骚,然后有关陈端生的史料不断新出。但陈寅恪宁愿私下以"校补记"的形式回应,别辑一文,单独成篇,坚持《论再生缘》原文"悉仍其旧,不复改易"。这足证《论再生缘》饱蘸着陈氏一生的情感体验,已是人与文不可分割的一个整体。至于"所南心史",陈氏文心别有寄意,这是此文独有的"生命原旨",在此之外,原文材料或"疏误"或可"增补",已是题旨外的枝节修补问题了。
  最后,若再深究,尚有大可玩味之处:1961年后《再生缘》"议论纷纭",全由郭沫若而起,但"校补记"只字不提郭氏名姓,甚不合陈寅恪撰写学术论文的一贯风格,这只能归之于道不同,而欲语已无言了。

第十八章　挽歌已隐约可闻

1

到此,我们终于可以带着一份颤动的心情,注视一位一直默默无闻的女性。她就是陈寅恪的贤妻——唐筼。

若没有这么一位女性,陈寅恪的后半生会是什么样子?根据陈寅恪晚岁的人生来看,没有唐筼便没有陈寅恪。陈寅恪太知名了,唐筼太平凡了,不论是生前或身后,唐筼都消融在陈寅恪的光环里。唐筼的生平鲜为人知。

鲜为人知的唐筼,将她的大半生,紧紧地与陈寅恪联结在一起,相濡以沫,同悲共欢!

唐筼,又名唐家琇,唐晓莹,1898年生。在她出生的三年前,她的祖父唐景崧做了一件在近代史上影响甚大的事。1894年,腐败的清朝在"甲午战争"中惨败,次年被迫与日本签订屈辱的《马关条约》,其中有割让台湾给日本等条款。消息传来,在台湾的义士痛哭流涕,誓不依属日本,商议成立"台湾民主国",公推时任台湾巡抚的唐景崧出任"民主国"的大总统,建元"永清",含永远臣属大清之意。

唐景崧,字维卿,广西灌阳县人。同治四年进士,先后任翰林院庶吉士、吏部主事等职。光绪八至十三年之间,唐景崧屡忧西南局势严峻,多次殿前慷慨请缨,出关援越抗击法军。数年间唐景崧在中法战事中屡建奇功,先后获清廷的"四品衔"、"二品秩"、"加赏花翎"等赏赐。

如果说唐景崧请缨抗敌尚有"为臣当为君分忧"之义的话,那么唐景崧在治理台湾时期瞻仰郑成功墓时所撰写的一副对联,则可见唐景崧作为一个优秀士人的襟怀与人生理想。联云:

> 由秀才封王,撑持半壁旧江山,为天下读书人顿生颜色;
> 驱外夷出境,开辟千秋新世界,愿中国有志者再鼓雄风。[1]

可惜一腔热血的唐景崧宣告"自立"不久,便因日军进攻台湾而渡海回到大陆,从此终老故土。唐景崧爱国与忠义的气节,在风云激荡的晚清也许不算罕见,但它将对陈寅恪产生影响则要特别指出。

在这里,冥冥之中似早有了前定的"天作之合"。陈寅恪曾这样自述婚姻的经过:

> 寅恪少时,自揣能力薄弱,复体孱多病,深恐累及他人,故游学东西,年至壮岁,尚未婚娶。先君先母虽累加催促,然未敢承命也。后来由德还国,应清华大学之聘,其时先母已逝世。先君厉声曰:"尔若不娶,吾即代尔聘定。"寅恪乃请稍缓。先君许之,乃至清华,同事中偶语及:见一女教师壁悬一诗幅,末署"南注生"。寅恪惊曰:"此人必灌阳唐公景崧之孙女也。"盖寅恪曾读唐公请缨日记,又亲友当马关中日和约割台湾于日本时,多在台佐唐公独立,故其家世,知之尤稔。因冒昧造访。未几,遂定偕老之约。[2]

---

[1] 见《大成》杂志第214期。
[2] 见《寒柳堂记梦》之"关于寅恪之婚姻"。

简朴的"惊曰"两字,道尽了很多时候生命原是为了等候!

唐景崧的最后官阶是一省之巡抚,陈寅恪的祖父陈宝箴最后官阶也是一省之巡抚。唐景崧因爱国而断送仕途,陈宝箴亦因欲变法图强而断送仕途。两人于朝廷,皆有先恩后怨的经历,人生的重大转折,时间也是如此的相接近。陈宝箴与唐景崧自然无法料到他们的后代在三十年后会走到一起,但其王谢人家的遗风,都在他们后代身上烙下了深刻的印记:重视世家风习与婚姻关系的源流——陈寅恪尤其如是。用句世俗的语言来说,便是婚姻关系的"门当户对"。

陈寅恪与唐筼的结合,的确是门当户对。

唐筼出生那年,陈寅恪已八岁。正是在这一年,对近代中国社会进程影响至深的"戊戌变法"发生了。也是在这一年,刚开始在中国近代政坛留下重要身影的陈宝箴父子突然仕途中落。于是,这个家族关于"家国兴亡盛衰之叹",便几乎全凝聚在其杰出的后代陈寅恪的身上。——当然,这是后人审视陈氏一门历史所得出的看法。

唐景崧之孙女唐筼,命运没有安排她去承受家族的"兴亡之慨",但她却回避不了人生的苦难。从她降生之日起,苦难便形影相随。唐母怀上唐筼时是第一胎,刚好生产时碰上难产,唐筼经历了一番挣扎才降临人间。后来,唐筼小小年纪便跟着养母——她的亲伯母离开了广西的唐氏大家庭,开始漂泊天涯。因其养母是苏州人,后又到天津任直隶省立第一女子师范学校的学监,故唐筼先后在苏州、天津等地生活过。也因此缘故,决定了少女唐筼的命运。

有了养母的关系,唐筼得以从小就在所属的学校免费就读,毕业后又留在学校附属小学教书。其时唐筼未满十八岁。这段经历似乎是她未来人生的预习,唐筼不是"五四"运动前后那种叱咤风云的新女性,但这段经历培养了她独当一面的能力。在她的后半生,在她追随着陈寅恪颠沛流离、遭受命运一连串打击的岁月里，她以羸弱之躯撑承起陈寅恪的大半个天空。

不久，学校保送唐篔到金陵女子学校就读体育专业，言明毕业后需回学校教授体育课。于是，在二十岁至三十岁之间，唐篔在自己的履历表上留下了这样两行人生记录：先后在直隶省立第一女子师范学校和北京女子高等师范学校担任体育教员。这是两所在二十世纪前期赫赫有名的女子学堂，不少现代中国的女名人就是从这里走向社会的，盛名者有邓颖超、许广平等。数十年后，她们中的许多人依然记得平凡的唐篔。五十年代中，许广平曾专程赴中山大学看望唐篔老师便是一例。许广平此行尚有一段插曲。她在陈宅听到了陈寅恪在出版事宜上碰到了一些问题，刚好与她同行广州的尚有当时"三联"的董事叶独生，叶氏闻说后答应回去马上处理此事，果然在1956年出版社便为陈寅恪重印了旧著。

人生便是如此奇怪，从小就弱不禁风的唐篔，却与意味着"强壮、健硕"的体育专业有这样紧密的联系，令许多人感到意外。但从另一个角度而言，这种差异，已见人生的困厄。据说，唐篔从小就喜欢读化学，中年后，唐篔依然不能忘怀这一儿时的梦想，多次在女儿面前说起。唐篔无奈接受了体育而不能挑选化学专业，已隐约可见生活艰辛的影子。因为唐篔一直在工作，直到结婚后生下第一个女儿时为止，工作时间长达十数年。其时，唐篔已三十有余。

如许经历，即使发生在二十世纪前期一个普通人家的女子身上，亦见坎坷。至此，唐篔一生的基调已露端倪：作为一个女性，唐篔甚少享过清福。

缘分的天空终于在1928年划出了两条相交融的轨迹，陈寅恪与唐篔在这一年的8月结合了。这份缘来得有点迟，这一年陈寅恪三十八岁，唐篔亦已三十岁。这份缘亦来得富有传奇。清华学校体育教员郝更生既与陈寅恪相熟，也与唐篔有来往。某次，郝更生告诉陈寅恪他有这么一个朋友，家中有这么一幅诗词书法，陈寅恪听闻欣然前往拜访。两个旧时王谢人家隐伏了三十年的宿缘，终于凸现。陈寅恪第一次认识了唐筼，陈寅恪也第一次观赏了唐筼居室中悬挂着的唐景崧亲书的诗幅。唐筼将陪伴着陈寅恪开始一段漫长的人生，唐景崧的诗幅也将伴随着陈、唐两人走向生命悲剧的结局。相熟者谓郝更生是陈、唐秦晋之好的媒人，这原是不错。但真正联结生命之缘的，还是与生俱来的世家流韵。在这里，不妨将联结着陈、唐生命之缘的唐景崧所书"两绝"照录如下：

　　其一
　　苍昊沈沈忽霁颜，春光依旧媚湖山。
　　补天万手忙如许，莲荡楼台镇日闲。
　　其二
　　盈箱缣素偶然开，任手涂鸦负麝煤。
　　一管书生无用笔，旧曾投去又收回。[1]

在那一刻，唐景崧手书的条幅，无疑仍散发着温热的历史情怀，延续着一种生命的源流。

二十五年后，陈寅恪在《晓莹祖南注公，光绪戊戌春间所书诗幅，寅恪昔年旅居香江，时值太平洋之战略有毁损。今重装毕，敬题四绝句于后，其第三第四两首乃次原韵也》的诗篇中，其中有一首是记陈、唐两人当年奇缘的。诗云：

　　当年诗幅偶然悬，因结同心悟宿缘。
　　果剩一枝无用笔，饱濡铅泪忆桑田。

陈寅恪感悟到了这种"注定"的宿缘。对从未谋面的唐景崧，

---

[1]《陈寅恪诗集》，第78页。

陈寅恪抒发了无限的敬意。在同题的另一首绝句中,陈寅恪吟道:

> 横海雄图事已空,尚瞻遗墨想英风。
> 古今多少兴亡恨,都付扶余短梦中。

对近世历史人物有如此高的评价,在陈寅恪一生的诗作中并不多见。当年,当日军进攻台湾时,唐景崧下令在台的文武官员内渡回大陆。近百年来唐景崧此举一直为人所诟,认为他最后"动摇了"。陈寅恪"横海雄图事已空","果剩一枝无用笔"等句,对本质仍是一介书生的唐景崧有很深的理解;诗,饱蘸着陈寅恪爱屋及乌的挚爱感情。甚至这份"宿缘"因了晚年两人以沫相濡,而在苍老的生命里更具宿命的意味。1955年,陈寅恪在一首诗中再次写道,"乍来湖海逃名客,惊见神仙写韵人。款曲细倾千种意,低徊俄悟百年因。"[1]数十载相存相依,"百年因"在暮年分外暖心头。

奇缘并未给人生带来更多一点的幸福。两个人的苦难相依,更早添了一种同甘共苦、艰辛度日的悲哀。

婚后的唐筼,基本上在家操持家务。身为教授的陈寅恪,每月工薪虽足以养家,但在很长一段的时间内,陈寅恪将每月收入的一部分都用来赡养父亲及挚爱的大哥陈师曾的遗妻。婚后的七八年间,是唐筼相对较安稳的岁月。在此期间,陈寅恪的学术事业正在架构,三个女儿亦先后出世。1933年,陈三立寓居北平,每至周末,三代同堂,尚能享天伦之乐。这里还有一则轶事。陈散原居北平时,求书法者众。于书道早有盛名的散原老人却独喜"六少奶"唐筼的书法。每有兴致,便嘱儿媳写几个大字。陈寅恪中岁目盲后,往来

---

[1] 见《晓莹昔年赁宅燕都西城泠水河,庭中植柳四株,以白垩涂树身,望之如白皮松。乙未春日与晓莹同寓广州,偶忆及之,感赋一律》。

书函俱由唐筼代笔,唐筼功力素厚的书法,始为亲朋好友所知。

但即便相对安稳,人生的凄苦已开始显现。婚前唐筼已患有心膜炎,1929年唐筼生育第一个女儿时诱发了心脏病,差点死去。自此,直到死,唐筼都无法摆脱心脏病所带来的痛苦折磨。人到中年的陈寅恪,也出现了体弱多病的征兆。三十年代初,陈寅恪本为京华数所大学合聘教授,因体质弱难以奔波,最后只保留清华大学教授一职。1937年,日寇发动全面侵华战争,人生盛年时的第一次打击伴着家仇国恨出现了。该年年底,陈寅恪一家随着大批流民仓皇逃离北平,此时清华大学与北京大学已先后撤退至长沙,汇同南开大学联合组成临时大学。千里迢迢,满目烽烟,陈寅恪一家从北平到天津、青岛、长沙、桂林、梧州等地,最后漂泊至香港。历尽多少艰辛,尝遍多少曲折,唐筼再也难以承受这般苦难的折磨,心脏病再发病倒了。唐筼一生有好几次差点因心脏病突发而死,这次在香港发病,便是其中之一。多亏了香港大学许地山教授援手,贫病交煎的陈家主妇又一次避开了凶狠的死神。1941年8月,许地山在香港突发病不幸去世,陈寅恪曾满怀伤痛之情撰下一挽联。该挽联下联云,"乱离相倚托,娇女寄庑,病妻求药,年时回忆倍伤神"。一句"相倚托",概括了对许地山在陈寅恪一家最困难时尽心相助的多少感慨!

1938年,唐筼刚好四十岁。此后四年间,唐筼带着女儿一直困居香港。先是因病不能随陈寅恪赴昆明,后则停留香港随陈寅恪等待赴英国的船期。这四年的贫病逼迫,才四十岁出头的唐筼,身体已基本上垮下去了,稍有劳累,心脏病便发作。也是在这数年间,陈寅恪的眼疾日渐恶化,到了1945年,陈寅恪双目视网膜严重剥离,不幸失明。这一年,唐筼才四十七岁。

失明前后的陈寅恪,在一年多的时间里,分别写下了十数首哀痛的诗句,断肠者如"去年病目实已死,虽号为人与鬼同。可笑家人作生日,宛如设祭奠亡翁"。"鬼乡人世两伤情,万古书虫有叹声。泪眼已枯心已碎,莫将文字误他生"(《五十六岁生日三绝》)。陈寅恪痛感生形如已死。今天已无法知道唐筼如何承受这沉重的打击,如何将此锥心之痛消融于泣泪成血的强展欢颜之中。陈寅恪短短一句"可笑家人作生日",已将唐筼当年强颜安慰之形态直录无遗。

平凡的唐筼,在四十七岁这一年显得多么不平凡。在中山大学,凡是接触过唐筼的人,无不为她的气质、谈吐以及对陈寅恪的理解留下深刻的印象。终其一生,尤其是结婚后,唐筼不过是一个家庭妇女,但她从小打下的国学基础,她经年积累的学识,以及她缜密、细腻、得体的处事方式,都显示出若有其他的人生机遇,她自是有一番作为。但"宿缘"注定了她的大半生只能献给她挚爱的丈夫陈寅恪。四十七岁后的唐筼,承托起两个生命之沉重,承托起更加艰难的人生。至此,她已与陈寅恪完全融为一体。

1945年9月,陈寅恪应英国牛津大学约请,由西南联合大学教授邵循正陪同,辗转印度飞赴英国治疗眼疾。因经费问题唐筼未能相伴同行,但唐筼以《送寅恪飞昆明赴英医眼疾》同题咏诗两首,赠与丈夫。这两首诗意思和句型相近,但心绪情感却成对照。"其一"有句云,"贫贱夫妻空叹息,著书无命欲如何"。"其二"有句云,"扶病远行休叹息,傥能西域遇耆婆"。耆婆,古印度名医。"空叹息"与"休叹息","欲如何"与"遇耆婆",将唐筼欲悲犹抚慰的心境展露无遗。晚年的唐筼一直活在这样的心境中,献出了一个妻子所能有的温情、深情与忠诚!

1948年12月,陈寅恪一家人飞离北平,在南京、上海稍事歇息,然后直奔广州。如此大的人生抉择,无疑得到了唐筼的倾心支持。1949年,陈寅恪决定留在广州,哪儿也不去,有一看似无关紧要的背景一直少有人提到,那就是唐筼与陈寅恪此时有不少亲戚寓居香港。1949年期间,唐筼曾有过澳门、香港之行。1950年夏天,唐筼携女赴港一个多月,后经陈序经赴港相劝返回广州。今天,已无需讳言，唐筼 1950 年香港之行，是"因为很害怕共产党"（陈序经语）。如前文所述，此段时间的"土改运动"给唐筼的一些亲属带来冲击，唐筼的害怕亦在情理之中。在晚年"去（香港）"或"留（大陆）"的重大抉择上，唐筼最终选择了尊从丈夫意见一途。

1951 年 9 月，陈寅恪的助手程曦不辞而别，当时陈寅恪与学生正急盼程曦来上课。唐筼二话没说马上到程曦所住的宿舍找程，邻居却告之程已搬走数天。从此，唐筼便临时充任丈夫的助手。至 1952 年 11 月，在这十四个月的时间里，唐筼就这样负起陈寅恪助手之职责，直到黄萱到来。也正是在这一年时间里，唐筼首次向人展现了她对丈夫"名山事业"的理解与悟性。据陈美延所述，唐筼在此时期陪伴陈寅恪授课时所记录的教学笔记，条理有序，清晰完整，远胜陈氏此前在岭南的助手。[1] 同样，这更像是一场晚年人生的预习：唐筼在丈夫"传道授业"之途碰到突发事件时挺身而出，共度时艰，其担当及才华固堪激赏，[2] 但它实际是一个征兆，它已经埋下了日后这位平凡的妻子在其晚年不得不时常"抛头露面"替丈夫抵挡凄风苦雨的伏笔。

岁月未必催人老，风霜却教人倍添沧桑之感。五十岁后的唐筼，与丈夫同呼吸、共命运，感受着于一个弱质女子而言太过沉重的兴亡之慨。而这本不应由一个平凡与善良的贤妻来承受的。若说人生于陈寅恪而言太过残酷，则它同样对唐筼也很不公平。从 1949 年开始，陈寅恪对人生的每一回悲叹，后人都能辨析出内含着唐筼悲恸不已的和应。从 1955 年"肃反"期间第一次批判陈寅恪开始，陈寅恪的痛苦，也就是唐筼的痛苦；陈寅恪的愤怒，也就是唐筼的愤怒。二十年间，陈寅恪留下了各式的"声明"、"抗议书"、检讨及交待材料等表明心迹的文字，全都出自唐筼之手。一些书信包含

---

[1] 据陈美延回忆（2010 年 5 月 18 日）。
[2] 岭南的学者由此得以第一次近距离认识陈夫人。夫人上课时的板书与对丈夫的理解，让人叹息。

着血泪的义愤，词句甚为激烈。引人怀想的是，作为妻子的唐筼，当她直录下陈寅恪的表述时，她心中翻滚着的是怎样的情感巨浪？在惊人的相一致的背后，这位女性承受的是怎样的生存重荷？

最突出的有三例。

其一，1958年"厚今薄古"运动批判陈寅恪，唐筼到历史系表达了"义不能辱"的愤怒。

其二，1959年6月，陈寅恪就越来越感到压抑的环境上书学校当局，内有句云，"我被此辈捉弄，走或死皆不甘心，所以把数年来心里面要说的话，乘此机会，说个痛快"；"他们要打击我，使直接打击我，用不着这种绕弯的手段，未免太不光明磊落"。[1] 撇开此信的是是非非不谈，"走或死皆不甘心"，唐筼录下此等句子时，作为一家之主妇，其要担承的重压，也许只有"此生常忧戚"的为人母者、为人妻者才能体味出其中的苦涩。

陈寅恪自是可以慷慨说"死"，陈寅恪的贤妻想来永远都希望只说一个"生"！

其三，1960年，香港友联编译所依据油印本翻印的《论再生缘》香港本传回广州中大，校方视为重大事件，马上层层追查，任何有可能得到油印本《论再生缘》的人都受到严厉讯问（前文已述）。一时风声鹤唳。如前所述，油印本乃陈寅恪自费刻印本，能接触此本者俱为陈氏友朋。陈氏夫妇知道这一事件后，由唐筼亲自告诉部分"受到怀疑者"，谓这不关他人事，这事由陈家负责（大意）。[2] 唐筼更代表陈寅恪往见冯乃超，言明流入香港之油印本或是由章士钊带出境。唐筼的"披挂亲征"，显然将这一事件的话语权不知不觉间由中山大学之手转到自己的手上，——因为中山大学明显是以"欣喜的态度"接受了唐筼的说法，在1962年的《陈寅恪小传》材

---

[1] 见中山大学1959年有关档案材料。
[2] 此据姜凝回忆（1993年12月17日）。姜凝是被陈夫人抚慰的其中之一者。

1960年陈寅恪与唐筼在书斋

料中,中大以明快的笔触提及唐筼代表陈寅恪对"《论再生缘》风波"所作的说明。该材料记载着,冯乃超当即(向唐筼)表示,党信任陈寅恪。一场风波就这样被消弭。[1]这是大可发覆的一条材料:在五十年代中大校方的档案记录中,唐筼一直被"封建、落后"等词所描述,中山大学在"《论再生缘》风波"中前以严查政治事件对若干人员相逼、后却以信任陈寅恪为释然,所谓"前倨后恭",出现如此戏剧性的变化,唯一可解释的理由只有一个,唐筼的"说辞才华",足有令人心折者。

已经不能用中国传统女性的优良"妇德"来概括这位女性的人生面貌。过多的形容反显累赘。能让"高处不胜寒"的陈寅恪倍感有坚实的依靠,甚至在晚年的苦痛中偶尔展现"儿女情长"之态,用"相知"一词来形容,仍略嫌不足。唯一的解释,那只能是一个生命对另一个生命的互为诠释。晚年的唐筼,以心灵的碰撞去温暖

---

[1] 据姜凝回忆,自陈师母说过这番话后,学校不再追查了,她的心安定下来(时姜的丈夫端木正仍是戴帽右派)。

两个生命余下的人生历程，精神的火炬映现着生命的升华，此时期唐筼与陈寅恪唱和的诗作骤增。这是一段质量极高的人生体验过程。

仅以1951年为例，唐筼的和诗即达四五首之多。最值得注意的是这么两首，"排愁却病且参禅，景物将随四序迁。寂寞三春惟苦雨，一朝炎夏又闻蝉"（《和寅恪首夏病起》）。"陵谷迁移廿四年，依然笑语晚灯前。文关韵事吾能及，同隐深山便是仙"（《答韵》）。"排愁却病且参禅"与"同隐深山便是仙"，清晰地传达了唐筼劝慰夫婿的宁静情怀。如前所述，1951年是陈寅恪栖身岭南后生活开始安稳的一年，但与其说唐筼满意于这种"安稳"，倒不如说知天命之年的唐筼对生命有了一份参透。这一份参透对陈寅恪晚年产生过影响。

从这一角度去看，1949年后陈寅恪那些相对平和、不乏"暖色"的诗篇，绝大部分吟于与唐筼的唱和之中。如1951年《答晓莹辛卯元旦见赠》诗中便有"夫妻贫贱寻常事，乱世能全未可嗟"句。同年，在题为《丙戌居成都，五十六岁初度，有句云"愿得时清目复朗，扶携同泛峡江船"。辛卯寓广州，六十二岁生日，忽忆前语因作二绝并赠晓莹》的两首诗中，有句云"从今饱吃南州饭，稳和陶诗昼闭门"；"余年若可长如此，何物人间更欲求"。1954年，陈寅恪有诗句云："晴雪映朝霞，相依守岁华。莫言天地闭，春色已交加。"（《癸巳除夕题晓莹画梅》）如许意绪，可证"能归隐仙源"在某段人生岁月里是这对贫贱夫妻的一个生存的憧憬！

1955年，陈寅恪与唐筼追忆往昔北平旧事时曾赋一律，内有句云"数椽卅载空回首,忍话燕云劫后尘"。唐筼步原韵应和曰，"仙家韵事宁能及，何处青山不染尘"。同年，陈寅恪在题为《旧历七月十七日为莹寅结婚纪念日，赋一短句赠晓莹》诗中云，"同梦葱葱廿八秋，也同欢乐也同愁"。唐筼步原韵和曰"甘苦年年庆此秋，也无惆怅更无愁"。与陈寅恪悲欢"总上心头"不同，唐筼吟出的是一个妻子对人生的宽容。生命里唱和的这种"一张一弛"，洞照出两个生命的高洁。可惜，1957年之后，如许唱和已不多见，两个凄苦的人儿相融犹未能完全遮挡人生的寒风冷雨，生存只剩下最后一种形式——相依为命了……

1955年，唐筼为陈寅恪祝寿，曾赋一律，诗云："今辰同醉此深杯，香檨离支佐旧醅。郊外肴蔬无异味，斋中脂墨助高才。考评陈范文新就，笺释钱杨体别裁。回首燕都初见日，恰排小酌待君来。"香檨，唐筼注释为"芒果最上品之名"；离支，即岭南佳果荔枝。此诗之所以令人感兴趣，是因为它的生活情趣甚浓，从中不仅可见唐筼操持一家饮食的身影，还能看见唐筼对丈夫的事业有很深的理解。而最后两句甚雅致地表达了唐筼对陈寅恪生死不渝的挚爱：二十七年前陈寅恪风华正茂，二十七年后陈寅恪已成"负鼓盲翁"；回首当日，唐筼无悔此生，情怀如昨。

1956年6月，陈寅恪在度过他六十六岁生日时对他的爱妻作了一生中最高的评价："织素心情还置酒，然脂功状可封侯"；及"幸得梅花同一笑，炎方已是八年留"。[1] 表面上看，诗句指的是唐筼置酒祝寿一事，实质包容了唐筼经年持家之辛劳，陈寅恪以"可封侯"状妻子对自己和家庭的贡献。而"幸得梅花同一笑"，典出佛教"拈花微笑"，为陈寅恪诗作中屡用之"古典"，喻幸有贤妻与己心心相印。据陈美延回忆，中年后的唐筼将主要的精力与心血都放到了照顾陈寅恪的身上，陈寅恪曾多次深情地对女儿们说，"妈妈是主心骨，没有她就没有这个家，没有她就没有我们，所以我们大家要好好保护妈妈"。

在陈寅恪赋此诗的两个月后，章士钊南下广州，并到中山大学看望陈寅恪。陈寅恪不仅将近著数种相赠，而且亦以近作诗篇见示。唐筼又排"小酌"款待。于是章士钊便有了一首《和寅恪六七初度谢晓莹置酒之作》诗。这一天，唐筼的能干给了章士钊甚好的感觉，

---

[1] 见《丙申六十七岁初度，晓莹置酒为寿，赋此酬谢》。

章士钊在该诗前注云:"晓莹寅恪夫人唐女士字,维卿先生(景崧)孙女也。"章诗云:

> 年事参差八载强,力如盲左压公羊。
> 半山自认青衿识,四海公推白业光。
> 初度我来怜屈子,古风畴昔佞襄王。
> 天然写手存闺阁,好醉佳人锦瑟旁。

年长陈寅恪九载的章士钊在诗中对陈寅恪甚为推崇,故有"盲左压公羊"之句。在第七、第八句,章士钊极赞唐筼,"天然写手存闺阁,好醉佳人锦瑟旁"。1956年章、陈会面,章士钊共以两律相酬,此律尤注明唐筼身份,当有厚意焉。

这是1949年后在陈寅恪的挚友中第一首咏唐筼生平事的诗。

"好醉佳人锦瑟旁",这是大半生潇洒倜傥的章士钊眼中的唐筼与陈寅恪。若以情感世界而言,章士钊说得不错。若以人生而言,唐、陈四十余年的结合,大部分岁月却欠缺诗句中所呈现的欢乐。

苦难中的感知,远比欢乐中的体味更刻骨铭心。

1951年冬,病中的唐筼"因读寅恪桃花源记旁证,更反复诵之,所感与昔不同",遂哀吟一绝句:"秦人避乱隔云天,有志刘公亦少缘。叹我余生多病苦,仙源欲溯恨无船。"1953年,病中的唐筼又吟道,"不生不死度残年,竟日沈沈痦寐间。夜半虫声忽惊觉,魂归何处瘴江边。"同年,陈寅恪有《癸巳元旦赠晓莹》绝句:"烧余红烛岭梅边,珍重残妆伴醉眠。枕上忽闻花气息,梦惊魂断又新年。"其心理历程如出一辙。

唐筼的诗篇存世不多,晚年诗风受陈寅恪的影响很深。她毕竟只是一个贤妻良母,她的诗不可能有陈寅恪"历史兴亡之思尽入诗中"的气象,但生存的艰辛与活着的愁苦,俱为切身所感,状之如历历在眼前,低吟饮泣,墨尚如新。它们没有照见时代,不一定是现实的缩影，但却照见了一种个体生命的苦痛，一个平凡女性不幸的人生。

据说，令熟知陈寅恪与唐筼晚年生平的友朋最为感伤的是这么一件事：在1962年，年已六十八岁的容庚在前妻病故后与一从小就相识的女友结婚。唐筼闻说此事后无限感触地说，"容庚这样的年龄还有人愿意嫁给他，我死了之后，有谁愿意嫁给这个盲目的老头呵"。[1]闻者无不心酸。

唐筼承受了已远远超出她所能承受的命运之不公、命运之凄苦。

人生竟有如此惊人的相似。

1951年，唐筼饱含感情写了一首《哭从姊琬玉夫人》的五言古诗。诗中详述了已殁一年的同宗亲属琬玉夫人与自己"五十年来姊妹之情、家国之感"。唐筼没有意识到，她痛悼的唐琬玉的一生，在某种意义上说，也是唐筼自己一生的写照。人生相似得很残酷。兹将此诗摘录数段：

其　二

姊长归徐君，门第故相宜。伉俪互敬爱，姑嫂无猜疑。虽未生子女，抚侄过母慈。款客甚优厚，奉己无珍奇。家计非素丰，安贫能自怡。亲故乐来聚，谈谑解人颐。若为说平话，听者皆忘疲。闲时偶独酌，宴席酒不辞。量大总难醉，未尝失容仪。妇德亲友称，我家亦光辉。岂意十年后，婿病不易医。残废几廿载，百务姊操持。侍疾连昼夜，终无一怨词。生事倍艰困，仍不欲人知。我敬姊志节，我为姊叹唏。一身备众

---

[1] 据端木正回忆。

德,遭遇如此悲。欲问彼苍天,何其无是非。[1]

唐筼生前,其挚爱的丈夫尚能幽默地以"可封侯"状其功劳;唐筼身后,唯一能写出感泣天地祭文的丈夫,已永远不能用诗文追述其生平事迹了。仿佛天意,唐筼这首《哭从姊琬玉夫人》之"其二"诗,似是已写下了唐筼自己一生同样"如此悲"的遭遇。"何其无是非"的天意残酷如此,后人也当为逝者哭。

深藏着生命结局的一个秘密是,唐筼在该诗"其三"一段中尚这样写道:

八载长相念,奈何音信疏。惊闻姊丈殁,姊亦欲殉夫。赖得亲戚救,可幸尤可吁。……

众人曾救回殉夫的唐琬玉,唐筼当年犹感可幸。但十八年后,七十一岁的唐筼无疑平静地步其琬玉姊的后尘,无法感到"可幸"的是,"赖得亲戚救"的场面没有重现。这是后话。

在1966年以后,唐筼还要经受最后一次、也是最大一次的命运浩劫,还要倾最后一力为她"弱小"的丈夫遮挡劈面而来的腥风血雨,直至走完生命的最后一程。

2

挽歌已隐约可闻。

在生命的旅途上,列车已经预告了终点站即将到来。同行者的命运,也将是自己的命运。这种互为影衬的结局,使生命的结束含有某种象征。挚友冼玉清最后的遭遇,不久将划上一个长恨的句号。

---

[1]《陈寅恪诗集》,第158页。

命运似乎刻意有这种安排,在陈寅恪离开这个世界之前,一些曾带给他愉悦的人,将先他而走向死亡。

陈寅恪曾估计自己只有三年寿命,冼玉清则估计自己也许只有两年。冼玉清估计对了。

冼玉清晚年患有乳腺肿瘤病,在1963年,她向广东省委统战部提出了到澳门、香港探亲治病的请求。12月,广东省有关领导人批准了冼玉清的申请。1964年元月,冼玉清终于踏上了阔别多时的香港。她并非作光宗耀祖式的凯旋,实则是向亲人作最后一次话别。这一年冼玉清六十九岁。[1]

这位十数年一向被人视为"落后、封建"的"过时女子",在她的最后年月,用她其实一生不变的正直、善良,谱写了一曲足以感天动地的知识分子热爱祖国、无私奉献的悲歌。

1964年1月28日,已在香港的冼玉清,给广东省委统战部负责人张泊泉写了一封信。信云:"泊泉部长:话别登车,在车上萦殷殷致意,至深感谢。本次赴港,不意竟为学界所知,拟安排三个公开学术演讲,一在中文大学,一在大会堂,一在浸信会大学。我尚未答应,特函请示,如未得到你们同意,我是不会做的。这是第一事。第二,中日交往自唐开始尤多,我久欲东渡一游,以考察文化交流之迹。但抗战八年,解放后十四年,遂蹉跎了廿多年时日。此次来港,看见旅行社组织很多游日旅行团,未知我应该加入否?这也等候你们同意,我才敢做。"

置身于"花花世界",冼氏仍有"很强的组织观念",不是共产党员的冼玉清,在1964年表现了识大体的胸怀。

在"阶级斗争风高浪急"的1964年,注定冼玉清只能留下终生两大遗憾。广东省有关部门当然没有同意冼氏的两个要求,冼玉清在香港的朋友(进步人士)向冼转达了广东方面的意见。冼玉清

---

[1] 有关冼玉清事见1964年广东省委统战部档案,材料出处不再特别标出。

接受了这个"还是不在港演讲和去日本旅行为好"的忠告。现在难以猜知冼玉清接受此忠告时是怎样的心境。冼玉清自然不知,不同意的一个重要理由是她"一向思想落后"。

冼玉清大半生研治岭南文史,省港澳学界留有大名,自1955年被迫过早退休后再没有登过讲坛。1956年,冼玉清有过一次香港之行,当时香港有两间大学以月薪三千元相邀冼氏留港任教,为冼拒绝。这位数十年为人师表的奇女子,在1964年的初春,其实是多么渴望在旧地重登教坛,一吐为快。

一个月后,已接受了忠告的冼玉清再给部长写了一短函,内云:"泊泉部长:续有大专学院约去作学术演讲,均以养病婉谢。玉清生性淡泊,除授徒著书之外,无所嗜好,樽节所得,略为整理,现有港币十万元,欲送与国家。此系一片诚意,如何处置,希早示覆。冼玉清64.2.28。"

这是冼玉清第一次向她眷恋的祖国提出捐赠自己储蓄的设想。在外汇贫乏、经济才缓过一口气的1964年的中国,"十万元港币"是一个怎样的概念?

两个多月后,5月3日,冼玉清又给部长去信,云"在港医院时很多朋友和旧学生来探望我,说道,'你一生刻苦努力,绝不讲个人享受,整个生命已经贡献给社会了,如今年老,我们应该爱护你的'。给我很大的安慰。捐款必定履行,但要等我返穗乃办"。冼玉清第二次表达了捐款的决心。

统战部复函冼玉清,一切"待先生回穗后面商解决"。冼玉清有点急了,她明白她留在世上的日子已不多了。

1964年8月17日,冼玉清在香港立下遗嘱。遗嘱开头第一句便说"钱财所以济人利物,非徒供个人享受已……因将遗产分为两部:第一部帮助亲属之较有需要者,第二部捐作社会公益事业"。[1]

---

[1] 冼氏遗产捐赠事见1974、1976年广东省委统战部档案。

冼玉清一生无儿无女，一人孤零栖身广州。但其兄妹众多，看一看冼玉清当年立下的遗嘱，便知这位"整个生命已经贡献给社会"的学人，最终赤心所向！

冼玉清遗嘱

（甲）家属之部（略）

（乙）社会之部

香港保良局捐送港币五千元；香港工人劳工子弟学校捐款港币一万元；

所有香港电灯、九龙电灯、香港电话、牛奶公司、九龙仓、怡和纱厂之股票尽捐与广东省统战部，由其与中山医学院组织一基金委员会，专购置医药科学仪器等，以谋利益疾病痛苦之人。

冼玉清现金与股票等财产共值五十万元。根据1966年10月2日港英税局对冼玉清的遗产作登记，该年冼玉清遗产中股票所值市价为三十九万多港币。换言之，冼玉清一下子捐与祖国便几达四十万港币。

与此形成对照的是，冼玉清除了将在澳门和香港等地的祖屋及房产物业送还冼氏家族外，也另有现金赠与亲属。但获得最高遗赠的一个侄子，仅得港币五千元，其他侄子也只是每人分得二千元，她的一个亲妹妹也仅得二千元。冼玉清以现金遗赠冼氏家族人总共一万八千元港币。

五十万（包括年初表示捐赠的现金港币十万元）与一万八千相对比，虽说不上有天壤之别，但也教人深刻难忘。

于是，便有了我们已熟知的一个话题。冼玉清在岭南大学三十多年向以"吝啬"出名。据说她极少请人吃喝，用钱极有节度。这些都与她每月领数百元的教授薪水形成很强烈的反差，"吝啬"之名由此而起。

但这些都不是一个生命最真实的底蕴。在 1964 年生命快将走向消亡时，冼玉清以她高洁的品格，为自己的一生划上了一个很壮丽的感叹号。设若当年身早逝，此生"真伪"有谁知？

可惜，冼玉清去世后，她的动人之举一直不为世人所知，于是，故事没有结束。……

1964 年 10 月。

在港澳探亲治病近一年的冼玉清回到广州，住进了中山医学院肿瘤医院。在此之前，不少人曾认为冼玉清会一去不复返。在五六十年代的广东，曾暗涌着一股"逃港潮"，不少人视港澳为"天堂"。

一直记挂着挚友的陈寅恪，知道冼玉清回到广州住院，欣喜地作了题为《病中喜闻玉清教授归国就医，口占二绝赠之》的两首七绝。"其一"云：

海外东坡死复生，任他蜚语满羊城。
碧琅玕馆春长好，笑劝麻姑酒一觥。

即使到了生命行将结束的时候，两位挚友仍有"高山流水"般透彻肺腑的相知。陈寅恪的"任他蜚语满羊城"，说的是人人认为冼玉清逾期不归，肯定是"出逃"了。陈寅恪不一定知道冼玉清赴港澳的全部细节，但陈寅恪知道冼玉清魂归何处！

至于"东坡"之称也有"典故"。1956 年冼玉清任广东文史馆副馆长后，有不少机会到各地视察。1958 年冼玉清再次到海南岛参观，更详细了解了被贬岭南的苏东坡的事迹，感其诗作与自己心境相似，此后便时时以"苏东坡"自勉。从陈寅恪这首七绝，可知越到晚年，陈、冼两人的相交，越深入到灵魂深处。陈寅恪赠与冼玉清的两首七绝，诗风与情感的欢快，为 1964 年陈寅恪所作诗篇中罕见。这是陈寅恪为挚友平安返归故土发自内心的欢欣。

现在看来,"任他蛮语满羊城"一句还给后人留下了更多的启迪。冼玉清的选择,也必然是陈寅恪的选择——如果陈寅恪也经历如"冼玉清赴港探亲治病事"的话。这样,陈寅恪用他的诗,也许是在无意中昭示了他在七十四岁这一年,依然无悔当年"神州陆沉"之际坚决不移居"海外"的人生抉择!

为挚友归返而感高兴的陈寅恪自然不太清楚挚友的病况。第二次住进肿瘤医院的冼玉清,永远也不会康复了。以为冼氏逾期不归便是"出逃"的人,自然也不太清楚冼玉清是带着十万元港币从香港回到大陆的。回到广州不到一个月时间,冼玉清办妥从中国银行将此款拨归统战部的有关委托事宜。冼玉清在1964年11月8日写给统战部的一封很平常的信,为后人洞知这一切留下了教人热泪盈眶的历史证据。冼玉清的信有这样一段:

……此款是已出之物,如何用途,由你们支配,总要用得适当就好了。但此事只系围内人知道便了。切不可宣传,更不可嘉奖。朱柏庐先生所谓"善欲人见,不是真善",这句格言,我素来服膺的。……昨晤中山医学院陈国桢教务长,谈及此事,据云肿瘤医院开办伊始,虽得政府大力支持,然因外汇紧张,仪器尚感不足。若得此款购买仪器,也于人民大众有益。我认为这个用途也是适当的。或者你们认为该款另有更好用途,均由你们支配办理。(着重号为原信已有——引者)

1965年10月2日,冼玉清患乳腺癌去世,终年七十岁。

自感蹉跎了十数年的冼玉清,是怀着对这个世界的无限依恋,怀着巨大的遗憾撒手人寰的。因为她留下了未竟的事业。她在晚年断断续续撰写的《冼夫人传》还未完成,她一生的著述尚未整理。

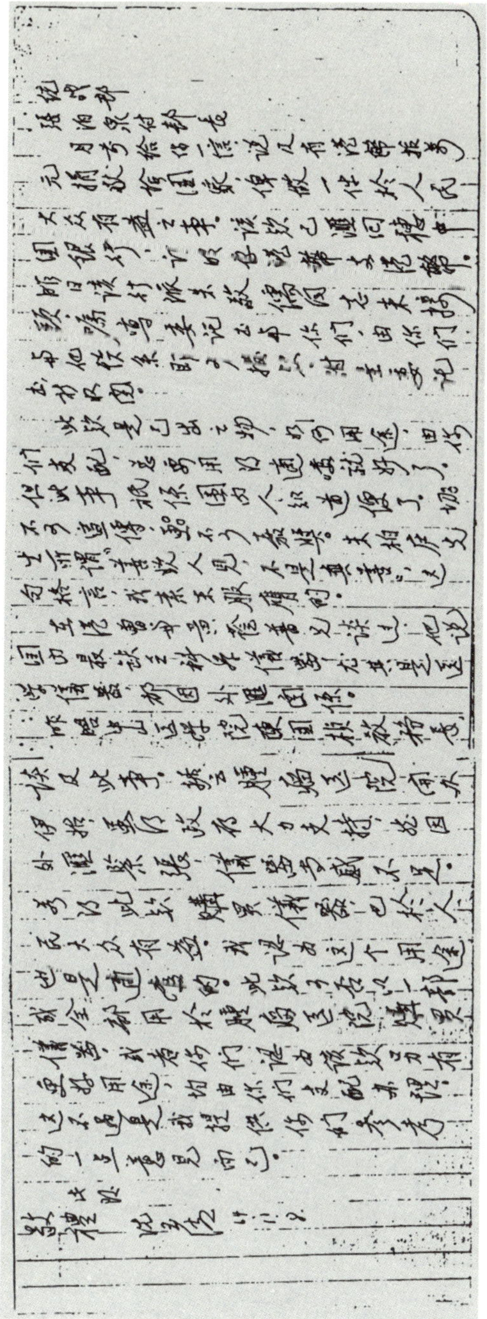

冼玉清 1964 年致广东省委统战部的信。
信中提及捐赠港币十万元事

在她住院期间，她曾托一个晚一辈的学人为她完成未竟的事业，并愿意在资金上提供帮助。但这位学人是个"摘帽右派"，他不敢允诺冼玉清。其时文化大革命的风声已隐约可闻，时局注定冼玉清只能抱恨而终。

陈寅恪尚能向侍师如侍父的蒋天枢托付重于生命的"名山金匮"事业；孤零的冼玉清则只能生前凄然，身后孤寂。

但冼玉清比陈寅恪幸运的是，她躲过了"文革"这场劫难，她是怀着真诚的感激告别这个世界的。在1963年12月召开的广东政协会议上，身为委员的冼玉清曾无限动情地说道，"统战部关照中山一院好好照顾我，给我住最好的医院，用最好的医生，拍X光片，谢志光亲自出马，看心脏病有心脏专家林柏荣，看内科有内科专家陈国桢，切片有病理学专家秦光煜"。这大概是冼玉清在遗嘱中专门指定广东省委统战部与中山医学院接受她的遗赠的直接原因吧。

在冼玉清去世后的第三天，陈寅恪甚为伤痛地写下了一首挽诗："香江烽火梦犹新，患难朋交廿五春。此后年年思往事，碧琅玕馆吊诗人。"同在这一天，陈寅恪答应担任冼玉清治丧委员会委员。

至今尚不清楚当年广东省委统战部为何不知道冼玉清遗嘱中的捐赠事。九年后，广东省为收回应得的冼玉清捐赠款着实费了不少力气。

1974年春，冼玉清遗产中"全部股票捐赠广东省"的信息第一次从香港反馈回大陆。广东省有关方面立即发函"港英总稽核"要求查明是否有此遗产。7月，港英方面回复，"冼玉清遗嘱中的股票，按1974年6月28日市价，共值港币一百二十九万多元"。

从此，广东省开始了长达两年时间的取回应得遗赠的艰苦交涉。

冼玉清去世后，其股票掌握在遗嘱承办人的手中。九年后，该承办人称冼的所有股票已于六十年代后期全部出售,共得港币三十二万多元。毕竟事过境迁,广东方面不得不接受了这么一个很难令人相信的"事实"。但为了取回这三十多万元,通过各种渠道对该承办人做工作,还是花费了两年时间。1976年7月,香港的中资银行终于收到最后一笔遗嘱承办人交回的款项。至此,广东省实际回收冼玉清捐赠的港币三十三万零九千多元。

其时,距冼玉清去世已有十一年。

连同1964年沈氏十万港币的捐赠,冼玉清总共捐给她热爱的故土的款项达四十三万九千三百一十三元零五角五分[1]。

1976年,文化大革命后期的烈焰正炽,一代学人无私奉献的事迹只能被淹没。

在这一年,历史终于可以为这位传奇的岭南女学者合上她那沉重的人生卷宗。

"生不带来,死不带去。"冼玉清在广州的家,全部书籍和手稿分别捐给了中山大学图书馆和广东文史馆。因没有为她特设一个纪念室,故捐给"中大"的书籍,全部融入中山大学上百万册的藏书中。她生前喜爱的古色古香的红木酸枝家具,大部分也捐给了广东文史馆。三十年后,这些家具依然被作为书架、枱椅等为后人使用着。

3

今天,在叙述着这些人生结局时,似乎很有点悲壮,其实在当年这样的结局很孤寂,很平淡,无声无息。

很多人生故事,只在后人的眼中才看出精彩。

在冼玉清几经曲折、痛苦地走完她最后那段人生路的那些日子里,东南区一号二楼的主人似乎超然于世外。现实似乎把这位老人

---

[1] 见427页注[1]。

忘记了。数年前那些无情地嘲弄过陈寅恪是最有代表性的资产阶级知识分子的人,此刻亦面临着自身难保的命运。政治运动,开始涤荡所有的灵魂,没有谁有更多的心情去关注一个似乎是很遥远的人物。陈寅恪恬适度日。在这一年前后,多年以来一直出现在广东省有关部门《情况动态》之类材料上的"陈寅恪"三个字,已经消失。而在这段岁月,"四清"运动、城乡社会主义教育运动、第三次"教改"运动、"备战"热潮、批《海瑞罢官》等等政治运动一个接着一个。现实已无需重视这位形如"废人"的老人了。

这是一段意外平和的日子。学校师生正忙于参加"四清"运动,忙于"学工学农",康乐园少了喧哗,东南区一号二楼多了一份恬静。生活逐渐显示了潜意识支配着人的惯性:"三个半护士"的护理已规律化,陈寅恪的健康没有太大的变化。三年前从武汉调到广州工作的侄子陈封怀不时上门探问,闲聊陈门家常往事,亦为生活带来了几分宁静。陈寅恪估计自己只有三年寿命的预测并没有应验。生命力永远有扑朔迷离的魅力。

在这样的情形下,陈寅恪开始了他一生中最后一次著述,撰写带有"自撰年谱"性质的《寒柳堂记梦》。这是一部在面世前曾令很多人怀抱着一份很大期盼的著作。它同时也是陈寅恪希望能写出自己最真实、最客观"家世生平"的一部著作。吴宓曾在1964年8月1日的日记中有如此记载:"作函上陈寅恪夫妇。述宓暑假留校休息,拟(甲)十月上半、(乙)十二月下半请假来广州之计划。末陈宓有意来广州住半年,为寅恪兄编述一生之行谊、感情及著作,写订年谱、诗集等。"以吴宓对陈寅恪的理解,由吴宓为陈寅恪"编述一生之行谊、感情及著作,写订年谱、诗集等",不失为一理想人选。可惜,于今无从知道陈寅恪对吴宓有意为陈"写订年谱"抱何种看法。从以往的迹象看,自负的陈寅恪似乎更向往因其著述"知我罪我,请俟来世"的境界。又据蒋天枢在《陈寅恪先生编年事辑》中回忆,昔年蒋氏到广州探望陈寅恪时,曾有"请师追述往事,(蒋)

第十八章　挽歌已隐约可闻　435

1965年的陈寅恪

从旁记录"的请求，但陈寅恪没有同意，谓"将来拟自撰文"。

　　七十五岁的陈寅恪终于可以在暮齿之际一了回首平生沧桑事的宿愿。但陈寅恪已垂垂老矣。《寒柳堂记梦》没有了《论再生缘》、《柳如是别传》中传递出的那种生命韵律的勃动，也没有了后两本书稿中蕴含的强烈的历史与人生相交融的感受。而正是这些，使陈寅恪晚年的这两部著作具有很强的阅读感染力。《记梦》甚平淡地追述了"寅恪三世及本身旧事之梦痕"，笔触简约，波澜不兴，以"记梦"名之，从某种角度已折射出1965年的陈寅恪的生命状态。

　　也许这样的评价太苛求这位学术大师了。《寒柳堂记梦》的体裁与陈氏其他著述略有不同。陈寅恪在该稿"弁言"中数次提到《记梦》以司马光之《涑水记闻》及陆游之《老学庵笔记》"为楷模者"，取其"杂述掌故，间考旧文，俱为谨严。所论时事人物，亦多平允"之长，而陈寅恪"记梦"之志则为"既不诬前人，亦免误来者。知我罪我，任之而已"。二十年前，陈寅恪在指导学生撰写中国近代史论文时曾说，"我自己不能做（晚清）这方面的研究，认真做，就要动感情，那样，看问题就不客观了"。这种感觉影响陈寅恪至深。二十年后，陈寅恪在"弁言"中犹一再表明"因草此文，排除恩怨毁誉务求一持平之论断。他日读者傥能详考而审察之，当信鄙言之非谬也"。毕其一生，陈寅恪在著述方面始终没有忘记一个历史学家应有的理性。

但毕竟生命已走向衰竭，"生形如已死"的生存状态窒息着一个同样有血肉之躯的智者的感受力。《寒柳堂记梦》远未能反映出陈寅恪可能有过的对近百年间兴废盛衰的历史作一持平通论的宏大理想；《寒柳堂记梦》也未能承载它应该能承载的历史的厚望——反映出近世中国社会政治与文化起伏浮沉的轨迹。陈寅恪一直珍视着"记梦东京惜旧痕"这块精神领地，等到他可以腾出手来作一种历史构建时，他的生命之火已行将熄灭了。历史当为1965年的陈寅恪惜！

由此可见，最有才华的历史学家，即是那种总是用精血与激昂的独特情感去温热和再现曾经有过的历史的那种人。以此来形容陈寅恪的一生，不知当否？

若从1965年春夏之际陈寅恪正式撰写《寒柳堂记梦》算起，到1966年7月黄萱从此不能到陈宅工作止，陈寅恪撰写《寒柳堂记梦》共耗掉一年多时间。这一年，正是中国社会快将发生惨烈大动荡的前夕，命运留给这位历史学家从容整理自己一生的时间太少了。

若以1949年为界划定陈寅恪的晚年治学生涯，则从该年到1966年这十七年间，陈寅恪每一年都在辛勤著述，从未间断。陈寅恪一生没有留下关于治学的警句格言，但他以大半生的实践，实现了他一直孜孜以求的"一匡当世之学风，示人以准则"的治学理想。此点与其"关系于民族盛衰学术兴废者，不仅在能承续先哲将坠之业，为其托命之人，而尤在能开拓学术之区宇，补前修所未逮"的文化理想是相生相存的。从这个意义上说，在1966年7月后，作为"托命之人"的陈寅恪，其生命已经终结了。

未终结的只是徒添痛苦的"大患犹留乞米身"。在余下的三年时间里，陈寅恪的悲惨人生被推入了一生中的最深渊。一个苦难的生命，最终以饱受惨无人道的摧残才完成了最后的、也是最具震撼力的悲剧展示。很可怕的是，于历史而言，有了这最后一幕，悲剧才算完整！

在七十五岁时，陈寅恪曾写下了这样的诗句："早悟有身原大患，不知留命为谁来。"答案只能由历史来解答了，七十六岁后的陈寅恪，为悲剧的完整而留命！

第十九章　长　夜

1

沉重的 1965、1966 年。

这是一段永远值得历史学家作特别透视的岁月。它是大风暴、大地震的前夜，它是七亿中国人的政治热情已接近疯狂的前夜。政治家能够感受到社会各种矛盾已到了快将"爆炸"的临界点；历史学家可以看到社会的进程突然面临着多种机遇。在中国这艘巨轮的前方，突然显现出多幅"海市蜃楼"……

在 1965 年，美国政府扩大了越南战争，广袤的中国大地也能听到 B-52 重型轰炸机在那个弱小的邻国投弹时的呼啸声。4月12日，中共中央发出《关于加强备战工作的指示》。中国最高决策层对形势的分析在社会各阶层广为传达。其基本观点是：准备战争，准备与帝国主义打仗；中美这场仗早晚都得打，不能避免，全部工作的立足点放在"打"字上；准备早打、大打，打核战争，打各种战争。[1]

"备战"，成为 1965 年牵动亿万人心的焦点。国计民生，开始让位于正急速凝聚的同仇敌忾的战争准备。巨大的"民心"、"士气"

---

[1] 参阅 1965 年各类形势教育材料。

正被调动，但没有"释放"，它在中国大地盘旋，它在寻找着释放的爆发点。一年后爆发点出现了，但很不幸，它竟是一场灾难深重的文化大革命。

随着战争威胁的增大，极"左"的政治气氛已牢牢地笼罩着神州大地。11月10日，已负盛名的评论家姚文元，在当日的上海《文汇报》上发表了《评新编历史剧〈海瑞罢官〉》一文。此文被后人称之为文化大革命爆发的序曲。十数年后，世人才知道这里面原来还有一段很具政治赌博性质的内幕：在政坛并不受欢迎的江青、张春桥等人，一直是在中央政治局除毛泽东之外无人知晓的秘密状态下策划此文。[1] 此文能否一炮打出一个"新世界"，江青等人并无十二分把握。

在1965年，绝大部分人都意想不到即将来临的命运，但有极少数人感觉到了。他们是一群被称为"资产阶级知识分子"的人。在第三次"教改"出现时，他们已感到大难临头。

还在1964年2月13日（刚好是旧历甲辰年正月初一），毛泽东在听取邓小平、陆定一、林枫、康生、彭真等人对教育工作情况介绍时曾挥洒地评论道：[2]

——现在课程就是多，害死人。使中学生、大学生天天处于紧张状态。

——历来状元都是没有很出色的。李白、杜甫不是进士，也不是翰林。韩愈、柳宗元只是二等进士。王实甫、关汉卿、罗贯中、蒲松龄、曹雪芹也都不是进士、翰林。凡是当了进士、翰林的都是不成功的。明朝搞得好的只有明太祖、明成祖两个皇帝，一个不识字，一个识字不多。以后到了嘉靖，知识分子当政，反而不行，国家就管不好了。

---

[1]《中国共产党历史大事记》，第272页。
[2] 引录《1964年2月13日毛主席关于教育工作的指示》，广东省档案馆藏。

——现在这个办法,是摧残人材,摧残青年,我很不赞成。读那么多书,考试办法是对付敌人的办法,害死人,要终止。

同年7月5日,毛泽东与侄儿毛远新作了一次谈话。毛泽东的谈话主要涉及"教育改革与教育革命",并有"阶级斗争,是你们一门主课";"阶级斗争都不知道,怎能算大学毕业"等语。对老教师冲击最大的也许是这么一段话:"教改的问题主要是教员的问题。教员就那么多本事,离开讲稿什么也不行。"1964年11月9日,高等教育部向全国转发了《毛主席与毛远新谈话纪要》的文件,为第三次"教改"注入了新的政治内容。

历史录下了"老教师们"这一群"资产阶级知识分子"面临巨大压力下的痛苦哀鸣,"这次教改摧毁了赖以生存的老本";"兵临城下,身归何处"!在亿万人的豪情即将冲天而起的1965、1966年之际,只有这一群远被时代抛弃在一旁的知识分子,感到了前所未有的凶险。

他们感觉对了。

1965年11月13日,中共中央批转了一份《中央统战部关于召开各省、市、自治区党委统战部长座谈会情况的报告》[1],提出了"关于对党外人士'松一松'的策略方针"。"松一松",就是不要总把弦拉得那么紧。当年,有关统战部门记录了此时高级知识分子们的生存状态:"……近年来,由于社会主义革命和阶级斗争不断深入发展,城乡'四清'运动、备战,特别是文化战线上的教育革命、文化革命、学术思想批判,以及知识分子革命化、劳动化等许多方面汇在一起,对他们的资产阶级世界观形成了强大的冲击力量,高级知识分子感到形势逼人,不跟不行,但又感到跟不上,思想紧张,压力很大。他们震动最大的是从教育方向、教育制度、教育思想以至教育内容、教学方法按照毛主席的教育革命理论展开

---

[1] 广东省档案馆馆藏档案。

的大变改。……高级知识分子们彷徨更甚，苦闷更甚，不能适应形势，认为比五八年的教改来得'更狠'。整个状态是紧张、彷徨！"[1]

这是一份在当年没有引起太多涟漪的中央批转有关方面的报告。在大风暴的前夕，这种对极"左"思潮表现出忧虑的声音显得是那样微弱；甚至"松一松"的方针犹未全面贯彻落实，文化大革命便全面爆发了。但后人还是应该知道，即使在极"左"思潮已接近最高峰的年代，尚有一批有识之士对形势表现了忧虑。

这一群如惊弓之鸟的高级知识分子也委实太可爱太纯真了。11月中旬，姚文元的文章震撼中国学术界，随即，以"学术研讨"名义举行的各类座谈会在全国各地纷纷举行。只知"学术良心"的这一群学人，大多数对姚文元阉割历史、断章取义的做法极为反感。以中山大学为例，刘节、容庚、梁方仲等人激动地认为，"姚文的批判太过火，中国数千年历史一直都有清官出现，如此批清官，就是反历史"；"歌颂海瑞没有什么不好，连清官也不能歌颂，难道要去歌颂明代最腐败的一个现象——多如牛毛的贪官？"[2]

一有"自由的天地"，这群学人总情不自禁地展现生命的本性；一到历史的关头，总能看见他们高洁的灵魂。在那一刻，他们似乎忘记了自身本已危如累卵的处境。五十天后，"学术争鸣"结束。1965年12月30日，吴晗在《人民日报》发表长达一万多字的《关于〈海瑞罢官〉的自我批评》一文，内有语云，《海瑞罢官》"一点时代的气息也闻不到了，我不但落伍，并且是后退了。一句话，我忘记了阶级斗争。"

1966年2月7日，以彭真为组长的"文化革命五人小组"向中共中央提出了《关于当前学术讨论的汇报提纲》。该提纲试图对当时学术讨论中"左"的偏向加以适当的限制。中国政坛上的两股

---

[1] 广东省档案馆馆藏档案。
[2] 见广东省统战部门该年有关情况反映材料。

力量正在作生死较量，但一经交手，胜负立判。3月28日至30日，在杭州的毛泽东先后三次与康生、江青等人作了谈话，严厉指责了吴晗、翦伯赞、邓拓、廖沫沙等人，称吴、翦两人是"学阀"。[1]

吴晗与翦伯赞以"学人"的身份在重大的政治关头遭毛泽东的抨击，在1949年后十余年间的政治运动中是甚为罕见的例子。吴晗与翦伯赞，均为五六十年代京华名重一时的历史学家。

吴晗，浙江义乌人，1909年生，1934年清华大学历史系毕业后留校任教。吴晗迈入历史天地的直接导师是胡适，但从广义而言，毕业于清华园的吴晗，也可以说是陈寅恪的学生。中年前后，吴晗一直在清华大学、西南联合大学任教，1949年后曾一度担任过清华大学历史系主任。

翦伯赞，湖南桃源县人，1898年生。和现代中国一些著名的文史学者相比，翦伯赞早年并无毕业于或执教于国内名牌学校的记录。但在三十年代末，已参加了共产党的翦伯赞即以《历史哲学教程》一书在"左派"人士中略有名声。四十年代翦氏以《中国史纲》第一、二卷成名，被誉为是最早用马克思主义研究中国历史的少数人之一。1952年，翦伯赞任北京大学历史系主任。1958年5月，郭沫若应北大历史系之请，撰《关于厚今薄古问题》一文。此文从撰写到发表，郭沫若与翦伯赞多有联系[2]，全国大范围批判陈寅恪史学思想的运动由此而起。1961年，翦伯赞担任北京大学副校长。同年，担任全国高等学校"历史教材编写组组长"，主编《中国史纲要》。

吴晗与翦伯赞被点名，某种意义上说是毛泽东一生潜隐的"历史情结"又一次释放。

毛泽东对两位历史学家的抨击，对中国学术界的影响是巨大的。4月14日，郭沫若在全国人大有关会议上表态云，"拿今天的

---

[1]《中国共产党历史大事记》，第274页。

[2] 见《郭沫若年谱》"1958年条"。

1934年"清华史学研究会"成员摄于北平汤泉。图中人员日后大都成为史学名家,分别是吴晗(右三)、张荫麟(右四)、梁方仲(左二)、谷霁光(左三)、罗尔纲(左四)、汤象龙(右一)

标准来讲,我以前所写的东西,严格地说,应该全部把它烧掉,没有一点价值"。同在五六十年代之间,郭沫若先后创作了其目的同样是"古为今用"的两部历史剧《蔡文姬》与《武则天》。从当时的知名度而言,郭沫若的两剧甚至比《海瑞罢官》更广为人知。历史选中不幸的吴晗作时代的牺牲品,郭沫若有幸安然无恙,命运端的是"差之毫厘,谬以千里"。

5月4日至26日,中共中央政治局扩大会议在北京召开。16日,会议通过了由毛泽东主持制定的中共中央通知(又称《五·一六通知》)。通知指出,"高举无产阶级文化革命的大旗,彻底揭露那批反党反社会主义的所谓'学术权威'的资产阶级反动立场,彻底批判学术界、教育界、新闻界、文艺界、出版界的资产阶级反动思想,夺取在这些文化领域中的领导权"。[1] 仅仅是这一段话,已决定了

---

[1] 引自《无产阶级文化大革命胜利万岁》,第116页。

陈寅恪们余生的悲惨命运。

5月25日，北京大学校园贴出了一张轰动一时的大字报。六天后，毛泽东电话通知康生、陈伯达，同意中央人民广播电台广播这张题为《宋硕、陆平、彭佩云在文化大革命中究竟干些什么》的大字报。同一天，《人民日报》发表《横扫一切牛鬼蛇神》的社论。这些都意味着八九年前在"大鸣大放"、"兴无灭资"等等运动中出尽风头的大字报，将再次风光，成为文化大革命初期的主要斗争形式。

霎时，全国各高等院校涌现了数以千万计的大字报。

陈寅恪又一次尝尽大字报的苦头。

陈寅恪的最后三年开始了。

2

1966年五六月间的"文革"爆发，开创了现代中国社会多个方面的"先河"，现只举其中一例，便可见其影响之巨："文革"烈焰刚点燃，以北京为中心的政治信息传播与行动步骤，在辽阔的九州达到惊人同步呼应与相统一的程度，其快捷创下了中国现代史的奇迹。即使在四五十年后的今天来看，仍可叹为观止。北京大字报的狂潮，远胜大自然的伟力，瞬间席卷天下。

远在两千多公里之外的广州，其情形又怎样？

一则当年的紧急电话记录，从一个侧面反映了6月初中山大学的形势。1966年6月7日晚，陶铸的秘书从北京致电广东省委，就当前广东局面作了多条指示，其中第五条指示三十个字不到，罕有地只提及一个实已"避世独存"兼老弱病残的人，语云"陈寅恪，生活不降，大字报不发动，贴也不干涉。批判要报中央"。[1]"北

---

[1] 见广东省档案馆馆藏档案，"陈寅恪"三字后加注括号注明"中山大学历史系教授"。

京来电"作出的诸条指示,都是针对广东在此之前向北京请示的疑难问题。有此,可推知 6 月初的中山大学,已经有大字报触及陈寅恪,只是情势还在"组织"掌控中。这是一个不祥的兆头,以"文革"刚发动时的变化一般可按月来计算,则此时运动的焦点是在揪当权派,已形同"隔世遗老"的陈寅恪却在这个阶段被盯上,十分不幸。

1966 年 7 月,中山大学已贴满各式各样的大字报。陈寅恪受到严重的冲击。

据说,第一批来势最猛的大字报,不是出自历史系,而是出自一个出乎人们意料的部门——学校后勤部门。贴大字报的人强烈谴责一直坚持"资产阶级反动立场"的陈寅恪多年来大肆挥霍国家的财富和人民的血汗钱,每月要吃进口药物,每天要享受"三个半护士"的护理。甚至有人声言"陈寅恪有意污辱护士"……

每一次的文化浩劫,总伴随着高洁的人格与灵魂被愚昧及野蛮所玷污。这是陈寅恪在晚年第二次遭受重大的人格侮辱。"革命"一开始,即显示了它将释放人类最丑陋、最凶恶的"兽性"的一面。

这些大字报的出现,并不偶然。它是自称为"无产阶级"的人们长期不满的一次总发泄。最典型的说法是,"这瞎老头什么也不用干,住最好的,吃最好的,拿最高的工资,还不是劳动人民养着他"!故此,批判陈寅恪的第一轮大字报大部分是后勤部门人员所为,因为他们清楚地知道陈寅恪每月享受了哪些政府给他的照顾补助。

1966 年 7 月 30 日,处于风雨飘摇之中的陈寅恪,向中山大学保健室主任梁绮诚医生写了一封信,全文如下:[1]

---

[1] 中山大学有关档案。

梁主任：

　　因为我所患的病是慢性病，一时不能痊愈，而一时又不能就死。积年累月政府负担太多，心中极为不安，所以我现在请求您批准下列各点：

　　（1）从1966年8月1日起，一切我经常所需用的药品皆由我全部自费。一部分药丸可在市内自己购买。另一部分如水剂药——"稀盐酸"、"必先"、"薄荷水"、"灰溴"以及本校有的安眠药等又（如急需药品一时买不到者）均请仍由保健室供给但全部自费。

　　（2）消毒物件指纱布棉签等物仍由保健室代为消毒。请斟量收费。此致
敬礼

　　　　　　　　　　　　　　陈寅恪敬启（印章）
　　　　　　　　　　　　　　1966年7月30日

陈寅恪此信语气显得深沉，与以往和校方打交道的书函略有不同。若没有这场"革命"风暴，中山大学保健室多位医生护士十余年对陈寅恪的关怀与照顾，将永远给这位老人留下最美好的回忆。

七天后——8月6日，唐筼以自己的名义向当时中山大学的实际掌权者"广东省委文化革命驻中山大学工作队"写了一个书面声明，详尽回答了各类大字报对陈寅恪的责难。唐筼这一纸声明太重要了，包含着很多历史内蕴，特全文抄录如下：[1]

省委文化革命工作队负责同志：

　　我的爱人陈寅恪因为双目失明，腿骨折断，又患肠胃心脏等病，所以我代他写此信，面交声明下列各点，请加注意是幸。

---

[1] 中山大学有关档案。

1. 他因骨折长期卧床，年来多次患下部湿疹症，经由中山二院皮肤科医生屡次来诊，开有医嘱多张，署名签字者有廖适生院长、李松初教授、何玉琼（女）讲师等为证。可以查验。医嘱中要护士依照医生所指示的方法处理，即冲洗阴囊、上药、光照等方法，并非陈寅恪有意污辱护士。并且多数冲洗时亦有筼从旁助理，前留医二院时也是如此护理，二院有病历可查。

2. 1963年1月中由人事科张春波送来三百元，本不愿接受，后送还各处不收，最后由朱锦儒科长批"此款暂不处理"字样。现在只好等待运动结束后再送还。财务科误指捐助陈六百元一事，前曾奉函声明，想已蒙察鉴。

3. 有人出大字报说"陈寅恪非外国药不吃"等，殊与事实不合。大多数药物皆本国产品，只有少数进口药品是医生所处方的。至于高单位（非常服）维生素类及水解蛋白等皆系自备，或朋友所赠送者。最珍贵一种药品（Nilevar）也是由医生处方，是陶铸副总理赠送的。并不常服。每年冬季始服一段时期。海关税自当偿还（以前不知）。

4. 中大农场产品由学校指示送来食物等，并非是我们自己去要的，而是他们自动送来的，分量也是由他们分配的，付款也不是我们亲自去付的。故无签字收据。食物表内所列品类及数量皆有出入。如果大家都赔偿时，我们自当设法照数赔出。但请调查落实。

总而言之陈寅恪的每日饮食，及所服药物等也欢迎有同志来实地调查，以明真相。不胜感幸之至！此致
敬礼

唐筼敬启
1966.8.6日

"文革"风暴初起,陈寅恪在遭受大字报冲击后给学校保健室主任的信(唐筼代笔)

唐筼给"广东省委文化革命驻中山大学
工作队"的信(部分)

陈寅恪晚年所有的来往书函俱由唐筼代笔，但基本上是以"陈寅恪"名义。以"唐筼"名义与有关当局打交道，这一纸声明为目前所掌握的历史资料中仅见。该声明陈述有条不紊，事理明晰，显示了向以家庭妇女一面示人的唐筼的处事气度。

这一年唐筼六十八岁。

六十八岁的唐筼以其勇气及主见，开始应付一生中也许是最险恶的最后一段生命历程。令人倍为感伤的是，唐筼的胆识与才华，是在人生最黑暗的岁月里展现。

唐筼的"声明"，还使后人对1966年8月前后的中山大学形势有所了解。陈寅恪与唐筼在不长的时间内多次以书函的形式（唐筼有"前曾奉函声明"一语）向校方申述自己的观点，则此时大字报的势头亦可想而知了。唐筼在"声明"中有"食物表内所列品类及数量皆有出入"诸句，指的是贴大字报者将国家"优礼"陈寅恪的项目列表对照。其时康乐园的"革命行动"还未到"无法无天"的程度，故唐筼尚有"欢迎有同志来实地调查"等语。甚至直到此时，唐筼还以为这次"文化革命"亦与以往运动一样，所以唐筼便有"现在只好等待运动结束后再送还"的说法。唐筼怎会料到，她与陈寅恪永远也不会有"等待运动结束后"的那一天！

最可注意"声明"中提到了"陶铸副总理"。6月初，主政广东达十五年之久的陶铸奉召离开了这块土地北上，进入中国政坛的核心。7月20日，中共中央任命陶铸出任中央宣传部部长。8月1日，中共八届十一中全会召开，8月12日，全会结束，中共中央领导机构有重大的改组。据说，在毛泽东最后审定中共领导机构成员的名次顺序时，亲自用红笔将陶铸的名字勾到"周恩来"三字之后，陶铸一跃而成为中国政坛的第四号人物。[1]仅仅是两个月的时间，陶铸便被潮流推上了他一生中的顶峰。不知当年陶铸是否意识

---

[1] 见郑笑枫、舒玲:《陶铸传》，中国青年出版社1992年版。

到，此类人生的突然升迁，已隐伏着昙花一现的结局！

陶铸的命运，连系着很多人的命运。

3

要想很清晰地重现陈寅恪在文化大革命期间的生存状态其实是很困难的。因为形势很快陷入混乱，社会开始进入无序状态，大部分的个体生命不仅丧失了捍卫生命的权利，而且也被剥夺文明所赋予一个人所拥有的一切合法权利。若用客观的历史语言来叙述，那就是中国共产党"各级党委陷于瘫痪，基层党组织停止活动"。[1]

还好，有一些历史事件为后人追寻卑微的生命如何痛苦地活着提供了当年的大环境。

5月29日，清华大学附属中学的学生首先打出"红卫兵"的旗号，声言保卫毛泽东，保卫红色江山。8月1日，毛泽东致信该中学的红卫兵，对他们"说明对反动派造反有理"的大字报表示热烈的支持。8月18日，毛泽东等人走上天安门，第一次接见了来自全国各地的红卫兵及革命群众。两天后，北京大批红卫兵走上街头，开始"破四旧"（旧思想、旧文化、旧风俗、旧习惯）运动。从此，多少文化浩劫事，均假"破四旧"之名而行。

9月5日，中共中央、国务院联合发出《关于组织外地高等学校革命学生、中等学校革命学生代表和革命教职工代表来北京参观文化大革命运动的通知》。随即，各地高校红卫兵开始了全国性的大串连。外地"造反派"的加入，"革命"的残忍性开始升级。

…………

已没有必要再细列了。红卫兵的兴起与"破四旧"运动的出现，足以置陈寅恪们于死地。

---

[1]《中国共产党历史大事记》，第282页。

1966年7月,黄萱被历史系召回参加运动。9月,校方撤走"三个半护士"。此时,历史系的造反派甚至一度连陈寅恪要自出资聘请护士也不准,几经交涉,才准许陈家雇请护工一人。由此,已被赶走的昔日"顶班护士"朱佩贞,再次由唐篔请回陈府。[1]在生命的最后三年,陈寅恪夫妇已与朱佩贞紧紧相依。朱生于1928年,时年三十八岁,昔日曾任过市级医院的护士长,其医疗经验与人生阅历均处在最成熟时期。陈寅恪能熬过上千个长夜,朱氏无疑有很大的功劳。

革命已开始超越触及灵魂的范围,进入"实际行动"的阶段。九十月间,"破四旧"之风蔓延到岭南,各色身份的人开始随意上陈宅走动。其时尚未完全"靠边站"的中山大学党委书记李嘉人,将此情况报告了广东省委及已上调北京的陶铸。陶铸被打倒后,"造反派"曾统计出在1966年6月至12月间,远在北京的陶铸先后三十八次用电话对广东省委作"遥控指示"。[2]在这三十八次电话中的某一次或数次,陶铸无疑作了他一生中关于陈寅恪问题的最后一个指示:"对陈寅恪的待遇要保持原状不变。"于是,中山大学的革命群众听到了这样的校方指示传达:"不要搞陈寅恪了,他已丧失社会活动能力,动了他,人家反会说我们不人道。"[3]这是中山大学在"文革"初期要保护陈寅恪的最后一道指示。

鞭长莫及的"陶铸指示"没有起到什么作用。历史学家尽说数千年"皇权"驯服下的中国人向来惧怕"权威"与"官威",但在这个疯狂的年代,"造反派"们以其"天不怕地不怕"的本色,显示了这个古老民族国民性里隐藏着的截然不同的另一面。一千多年前的唐朝统治者曾从统治的立场对此作总结,比喻为"水"——可载舟亦可覆舟。形象则形象了,然尚未触及这"国民性"的内核。

---

[1] 据朱佩贞回忆(1996年11月2日)。
[2] 见1967年7月21日《南方日报》。
[3] 参阅1967年第7期《中大战报》。

这将是一个很值得中国人研究的话题。

当然，从1966年至1976年，七亿中国人只剩下一个声音最有权威了。

1966年秋冬之际，大字报已快把陈寅恪淹没。当年的目击者是这样形容当时情形的：大字报之多，已覆盖了整幢东南区一号的楼房，红色的砖墙已被掩盖得看不见；又因为大字报是白纸黑字，整幢楼房显得阴森可怖，活像一口纸棺材。楼房四周的树木也挂上了长幅标语，每有风吹，犹如片片白幡在招魂。有一段时期大字报甚至贴到了屋里，贴到了陈寅恪的床头前。

据说，陈寅恪一直没有遭到毒打，比起其他"资产阶级知识分子"屡遭拳打脚踢，陈寅恪的命运似乎稍好一点。但真正的实情是，这类本来会落在陈寅恪身上的野蛮行径，大部分由唐筼去承受了。于今已无法追寻唐筼如何应付那一群群突然而来的造反者登门批斗的悲惨场面，极深地留在当年目击者脑海中的是这样一次：蜂拥而至的人们甚至连拍门的那几秒钟也等不及，竟有数人飞快地从一墙角往二楼的晒台上爬，搞了一个"里应外合"的配合……

陈寅恪已如肉案上的羔羊。历史永远隐去了那些"羔羊"口不能言、甚至身躯无法挣扎以释放内心无比恐惧、只能承受着如山崩地裂般狂吼的死亡威胁的场景。

抄家开始了。不幸中的万幸，头一批抄家者来自历史系的"革命群众"，他们查封了陈寅恪的书籍和一批未刊书稿、手稿，陈寅恪的存稿没有遭到"灰飞烟灭"的劫难。当年参与其事的一位目击者回忆，查封是"平静"的，陈寅恪的手稿与书籍都专门堆放在一间房子里，等候处理。所谓"平静"，不过是相对于后来已形同抢劫的情形而言。数月前，陈寅恪还是只能敬仰的一个人物，不要说登堂入室，就是慕名晋谒的请求，也不一定能被接受。历史系的"革命群众"，终于乘着时势肆意地踏上了这块"神秘的领地"，一睹庐山真面目，痛快地做了一回主宰者。据说首次抄家成功，令"革命群众"受到了极大的鼓舞。陈寅恪除了书籍、手稿被查封外,他多年精心保存的一些文物字画也被抄掉。给抄家者印象最深的是这么一批"四旧":陈寅恪保存了二十多封陈宝箴与清朝官员的来往信札,看得出,这些信札数十年来保管得很好。[1]

以后的抄家情形,已到了不分日夜,"造反派"随到随抄的地步。在官方的档案中,对六六、六七年间的抄家情况有一些零星的记载。1966年底,广东省委有关部门曾发出"党外科技人员和知识分子在文化革命运动中的情况调查表",在"陈寅恪"名下有这样的记载:"主要问题——反动学术权威;运动中态度——因病双目失明,未参加运动;抄家情况——原地查封,提出部分金银手饰作展览"。这些金银手饰,俱为唐篔先祖遗留之物,"文革"后不知去向。

1967年1月4日,中国政坛第四号人物陶铸突然被打倒,其罪名为"中国最大的保皇派"。陶铸的突然"倒台",充分体现了文化大革命的冷酷无情与波谲云诡。1966年12月底,毛泽东尚在一次政治局常委扩大会议上亲自出面保"陶铸过关",但六天时间不到,陶铸便跌落到遭万炮齐轰的地步。[2] 过去曾与陶铸有涉的有关人和事,随着新一年的到来面临着新的灾难。陈寅恪更是雪上加霜。

---

[1] 据一位目击者的回忆。
[2] 曾志:《陶铸在最后的岁月里》,载《陶铸传》。

第二十章　陈寅恪之死

1

至此，历史的笔触已可以在年近八十的陈寅恪的灵魂深处探寻。探寻这位心实已死、只余躯壳忍受折磨的文化大师那不死的精神世界——尽管这非常困难，印痕已渺不可辨。

以下所述，是极少知情者在将近三十年后的一些回忆，点点滴滴，虽如零碎的散片，但譬若晶莹光洁的贞石，照见了不屈的灵魂。

据黄萱回忆，文化大革命期间她若去看望陈寅恪，须先向历史系的掌权者提出申请，经同意后方能登门探问，但数年间她还是有一些机会与陈寅恪见面。有次，陈寅恪突然问她"反动"二字作何解，黄萱无言以对。"通识"如陈寅恪，竟有如此一问，其悲愤莫名的心境可以想见。今天知道，陈寅恪如此相问，并非偶然。

有些沉默的历史的确是要等到沧海桑田的那一刻，才露出坚硬的历痕。三十年后，当年极之相似的另一幕从快将湮没的历史深处浮现。[1] 据护士朱佩贞回忆，她对陈寅恪夫妇印象极深的有数事，

---

[1] 本段史述，据朱佩贞回忆。1996 年 11 月，在陈寅恪的家人引荐下，笔者始识"文革"爆发后唯一被准许留在陈府的私人护士朱佩贞。朱氏中年后已病退，以后大部分时间闲在家中（间或在街道帮忙），故一直不为世人知。1997 年 5 月，朱佩贞老人因病去世，终年六十九岁。

其中之一即为陈氏在"文革"期间多次向她询问"反动"作何解，开始朱佩贞不知如何回应这位固执的老人。因陈寅恪断腿后整天躺在床上，需要几个小时就为他翻一次身，朱佩贞翻身技术好，懂得"挟"着病人的肩，顺势而"翻"，陈氏每次被翻身都感到很舒服。[1] 某次朱正在为陈翻身，突然脑海灵光一闪，说出了这样的话："你每次都问什么是'反动'，这就是'反动'了。"陈闻说后笑出声，"那你（这样做）就是'反动'了？"朱再出妙语："是我帮你'反动'，而不是我反动。"[2] 陈寅恪要翻身，妻子唐篔每次都在旁协助，至此，三人大笑不止。从此，每到翻身，总语及"反动"，三人又笑一场。

这是名副其实"含泪的笑"！

善良的朱佩贞暮年忆起这则往事，带着泪花，无限感触，似重回到那历久难忘的场景，可以感知她对陈氏夫妇的怀念与感情。朱佩贞虽自言"文化水平不高"，但何曾想这位初次"见工"（朱氏原话，意谓应聘见雇主）就向陈寅恪直言"我不会读书"[3]的护士，却用最简单的方式，解开了困扰陈氏心头很久的郁结。这可比喻为最深奥的玄思哲理，有时偏偏是由最直白的语言出之。朱佩贞的一"挟"一语，于陈寅恪大有佛家当头棒喝的意味，如醍醐灌顶。"文革"头几年，所有被批斗者概无例外要全盘接受加在身上的各种罪名，但陈寅恪最终承认自己是"反动学术权威"一事，当年却作为一道谈资在坊间流传，这里面的含义复杂，暂且按下不提；对陈寅恪而言，当他坦承自己是"反动学术权威"时，那一刻，在他心中必定另有所解，必有打通了的心灵脉络。也就是陈氏在低头之际，对现实已作了灵魂的超越。

---

[1] "挟"者，为朱佩贞替陈翻身的动作，朱自负是她最拿手的本领。

[2] 以上为朱佩贞回忆原话。朱氏为广东台山人，在粤语某语境中，"反动"一语意同"翻转过来"。

[3] 介绍朱氏到陈府工作的人告诉她，陈寅恪喜欢让护理人员读书读报。

又有一次，陈寅恪对前来探望他的黄萱说："我的研究方法，你是最熟悉的。我死之后，你可为我写篇谈谈我是如何做科学研究的文章。"黄萱回答："陈先生，真对不起，你的东西我实在没学到手。"陈寅恪说："没有学到，那就好了，免得中我的毒。"[1] 二十多年后，回首往事，黄萱这样说："我的回话陈先生自是感到失望。但我做不到的东西又怎忍欺骗先生？陈先生的学识恐怕没有什么人能学，我更不敢说懂得其中的一成。"

陈寅恪这些话表明，"没有参加运动"的老人，对形势并不陌生，他的思维依然清晰与敏锐。

从1966年冬开始，陈寅恪多次被迫作书面检查交待，又因其所谓反对共产党、反对马列主义的罪行交代不彻底，屡屡被校方及"造反派"勒令要重新补充交代。据个别看过这些书面交代的人回忆，这些交代材料也有"文革"期间人人都不能不写的套话，但真正最能显示陈寅恪心态与风骨的，还是陈寅恪数次递交的"我的声明"。1967年4月2日，陈寅恪便有这样的一纸"声明"："一、我生平没有办过不利于人民的事情。我教书四十年，只是专心教书和著作，从未实际办过事；二、陈序经和我的关系，只是一个校长对一个老病教授的关系。并无密切的往来。我双目失明已二十余年，断腿已六年，我从来不去探望人。三、我自己的一切社会关系早已向中大的组织交代。"[2]

二十年间，晚年的陈寅恪为历史留下了多份"声明"及申述书函，从用词到行文风格，这份"声明"与陈寅恪以往的"声明"极为相似，当是陈寅恪发自内心情感的文字无疑。在最混乱的1967年，陈寅恪式的"尊严"，一有机会仍顽强地展示。

现在可知，大部分这类陈寅恪向历史系递交的"声明"与申诉

---

[1] 据黄萱回忆及参阅《陈寅恪先生编年事辑》。
[2] 引自《陈寅恪先生编年事辑》，第168页。

书，都由护士朱佩贞转递。开始历史系怀疑朱氏"是陈寅恪的人"（朱氏原话），朱氏后来表态"我只是一个护士，你们准许陈家请一个工人护理，我只是这样一个人"（同上）。有了这次审查，历史系才慢慢相信朱佩贞。也是只有在今天才能体味出，因为有了"转递"这样中间一层，作为"对峙"的一方，陈寅恪潜意识中的"独立心态"得以相对犹存，陈寅恪式的尊严得以相对维系；更重要的是，往昔基本由其出面应对外部事务的唐筼，因有了"转递"这样中间一层，免遭了多少当面训斥与白眼，也免受了多少不堪的羞辱。[1]

可惜，相似的展示在今天已迹近难寻。那么，支撑着这位早几年已平静地等待死亡降临的文化大师，度过一千多个恐怖与痛苦日子的精神支柱是什么呢？一份当年中山大学编写的"形势报告"，有一段充满了极"左"语言的叙述，为我们猜测陈寅恪在这三年的精神状态留下了极为重要的原始资料。在陈寅恪生命最后的一年，中山大学对"反动学术权威"陈寅恪曾有如此描述："陈寅恪对于蒋家王朝的覆灭，'对于亡国、共产党是不甘心的'（原文如此——引者）。他声称'不吃中国面粉'，'不为五斗米折腰'。他狂叫'兴亡遗恨尚如新'。他还说，'虽然年纪老到皮包骨了，但还不愿死，要看共产党怎样灭亡'，'死了以后，骨灰也要抛在大海里，不留在大陆'。简直是反动透顶，恶毒至极。在无产阶级文化大革命中，革命群众对他也确实愤恨至极……他要至死不变，就让他带着花岗岩脑袋见上帝去吧。"[2]

文化大革命的无限上纲上线、极尽断章取义之能事等等做法早为世人所厌恶，所以"文革"期间的材料可信程度应打上问号。但

---

[1] 也因此，在最后的岁月里，陈氏夫妇已将朱护士视作自己人，唐筼不许朱佩贞以尊称呼她，谓叫"筼姨"即可。在朱佩贞，陈家最后实际已没有钱支付她的工资，然到陈家工作已成为她其时人生必不可少的一部分内容。陈寅恪、唐筼与朱佩贞，演绎了那个黑暗年代"相濡以沫"的故事。

[2] 引自中山大学1969年有关档案。

陈寅恪"一直态度十分恶劣",引起革命群众"愤恨至极",则完全有可能折射出历史的真实——陈寅恪纵死也"不甘心"。在中山大学当年的"总结"或"形势报告"一类的材料中,对"反动学术权威"一类的人用上"反动透顶,恶毒至极"等评语,并咒骂"就让他带着花岗岩脑袋见上帝去吧",陈寅恪是唯一一人。需知,这样的语言还是来自比较"正规"的校方正式文件、学习材料之中。

校方痛斥陈寅恪"兴亡遗恨尚如新"一句诗,出自《论再生缘》中陈寅恪感叹与陈端生感同身受而吟咏的一首七绝。诗云:"红杏青松画已陈,兴亡遗恨尚如新。山河又送春归去,肠断看花旧日人。""造反派"们只是凭直觉认为"兴亡遗恨"与新旧政权有关。中山大学前历史系教授何肇发[1]二十多年后这样认为,幸亏当年"造反派"根本读不懂陈寅恪的诗,不然陈寅恪极有可能当场被打死。痛哉斯言。

另据知情者回忆,"文革"期间"造反派"曾令金应熙等人"注释"陈寅恪的诗作。故陈寅恪的"反动诗作"也成为陈寅恪的一条罪状。

"不甘心"的陈寅恪,微弱的生命之火竟忽明忽暗地残存了一千多个日子,直到耗尽了最后一缕不平之气。从1959年陈寅恪第一次用文字的形式公开表达"死"的意志开始,[2]"死亡"的话题从此若隐若现地伴随着他的余生,但他一直顽强地活着。当无数人在文化大革命中以死来解脱生命所不能承受的屈辱与重压时,甚有条件自行了断此生的陈寅恪,却表现了令人意想不到的生存意志。

陈寅恪的"不甘心",绝非如"造反派"所认为的为了"蒋家王朝"。在1963年至1964年的官方档案中,明确地记载着这两个"备战"风云甚浓烈的年头,陈寅恪对形势有如此判断,"他对国民

---

[1] 何氏现为中山大学社会学系教授。
[2] 见前文已述1959年6月陈寅恪上书学校当局事。

党是否有能力反攻大陆表示怀疑"。1964年10月16日，中国第一颗原子弹试爆成功，"他（陈寅恪）表示高兴，认为我国有了核力量将会更加强大"。[1] 这些记载表明，陈寅恪对当时中国共产党的力量分析与评估，体现了一个历史学家的睿智。

陈寅恪的不甘心，恐怕只有时光才能解答了。

当岁月几番陵谷，人世几度沧桑，往昔的戾气在无尽的光阴中渐散渐消，而文化的意绪开始弥漫。

数十年后的今天似乎可以这样理解，对于中岁时以中国文化复振为担当，晚年时以尊崇气节、欲一匡现世之浇漓为"故国乔木"的陈寅恪来说，近八十年人生坎坷，功业蹉跎，垂亡之际，回首一生，不免重蹈历代先贤精魂徘徊不去的终古长恨——"天违人愿，途不我与，世路未夷，学校尽废。道不备于当时，业不存于身后，衔恨泉壤，实在兹乎。"[2]

如是哀音，痛切入心，历千百载犹似长空鹤唳，星汉回荡，其凄其厉，亘古不散。[3]

如是哀辞，贴切化魂，千年前的古人喟叹，似为千年后的陈寅恪度身而吟矣。

陈寅恪的"不甘心"，也许将永远成为一个谜了。而他作为一个学人所表现出来的气节，至死不渝的精神信念，以生命惨遭蹂躏为代价，经受了平生以来最残酷的一次考验！

2

陈寅恪没有死于精神崩溃，而是死于生理机能再也无法忍受非

---

[1] 见1964年《陈寅恪材料》。
[2] 引文摘自刘炫"自赞"，载《北史·儒林下》。刘炫，北周与隋朝年间人，经学大儒，以博学闻名，为时人尊为宗师，暮年却因遭逢隋末世乱而死于冻馁。
[3] 刘炫"自赞"述平生"其大幸有四，其深恨有一"，上引刘文，正是其"深恨"者。

人的折磨。

令陈寅恪最感痛苦的折磨,是在"文革"中已成帮凶的一物——有线广播的高音喇叭。

"文革"时整个中国社会陷入无序状态,惟有很多"革命行动"显得步调有序、反应迅捷,其"功劳"首推这种高音喇叭。在运动中,它是一种极富煽情效果的工具;同时对于很多被批斗者来说,它传递着令人恐惧到了极点的恶魔般的声音。

东南区一号刚好坐落在康乐园中区的制高点大钟楼的对面,有两年多的时间,陈寅恪日夜为四面八方的高音喇叭所包围,痛苦不堪。在正常时期,陈寅恪尚且要靠安眠药才能入睡,在这段岁月陈寅恪如何忍受苦不堪言的摧残,想来其真相已永远不足为外人道矣。造反者知道陈寅恪不能"看",但可以"听",便别出心裁地发明了一种以听觉达到摧残的手段,每当召开大型批斗会,便将几只高音喇叭直接吊在陈宅的屋前屋后,有时甚至将小喇叭吊到了陈寅恪的床前,名曰"让反动学术权威听听革命群众的愤怒控诉"。二十年后,梁宗岱的夫人在其用血和泪写成的《宗岱和我》一书中,有这样一段描述:

> 那时候,挨整的人及其家属都特别害怕高音喇叭,一听到高音喇叭声,就颤颤兢兢,因为红卫兵经常用高音喇叭通知开会,点人出来批斗、游行;而出去一次也就是小死一场。历史系一级教授陈寅恪双目失明,他胆子小,一听见喇叭里喊他的名字,就浑身发抖,尿湿裤子。就这样,终于活活给吓死了。[1]

陈寅恪不一定是被高音喇叭吓死的,但梁夫人为这一野蛮行径

---

[1] 甘少苏:《宗岱和我》,第204页。

添了一个有力的旁证。

陈寅恪的心脏病日趋严重。

折磨,在1967年1月后进入高潮。陶铸被打倒,各路打着不同旗号的"造反派"纷纷上门逼令陈寅恪交代与陶铸的"黑关系"。用"惨无人道"一词来形容,并不为过。1967年夏,唐筼心脏病发作,濒临死亡。大概是在这个时候,陈寅恪写下一副"遗恨塞乾坤"的预挽爱妻的对联。联云:

涕泣对牛衣,卅载都成断肠史;
废残难豹隐,九泉稍待眼枯人。

"牛衣对泣"的古典,比喻为夫妻共守穷困;"废残难豹隐",道尽人生的无奈:天欲绝陈,先毁其目,后夺其足,即便命运如此,欲觅一避世隐居处了此残生也不可求。这副"预挽妻联"语气极之凄凉,在生命快将终结之时,历史与现实强加给人生的各种"俗累"逐渐隐去,最古朴的一种情怀开始弥漫。生命经历了数十年的奋进、搏斗、挣扎后,终于又回复到它最朴质的本色:自它诞生之日起,便有万般忧愁,活着是一种痛苦。陈寅恪留给这个世界的最后一副对联,非是文化意义的,更非是政治意义的,而是人类永远不能摆脱的一个感受——关于生命的苦难。

唐筼经年为病痛所困。在晚年,陈、唐两人一直认为唐筼将先陈寅恪而去,这也是陈寅恪在唐筼生前预撰挽联的一个内情。在1967、1968年之际,这对四十载相依为命的夫妻,陷入了"生不如死"的境地。在这段时期,陈寅恪向校方递交了一份"申请书",内云:"一、因心脏病需吃流质,恳求允许每日能得牛奶四支(每支月四元八角)以维持生命,不胜感激之至。二、唐筼现担任三个半护士的护理工作,和清洁工杂工工作,还要读报给病人听,常到深夜。精神极差。申请暂时保留这位老工友,协助厨房工作,协助扶持断腿人坐椅上大便。唐篔力小头晕，有时扶不住，几乎两个都跌倒在地。一位工友工资廿五元，饭费十五元，可否每月在唐篔活期存款折中取四十元为老工友开支。又，如唐篔病在床上，无人可请医生，死了也无人知道。"[1] 如"婴儿一般"失去旁人护理便无法生存的陈寅恪，在这一刻充盈着丈夫的怜惜之情。在陈寅恪所说的任何一句话都有可能被无限上纲上线的日子里，陈寅恪的"申请书"，无疑是用生命写就的。

此时，陈、唐两人相依相存的情势已变成唐篔一人独力撑承两个生命的重荷。陈寅恪虽有两个女儿同在中山大学工作，但二女儿早在六十年代前期就搬出娘家另住教工宿舍。三女儿也在1966年结婚迁出另筑小家庭。革命的风暴也给这些"资产阶级的孝子贤孙"带来很大的伤害。陈家女儿们除了要参加运动，平时还不敢随意回娘家探望父母，免招来批判。在斗争陈寅恪时，据说陈寅恪的亲属中也有人被迫承认"自己是特务，陈寅恪是大特务，陈家女儿也是特务"。亲属中还有人贴大字报云"要坚决划清界线"。文化大革命对中国千万个家庭亲情的伤害，也在陈寅恪一家中有所反映。

对于实际上已"死"过许多回的人来说，所有的伤害已变得微不足道；人生，很淡漠……

3

死亡的气息终于逼近。

1969年春节刚过，陈寅恪被勒令搬出东南区一号二楼已住了十六年的家。责令陈氏搬家是在生活上的一种迫害。陈寅恪被迫搬家的直接后果，便是加速了陈寅恪的死亡。"文革"结束后，陈寅恪获得"平反"，当年迫令陈氏搬屋的理由被解释为："因为'工

---

[1] 引自《陈寅恪先生编年事辑》，第170、171页。

宣队′[1]看中这座楼房用来作指挥部。"一位对陈寅恪晚年甚为了解的友朋一直坚持这样的观点,如果陈寅恪不搬家,也许还可以多活几年。

1969年1月29日,毛泽东同意中共中央转发驻清华大学工人、解放军毛泽东思想宣传队的报告——《坚决贯彻执行对知识分子"再教育"、"给出路"的政策》[2],百万知识分子在整整三年的浩劫中第一次有了片刻的喘息机会。十九天后,中国民间的传统节日春节来临。给予知识分子以"出路"的这个中共中央文件,未能挽回陈寅恪的命运。

1969年3月5日,中山大学在一份《坚决落实毛主席对知识分子"再教育"和"给出路"的政策》的报告中这样写道,"对于旧知识分子和反动学术权威要注意加以区别。像陈寅恪,一贯利用学术,坚持反动立场,恶毒地向党向社会主义进攻的应划为反动学术权威,要把他们批得比狗屎还要臭。以后,给予一定的生活费,养起来作反面教员。"[3]不能给陈寅恪"出路"的症结就在这里。其时陈寅恪已搬到西南区五十号的平房宿舍去了。陌生的环境,已不成样子的家,并未放松的逼迫……痛苦的一生在这一年已走到尽头。

在这最后的时刻,甚少有人知道陈寅恪的真实生存状态。校园大部分人(包括陈寅恪两个女儿)都去了"五七干校",只有革委会与"工宣队"等权力机构偶尔派人上门察看一番。"文革"结束后,校方传出陈寅恪在最后的日子里还"表示对毛主席和共产党的感激",这个说法,正是源自这段"革委会"偶尔派人上门察看一番的时期。真相如何,恐怕已不可探究。因为直到陈寅恪死后,中山大学的有关材料依然用充满了"阶级仇恨"的语调,评价"比狗屎还要臭"的陈寅恪的所谓政治态度。死不悔改的陈寅恪,死后依

---

[1] 全称为"工人毛泽东思想宣传队"。
[2] 《毛泽东大辞典·附录》,第217页。
[3] 见中山大学"文革"期间的有关文件。

然遭到诅咒。而民间的传说,则更接近人物的性格。据说陈寅恪临终前校方最后一次派人上门查看,陈寅恪断断续续表达了两个观点,一为珍宝岛从来就是中国的领土,二是承认自己是资产阶级反动学术权威。其时中国与苏联在珍宝岛地区发生了一连串武装冲突,两国总理为此就边界地区领土问题举行为世界瞩目的外交谈判,陈寅恪为此事而表态,不知北京方面是否曾就此问题征询过陈氏的意见。而"行将就木"的历史学家承认自己是"反动学术权威",表明陈寅恪最终仍与共产党"划清了界线"——这就是这个传说最传神的一笔,当年人们已这样理解陈寅恪。民间传说很生动,似乎也"很可信"!

比较肯定的情形是,在这生命最后的二百来天里,陈寅恪已瘦得不成样子,少数亲朋好友偷偷登门看望,他也一语不发,只是眼角不断流泪。[1]

1969年10月7日晨5时许,陈寅恪走完了他七十九年的人生历程,因心力衰竭,伴以肠梗阻、肠麻痹而含冤去世。

陈寅恪死得很平淡。一个卓越的知识分子这样死去,在那个年代很普通,很常见。经年的苦难一朝得结束,于陈寅恪未尝不是一种解脱。很平淡的死,只把悲壮留给了后人。

对自己的结局,有一点是陈寅恪预测落空的,那就是他先爱妻而去。正因为这样,在他去世后,令人很伤痛的一件事发生了。四十五天之后,1969年11月21日晚八时许,陈寅恪的贤妻唐筼亦追随九泉下的丈夫去了。按一般的说法,唐筼死于心脏病、脑出血。但在这四十五天中,唐筼从容为自己安排后事。她嘱咐从四川赶来帮忙料理陈寅恪后事的大女儿流求,若她死后不必再从四川来广州了;并一再寄语三个女儿要好好团结。在这四十五天中,唐筼连一些细微的事情也安排考虑到了,她曾对人言,"待料理完寅恪

---

[1] 据李稚甫等人回忆。

的事，我也该去了"。唐筼去世后，她这种异乎寻常的安排便解开了生与死的谜底。

死，是轻而易举的。唐筼大半生靠药物维系着生命，只需停药数天，生命的苦痛与哀伤便永远结束。十八年前，"我敬姊志节"的唐筼曾满怀感伤之情写下《哭从姊琬玉夫人》的悼念诗，诗中两次提到"琬玉夫人"殉夫事，并以敬怀的笔触写下这样两句："姊母殉夫死，姊亦传其烈"。十八年后，抹不掉的人生烙印以死亡的形式显现。

七十一岁的唐筼，平静地了断了缠绕七十一年的人生之凄苦。为陈寅恪而活着的唐筼，亦为陈寅恪而死。陈寅恪的人生，应该延续到1969年11月21日这一天。

4

命运各异，但悲剧却相似。

让我们看看陈寅恪最后二十年来往密切的一些人的最终归宿吧！

陈序经，在1962年任广东暨南大学校长，1964年调任天津南开大学副校长。"文革"期间，陈序经因岭南大学那段经历被怀疑是"美国特务"和"国民党特务"，受到专案审查。1967年2月16日，一向身体很好的陈序经，在南开大学面积仅6平方米的临时居所里突然去世。"造反派"坚持说陈序经是畏罪自杀，结果解剖尸体表明，陈序经死于心脏病突发，时年六十四岁。陈序经身后遗下四五百万字的著述。陈序经死后，他暂存在中山大学的三千多册珍贵书籍被学校后勤部门当废纸卖给了废品收购站，共得款一百二十七元零二角。

周寿恺，五十年代后期任中山医学院副院长，并兼任第二附属医院院长、教授。"文革"期间因在四十年代曾为汤恩伯、俞大维、

晚年的陈序经

陈诚等人看过病而受到一连串的迫害与凌辱。在生命的最后一年,周寿恺被秘密地关押在"造反派"私设的牢房里,饱受摧残折磨。1970年6月15日,对内分泌学素有研究与建树的周寿恺,因"造反派"拖延时日不给医治而死于胃出血,年仅六十四岁。

梁方仲,文化大革命期间受到冲击,因精神苦闷忧郁成疾,在1970年5月18日因病去世,年仅六十二岁。

刘节,是运动初期在康乐园第一个受到批判的人。在"文革"期间,刘节共遭受六十多场批判。最屈辱的一次批判,是斗争完毕,红卫兵们仍意犹未尽,当场喝令刘节"不准走出去,只能爬出去"。结果,在拳打脚踢与怒骂声的夹击下,年已花甲的刘节如狗一般爬出了中山大学的大礼堂。[1] 当社会传出北京大学教授翦伯赞不堪受

---

[1] 据刘节夫人钱澄回忆(1994年3月14日)。

辱自杀身亡的消息后，刘节却这样对人说，"翦伯赞死得不值，每回开会批判我，我就在心里背诵诗词，会开完了，诗词也背得差不多了"。1971年，中山大学一份《落实党的知识分子政策的做法》的文件，对刘节有这样的记述，"刘节旧思想仍顽固，在学习班上还说儒家思想发展的最高阶段是共产主义精神，还大谈他的唯心主义思想体系，吹捧孔子和封建主义"。[1]

1971年"林彪事件"后，"评法批儒"的风云人物杨荣国走红，与"尊孔"的刘节形成尖锐的对立。杨、刘两人十余年间的恩恩怨怨纠缠已变成一个不可化解的死结。刘节再遭精神上的迫害。1977年7月21日，刘节死于喉癌，终年七十六岁。刘节身后遗下十二箱古籍，因其居所潮湿，绝大部分让虫蚁蛀蚀掉，剩下的残卷不足两箱。

吴宓，文化大革命爆发后成为"反动学术权威"，遭受着肉体与精神上的双重折磨，七十年代初戴上"现行反革命分子"的帽子。1969年，在一场批斗中吴宓左腿被"扭折"，从此只能倚杖艰难地行立；双目又因白内障一度"全盲"。[2]陈寅恪晚年遭受"膑足盲目"的痛苦，吴宓都经历到了。这位毕生都具有书生气的学人，在"文革"期间有这样一个"笑话"：吴宓知道"造反派"即将来抄家，他想到了写了几十年的日记，便急忙请求一个亲友将日记运走。待这件事安排妥当，吴宓又忍不住在一本簿子上将此事详尽记录下来。后来吴宓果真被抄家，抄家者自然找不到吴宓的日记。但抄家者却发现了吴宓述"日记运走事"的那个簿子，遂按图索骥最终还是将吴宓视作毕生心血的日记悉数抄走。

"迂"得可爱的吴宓，在1971年9月8日给中山大学寄去一

---

[1] 中山大学档案馆馆藏档案。
[2] 参阅《中国文化》第3期（1990年秋季号），《晚年的吴宓先生》一文，作者周锡光。

信,探询陈寅恪夫妇的"生死情况。"历二十余年"新风尚"的洗礼,改变不了的还是人生的本色。在这封给中山大学校方的信中,吴宓有"国立中山大学","宓一八九四年生,在美国哈佛大学与陈寅恪先生同学"等与文化大革命极不合时宜的语句。其时距陈、唐两人去世已近两年。1978年1月17日,时年八十四岁的吴宓去世。可算高寿的吴宓,如何度过最后屈辱的十年,历史当还有许多"待发之覆"。

黄萱,1966年7月离开陈寅恪回到历史系参加运动。尽管这位善良的女性与人无争、与世无争,但陈寅恪的命运也就是她的命运。在"揭发批判"最紧张的日子里,中山大学图书馆的大楼,曾挂出一条从楼顶拖到楼底的巨幅标语,上书"黄萱与陈寅恪同穿一条裤子"。陈寅恪死后一年,校方依然逼迫黄萱交待所谓"与陈寅恪的关系"、"为陈寅恪干了些什么坏事"等材料。

1969年,中山大学历史系清查小组在"清理阶级队伍"运动时捕捉到一个"新动向":逼令黄萱交出"从剥削阶级家庭得来的不义之财"。该年历史系一份总结报告逼真地描述了这一"革命行动"的全过程:清查小组第一次找黄萱谈话,"第一次面对面交锋,黄萱就交出二万元存款"。事后清查小组成员分析,第一次交锋远未触及核心。第二次谈话,清查小组规定黄萱反复学习"《南京政府向何处去》、《敦促杜聿明等投降书》两篇光辉著作","黄萱流下了眼泪"。结果,"第二次交锋黄萱交出了若干万元","第三次交锋黄萱交出了若干万元","第四次交锋黄萱再交出公债八百元"。在数天之间,"毛泽东思想显示了巨大的威力","黄萱被迫交出了若干万劳动人民的血汗钱。"[1]

---

[1] 引自中山大学1969年"文革"档案。按:该件原列出收缴"劳动人民血汗钱"的具体数目,后黄萱老人认为当年的文件与她的记忆有出入,今遵老人意见,引录此件时将具体数目隐去。

但命运并没有放过一生淡泊名利与金钱的黄萱。1970年，她挚爱的丈夫周寿恺惨遭折磨而死。其时她正在"五七干校"，竟不能看丈夫最后一眼，留下了终生的痛恨。六年后震惊世界的"唐山大地震"，又夺走了她心爱的两个小外孙。

至此，这位目睹了与经历了太多苦难的女性，已把"这个世界看透了"。当年，陈寅恪对自己这位外表很平凡的友朋曾有这样的评价："拿得起，放得下。"1973年，六十三岁的黄萱悄然退休，开始住在广州，后移居故土厦门。在鼓浪屿那座宽阔的别墅里，这位陈寅恪晚年重要的历史见证人，超然世外，日观云海，夜听涛声，依然勤奋地读书，静静地感觉日子的流逝。

拿得起，放得下。陈氏知黄萱深矣！

端木正，1957年被错划为右派分子，此事曾引起陈寅恪的不满。这是迄今仅见的陈寅恪同情右派分子的一次档案记录。[1]"文革"期间端木正再受冲击。1979年中山大学恢复成立法律学系，端木正出任首任系主任，后兼任中山大学法学研究所所长。1990年，端木正任最高人民法院副院长，被誉为中国最年长的法官。在陈寅恪晚年信赖的友朋之中，端木正是最年轻的一个，他目睹了历史的沧桑变化，他有幸在晚年能为祖国贡献自己的热和光。

历史毕竟在前进！

---

[1] 见1958年第2期《广东宣教动态》"关于陈寅恪的一些情况"。另据端木正回忆，1957年"反右"后，政协有关部门曾给陈寅恪寄来一份政协委员中哪些人成为右派分子的名单，陈寅恪听读过名单后说了这么一句话："这是些以后要照顾的人。"

第二十一章　身后是非谁管得

1

陈寅恪死了。他给传统文化这个天空留下了一种巨大的空寂。他带走了一种无形的历史意绪，也意味着某种历史文化投影的突然消失。故此，在相当长的一段时期内，人们只能谛听着他那似乎遥远的空谷足音。

正因为如此，他身后尘世间因他而起的风浪二十多年间一直没有平息过。

在大陆，最早公布陈寅恪病逝消息的是中共广东省委直接管辖的报纸《南方日报》。其时文化大革命运动正深入开展，广东三家大报中的《羊城晚报》《广州日报》已分别停刊。1969年10月18日，《南方日报》刊登了一条一百多字的消息，内云"中国人民政治协商会议全国委员会常务委员、中央文史研究馆副馆长、中山大学教授陈寅恪先生因病医治无效，于本月七日在广州逝世，终年七十九岁。十月十七日，中国人民政治协商会议广东省委员会举行了向陈寅恪先生告别仪式"。其时距陈寅恪病逝刚好十一天。文化大革命不知令多少对国家有贡献的人命丧九泉，所谓有资格"见报"者凤毛麟角。陈寅恪能享受此"规格待遇"，据说是周恩来特别批准的。此事难考，姑存一说。

陈寅恪生前对陆游那首"斜阳古柳赵家庄,负鼓盲翁正作场。身后是非谁管得,满村听说蔡中郎"的七绝甚有感慨,屡有"蚤为今日谶矣"之叹。"身后是非谁管得"一语,在陈寅恪身后的历史命运中竟也一语成谶。

在海外,最早报道陈寅恪死讯的是香港的《新晚报》。1969年11月5日,署名"丝韦"的作者在《新晚报》的专栏文章上首先公布了陈寅恪逝世的消息。[1] 在"文革"最黑暗的头三年,香港的新闻界仍然没有忘记这位"有国际性影响"(陈死后的怀念语)的标志人物,有关陈氏受到野蛮批斗的传闻报道,仍间或见于此地的报章。《新晚报》"记陈寅恪在广州病逝"(此句也是该文的标题),明显是对三年来陈氏受到残暴对待的报道的回应,意谓可以告一段落了。[2] 也许谁也料想不到,因《新晚报》此一"记",随后在二十余天内,香港多家政治背景各异的报纸,先后登出多篇悼念陈寅恪的专栏文章。仅此一点,一个优秀知识分子足有影响世道人心、垂示现实的力量,即时已被证明。

第一次详尽介绍陈寅恪晚年遭遇及死亡情况的,是1969年12月1日出版的第298期香港《春秋杂志》。在该期杂志上,有一篇题为《史学权威陈寅恪一死了之》的文章,用肯定的语气报道了陈寅恪之死。当时海外一直将信将疑的"陈寅恪已死"的传说被证实。

历经数十年的风雨,《史学权威陈寅恪一死了之》一文,在今天看来依然有一定的分量。它是迄今所知海内外在陈寅恪病逝后第一篇全面评价陈寅恪生平的文章。这篇共有二千多字的文章共

---

[1] 此剪报史料笔者得益于复旦大学葛兆光教授。先生早两年在美国普林斯顿大学葛思德东亚图书馆检得一份《陈寅恪资料集》,并在2012年9月刊文介绍。笔者致函恳请能得帮助,先生慨然应允,很快赐下复印本,由是得开眼界。今聊述此事,以记学人之胸襟。

[2] 该文强调了陈寅恪的"高寿",并因《南方日报》的消息中列出陈氏担任全国政协常委、中央文史馆副馆长两职,而得出这样的结论:"从这一报道多少可以看出,一些知名的学人在文化大革命依然进行中所受到的礼遇。"

分三部分——"被认为是一株大毒草";"史学文学语文学权威";"对各种学说均有研究"。文章的论调尚算持平,内中有句云:"一代学人,就此怀着满腔忧愤长眠地下,这不仅是我国学术坛上陨落了一颗寒芒熠熠的彗星,同时也是我们文化传统中失去一个真正的读书种子。"随着以后的论述,我们将可以看到,"怀着满腔忧愤长眠地下"的说法,比起后来海外一批用词已明显带有强烈政治倾向的文章要客观得多。陈寅恪自嘲为"颓龄戏笔,疏误可笑"的《论再生缘》又一次被重点提到,并认为从《论再生缘》中可以看出"虽然处身于失去了一切自由的极权统治下,他还是利用一切机会来表达他的愤怒的反抗,他这种精神,充分表现了中国文化的精神传统"。以后海外一些学术味道相对较浓一点的文章,对陈寅恪文化意义的评价,其思路基本与该文相似。

这篇登在香港杂志上的文章,似乎不像寓居海外已久的人士所撰,其对陈寅恪晚年情况及晚年著述的了解,几达"很熟悉"的程度。署名"叔明"的作者究竟是谁,似成一悬案。

该文在台湾、香港影响很广。"叔明"其实并不知晓陈寅恪去世的确切日期,笼统地说成是"十一月初",致令海外随后一批谈陈寅恪的文章也沿用了"十一月初"这一说法。

第一次在台湾详细透露陈寅恪之死的消息,是1970年1月26日发行的《中央日报》,它在副刊上分两天连载了署名"壶公"的文章。其实《中央日报》所刊的是《春秋杂志》那篇文章的翻版,略有不同的是"壶公"增删了一些名词,多了些诸如"共匪"、"匪区"一类的提法。《中央日报》的读者远多于《春秋杂志》,台湾知识界基本已知晓陈寅恪去世。第一轮怀念陈寅恪的浪潮骤然掀起。

3月31日,前台湾"国防部长"俞大维在《中央日报》撰《怀念陈寅恪先生》一文,内有"缅怀此一代大儒,不禁涕泗滂沱"等语。

3月,台湾《传记文学》第16卷第3期登出数篇悼念之文,作者为陈寅恪在清华园时的受业弟子许世瑛、杨联陞,以及时任职于台湾国民党中央党史会的陈哲三。

4月以后,台湾多种传媒分别刊出一批怀念陈寅恪的文章。陈寅恪去世不到一年,海外一批知名学者如赵元任、杨步伟、毛子水、罗香林、劳榦、方豪、牟润孙等纷纷写下了各式各样的追思文字。其中一些人与陈寅恪不通音信、没有来往二十载有余,真情仍长萦心间,可见陈寅恪人格与品德的感染力。

曾预言"知我罪我,请俟来世"的陈寅恪,在身后也无法摆脱现实政治的牵累。其时大陆文化大革命风暴正烈,海外人士视大陆如地狱,即使毛子水等一批主要兴趣在学术研究的学人,对陈寅恪的伤悼之情,也充满了兴亡遗恨的惋惜与伤叹。除了极个别学人将陈寅恪晚年定居岭南说成是"流寓广州"之外,绝大部分人的用词是"沦陷匪区"、"陷身于极权统治下"。这种调子为以后海内外出现对陈寅恪政治态度两种截然相反的评价埋下了一个触发点。但这一时期的纪念文章,整体上看仍有很高的历史价值,对陈寅恪的生平、家世及学术贡献作了不同角度的探讨,尤其是对陈寅恪相知很深的一些友朋的回忆,更提供了珍贵的历史资料。

很快,悼念文章的专集《谈陈寅恪》一书在台湾面世。在这里,时间将继续证明俞大维《怀念陈寅恪先生》一文,因其对陈氏生平学问评价的公允而具有长久的历史价值。俞文从"读书须先识字"、"在史中求史识"、"严谨而不褊狭"、"特别注重志书"、"喜欢庄子荀子"、"诗推崇白香山"、"学梵文研佛经"、"精通各种文字"、"缅怀一代大儒"等角度谈了陈寅恪一生的学术贡献。别有深意的是,亦学人亦为官治事的俞大维,丝毫没有在政治取向上着墨。谈到陈寅恪之死,也仅有如下的文字:"即寅恪先生去世的消息,在香港曾传过数次,前几次均为误传,此次亦尚未证实。真是'欲祭疑君在,天涯哭此时'。惟寅恪先生现已年逾八十,以久病之身,处今日之世,溘然长逝,自属可能。"

俞大维,1897年出生,其父俞明颐,伯父俞明震。俞大维与陈寅恪的渊源可上溯至先辈。据俞大维回忆，俞明震等人与陈宝箴父子皆是好友，还因另一层同为"王谢人家"的历史而意气相投：俞大维的母亲是曾国藩的孙女，而陈寅恪的祖父陈宝箴曾入幕曾府。到了陈寅恪、俞大维这一辈，两家的纽带似乎联结得更紧：陈寅恪的母亲是俞大维"唯一嫡亲的姑母"，陈寅恪的胞妹陈新午为俞大维的夫人。故俞大维叹曰"本人与寅恪先生可以说是两代姻亲，三代世交，七年同学"。七年同学者，指二十世纪前期陈寅恪与俞大维先后赴美国、德国留学时有七年相处在一起之谊。[1]

平生极佩服陈寅恪的俞大维，日后走了一条"学而优则仕"的道路。在民国年间，俞大维先后出任南京政府兵工署署长、交通部长等职，国民党到台湾后，俞大维曾出任"国防部长"。在1958年8月23日解放军对金门炮击时，正在金门前线布置防卫力量的俞大维，侥幸躲过了一轮铺天盖地的炮弹。而他的三位同僚部下却没有他那样幸运，丧生于重炮轰击之下。十二年后经历过血与火磨砺的俞大维，竟能写出这样儒雅、平实与书卷气十足的《怀念陈寅恪先生》的文字。

答案也许只能在毛子水《记陈寅恪先生》一文中去寻找了。在该文里毛子水写道："我于民国十二年二月到德国柏林。那年的夏天，傅孟真先生也从英国来柏林。我见到他时，他便告诉我：在柏林有两位中国留学生是我国最有希望的读书种子：一是陈寅恪；一是俞大维。"

现今所知，1949年后陈寅恪对他这个姻亲的评价只有两个字：清官。[2]

与海外"悼念陈寅恪热"形成对照的是，国内的政治风云日甚

---

[1] 见《怀念陈寅恪先生》一文。
[2] 见中山大学人事处有关档案。

一日，生者尚且难逃厄运，死者更化为一抔黄土，难留痕迹于世间。陈寅恪很快被社会忘记，很快被中山大学忘记。绝大部分死于文化大革命的人，其身后事大抵如此。但历史不会漠视"国内沉默，海外大做文章"这种很不正常的现象，这就注定了已杳如轻尘的陈寅恪，依然不能摆脱活着时已带给他极大苦痛的"俗累终牵"的羁绊。

幸亏当时国内处于封闭的状态，海外悼念陈寅恪的信息不为学校的造反派知道，不然，结果无法预料。甚为滑稽，在陈寅恪弃世两年后，学校的掌权派似乎并不知道陈氏已归泉壤，仍将陈寅恪作为"活典型"标出。在一份中山大学革命委员会1971年第8号的文件上，有如下句子："历史系陈寅恪，一级教授，反动史学祖师爷之一，以研究唐代史出名，今年七十九岁。本人是前清的探花，曾到日、美、德、英四国留学，是封建主义和资本主义的混血儿……在文化大革命中，革命群众把他揪了出来，他一直态度恶劣，广大革命群众对他确实愤恨至极，鉴于他现已七十九岁，双目失明，终日卧床不起，决定把他养起来，作为反面教员，继续批判他的反动言行。"[1]

这份谬误四出的材料，明显是写于陈寅恪七十九岁那一年——1969年，却被1971年的掌权者照抄录为现实服务。"文革"的荒诞，再添一笑话。

陈寅恪生前有"死后骨灰撒在珠江口，不要让人利用来开追悼会"的深虑。陈寅恪身后却阻止不了他的名字再三为政治"服务"。

岁月悠悠流逝，到了七十年代中期，暮年的毛泽东开始感觉到文化大革命造成的恶果，知识分子政策开始"松动"，在"文革"中遭迫害的一些人有望得到"解放"或作"结论"。含冤去世七年后，陈寅恪被间接地作了一个带点"转折性"的结论。兹将今天所能找到的一份历史"证据"引录如下：

---

[1] 中山大学档案馆馆藏档案。

财务办公室：
　　历史系教授陈寅恪同志于1969年11月5日病逝，当时因陈受革命群众审查，未知其性质如何，未发给其家属抚恤金。现上级已批复陈寅恪同志"仍属人民内部矛盾"。按照国务院有关规定，应一次过发给其家属抚恤金伍百贰拾元，请予发给。
　　　　　　　　　　　　　　　中山大学革命委员会政工组
　　　　　　　　　　　　　　　　　　一九七六年四月二日
　　抄知：　陈寅恪同志家属[1]

　　这只是一份发放抚恤金的通知书，但它还是录下了陈寅恪"仍属人民内部矛盾"这样的结论。比起数年前一连串"反动"头衔，陈寅恪身后在大陆的历史评价，开始出现一丝转机。很难理解，陈寅恪的死亡日期，竟被此时的中山大学确定为"11月5日"。

　　在海外，这一段时期因为没有更多的资料发现，对陈寅恪晚年生平的研究，基本上处于停顿的状态。1971年台湾中研院史语所出版《陈寅恪先生论集》。1972年与1973年，香港文文出版社出版分上、下两集的《陈寅恪先生文史论集》，所收论文大部分是陈寅恪1949年前已发表的文章。1974年，由何广棪编辑，香港珠海书院文史研究所学会刊行了《陈寅恪先生著述目录编年》。1976年，汪荣祖撰《史家陈寅恪传》初版本面世。1977年，台北九思出版有限公司出版《陈寅恪先生全集》一书。这套书虽名为全集，实只收录陈氏生平著述的一半。海外出版机构刊行的这些书籍，对新一代的学人重新理解陈寅恪，用新的历史观与文化观审视陈寅恪在中国文化史上的地位起到了一定的作用。它预示着第二次海外"陈寅恪热"将掀起更大的浪潮。

---

[1] 中山大学档案馆馆藏档案。

转机首先来自大陆。1976年10月,中国政坛"四人帮"集团覆灭,整整肆虐了十年的文化大革命宣告结束。1978年5月,刚创刊的广东省理论刊物《学术研究》在第一期率先刊出陈寅恪《柳如是别传》"缘起"部分。它距陈寅恪1958年1月在《中山大学学报》发表最后一篇论文刚好相隔二十年。度过了漫长的二十年,陈寅恪的著述终于可以刊布;回头看看这短暂的二十年,人世间之颠覆者已三矣。

沉寂了九年的大陆,对"大做文章"的海外发出了第一声反击。在"缘起"一文前编者有按语云:

> 解放后,党和政府对陈寅恪先生的工作和生活给予妥善的照顾,使这位早年双目失明的学者的著述工作,从未中断。对此他曾多次表示对毛主席和共产党的感激。陈寅恪先生于一九六九年逝世。他在去世前用了十几年的工夫,研究了大量明末清初的史学、文学材料,终于完成了《柳如是别传》,这种学术钻研精神是难能可贵的。
>
> 蒋帮的一些无耻文人、政客,因为陈寅恪先生十多年没有发表文章,便大谈他的晚年遭遇,并借此进行反共宣传。这部洋洋数十万言的著作,就是给他们一记响亮的耳光。

无论是"一些无耻文人、政客"的"反共宣传",或是"一记响亮的耳光"的反击,九泉下的陈寅恪想来绝不愿世人如此评论他。

1978年,上海古籍出版社的《中华文史论丛》分两期,在国内首次刊出《论再生缘》全文。"死去原知万事空",关于《论再生缘》成稿后所经历的风风雨雨——寄寓甚深也好,不满现实也好,欲使《再生缘》再生也好,这些都在现实中显得是那么的遥远,仿如隔世。孤寂的陈寅恪还是那样的孤寂。中国社会正面临着世纪的剧变,没有多少人愿意多注视一眼这位仿佛很遥远的人物。但在这一方独特世界，坚冰开始被打破。1980年5月22日，广东省文教办公室同意撤销中山大学党委在"文革"期间强加在陈寅恪身上的所谓"结论"。这种"同意"带有"平反"的意味。[1]

1980年6月，由蒋天枢整理编辑，上海古籍出版社出版的《陈寅恪文集》陆续出版。文集中的《寒柳堂集》、《柳如是别传》、《金明馆丛稿初编》、《金明馆丛稿二编》等卷是陈寅恪生前亲自选编的。而文集中的附录《陈寅恪先生编年事辑》以及《寒柳堂集》中所附《寅恪先生诗存》，第一次向学术界披露了陈寅恪一直有如"云雾不知踪"的晚年生平梗概和引人注目的陈寅恪诗篇。这套《陈寅恪文集》的出版，标志着后人对陈寅恪的研究将跃上一个新阶段，也意味着第二轮"身后是非谁管得"的浪潮即将到来。

在国内，从文化的角度谈论陈寅恪的文章开始散见于一些报刊。史学界开始冲破极"左"的模式尝试重新评论陈寅恪的史学方法与史学地位。最明显的变化是，不少人开始肯定陈寅恪的史学方法"是科学的和符合历史发展规律的"。

在海外，《诗存》及《编年事辑》的面世，好比一群苦探不得其门而入的掘矿者突然发现了一扇门户一样，它所带来的震荡是不言而喻的。所谓"大做文章"有如旋风般再起。

1980年11月17日，台湾《联合报》副刊连载陈寅恪《寒柳堂记梦未定稿》。1982年，《中国时报》、《联合报》等多次刊发谈论陈氏生平及著述的文章。对台湾学界知识分子有吸引力的《传记文学》，则早于1979年分别刊载《陈寅恪先生的"欠砍头诗"笺释》、《陈寅恪大师逝世的年月日与大量遗作的情况》等文。和十年前悼念陈寅恪的文章相比，八十年代海外一批学人研究陈寅恪的生平著作更多的是从政治的角度生发开去。其中突出者便有余英时等人。

---

[1] 中山大学档案馆馆藏档案。

说余英时在八十年代海内外陈寅恪研究领域中独领风骚并不为过。

1983年，余英时在香港《明报》月刊的第一、第二期上推出他在八十年代的研究心得《陈寅恪的学术精神和晚年心境》。主要依据的材料来自《陈寅恪文集》。该文随后在1983年3月份的《中国时报》上连续刊载了十一天。一年半后，余英时又一次在《明报》月刊上分别刊出《陈寅恪晚年诗文释证》、《陈寅恪晚年心境新证》等两篇长文。并在同年7月的《中国时报》上刊载《陈寅恪的"欠砍头"诗文发微》等文。1984年，余英时《文史互证、显隐交融——谈怎样通解陈寅恪诗文中的"古典"和"今情"》一文，分别在10月份的台湾《联合报》副刊上连载五天。

余英时近十万字的文章可以称得上是一轮排炮，在海外学术界引起相当反响。余英时论文的主旨，一言蔽之曰，就是提出了"陈寅恪晚年心境"这一命题。论证"陈先生晚年遭遇之沉痛实有非局外人所能想象于万一者"，所以"他没有向中共政权'认同'或'靠拢'"。尽管余英时一再强调他文章中所论的陈寅恪是广义的文化遗民而非一家一姓的遗民，但余英时还是在潜意识的支配下不自觉地将所有的论述归到"陈寅恪晚节"这一核心问题。历史中的陈寅恪，再次被笼罩在极强的政治光环下。1984年8月，署名"冯衣北"的辩驳文章《也谈陈寅恪先生的晚年心境——与余英时先生商榷》在第224期的《明报》月刊刊出。如前文已述，"冯衣北"的反驳是在当时任中共中央政治局委员的胡乔木的指示下及广东省委文教战线负责人的布置下进行的。论辩双方都有自己充足的理由。一年后，"冯衣北"再撰《陈寅恪晚年心境的再商榷》一文。两个月后，余英时以《弦箭文章那日休》作答，发表在同年10月号的《明报》月刊上。

今天，似乎可以这样说，论辩双方或许都无法抹掉"弦箭文章"的色彩。以自己之"杯中物"，浇他人之块垒，恐非是陈寅恪所愿意看到的。在这场论辩中，陈寅恪的诗篇被赋予了甚浓的政治意味，很多时候被各方注释者作了言过其实的夸大。"陈诗"被解释得变形。大陆与海外对陈寅恪理解的差异，深刻地折射出大陆与海外在文化观念与政治观念上存在的鸿沟。正是这一背景，在若干年内，九泉下的陈寅恪仍将遭受"俗累终牵"的困扰。

1963年陈寅恪曾作"感赋一律"，内有句云"后世相知或有缘"。客观地说，余英时或许可算陈寅恪的"后世相知"者。余英时生于1930年，1952年香港新亚书院毕业，1962年获美国哈佛大学历史学博士学位。以后先后在美国多所大学任教。1958年余氏二十八岁时，在阅读了陈寅恪《论再生缘》后即发表《陈寅恪先生〈论再生缘〉读后》一文，这是海外第一篇评论《论再生缘》的文章。二十多年后余英时再续前缘，写下十多万字的研究心得。余氏有史笔与才情，文字有感染力。剔除其浓烈的政治倾向，余英时对陈寅恪生平学术的理解大致不差。

2

海外学人感兴趣于陈寅恪晚年的诗文，并藉此阐发其政治含义，但有一点他们忽略了，陈寅恪的"根"在大陆。在二十世纪四十年代末大陆"江山易手"的巨变岁月里，陈寅恪对"去"与"留"的人生重大抉择，数次作出了众所周知的回答。以陈寅恪对历史与现实的感知与通识，后人没有理由怀疑陈寅恪的抉择是一种权宜之计。五十年代前期，语言学家王力尚与陈寅恪同在一校服务，陈寅恪曾对王力谈到"去留"问题，有语云"何必去父母之邦"。这大概是陈寅恪学术与人生之"根"最形象的注释。[1]

无庸讳言，海外学人热衷于阐释陈寅恪的政治意象在前，便有大陆学人对陈寅恪晚年诗文的研究讳莫如深于后。陈寅恪生前寂寞，

---

[1] 据黄秋耘回忆。

身后肃寂。与此对应的是，陈寅恪生前"不合时俗"，身后也难于"融入潮流"。比起现、当代一些世人皆晓的文史大师丝毫不逊色的陈寅恪，其名山事业依然"犹在深闺人未识"；其对中国文化痴恋及毕生服膺的学术精神，犹未被后继者发"潜德之幽光"。

有些比照也许不尽科学，但其鸟瞰历史之视角依然引人怀想。若以 1949 年为界线，考察一下现代一些与陈寅恪属同时代的文史大师的生平学术，将是非常有意思的。

1949 年，胡适五十八岁，胡氏选择了去国漂泊异乡一途。在其后寓居美国有七年之久的日子里，胡适主要从事《水经注》的研究注释及生平自述等工作。与胡适前半生的学术高峰期对比，六十岁后的胡适，其学术生涯的颓势显而易见。1958 年胡适出任台湾中研院院长，曾再振雄心，云"要有两三年的安静生活，完成《中国思想史》"。1919 年，胡适曾以少年锐气，撰写了一本被誉为"开风气"及在中国学术界进行了"一场革命"的《中国哲学史大纲》。但整整三十九年过去，胡适未能完成续卷写作的计划。此事一直成为胡适的心病及为部分人所诟。又过去四年，胡适不幸病倒在中研院欢迎新院士的酒会上，终年七十一岁。一生但开风气不为师，"提倡有心，创造乏力"的胡适，终未能完成《中国思想史》等著述计划，留下了一个于己于人皆有恨焉的遗憾。

1949 年，陈垣六十九岁。一年后他在给武汉大学一位朋友的信中如是说，[1]"解放以后，得学毛泽东思想，始幡然悟前者之非，一切须从头学起。年力就衰，时感不及，为可恨耳"。深惜"年力就衰，时感不及"的陈垣，1949 年后除了整理修订旧著外，基本上没有在史学方面再撰新著。暮年时的陈垣，亦有雄心大计，那就是整理出版《册府元龟》。终因年老多病，壮志难酬。陈垣在七十九岁那年加入中国共产党，并在 1959 年 3 月 12 日的《人民日

---

[1] 见《珠江艺苑》第 10 页，广东人民出版社 1985 年版。

报》上发表了《党使我获得新的生命》一文。十二年后陈垣在文化大革命风暴的摧残下,"在极端苦闷中含恨以殁"。[1]终年九十一岁。

1949年,郭沫若五十七岁。挟《女神》、《中国古代社会研究》、《甲骨文字研究》、《青铜时代》、《十批判书》、《甲申三百年祭》等著述,郭沫若奠定了在中国学术界领袖人物的地位。1949年后,郭沫若先后担任中国科学院院长、全国文联主席等职。在将近三十年间,郭沫若分别在中央人民政府、全国人民代表大会等等国家一级的机构及各类协会、国际性团体组织中,任职或兼职达十数个。作为文史大师,郭沫若依然才气逼人,在繁忙的公务之余仍留下了大量的文字。但人们认为郭沫若的代表作,仍是他在1949年之前已写就的几部专著。1966年4月14日,七十四岁的郭沫若在出席全国人民代表大会常务委员会第三十次会议时即席发言,云"我是一个文化人,甚至于好些人都说我是一个作家,还是一个诗人,又是一个什么历史学家。几十年来,一直拿着笔杆子在写东西,也翻译了一些东西。按字数来讲,恐怕有几百万字了。但是,拿今天的标准来讲,我以前所写的东西,严格地说,应该全部把它烧掉,没有一点价值"。[2]十二年后,八十七岁的郭沫若终于走完了他的一生。

1949年,顾颉刚五十六岁。顾颉刚是"近六十年来学术生命力最旺盛的少数学者之一"。[3]早年的顾颉刚,是以想象之丰富、假设之大胆而在古史研究领域创下基业并名噪学林。暮年时期的顾颉刚,其学术成就主要体现在对古籍的译注和点校上。从1954年开始,顾颉刚先后主持了《资治通鉴》、"二十四史"等古籍的点校工作。1980年,八十七岁的一代史学大师辞世。

1949年,陈寅恪五十九岁。在此时期前后,陈寅恪陆续修订并发表其最新的著述《长恨歌》、《连昌宫词》、《艳诗及悼亡诗》及《白

---

[1] 同前注,见《珠江艺苑》第10页。

[2] 见1966年4月28日《光明日报》。

[3] 见郑良树编著:《顾颉刚学术年谱简编》,中国友谊出版公司1987年版。

乐天之思想行为与佛道关系》等，一年后汇成《元白诗笺证稿》一书，凡十六万字。[1] 从1949年至1966年，陈寅恪新撰论文达十七篇，共十数万字。从1953年至1964年十一年间，陈寅恪写下专著《论再生缘》、《柳如是别传》两部，总字数达九十万言。这百多万文字是在十五年间完成，几达陈寅恪一生著述的一半。六十岁以后的陈寅恪，迎来了他学术生命的第二次辉煌。这一份辉煌，因大部分同时代的人即将退出领一个时期的学术潮流的前台而显得分外的珍贵，也因生命再度爆发出惊人的活力而使历史不得不重新审视"文化与人"这一永恒的主题所包含的尚未被人类深刻阐释的仍在流动着的意蕴。

在这里，有必要重新检视陈寅恪六十岁前后的著述。《元白诗笺证稿》的构架大体在四十年代中期已勾勒出。陈寅恪的一种治史方法——以诗证史，一种治史风格——感同身受，已露端倪。此种方法与此种风格将成为陈寅恪六十岁以后治史研史的一大特点。在六十三岁那一年，陈寅恪写下《论再生缘》，以诗证史、论述历史时因感同身受而抒发的人生慨叹等特点，在该文中第一次显示了陈氏晚年著述中特有的陈寅恪式的力量。一年后，《钱柳因缘诗释证稿》继续沿着同一框架构建。

但仅以此来概括陈寅恪晚年的治学业绩还远远不够。五十九岁时陈寅恪撰《崔浩与寇谦之》。六十岁时陈寅恪撰《魏志司马芝传跋》、《书唐才子传康洽传后》。六十一岁时陈寅恪撰《论唐高祖称臣于突厥事》、《论隋末唐初所谓"山东豪杰"》、《论韩愈》等文。六十二岁时陈寅恪撰《记唐代之李武韦杨婚姻集团》、《论东晋王导之功业》、《论李栖筠自赵徙卫事》。六十三岁时陈寅恪撰《论唐代之蕃将与府兵》、《书杜少陵哀王孙诗后》、《书世说新语文学类钟会撰四本论始毕条后》等文。陈寅恪治史的"理性"，历经人生的沧

---

[1] 据1950年第121期《岭南大学校报》报道。

桑与时代变迁所刻下的兴亡遗恨之感，令这位老人面对着枯黄的历史之书时，笔触总不免流泻"必神游冥想，与立说之古人，处于同一境界，而对于其持论所以不得不如是之苦心孤诣，表一种同情"。这种弥漫着历史学家人格情感的史述，一直是数千年来治史者渴求"赋予历史以灵魂"的幽深境界。以此观照，六十岁后陈寅恪所撰《论韩愈》、《论唐高祖称臣于突厥事》等等论文，深深地蕴藏着一个六十岁的历史学家眼中所应有的历史、人生与文化。

六十岁，生命已走向暮年，但六十岁的陈寅恪，生命历史的情感却异常活跃，充满了一种鲜活的感受力，大器磅礴的人生似乎才刚刚开始。

比照也许是片面的，但比照同样是深刻的。六十岁以后，许多"开风气"的大师巨匠迈入清点"拓荒播种"所带来丰硕业绩的人生尾声时期。但六十岁后的陈寅恪，其名山事业正进入高潮，生命正向"博大精深"处开掘。尤为难得的是，陈寅恪一生钟情于历史，甚至其绝世的才情与才华于历史之外竟难得展现一二。从严格的意义上说，在近代中国旧有秩序分崩离析，社会经历了"地变天荒"巨大变化的背景下，陈寅恪笔下所阐述的历史，其实也是一种警人心醒的社会政治史与文化发展史。文章当为合时而作，陈寅恪笔下的历史、人生与文化，便有了一种超越的意义。

相比于殁于六十岁之前的王国维，陈寅恪为后世的中国学人提供了一种在文化苦恋及极浓的忧患意识煎熬下生命常青的典范。

在这个意义上说，"晚年陈寅恪"不是一个个体生命一个阶段的概念，而是文化的一个概念。六十岁以后的陈氏生命历程，也是一种文化艰难跋涉的历程。

历史开始还原其本色。

1988年5月26日，中山大学在广州举行了隆重的"纪念陈寅恪教授国际学术讨论会"。来自全国十一个省、市及美国、日本、香港等国家、地区的专家学者、陈寅恪生前受业弟子及陈氏亲属约七十余人参加了讨论会。

这是自陈寅恪去世后在大陆举行的第一次纪念这位文化大师的大型国际学术讨论会。其时距陈寅恪弃世已有十九年。陈寅恪毕生眷恋的这块土地，终于要对这位赤子作一个公允的评价。这评价来迟了，但毕竟来了。

26日上午，在开幕式上广东省副省长卢钟鹤致贺词，云陈寅恪教授"为我国的学术文化和教育事业做出了重大的贡献"，"是中国学术界的一代宗师"，"他善于继承和发扬我国优良的学风，善于批判地吸收西方近代先进的学术思想和方法"。[1]

陈寅恪当年在北国的一些友朋及弟子也南下广州赴会。其中季羡林、周一良、邓广铭、王永兴等人，已成为中国学界有名望的权威人士。历经数十年的人生磨难，这些在当代已成为前辈师长的学人，对陈寅恪的学术精神作了精辟的阐释和深切的认同。这种阐释或多或少具有其师的风格——体现了一个史学家所应有的"独立之精神"的个性。

季羡林在28日的"闭幕词"中说："近来我有些偏见，对理论毫不感兴趣，因为碰钉子太多了。""我不是否定马克思主义，我是否定教条的马克思主义。现在的理论太多了，如果搞一点考据有人则瞧不起你。陈先生从未标榜自己是马克思主义者，但在会上的报告中间，占一半的先生认为陈先生有朴素的唯物主义、朴素的辩证法，这就与马克思主义有相通之处，这可能高了，但我说不出高在哪里。世界学术史上，不管社会科学、人文科学还是自然科学，一个学者如果是实事求是的，有良心的，他就必然是唯物主义者。一个人标榜自己是马克思主义者，他可能是马克思主义者，也可能不是，他不标榜自己是马克思主义者，但可能是唯物主义者。我们总

---

[1] 见《纪念陈寅恪教授国际学术讨论会文集》。本章引文若不标明出处均引自该书。

讲陈先生实事求是，实事求是就是唯物主义。"

同在 28 日，邓广铭发言云："我在北京大学历史系读书时，陈先生没有在北大兼课，但我在考入北京大学之前，因为读到了陈先生的《王观堂先生挽词》，对陈先生就已满怀崇敬之意了……《王观堂先生挽词》的'序'中的那段话，乃是陈先生自抒胸臆的真知灼见，而所表述的那些思想，岂是咸丰、同治之世所能有的？所发抒的那些议论，又岂是湘乡、南皮二人之所能想象的呢？"

邓广铭当然知道，陈寅恪在 1953 年正是以"王观堂先生纪念碑铭"作答词，回复中国科学院关于邀其北返任职事，并阐明其一生独尊"独立之精神，自由之思想"。邓广铭的发言不长，但题旨全部落在陈寅恪《王观堂先生挽词》和《清华大学王观堂先生纪念碑铭》两篇诗文上。它意味着大陆学人终于可以正视陈寅恪在这两篇诗文中寄寓的人文精神。而在过去数十年间，这两篇诗文被客气者评为"守旧意识的表现"和"遗民心态"；不客气者则直斥为"封建没落阶级的情绪"；至于自我标榜"革命"之人，便上纲上线为反对马克思主义了。

同日，王永兴在发言中云："我从一九七八年到北大来，讲的课就是我的老师过去讲过的课，每上讲台，老师开课时的'教书匠'的话语犹在耳畔，老师上课时的一大包书和两黑板材料、备课时摆满了书的小书桌犹在眼前，往事历历如昨，不觉思绪万千。惟有历尽磨难才知上讲台之不易，惟有亲上讲台，才知先生精神的伟大。"

周一良在其《纪念陈寅恪先生》一文中云："解放以后，我粗学马列，感到陈先生虽不承认自己是马克思主义者，但他治学之道却充满朴素的辩证法，善于一分为二和合二而一，这也许是陈先生在解放前的史学界能够冠绝群伦的主要原因吧？""他看历史问题很重视纵向观察，看源流和演变，能以几百年历史为背景来观察。正由于如此，陈先生的论著大都视野广阔而辨析精深，符合于辩证法，在讨论政治史时，无论人物、事件或典章制度，陈先生都不是就政治论政治，而往往联系到文化来考察其关系，这样就更全面而有说服力。陈先生开辟了运用文学作品阐述历史问题，又利用历史知识解说文学作品的崭新途径，左右逢源，令人叹服。"

刚好三十年前，批判陈寅恪的旋风源自北京大学燕园内，三十年后又由燕园的杰出学人对陈寅恪作出很高的历史评价。陈寅恪的命运大体也可折射出中国现代社会的命运。

同样是三十年前，学界部分人已称陈寅恪的治史方法具有"自发的"、"朴素的"唯物论因素。三十年后，人们沿袭从政治观点立场的角度对陈寅恪的思想方法作归类，竟未能超越三十年前的窠臼，当令后人有无限的感叹："唯物"与"唯心"之争，给两代中国学人刻下的烙印有多么的深！

历四十年沧桑，北国的优秀弟子最终能阐发恩师的"潜德之幽光"。它似乎印证了陈寅恪对中国文化的信念："华夏民族之文化，历数千载之演进……譬诸冬季之树木，虽已凋落，而本根未死，阳春气暖，萌芽日长，及至盛夏，枝叶扶疏，亭亭如车盖。"[1] 这是陈寅恪之幸，也是中国文化之幸。

陈寅恪的根在古老的华夏，陈寅恪的根也在魂牵梦萦的北国校园！

---

[1]《金明馆丛稿二编》，第 245 页。

第二十二章 绝 响

1

陈寅恪为中国文化留下了多少财富？

粗略地说，在二十世纪的中国学界，陈寅恪在历史学、宗教学、语言学、考据学、文化学及中国古典文学等领域取得了罕有的成就。其中一些领域的研究，具有开拓性的意义。陈寅恪留下的文化财富，犹如一座尚未很好挖掘的矿藏，在未来很长的一段时间内，这矿藏将闪耀着迷人的异彩。

具体地说，在一些陈寅恪贡献突出的研究领域，部分深得陈寅恪学术精髓的学人，已为后人勾勒出大致的轮廓。比如，对陈寅恪在历史学方面的贡献，北京大学教授冯友兰在《怀念陈寅恪先生》一文中曾这样概括："中国封建的历史学，大都是大人物纪传的总集，和一些'断烂朝报'的汇编。寅恪先生用近代史学的方法，研究他所掌握的丰富史料，使中国的历史学远远超过封建时代的水平，他是中国近代历史学的创始人或其中极少数人之一。"[1]这样的评价，不算溢美。

周一良则对陈寅恪在中古史方面的贡献有独到的心得体会。在

---

[1] 见《纪念陈寅恪先生诞辰百年学术论文集》。

《纪念陈寅恪先生》文中他这样评述：

> 陈先生的学问方面极为广泛，所开拓的领域很多，我只能就魏晋南北朝史发言。……
>
> 追溯这段历史的研究，自从《三国志》、《晋书》和八书二史成书之后，头一个整理研究这四百年历史的，当推北宋司马光和他的《资治通鉴》。他利用正史和许多正史以外资料，审核比较，选择可信者笔之于书。他和助手剪裁排比，把这四百年头绪纷繁的历史叙述得井然有序，体大思精，明白清楚。……清代学者在治经之余，有不少学者以治经之法治史。……大体可以说，清代学者在这一段的史料考订上取得了不少成绩，而在这段历史的研究上，则没有在司马光外作出什么成就。
>
> 陈先生很推崇司马光的《资治通鉴》，而陈先生本人的著作，则在司马光之后把魏晋南北朝史的研究推进到一个新的阶段。陈先生把敏锐的观察力与缜密的思考力相结合，利用习见的史料，在政治、社会、民族、宗教、思想、文学等许多方面，发现别人从未注意到的联系与问题，从现象深入本质，作出新鲜而令人折服、出乎意想之外而又入乎意料之中的解释。陈先生善于因小见大，在魏晋南北朝史研究方面虽没有写出像《隋唐制度渊源略论稿》和《唐代政治史述论稿》那样综观全局，建立框架的论著，但除经济以外许多重要方面的大问题都接触到了。陈先生长于贯通、观察发展变化，如从南北朝分别找出唐代各种制度的渊源，他的魏晋南北朝史研究与唐史研究是相辅相成，互相促进的。
>
> "五四"以后关于古史的辩论很热闹，但对魏晋南北朝这段历史的研究却异常寂寞。一九二八年清华改旧制为大学，陈先生应聘为中文、历史、哲学系三教授，一九三一年

开始讲授"魏晋南北朝史研究"专题课。而这段历史的研究，似乎也从此在史学界逐渐兴旺起来。……[1]

周一良的论断被认为是客观的与公允的。不过周一良所论"魏晋南北朝史"仅是陈氏学术研究中"开风气"的一个领域。实际上要全面评价陈寅恪一生的学术贡献将是困难的。他是一位天才式的学人。

更重要的是，陈寅恪于中国文化而言，体现着一种更深远的历史意义和沉重的文化承载。

纵览陈寅恪的一生，泛溢着一种博大的中国传统文化的情怀。它不仅使陈寅恪的生命过程从始到终弥漫着一种文化意绪，这还因为陈寅恪文化生命的巨大魅力，而令经受了本世纪数次社会重大变革的当世中国知识分子（以及后世学人），在以历史的理性回首这一段文化的进程时，不得不重新审视中国学人之"根"所原有的位置。中国传统文化在二十世纪因了陈寅恪的存在，增添了一段十分感人的传奇。

其意义有三。

其一，在群星灿烂、人才辈出的近、现代，陈寅恪的"世俗名声"也许还比不上那些"只领风骚三五年"的风云人物。但陈寅恪对中国文化的独特认识和深刻的阐述，则远在同时代的绝大多数学者之上。陈寅恪一生治学，以清代考据学为基础，并有较大的突破、发展与创造，不过，陈寅恪在现代中国文化史上最有影响的还是他自成一体的文化思想——"历史文化观"。该文化思想的精义用陈寅恪的表述来概括，则为"近人有东西文化之说，其区域分划之当否，固不必论，即所谓异同优劣，亦姑不具言"；"凡一种文化值衰落之时，为此文化所化之人，必感苦痛，其表现此文化之程量愈宏，

---

[1] 见《纪念陈寅恪教授国际学术讨论会文集》。

则其所受之苦痛亦愈甚";"盖今日之赤县神州值数千年未有之巨劫奇变;劫尽变穷,则此文化精神所凝聚之人,安得不与之共命而同尽"?[1] 这就是陈寅恪"历史文化观"中一个主要方面——"人与文化"。而在另一个主要方面——"历史与文化"中,陈寅恪基本思想的内核为:"华夏民族之文化,历数千载之演进,造极于赵宋之世。后渐衰微,终必复振。"[2] 陈寅恪一生的轨迹,尽可以从此两方面提挈。前者确立了陈寅恪一生的操守,此操守在世局交相嬗替之际已远远超出了一介书生洁身独守的意义,而具有"人与文化"共命而同尽的历史内容。后者则使陈寅恪五十年的学术活动,俱洋溢着"表彰我民族独立之精神,自由之思想"的生命热情,并以弘扬民族优秀文化,期待其"终必复振"为宗旨。历大半个世纪岁月的消磨,陈寅恪其志百折不挠,始终不渝,在近、现代的中国学者中无人能出其右。这种精神使陈寅恪早在生前已不单单作为一个考据大师、历史学家而存在,更作为一种文化的象征而存在。典型者莫如1958年,来自北京方面的意图,将陈寅恪确定为最有代表性的"资产阶级史学家"而展开批判,其中有一个最重要的原因,就是陈寅恪比起其他"从旧时代过来"的高级知识分子,其历史观与文化观在学界影响广远。在批判中政治玩了一场"声东击西"的游戏:陈寅恪的"资产阶级伪科学"——搞繁琐考证、厚古薄今等大遭鞭挞,其实发动批判的人深深明白,陈寅恪的要害并不是"繁琐考证",而是"坚持资产阶级的历史观、文化观,以反对马克思主义"。陈寅恪不是当世显赫的学人,陈寅恪所从事的学术也不是当世显赫的学术,陈寅恪留给中国文化的只是"历史的影响"。它只是一条默然流动的河流。在回溯二十世纪中国文化的进程上,没有谁可以绕过或撇开这一条河流。

---

[1] 引自《王观堂先生挽词序》。
[2] 《邓广铭宋史职官志考证序》。

其二，陈寅恪的文化情怀显然与他对中国历史的精深掌握密不可分。在早年，陈寅恪对中国历史典籍文献的博闻强记已誉满神州学术界。陈寅恪对中国历史的通识，孕育了陈寅恪特有的中国文化情结。曾有人称陈寅恪对史料的掌握是"百科全书式的占有"与"百年来第一人"。无论此说法是否准确，比起同时代人，陈寅恪在对中国文化的俯瞰上已取得了一个"一览众山小"的罕有支点。历史已证明陈寅恪的中国文化的视觉比起那些"要摧毁、清算旧世界者"或"抱残守缺者"都有着本质的区别。比起后者，陈寅恪多了一种"放眼看世界"的文化心理磨砺；比起前者，陈寅恪又多了一种文化意义上的宽容。陈寅恪的经历与心态，称其在二十世纪大半叶感受着中国文化跳动的脉搏丝毫也不算过誉。陈寅恪的文化人生，当为后世有更多机会走向世界的中国知识分子提供文化价值取向的一个参照系！

陈寅恪中国文化视觉的另一层意义还在于，他不幸生于一个剧烈动荡的时代。承前，他无法不感受近代中国屡遭外侮，有清中兴一代已成残迹的哀感；继后，他更亲身感受社会纷乱变易下"文化"与"社会风习"的分崩离析。故此，他眼中的历史，充斥着兴亡盛衰的痛感；他视觉中的文化，紧紧扣着"关系于民族盛衰学术兴废者"这一主旨。陈寅恪的哀感与痛感，也是中国传统文化在近、现代所经历过的哀感与痛感。这是历史之声。陈寅恪不幸代为历史言，所感受的切心之痛，一如他立于"高处不胜寒"的支点，终有"四海无人对夕阳"之叹。

其三，正因有此支点，陈寅恪毕生对中国文化的信仰与追求，便有了甚为沉痛的"天将降大任于斯人"的心路历程的苦炼与"众人皆醉我独醒"的灵魂号哭。在陈寅恪的眼中，传统文化在近现代的演进，是一段至为伤心的"痛史"。1927年，陈寅恪作《王观堂先生挽词（并序）》，内有一段人们已相当熟悉的记述："凡一种文化值衰落之时，为此文化所化之人，必感苦痛，其表现此文化之程量愈宏，则其所受之苦痛亦愈甚。"

1929年，陈寅恪作《清华大学王观堂先生纪念碑铭》，有语云："士之读书治学，盖将以脱心志于俗谛之桎梏，真理因得以发扬。思想而不自由，毋宁死耳。斯古代仁圣所同殉之精义，夫岂庸鄙之敢望。"

1930年，陈寅恪作《吾国学术之现状及清华之职责》，有语云："昔元裕之、危太朴、钱受之、万季野诸人，其品格之隆汙，学术之歧异，不可以一概论。然其心意中有一共同观念，即国可亡，而史不可灭。今日国虽幸存，而国史已失其正统，若起先民于地下，其感慨如何？……夫吾国学术之现状如此，全国大学皆有责焉，而清华为全国所最属望，以谓大可有为之大学，故其职责尤独重，因于其二十周年纪念时，直质不讳，拈出此重公案，实系吾民族精神上生死一大事者，与清华及全国学术有关诸君试一参究之。"

同年，陈寅恪作《陈垣敦煌劫余录序》，内云："一时代之学术，必有其新材料与新问题。取用此材料，以研求问题，则为此时代学术之新潮流。治学之士，得预于此潮流者，谓之预流（借用佛教初果之名）。其未得预者，谓之未入流。……今后斯录既出，国人获兹凭藉，宜益能取用材料以研求问题，勉作敦煌学之预流。庶几内可以不负此历劫仅存之国宝，外有以襄进世界之学术于将来……"

1932年，陈寅恪在《冯友兰中国哲学史下册审查报告》一文中云："窃疑中国自今日以后，即使能忠实输入北美或东欧之思想，其结局当亦等于玄奘唯识之学，在吾国思想史上，既不能居最高之地位，且亦终归于歇绝者。其真能于思想上自成系统，有所创获者，必须一方面吸收输入外来之学说，一方面不忘本来民族之地位。此二种相反而适相成之态度，乃道教之真精神，新儒家之旧途径，而二千年吾民族与他民族思想接触史之所昭示者也。"

1934年，陈寅恪在《王静安先生遗书序》一文中云："自昔大师巨子，其关系于民族盛衰学术兴废者，不仅在能承续先哲将坠之

1933年陈寅恪、陈垣等与法国汉学家伯希和合影。前排左三为伯希和,后排左四为陈寅恪

业,为其托命之人,而尤在能开拓学术之区宇,补前修所未逮。故其著作可以转移一时之风气,而示来者以轨则也。"

1935年,陈寅恪作《陈垣元西域人华化考序》云:"近二十年来,国人内感民族文化之衰颓,外受世界思潮之激荡,其论史之作,渐能脱除清代经师之旧染,有以合于今日史学之真谛,而新会陈援庵先生之书……关系吾国学术风气之转移者至大,岂仅局于元代西域人华化一事而已哉?"

1940年,陈寅恪作《陈垣明季滇黔佛教考序》云:"即就先生是书所述者言之,明末永历之世,滇黔实当日之畿辅,而神州正朔之所在也。故值艰危扰攘之际,以边徼一隅之地,犹略能萃集禹域文化之精英者,盖由于此。及明社既屋,其地之学人端士,相率遁逃于禅,以全其志节。今日追述当时政治之变迁,以考其人之出处本末,虽曰宗教史,未尝不可作政治史读也。"

1942年，陈寅恪作《杨树达积微居小学金石论丛续稿序》，有语云："一旦忽易阴森惨酷之世界，而为清朗和平之宙合，天而不欲遂丧斯文也，则国家必将尊礼先生，以为国老儒宗，使弘宣我华夏民族之文化于京师太学。其时纵有入梦之青山，宁复容先生高隐耶？"

1943年，陈寅恪有《邓广铭宋史职官志考证序》一文，有语云："吾国近年之学术，如考古历史文艺及思想史等，以世局激荡及外缘薰习之故，咸有显著之变迁。将来所止之境，今固未敢断论。惟可一言蔽之曰，宋代学术之复兴，或新宋学之建立是已。华夏民族之文化，历数千载之演进，造极于赵宋之世。后渐衰微，终必复振。"

1953年，陈寅恪在《论再生缘》一文中尽情而云，"六朝及天水一代思想最为自由，故文章亦臻上乘，其骈俪之文亦无敌于数千年之间矣。若就六朝长篇骈俪之文言之，当以庾子山哀江南赋为第一。若以赵宋四六之文言之，当以汪彦章代皇太后告天下手书为第一。……庾汪两文之词藻固甚优美，其不可及之处，实在家国兴亡哀痛之情感，于一篇之中，能融化贯彻，而其所以能运用此情感，融化贯通无所阻滞者，又系乎思想之自由灵活。故此等之文，必思想自由灵活之人始得为之……再生缘一书，在弹词体中，所以独胜者，实由于端生之自由活泼思想，能运用其对偶韵律之词语，有以致之也。故无自由之思想，则无优美之文学，举此一例，可概其余。"

同年冬，陈寅恪在给中国科学院的答复中云："没有自由思想，没有独立精神，即不能发扬真理，即不能研究学术……一切都是小事，惟此是大事。碑文中所持之宗旨，至今并未改易。"

1964年，陈寅恪作《赠蒋秉南序》，内云："欧阳永叔少学韩昌黎之文，晚撰五代史记，作义儿冯道诸传，贬斥势利，尊崇气节，遂一匡五代之浇漓，返之淳正。故天水一朝之文化，竟为我民族遗留之瑰宝。孰谓空文于治道学术无裨益耶？"

这样对陈寅恪大半生有关中国文化的论述作片言只语的引录，

虽不足以反映陈氏文化思想的全貌，但已见用情之独切，冀望之独厚，苦痛之独深。其毕生的抱负昭然。

总而言之，"能承续先哲将坠之业"，"能开拓学术之区宇"，"可以转移一时之风气，而示来者以轨则"等等，是陈寅恪承续中国文化的最高理想；这也是陈寅恪人生追求的最高理想。

陈寅恪不是政治家，只是一介学人，故其对中国文化的论述，决没有振聋发聩的社会效应。陈寅恪一生也没有写下专论性的关于中国文化的皇皇巨著，但他在这个裂变时代洒下的那一片洋溢着无比暖意的文化情怀，以及他身体力行的痛苦求索，在现代中国文化史上铸造了一个鲜活的文化灵魂，并因闪耀着"人格"的活跃因素而具有长久的震撼力！

2

"独为神州惜大儒"。

陈寅恪为中国文化、也为自己留下了多少遗憾？

1988年，北京大学教授季羡林曾撰文专门谈及陈寅恪残存的早年留学德国期间的六十四本学习笔记的情况。陈寅恪丰厚的遗产中一直未为后人整理的部分露出了一角。在此将季羡林列出的笔记本清单照录如下：

一、藏文　十三本

二、蒙文　六本

三、突厥回鹘文一类　十四本

四、吐货罗文（土火罗文）　一本

五、西夏文　二本

六、满文　一本

七、朝鲜文　一本

八、中亚、新疆　二本

九、佉卢文　二本

十、梵文、巴利文、耆那教　十本

十一、摩尼教　一本

十二、印地文　二本

十三、俄文、伊朗　一本

十四、希伯来文　一本

十五、算学　一本

十六、柏拉图（实为东土耳其文）　一本

十七、亚力斯多德（实为数学）　一本

十八、金瓶梅　一本

十九、法华经　一本

二十、天台梵本　一本

二十一、佛所行赞　一本

面对这些笔记本，当代中国东方语言研究学者季羡林感叹道，"先生治学之广是非常惊人的"。[1]世传陈寅恪懂十多种语言在此得到了某种的证实。在近、现代中国学界，陈寅恪对中亚及东方古语言的用功之勤，是他人不可及的。中年之前的陈寅恪，无疑已站到了这一领域的最前列。陈寅恪在二十年代后期，在清华国学研究院便先后开设了"古代碑志与外族有关系者之比较研究"；"摩尼教经典与回纥义译本之研究"；"佛教经典各种文字译本之比较研究"；"蒙古文、满文之书籍及碑志与历史有关者之研究"等课程。可惜，生命是如此的有限，人生是如此的短暂，中年以后的陈寅恪专注于沉寂的中古史研究。在东方古语言方面积蓄已相当深厚的陈寅恪，在此领域甚至连"薄发"的机会也不算太多，

---

[1] 见《纪念陈寅恪教授国际学术讨论会文集》。

他的造诣与才华,终随岁月的消逝而被淹没,给后人留下了无尽的遗憾。

厚积然后薄发,固是陈寅恪治学严谨的一个美德,但也使陈寅恪已成熟的学术见解与他已整理成形及公开发表的学术成果相比极不成比例。这里有一个很典型的例子。陈寅恪在1942年完成《唐代政治史述论稿》一书,字数十万。同年,陈寅恪从香港辗转抵桂林,应聘广西大学。据正是在这一年听过陈寅恪讲授"唐代政治史"一课的中山大学教师李坚回忆,陈寅恪讲唐代政治史,极为精彩与生动,内容博广,细节丰富。后来,《唐代政治史述论稿》一书出版,他找来一看,发现该书的篇幅未及陈寅恪讲授内容的一半,很多精彩的细节也被删除。不少听过陈寅恪授课的学人都这样认为,其实将陈寅恪讲课的内容详尽记录下来,已是一本很完整的书稿了。这样的例子不胜枚举。陈寅恪对著述作严谨的增删,固然留下了他认为是"精义"的精辟见解,却也使很多不一定是"细微"的卓见永被淹没。陈寅恪对著述持审慎的学术态度,不轻易下笔,固然使他的著作经得起时间的考验,但很多他应该贡献出来的成果,只能永远烂于他的腹中了。窥一斑而知全豹,在陈寅恪的学术生涯中,这样被淹没的"学术之光"不知凡几!

陈寅恪晚年有一时常登门"谈书论道"的好友罗倬汉。[1]罗氏在三十年代曾留学日本东京帝国大学研究院,专攻历史与哲学,嗜书如命,博览广采,五十年代在广东史界便以"博学"知名。罗倬汉一生惜墨如金,虽然从未停止过治学,但除早年有成名作《史记十二诸侯年表考证》及《诗乐记》面世外,以后竟不屑再刊新著。[2]知友论人,罗、陈两人有"坐而论道"之谊,从中亦可窥见陈寅恪之怀抱!

---

[1] 罗倬汉,字孟玮,曾任广东省立文理学院历史系主任、华南师范学院历史系主任、教授等职。
[2] 据罗夫人黄菊清回忆。

陈寅恪带走的是他无与伦比的丰富的文史知识和深厚的文化积累。在这方面，他达到了一个时代的高峰。故此，陈寅恪的财富非是个人的，而是历史的结晶；陈寅恪的才华也并不仅属于个人，而应当是同属于社会。正因如此，陈寅恪留下的遗憾，也是中国传统文化的遗憾。在陈寅恪生前，中国学界便一直翘首以待陈寅恪能写出通论性的中国通史或中国文化史，一时有"天命所归"之切望。但陈寅恪没有写出这种体系性的著述。在陈寅恪晚年，社会传出陈寅恪埋首研治古代两个"红妆"的生平事迹，许多人曾大惑不解。直到今天，依然有学人认为陈寅恪耗费十余年时间撰写《柳如是别传》是不值得的。

中国文化要求陈寅恪献出的太多了。陈寅恪对中国历史文献的熟悉，令他在众多领域的涉足，皆得心应手，出手不凡。如明清两朝历史，本非陈寅恪专门研治的范围，但一部《柳如是别传》，整体的历史把握让人折服。淹没在无数"俗滥可厌"小说弹词中的《再生缘》，一经陈寅恪点化，历史价值重现。很多领域尤待他去建树，历史要求陈寅恪去构建更体大思精的历史学大厦。二十世纪传统文化的落寞与孤寂，迫切渴望对其忠诚眷恋的大师巨子作开创性的阐释与弘扬。如此"大师巨子"，在二十世纪可谓百年一遇。

甚至这种渴求，在陈寅恪死后并未平息。七十年代末，陈寅恪的遗稿情况尚未公诸世时，海内外学界已在纷纷猜测，文化大师遗下的还有些什么著述。当听闻陈寅恪最后的著述是有自传性质的《寒柳堂记梦》，海外便有人兴奋地预言此稿"是先生对他所生活之时代——包括了先生祖父湘抚右铭先生之在湘实行新政、大讲新学，因而在戊戌政变后为慈禧太后撤职。当然也包括了清光绪中叶起的我国接受东西洋文化的经过，政治学术文化思想之大变动，民国以来数十年的文艺、学术、新教育……和一切的一切"。[1]

---

[1] 见《传记文学》第35卷第5期77页。

教授副教授學術論文著述及專門工作貢獻調查表

姓名 陳寅恪　　　　文 學院　　歷史 學系
職別 專任教授　　　　到校年月 1949 年 1 月

請分四類填寫 (一)學位論文 (二)已在國內外學術性刊物上刊行之論文(列舉最有價值的五篇)(三)已出版之著作書籍教本 (四)專門工作之貢獻(指主持研究工作.學術工作或重要建設工作獲有成績者.請書明具體事實)。

I 學位論文

號目	學位	題目	何校	年月	附註

II 非學位論文(單篇或單行本)

號目	題目	刊物	刊行年月及頁數	附註
1	支愍度學說考	(1) 蔡元培六十五歲紀念專號		
2	桃花源記旁證	(2) 清華學報某卷寅恪專號		
3	陶淵明之思想與清談之關係	(3) 成都燕京大學刊	1945年	
4	從史實論切韻	(4) 嶺南學報第九卷第二期		
5	秦婦吟校箋舊稿補正	(5) 嶺南學報第十卷		

附註項下.最好請申明該篇論文主要的貢獻和特點.空格地方不夠請書於反面。

III 已出版之著作書籍教本

號目	書名	出版地點	出版年月及頁數	附註
(1)	唐代政治史述論稿	商務印書館	1943	
(2)	隋唐制度淵源畧論稿	商務印書館	1944	
(3)	元白詩箋證稿	嶺南大學	1950	

IV 其他專門工作之貢獻（請列舉工作性質.地點.年月及具體事實.此地方不夠請寫在反面）

此著述"調查表",由陳寅恪(唐筼代笔)填寫於1951年。從表中所列,略可窺知陳氏自己看重的"最有價值"的文字是哪些。論文部分,其中《支愍度學說考》最可注意,1944年陳寅恪當選為英國科學院通訊院士,英方列舉的陳氏著作便有該著。《桃花源記旁證》自發表後,引來讀者矚目,是陳寅恪所有學術論文中最具世俗名氣的一篇。最後兩文,可謂是"切題、切時、切景"之作:切題者,兩篇所論俱為陳氏經年關注的學術領域;切時者,俱是新近發表之作;切景者,兩文俱發表在本校的刊物上,陳寅恪專列"嶺南大學時期"的論文兩篇,可見出他對學校的回報之意

陈寅恪有能力写出集"政治学术文化思想之大变动"为一体的巨著，但陈寅恪终未能迈向这一历史学家的终极目标，一了历史之期望与生命之愿望。陈寅恪献出的只是浮出水面上的冰山一角，而拥有的却是庞大的冰山主体。至此，陈寅恪留下的遗憾已大体勾勒出！

不过历史的思索却没有结束。

天命所归，却也天妒其才。陈寅恪大半生坎坷曲折，每一重生命折磨都映照出现实的无情煎迫。中岁后的陈寅恪，先后经历了日寇侵华的民族灾难、自身双目失明的打击，及国民党政权的崩溃与晚年遭受极"左"政治运动冲击等等重大变故。生命之魂一直在不安地寻觅，寻找着一块宁静的绿洲。在相对平静的1953年，陈寅恪尚且以"聊作无益之事，以遣有涯之生"作自嘲，则其他岁月里陈寅恪潜意识中"魂兮何归"的失落感亦可想而知。正是借用了项莲生这句"不为无益之事，何以遣有涯之生"的话，陈寅恪暴露了他晚岁后外似与世无争、内则彷徨不安的灵魂的重要一面。[1]

---

[1] 目盲对于一个作者的影响，远有正常人所不能体会者。晚年陈寅恪的写作，于失明者"著述之艰"留下了令人敬仰、也令人痛惜的痕迹。陈氏失明后的著述仍分单篇论文与长篇著作两类。单篇论文字数从几千至万余不等，绝大部分题旨鲜明，结构紧凑，可感知作者对"文章之道"的驾驭能力。但在《柳如是别传》这部长达几十万字的专著中，随着笔墨的展开，书中论述的方向感与行文逻辑，渐渐出现犹疑与不清晰。相反在一些局部上又用力过度，反复流连。这实际已揭示了目盲者行文的最大悲哀，失去了明眸的审视，也就失去了对全局的终极鸟瞰。陈氏晚年最重要的著述方式是首先听读材料，据以苦思冥想，然后打好腹稿，口授旁录。最后，再次通过听读对初稿作修改。这一过程可概括为"听读、腹稿、口授、听读、修改"。在这里，听读成为他感知世界的唯一途径，但听读也模糊了他对文章铺排的意识。至于腹稿，更是难以承担对长篇巨构的精确布局与把握——（"腹稿"对于字数不算太多的写作，尚能驾驭不走样）。有一个例子非常典型，《柳如是别传》稿竟，陈寅恪以为全书是四十万言，实际该书的最后字数翻了一倍，达八十余万字。由此可知，失明后陈寅恪著述之难，堪可浩叹。而同样令人感泣者，《柳如是别传》前段十余万字，意气专一，元神贯注，文势顺畅，古与今、人与史，"同异俱冥、今古合流"。它显示出陈寅恪对"钱柳因缘"蓄势之厚，准备之深，其"腹稿"已长久盘桓心头历有年所——它耗费了一个历史学家"知天命"后最宝贵的精力与光阴。最痛惜的也在这里，目盲，无情阻碍了这部已具非凡品格的著作有可能达到它原就有深厚积累支撑它能达到的历史高度。

以陈寅恪一生所推崇的"自由之思想"而论,中岁后的陈寅恪,心灵深处从未拥有过自在翱翔的"自由之魂"。恰恰正是这一点,陈寅恪自然甚难领略"故此等之文,必思想自由灵活之人始得为之"的美妙境界。

从陈寅恪的治学轨迹看,命运的逼迫同样令人扼腕。陈寅恪是在接近中岁时才正式发表他的治学成果。据说,1925年吴宓举荐三十五岁的陈寅恪担任清华国学研究院的导师时,校方曾因为陈寅恪既没有什么学位,又没有发表什么著述而一度踌躇,——不知该否聘陈。陈寅恪最初发表的论文,是有关蒙古源流及佛经等文献的研究,数量不多,但托起露出水面冰山一小角的,则是长年用功这个坚实的基础。陈寅恪迈出的第一步,已显示了他以后的治学特点——厚积然后薄发。若以时间概念来划分,陈寅恪穷"经"十余年,方有四十岁前后一批佛教、蒙古源流研究等论文问世。四十岁后的陈寅恪,治学方向转向华夏的中古历史。1940年,五十岁的陈寅恪写出了第一部奠定他在隋唐史领域研究地位的专著《隋唐制度渊源略论稿》。这一"厚积"的周期,也刚好十年。这是多么宝贵的十年。一年后,陈寅恪再写出一部专著《唐代政治史述论稿》。这是陈氏开创隋唐史研究新时期的双璧。生命的积蓄、成熟与爆发,顽强地遵从着自己的法则。尽情地展现陈寅恪学术才华的这两部专著,竟完成于国难家仇、颠沛流离的1939年至1941年之间。在这两三年间,陈寅恪千里辗转,奔走于昆明、香港等地。人生的动荡,毕竟阻遏不了生命厚积后必然来临的喷发。这是陈寅恪两部扛鼎之作为何完成于灾难深重的抗战时期的唯一解释。中年时期的十年,是陈寅恪在学海最自由遨游、生命之魂最无"桎梏"所羁的十年。十年很漫长,它大致决定了陈寅恪治学的格局。十年也很短,若在他的生命中再多两个这样的十年,他留给后人的也许是更能满足历史所期望的以及他对自己已无遗憾的人生硕果。

但这样的时期,永远不会出现了。五十五岁时陈寅恪双目失明。无论是何种意义上的"自由"这双翅膀,不幸折断。历史学家失去了用一双眼睛去透视历史、透视现实的可能,历史学家只能依靠心灵、只能用情感去辨析历史。故陈寅恪晚年致力另辟"以诗证史"一途,引申诗韵中的"微言大义",实为一个双目失明学者无奈的选择。盲目既断送了陈寅恪中晚岁时期迈向理想中"有成"巅峰的宏图伟愿,也断送了陈寅恪完全具备条件确立更博大精深学术体系的可能。早年陈寅恪以"考据"而名,并终身为此名所牵累。但其实陈寅恪更长于从宏观上揭示历史发展中每一阶段的特殊形态及一般的发展规律。陈寅恪这种超俗的眼界,在他那两部隋唐史研究的双璧中第一次作了完整的与惊人的展示。提出了从"种族与文化,制度渊源"去考察中国中古盛世的观念。陈寅恪这种宏观的史识与气度,使他脱胎于朴学、又不为考据所局限的笔下的历史,呈现出特别动人的魅力。这种魅力同样在《论再生缘》、《柳如是别传》中刻下了深深的印痕。《论再生缘》与《柳如是别传》不是陈寅恪鸟瞰一个时代历史的通论性著作,但也随处可见陈寅恪对人物所处的社会环境、历史走向,作入木三分的宏观概括与点评。从这个意义上说,陈寅恪论陈端生与柳如是,撰写《论再生缘》与《柳如是别传》,的确是有点"大材小用"。尽管这两本书体现了陈寅恪精深的考据功力,并写出了永恒的"人与文化"的深刻内容。

陈寅恪的才华,本是为创一时代之新学术、献出一时代之皇皇巨著而准备的。

伤哉陈寅恪!

3

更大的遗恨苦果,在生前陈寅恪已经品尝到了。

1951年冬，六十一岁的陈寅恪撰《论韩愈》一文。处在一个历史学家的思考最炉火纯青时期的陈寅恪，此时撰《论韩愈》，大可深究的地方太多。该文起首第一段即云："古今论韩愈者众矣，誉之者固多，而讥之者亦不少。讥之者之言则昌黎所谓'蚍蜉撼大树，可笑不自量'者，不待赘辩，即誉之者亦未中肯綮。今出新意，仿僧徒诠释佛经之体，分为六门，以证明昌黎在唐代文化史上之特殊地位。"陈氏开门见山，凌空劈下，语势决然，动了真气。放眼五十年代初期的世变，陈氏所论，必有所针对；陈氏所发，必如鲠在喉。此六门是：一曰建立道统，证明传授之渊源；二曰直指人伦，扫除章句之繁琐；三曰排斥佛老，匡救政俗之弊害；四曰呵诋释迦，申明夷夏之大防；五曰改进文体，广收宣传之效用；六曰奖掖后进，期望学说之流传。

千年以来韩愈的功绩已为历代士人阐释至烂，陈氏所述六门，实另具强烈的指向性，陈氏的心曲，完全可借清代康、雍年间一位名儒对韩文的点评而出之："汉世经学详明者，以师弟子相承故也。宋代理学昌明者，以师弟子相信故也。唐时知'道'者，独有一韩子，而当时又少肯师者。……以此知唐时气习最重，故韩子痛切言之。唐学不及汉宋者，亦以此也"。[1]陈氏的落脚点，重在"师与承的关系上"可无疑也。传经之师与弟子能"相承、相信"，乃两千年间文化"保种"的最大关键之点，这是已能集大成的清人在总结千年经学路径时的独特感悟（可惜仅限于点评）。而陈寅恪则更有超越处，他是以近世人类人文科学的理念，总括韩愈在中国文化史上卓尔不群的贡献，其中尤以阐发"唐时（少肯师者）气习最重，韩子痛切言之"（借清人语）的历史精髓而切中肯綮，更在此基础上贬斥时弊。陈氏是以古论今。陈氏不仅极之

---

[1] 见蔡世远（闻之）选评《古文雅正》"韩愈《师说》篇"，雍正三年念修堂刻本，第八卷，第七页。

深刻、也是甚为详尽地还原了历史真相（详见下面引义），而且与韩愈独挽狂澜相似，陈寅恪的行文也见出了时代与人冲突的重大烙印，这正是文化一直在"生或死"的演进历程上犹能不断前行的蓬勃生命力。因为这些冲突俱使文化的精神与文化的承传变得有血有肉，可亲可感，可歌可泣。此中最激烈的印记乃是文中论述韩愈功绩的第六部分，直见六十岁时陈寅恪的一大心事，也直见八十年人生的陈寅恪一个极大的遗憾。兹将这一部分论述引录如下：

六曰：奖掖后进，期望学说之流传。

唐代古文家多为才学卓越之士，其作品如唐文粹所选者足为例证，退之一人独名高后世，远出余子之上者，必非偶然。据旧唐书壹陆拾韩愈传云："大历、贞元之间，文字多尚古学，效杨雄、董仲舒之述作，而独孤及、梁肃最称渊奥，儒林推重。愈从其徒游，锐意钻仰，欲自振于一代。"及新唐书壹柒陆韩愈传云："愈成就后进士，往往知名。经愈指授，皆称'韩门弟子'。"

则知退之在当时古文运动诸健者中，特具承先启后作一大运动领袖之气魄与人格，为其他文士所不能及。退之同辈胜流如元微之、白乐天，其著作传播之广，在当日尚过于退之。退之官又低于元，寿复短于白，而身殁之后，继续其文其学者不绝于世，元白之遗风虽或尚流传，不至断绝，若与退之相较，诚不可同年而语矣。退之所以得致此者，盖亦由其平生奖掖后进，开启来学，为其他诸古文运动家所不为，或偶为之而不甚专意者，故"韩门"遂因此而建立，韩学亦更缘此而流传也。世传隋末王通讲学河汾，卒开唐代贞观之治，此固未必可信，然退之发起光大唐代古文运动，卒开后来赵宋新儒学新古文之文化运动，史证明确，则不容置疑者也。[1]

"奖掖后进,开启来学","故'韩门'遂因此而建立,韩学亦更缘此而流传"——此是晚年陈寅恪梦寐以求的一大理想。陈寅恪所彰者并非"某门某学"的荣耀,实是"自振一代"的文化风气。故在论韩愈功绩的第一部分陈寅恪首句便这样说,"华夏学术最重传授渊源"。这是陈氏最真切的心声,也是他授业三十余载最大的人生动力。在《论韩愈》一文完稿后的第三年,陈寅恪明确地向北京、向那些开始在中国史学界确立其学术地位的陈门弟子发出了这样强烈的信息:"从我之说即是我的学生,否则即不是。将来我要带徒弟也是如此。"此时尚有精力与运命抗争的陈寅恪,尚可以自傲,尚可以超然脱俗,评点着陈门弟子的优劣,并寄望于能开启更多"从我之说"的后学。陈门的确有一批很优秀的弟子。可惜"世纪之变"将陈寅恪这份浓浓的"思古之幽情"撕得破碎,也使陈寅恪"河汾门下"的理想化作泡影。

河汾者,黄河与汾水之合称,专指山西西南一带。史称隋末年间大儒王通曾设教于河汾,门徒超过千人,唐初开国功臣房玄龄、魏徵等均出其门下,故王通之业,世号为"河汾门下"。陈寅恪在晚年多次表达了他对"河汾门下"之盛的憧憬。相传王通曾效仿孔子《春秋》一书而作《元经三十一篇》,但已久佚不传。陈寅恪的著述虽未佚,身后之业却似"将坠"矣。

1953年,汪篯南下广州时曾这样向北京及广东省有关部门陈述他对史学界继承陈寅恪事业的看法,汪篯写道:

……关于唐诗,这是他(指陈寅恪——引者)现在并未放弃研究的,元白诗笺证已写成,现在仍在作少量修改。对

---
[1] 引自《金明馆丛稿初编》,第295、296页。

于杜甫、刘禹锡、李商隐、温庭筠的诗等有不少见解，多未写出。佛教翻译文学、蒙古史、晚清史学亦如此。对陈垣《二十史朔闰表》有意见，他认为应该重搞一下。这些方面似乎还少有人掌握到，须有人从他学。困难在于他不愿把研究范围弄得太广，动员他亲自想、亲自写不大容易。最好有人拟定有关这些方面的论文题目请他指导。这样应可以挖出不少东西。（着重号为引者加）[1]

"须有人从他学"。已接受了"新学"的汪篯，对"集旧学之大成"的陈寅恪尚不失有理智的眼光，向有关方面提出了这样的建议，但这绝对不是现实能够接受的建议！

1934年，陈寅恪在《王静安先生遗书序》一文中饱含感情地写道：

> 先生之学博矣，精矣，几若无涯岸之可望，辙迹之可寻……寅恪以谓古今中外志士仁人，往往憔悴忧伤，继之以死。其所伤之事，所死之故，不止局于一时间一地域而已。盖别有超越时间地域之理性存焉。而此超越时间地域之理性，必非其同时间地域之众人所能共喻。

此论亦"博矣，精矣"。借用陈寅恪"禅机蚤悟"一语，陈寅恪论王国维身后留下的文化影响，也同样为自己写下了最贴切的"墓志铭"。陈寅恪遗下的文化财富同是"几若无涯岸之可望，辙迹之可寻"。而陈寅恪之消逝，在二十世纪的中国亦"盖别有超越时间地域之理性存焉。而此超越时间地域之理性，必非其同时间地域之众人所能共喻"。陈寅恪笔下的"理性"，只能是文化意义的，也必

---

[1]《陈寅恪的简史及其学术成就》。

然是文化意义的!

这是陈寅恪留给后世的一个绝响!

一个许多年后依然扣人心扉的绝响……

写于1993年11月—1994年11月

广州桂花岗—康乐园—青菜岗

修订于2012年8月至12月

广州梅花书屋

主要参考书目

（一）*

《陈寅恪文集》（一——七），上海古籍出版社1980年版
蒋天枢：《陈寅恪先生编年事辑》，上海古籍出版社1981年版
《陈寅恪诗集》，清华大学出版社1993年版
《纪念陈寅恪教授国际学术讨论会文集》，中山大学出版社1989年版
《纪念陈寅恪先生诞辰百年学术论文集》，北京大学出版社1989年版
《毛泽东选集》第5卷，人民出版社1977年版
《中国共产党历史大事记》，人民出版社1991年版
吴学昭：《吴宓与陈寅恪》，清华大学出版社1992年版
耿云志：《胡适年谱》，四川人民出版社1989年版
王继权、童炜钢：《郭沫若年谱》，江苏人民出版社1983年版
郑良树：《顾颉刚学术年谱简编》，中国友谊出版公司1987年版
孙敦恒：《王国维年谱新编》，中国文史出版社1991年版
《广州百年大事记》（上、下册），广东人民出版社1984年版
《广东近现代人物词典》，广东科技出版社1992年版
杨树达：《积微翁回忆录》，上海古籍出版社1986年版

---

* 为着保留历史的痕迹，本书"主要参考书目"共分两部分：第一部分为本书初次成书时的主要参考文献；第二部分为新刊本增补过程中可资参考的书目。

荣孟源、章伯锋主编:《近代稗海·一士类稿》,四川人民出版社1985
　　年版
《清史稿》,中华书局1977年版
《苏轼诗集》,中华书局1982年版
汪荣祖:《史家陈寅恪传》,台北联经出版事业公司1984年版
余英时:《陈寅恪晚年诗文释证》,台北时报文化出版公司1984年版
广东省档案馆有关档案
中山大学档案馆有关档案
北京大学有关档案
复旦大学有关档案

(二)

陈美延编:《陈寅恪集》,生活·读书·新知三联书店2009年版
吴学昭整理注释:《吴宓日记》、《吴宓日记续编》,生活·读书·新知
　　三联书店1998年、2006年版
蒋天枢:《陈寅恪先生编年事辑》(增订本),上海古籍出版社1997
　　年版
卞僧慧:《陈寅恪先生年谱长编》,中华书局2010年版
陈流求、陈小彭、陈美延:《也同欢乐也同愁》,生活·读书·新知三
　　联书店2010年版
陈　垣:《明季滇黔佛教考》,科学出版社1959年版
冼玉清:《冼玉清文集》,中山大学出版社1995年版
许冠三:《新史学九十年》,香港中文大学出版社,1986年版
王永兴:《陈寅恪先生史学述略稿》,北京大学出版社1998年版
余英时:《士与中国文化》,上海人民出版社1987年版
余英时:《陈寅恪晚年诗文释证》,东大图书股份有限公司1998年版
汪荣祖:《史家陈寅恪传》,北京大学出版社2005年版

刘梦溪:《中国现代学术要略》,生活·读书·新知三联书店 2008 年版
李玉梅:《陈寅恪之史学》,三联书店(香港)有限公司 1997 年版
胡文辉:《陈寅恪诗笺释》,广东人民出版社 2008 年版
刘以焕:《国学大师陈寅恪》,重庆出版社 1996 年版
吴定宇:《学人魂·陈寅恪传》,上海文艺出版社 1996 年版
蔡鸿生:《仰望陈寅恪》,中华书局 2004 年版
刘经富:《义宁陈氏与庐山》,中国文史出版社 2004 年版
刘克敌:《陈寅恪和他的同时代人》,文化艺术出版社 2006 年版
王震邦:《独立与自由·陈寅恪论学》,上海人民出版社 2011 年版
张求会:《陈寅恪丛考》,浙江大学出版社 2012 年版

陈　寿:《三国志》,明崇祯年间汲古阁刻本
钱谦益:《初学集》、《有学集》,明崇祯年间、清康熙年间刻本
吴伟业:《梅村集》,清康熙年间刻本
顾炎武:《日知录》,清康熙年间潘耒刻本
钱大昕:《潜研堂文集》,清嘉庆年间刻本
王国维:《海宁王忠悫公遗书四集》,戊辰年(民国十七年)印本
梁启超:《乙丑重编饮冰室文集》,中华书局民国十五年版